Dimensões da Dignidade

**ENSAIOS DE FILOSOFIA DO DIREITO
E DIREITO CONSTITUCIONAL**

0800

D582   Dimensões da dignidade: ensaios de filosofia do direito e direito constitucional / Béatrice Maurer ... [*et. al.*];   org. Ingo Wolfgang Satlet;
trad. Ingo Wolfgang Sarlet, Luís Marcos Sander, Pedro Scherer de
Mello Aleixo, Rita Dostal Zanini. 2. ed. rev. e ampl. 2. tir. – Porto Alegre: Livraria do Advogado Editora, 2013.

240 p.; 23 cm.

ISBN 978-85-7348-600-1

1. Dignidade: Direito Constitucional. 2. Filosofia do Direito. 3. Direitos e garantias individuais. I. Sarlet, Ingo Wolfgang (org.). II. Maurer, Béatrice.

CDU - 342.7

Índice para o catálogo sistemático:

Dignidade: Direito Constitucional
Filosofia do Direito
Direitos e garantias individuais

(Bibliotecária responsável: Marta Roberto, CRB-10/652)

Ingo Wolfgang Sarlet
organizador

Dimensões da Dignidade

ENSAIOS DE FILOSOFIA DO DIREITO E DIREITO CONSTITUCIONAL

Béatrice Maurer
Christian Starck
Ingo Wolfgang Sarlet
Kurt Seelman
Michael Kloepfer
Peter Häberle
Stephan Kirste
Ulfried Neumann

Tradução
Ingo Wolfgang Sarlet
Luís Marcos Sander
Pedro Scherer de Mello Aleixo
Rita Dostal Zanini

2ª EDIÇÃO, REVISTA E AMPLIADA

2ª tiragem

livraria
DO ADVOGADO
editora

Porto Alegre, 2013

©

Ingo Wolfgang Sarlet (organizador),
Béatrice Maurer, Christian Starck, Kurt Seelman,
Michael Kloepfer, Peter Häberle, Stephan Kirste, Ulfried Neumann,
2013

Capa, projeto gráfico e composição
Livraria do Advogado Editora

Revisão
Rosane Marques Borba

Tradução
Ingo Wolfgang Sarlet
Luís Marcos Sander
Pedro Scherer de Mello Aleixo
Rita Dostal Zanini

Direitos desta edição reservados por
Livraria do Advogado Editora Ltda.
Rua Riachuelo, 1300
90010-273 Porto Alegre RS
Fone/fax: 0800-51-7522
editora@livrariadoadvogado.com.br
www.doadvogado.com.br

Impresso no Brasil / Printed in Brazil

Sumário

Notas preliminares – 2ª edição
Ingo Wolfgang Sarlet (Org.) 7

Apresentação
Ingo Wolfgang Sarlet (Org.) 9

1. As dimensões da dignidade da pessoa humana: construindo uma
compreensão jurídico-constitucional necessária e possível
Ingo Wolfgang Sarlet 15

2. A dignidade humana como fundamento da comunidade estatal
Peter Häberle 45

3. Pessoa e dignidade da pessoa humana na filosofia de Hegel
Kurt Seelman 105

4. Notas sobre o respeito da dignidade da pessoa humana... ou pequena
fuga incompleta em torno de um tema central
Béatrice Maurer 119

5. Vida e dignidade da pessoa humana
Michael Kloepfer 145

6. A dignidade humana e o conceito de pessoa de direito
Stephan Kirste 175

7. Dignidade humana como garantia constitucional: o exemplo da Lei Fundamental alemã
Christian Starck 199

8. A dignidade humana como fardo humano – ou como utilizar um direito contra o respectivo titular
Ulfried Neumann 225

Notas preliminares – 2ª edição

A alegria com a boa receptividade da presente coletânea, que ora vai publicada em segunda edição, serviu de estímulo à preparação de uma versão ampliada, mediante a inserção de três contributos, todos em harmonia com a proposta inicial de viabilizar o acesso por parte do leitor brasileiro a textos versando sobre aspectos centrais da dignidade da pessoa humana, embora significativamente distintos quanto ao enfoque e mesmo colidentes entre si no que diz respeito a vários aspectos de relevo. Cuida-se de trabalhos da lavra de Christian Starck (Dignidade Humana como Garantia Constitucional), Stephan Kirste (A Dignidade Humana e o Conceito de Pessoa de Direito) e de Ulfried Neumann (Dignidade Humana como Fardo Humano), todos comprometidos com um diálogo entre o Direito e a Filosofia, bem como com uma proposta dogmática densa e destinada a servir de importante referencial para o desenvolvimento do debate acadêmico entre nós. Também no que diz com os textos ora agregados, importa salientar que as notas e referências seguiram o padrão original. Da mesma forma, convém destacar que a escolha dos textos, também desta feita, não implica concordância generalizada da nossa parte com as proposições dos respectivos autores. Por derradeiro, agradecemos tanto aos nossos novos colaboradores, por terem disponibilizado os textos, quanto aos tradutores Rita Dostal Zanini e Luís Marcos Sander, pelo trabalho sério e competente, desejando que a presente reedição siga agradando ao público interessado no tema e municiando todos os que se dedicam à elucidação e boa aplicação da noção de dignidade da pessoa humana em todas as searas do conhecimento.

Porto Alegre, outubro de 2008.

Apresentação

Considerando a vasta produção científica existente sobre o tema da dignidade da pessoa humana e tendo em mente que a constatação, hoje cada vez mais acolhida e difundida, de que somente o diálogo e o intercâmbio intercultural e transcultural, necessariamente franco e crítico, poderá conduzir à superação de visões parciais e, em certos momentos, até mesmo sectárias e excludentes a respeito da própria condição humana e dos direitos que lhe são inerentes, acabamos nos convencendo da necessidade premente de se promover a divulgação, para o público de língua portuguesa em geral, de alguns aportes teóricos de inequívoca relevância e atualidade sobre a fundamentação, o conteúdo e o significado da dignidade da pessoa humana, especialmente para o Direito. Com efeito, não raras vezes, a limitação do acesso a textos seminais sobre determinado assunto – ainda mais quando se trata do tema da pessoa humana e de sua dignidade – acaba por subtrair ao estudioso e aos próprios órgãos e agentes encarregados da implementação efetiva de valores centrais para a humanidade um instrumentário argumentativo rico e poderoso, sem o qual a luta diária pela afirmação, respeito e promoção da dignidade da pessoa humana e dos direitos fundamentais que lhe são inerentes, perde muito em termos de legitimidade e efetividade.

Nesta perspectiva – da promoção do já referido diálogo inter-e-transcultural – há que relembrar a urgência do incremento, também no Brasil, da idéia de que o direito comparado (aqui não visualizado de modo mais restrito, como a comparação apenas das ordens jurídico-positivas e da prática jurisprudencial no que diz com a sua aplicação/efetivação, mas sim, na acepção mais ampla e humana que lhe emprestou Gustav Radbruch, na condição de uma comparação entre culturas jurídicas) constitui autêntico e imprescindível método de interpretação (na esteira do que de há muito prega Peter Häberle, um dos co-autores desta coletânea) jurídica, e, neste sentido, ferramenta indispensável para a própria concretização da legítima e fecunda utopia da universalização da dignidade e dos direitos fundamentais da pessoa humana por todos os quadrantes do planeta, sem prejuízo da necessária salvaguarda das diferenças inerentes a um ambiente social, político e cultural complexo e heterogêneo.

Como toda e qualquer seleção de textos e, portanto, de determinadas visões do mundo e do tema específico escolhido, também esta não poderia deixar de ser de algum modo arbitrária, baseada que foi na nossa apreciação pessoal na condição de organizadores da obra, ainda que convictos da relevância e atualidade dos aportes escolhidos, dentre os inúmeros disponíveis. Neste particular, convém destacar, desde logo, que um dos critérios que balizou a escolha foi o de pinçar trabalhos que, entre outros aspectos, têm em comum o fato de contribuírem efetivamente para a discussão de tópicos centrais relativos à dignidade da pessoa humana, especialmente no que diz com a sua relevância para uma compreensão mais contemporânea dos fundamentos, do conteúdo e do significado possível da dignidade da pessoa na perspectiva do Direito. De outra parte e justamente em virtude do critério já referido, cuida-se essencialmente de textos de caráter mais geral e que não – a não ser em caráter ilustrativo – priorizam a abordagem de aspectos pontuais que envolvem a dignidade da pessoa humana. Além disso, todos os textos guardam conexão entre si no que diz com o fato de explorarem uma ou mais dimensões relevantes da dignidade da pessoa humana, contribuindo para demonstrar a necessidade de uma compreensão não reducionista desta dignidade, reforçando a tese subjacente ao próprio título desta coletânea, no sentido de que a dignidade da pessoa humana, seja para a filosofia, seja para o Direito, abrange várias dimensões, que, além de não serem incompatíveis entre si (o que nunca impediu nem impedirá algumas opiniões divergentes) acabam por reforçar a própria proteção da dignidade e até mesmo – por que não dizê-lo – humanizar este conceito que nem sempre serviu de motivação para causas de inequívoca nobreza. Como outro critério seletivo, optou-se por convidar – dada a natureza e o já anunciado intuito desta coletânea – autores estrangeiros com elevada reputação científica e acadêmica, cujos textos (e aqui a referência vai endereçada especialmente – mas não exclusivamente, convém frisar – aos constantes desta coletânea) já têm sido largamente utilizados no debate acadêmico, mas também para fundamentar uma série de importantes aplicações concretas da dignidade da pessoa humana no âmbito do processo judicial de concretização de sua proteção, mas que, em virtude da barreira da língua, não estão de modo geral disponíveis para o leitor brasileiro.

Mesmo que os ensaios que compõem esta coletânea não venham (e sequer assim o poderiam almejar) a cobrir todos os flancos da problemática da pessoa humana e de sua dignidade, especialmente no que diz com o seu reconhecimento e proteção por parte do Direito, temos a firme convicção de que em cada trabalho, notadamente dos autores estrangeiros, estão presentes aspectos que deverão merecer a atenção do leitor, já em face da erudição e verticalidade do respectivo conteúdo, mas acima de tudo em virtude das peculiaridades de cada abordagem. Cuida-se, em termos gerais, de visões autônomas e em parte até mesmo essencialmente distintas, não só, mas também, no que diz com o enfoque adotado. Todavia, consoante já frisado, além do tema comum em torno do qual gravitam todos os trabalhos, trata-se de abordagens substancialmente conciliáveis e, portanto, de modo geral, complementares.

Sem termos a pretensão, aqui, de fazer uma apresentação e avaliação crítica de cada texto, nem mesmo em termos comparativos, visto que a intenção é justamente a de deixar que o leitor desde logo tenha contato com os ricos argumentos dos autores e possa avaliá-los criticamente, também em termos de uma análise comparativa, não necessariamente limitada à comparação jurídica. Todavia, em que pese o exposto, não poderíamos deixar de apontar – mesmo que em caráter sumaríssimo – alguns aspectos que já servem também para pelo menos indicar ao leitor alguns dos aspectos principais dos trabalhos aqui ofertados ao público e que, por sua vez, acabam por reforçar as razões, já apontadas, da escolha efetuada.

Assim, no primeiro texto, de nossa autoria, empreendeu-se a tentativa de, mediante uma parcial revisão e reestruturação de escrito anterior,[1] inventariar e avaliar – inclusive e em boa parte com base nos textos que ora integram a presente coletânea – algumas dimensões da dignidade da pessoa humana, enfocando prioritariamente o seu conteúdo e significado para o Direito. O intuito foi o de reafirmar a necessidade de se ter sempre presente a abertura, mas também a riqueza complexidade da noção de dignidade da pessoa humana, especialmente se houver a pretensão de assegurar a dignidade da cada pessoa no contexto da atual sociedade tecnológica e de risco, já que a própria noção de dignidade da pessoa haverá de ser constantemente reconstruída para dar conta de toda sorte de ameaças e efetivas violações oriundas do mundo circundante. Trata-se, de certo modo, de uma espécie de texto "introdutório", por meio do qual o leitor já poderá ter (pelo menos é o que se espera) um contato preliminar – embora apenas pontual – com a noção das "dimensões da dignidade" que perpassa toda a coletânea, bem como com algumas das categorias argumentativas exploradas pelos ilustres co-autores da obra.

Na seqüência, o notável texto de Kurt Seelman, Professor Catedrático de Filosofia da Universidade de Basel (Basiléia, Suíça), versando sobre a noção de "Pessoa e Dignidade Humana na Filosofia de Hegel", apresenta e discute algumas premissas essenciais da própria fundamentação e conteúdo filosófico da dignidade da pessoa humana, dialogando com dois autores centrais para qualquer evolução subseqüente sobre o tema. Muito embora o ensaio privilegie a concepção hegeliana de dignidade, na prática acaba por traçar importantes paralelos com a visão de Immanuel Kant sobre o tema, acabando por demonstrar – e este é precisamente um dos fatores centrais que motivou a escolha do texto – o quanto alguns dos aportes de Hegel se revelam absolutamente cruciais para a própria reconstrução da noção de dignidade da pessoa humana (ou simplesmente dignidade humana, se assim preferirmos) nos dias de hoje, com evidentes reflexos também nos demais textos ora reunidos.

Já o instigante ensaio da Professora Béatrice Maurer, da Universidade de Montpellier I (atualmente em Roma), embora ainda predominantemente filo-

---

[1] Referimo-nos ao nosso *A Dignidade da Pessoa Humana e os Direitos Fundamentais na Constituição de 1988*, 3ª ed. Porto Alegre: Livraria do Advogado, 2004, especialmente p. 39-60.

sófico-teórico, já procura, a partir de algumas contribuições seminais da Filosofia (inclusive as de Kant e Hegel) construir uma compreensão de dignidade próxima do Direito, destacando-se aqui a distinção traçada pela autora entre a compreensão pessoal (própria e comunitária) da dignidade e a dignidade considerada em si mesma, passando pela conexão e distinção entre a liberdade e a dignidade, e, por fim, pelos direitos e deveres vinculados à dignidade da pessoa humana (o direito ao respeito e o dever de respeito).

O Professor Peter Häberle, Catedrático Emérito da Universidade de Bayreuth, Alemanha, oferece-nos minuciosa e erudita apresentação da dignidade da pessoa humana na perspectiva do direito constitucional, sem, contudo, deixar de considerar as importantes contribuições oriundas da filosofia e da história. Além de percorrer a trajetória da evolução do reconhecimento da dignidade humana (e aqui valemo-nos da expressão preferida pelo autor) no plano do direito constitucional comparado, inventaria e comenta todo o rico arcabouço jurisprudencial disponível na Alemanha sobre o tema, o que por si só, notadamente em termos de direito comparado, já justificaria a escolha do texto. Além disso, o autor, rastreando e avaliando criticamente a principal produção monográfica sobre a dignidade (com destaque para a cultura filosófica e jurídica alemã) acaba construindo sólida e instigante concepção pessoal apontando justamente algumas das principais dimensões da dignidade já referidas - em boa parte também em virtude do próprio texto do autor - já no texto produzido pelo organizador, de caráter essencialmente introdutório. Destacam-se, neste contexto, a dimensão histórico-cultural da dignidade e a sua dimensão democrático-procedimental (dimensões, aliás, que permeiam toda a obra do autor), estando especialmente a primeira, por sua vez, intimamente vinculada às reflexões de Hegel sobre o tema.

Por fim, Michael Kloepfer, Professor Catedrático da Universidade Humboldt, de Berlim, discorre sobre o tema vida e dignidade da pessoa humana, explorando magistralmente os principais aspectos da intrincada conexão entre a vida e a dignidade na perspectiva do Direito (especialmente do Direito Constitucional), assim como o problema dos limites da vida e da dignidade, que, sendo valores autônomos e em princípio igualmente relevantes, não podem, por sua vez, ser considerados como absolutos, no sentido de imunes a qualquer tipo de relativização no âmbito da ordem jurídica. De certo modo e nesta perspectiva, o texto acaba traçando um caminho diferenciado da corrente majoritária, servindo como importante elemento para o debate.

Feita esta sumária apresentação, impõe-se o registro de que, no tocante aos aspectos formais, foi respeitado, por ocasião da tradução, o padrão original utilizado pelos autores, não tendo sido feita qualquer adaptação aos padrões nacionais, notadamente os da ABNT. Procurou-se fazer também a tradução de abreviaturas e siglas, bem como a inserção de algumas notas explicativas, para facilitar a compreensão do texto. Da mesma forma, várias expressões do texto original foram mantidas (em parênteses ou nas notas de rodapé) para viabilizar eventual comparação da tradução com o original, especialmente no que diz com palavras de múltiplo significado e difícil tradução (pelo menos tradução direta) para o português. Neste contexto, há que externar os merecidos agradecimentos aos que assumiram, com dedicação invulgar e competência, a árdua tarefa da tradução dos trabalhos, designadamente aos Advogados, Mestrandos em Direito da PUC/RS, e integrantes do grupo de pesquisas "Constituição e Direitos Fundamentais" (CNPq) da PUC/RS,[2] Rita Dostal Zanini (textos de Kurt Seelman, Michael Kloepfer – ambos com tradução revista pelo organizador – e Béatrice Maurer) e Pedro Scherer de Mello Aleixo, que, juntamente com o organizador, traduziu o texto de Peter Häberle. Agradecemos, ainda, aos Professores-Doutores Thadeu Weber e Draiton Gonzaga de Souza, ambos da PUC/RS, pelas relevantes sugestões dadas para a tradução do ensaio filosófico de Kurt Seelman, sem que com isso se lhes possa atribuir qualquer defeito relativo à tradução.

Por derradeiro, não há como deixar de externar a nossa pública homenagem e gratidão aos ilustres co-autores desta obra, Professores-Doutores Béatrice Maurer, Kurt Seelman, Michael Kloepfer e Peter Häberle, pelo fato de terem aderido ao projeto e autorizado a tradução e publicação dos respectivos textos, que, como de hábito, foi objeto de integral receptividade por parte da Livraria do Advogado Editora.

Destacamos, outrossim, que foi uma satisfação poder cooperar com a divulgação merecida e necessária dos trabalhos dos eminentes colaborares estrangeiros e esperamos que a obra venha a merecer a atenção do público, para que, a partir da leitura e análise crítica dos textos que integram a coletânea, se possa também contribuir tanto para o aprofundamento da discussão qualificada em torno da dignidade da pessoa humana, como para uma efetiva vivência da dignidade.

Porto Alegre, julho de 2005.

Prof. Dr. Ingo Wolfgang Sarlet

---

[2] O grupo de estudos é vinculado ao Programa de Pós-Graduação em Direito da PUC/RS e é coordenado pelo organizador.

— 1 —

As dimensões da dignidade da pessoa humana: construindo uma compreensão jurídico-constitucional necessária e possível

INGO WOLFGANG SARLET

Sumário: 1. Considerações preliminares; 2. A dificuldade de uma compreensão jurídico-constitucional a respeito da dignidade da pessoa humana; 3. A dimensão ontológica, mas não necessariamente (ou, pelo menos, não exclusivamente) biológica da dignidade; 4. Dignidade e intersubjetividade: a dimensão comunicativa e relacional da dignidade da pessoa humana como o reconhecimento pelo(s) outro(s); 5. A dignidade como construção: a indispensabilidade de uma perspectiva (e, portanto, contextualização) histórico-cultural da dignidade; 6. A dignidade como limite e como tarefa: a dupla dimensão negativa e prestacional da dignidade; 7. Da fórmula minimalista do homem-objeto para uma conceituação analítica (necessariamente aberta e complexa) possível da dignidade da pessoa humana; 8. À guisa de conclusão: a necessária secularização e universalização da dignidade num contexto multicultural – por uma concepção não "fundamentalista" da dignidade; 9. Referências bibliográficas.

1. Considerações preliminares

Se de fato há como acolher a lição de Antonio Junqueira de Azevedo,[1] no sentido de que o acordo a respeito das palavras "dignidade da pessoa humana" infelizmente não afasta a grande controvérsia em torno do seu conteúdo, e se é igualmente correto partir do pressuposto de que a dignidade, acima de tudo, diz com a condição humana do ser humano, e, portanto, guarda íntima relação com as complexas, e, de modo geral, imprevisíveis e praticamente incalculáveis manifestações da personalidade humana, já se percebe o quão difícil se torna a busca de

---

[1] Cf. A. J. de Azevedo. Caracterização Jurídica da Dignidade da Pessoa Humana, in: Revista dos Tribunais, v. 797, mar. 2002, p. 12.

uma definição do conteúdo desta dignidade da pessoa e, portanto, de uma correspondente compreensão (ou definição) jurídica. Assim, por mais que não seja esta a posição a ser adotada, verifica-se que não é inteiramente destituída de qualquer fundamento racional e razoável a posição dos que refutam a possibilidade de uma definição, ou, pelo menos, de uma definição jurídica da dignidade.[2]

De outra parte, tendo em mente que o objetivo do presente estudo é o de pautar e discutir alguns aspectos ligados à compreensão do conteúdo e significado, ou melhor, dos conteúdos e significados e, portanto, daquilo que se poderia designar de dimensões da dignidade da pessoa humana, com o enfoque voltado para a ordem jurídica, notadamente pelo prisma da ordem jurídico-constitucional, é certo que um olhar – ainda que limitado – sobre algumas das contribuições oriundas do pensamento filosófico, também aqui se revela indispensável. Com efeito, se por vezes a filosofia se mostra blindada ao Direito (embora seja o Direito, e não a Filosofia, que acaba por definir – e decidir – qual a dignidade que será objeto de tutela do Estado e, além disso, qual a proteção que este pode assegurar àquela), este não deve e nem pode – ou, pelo menos, não deveria – trilhar o mesmo caminho. Tal já se justifica, entre outros fatores, pelo fato de que o reconhecimento e proteção da dignidade da pessoa pelo Direito resulta justamente de toda uma evolução do pensamento humano a respeito do que significa este ser humano e de que é a compreensão do que é ser pessoa e de quais os valores que lhe são inerentes que acaba por influenciar ou mesmo determinar o modo pelo qual o Direito reconhece e protege esta dignidade.

De outra parte, mesmo que o diálogo entre o filósofo e o jurista, bem como entre estes e as suas circunstâncias (pessoais e sociais)[3] seja marcado por convergências e divergências de toda ordem, é certo que tal debate, ainda mais quando travado na esfera pública e pautado pela prática racional discursiva (necessariamente argumentativa) constitui o melhor meio de, pelo menos numa sociedade democrática, estabelecer os contornos nucleares da compreensão das diversas dimensões da dignidade e de sua possível realização prática para cada ser humano. Assim, não há mais – ao contrário do que alguns parecem crer – como desconhecer e nem desconsiderar o papel efetivo do Direito no que diz com a proteção e promoção da dignidade.

Nesta perspectiva, quando aqui se fala em dimensões da dignidade da pessoa humana, está-se a referir – num primeiro momento – a complexidade da própria pessoa humana e do meio no qual desenvolve sua personalidade. Para além desta referência, tão elementar quanto relevante, o que se pretende apontar e sustentar,

---

[2] Como, por exemplo, C. Neirinck, *La Dignité de la Personne ou le Mauvais Usage d'une Notion Philosophique*, in: P. Pedrot (Dir). *Ethique Droit et Dignité de la Personne*, Paris: Economica, 1999, p. 50, advertindo que as noções filosóficas (como é o caso da dignidade), não encontram solução no Direito. Na mesma direção, F. Borella, *Le Concept de Dignité de la Personne Humaine*, in: P. Pedrot (Dir). *Ethique, Droit et Dignité de la Personne*, Paris: Economica, 1999, p. 37, nega que a dignidade seja um conceito de direito positivo, embora admita que possa ser reconhecida e protegida pelo direito.

[3] Aqui se tomou emprestada a clássica e de todos conhecida afirmação de José Ortega y Gasset, no sentido de que o homem é, de certo modo, as suas circunstâncias.

à luz de toda uma tradição reflexiva, nesta obra coletiva representada (mesmo que de modo limitado e necessariamente ilustrativo) por alguns dos expoentes do pensamento filosófico e jurídico, é que a noção de dignidade da pessoa humana (especialmente no âmbito do Direito), para que possa dar conta da heterogeneidade e da riqueza da vida, integra um conjunto de fundamentos e uma série de manifestações. Estas, ainda que diferenciadas entre si, guardam um elo comum, especialmente pelo fato de comporem o núcleo essencial da compreensão e, portanto, do próprio conceito de dignidade da pessoa humana.

Cientes de que a eleição aqui efetuada no que diz com as diversas dimensões da dignidade não afasta evidentemente outras visões sobre o tema, além de com estas não ser necessariamente incompatível, importa, acima de tudo, apontar alguns aspectos que julgamos dignos de nota e que têm sido, em maior ou menor escala, intensamente debatidos também no âmbito do Direito e da Filosofia. De modo particular, constitui o intuito do ensaio demonstrar a necessidade e utilidade deste debate para uma compreensão adequada da dignidade da pessoa humana pela e para a ordem jurídica, aparelhando-a com alguns critérios materiais, para viabilizar uma legítima e eficaz proteção da dignidade de todas as pessoas, sem que se vá aqui adentrar a seara (também) altamente controversa, dos diversos problemas vinculados à sua concretização, notadamente na sua em geral umbilical – embora sempre variável – conexão com os direitos fundamentais.[4]

Por fim, convém esclarecer ao leitor que o texto, a despeito de não ser propriamente novo, já que substancialmente elaborado a partir de trabalho monográfico anterior,[5] foi objeto de uma reestruturação e, portanto, reconstrução, interna significativa, voltada precisamente ao intuito já anunciado de destacar quais as principais (ou algumas das principais) dimensões da dignidade da pessoa humana, notadamente em termos de compreensão de seu conteúdo como princípio (jurídico) e, portanto, como fundamento de direitos e deveres fundamentais.

2. A dificuldade de uma compreensão jurídico-constitucional a respeito da dignidade da pessoa humana

Consoante já anunciado, não há como negar – a despeito da evolução ocorrida especialmente no âmbito da Filosofia – que uma conceituação clara do que efetivamente é a dignidade da pessoa humana, inclusive para efeitos

---

[4] Sobre este ponto, considerando particularmente o elenco de direitos fundamentais reconhecidos pela Constituição do Brasil, remetemos ao nosso *Dignidade da Pessoa Humana e Direitos Fundamentais na Constituição Federal de 1988*, 3. ed., rev., atual. e ampl., Porto Alegre: Livraria do Advogado, 2004, especialmente p. 78-80 e 84-85, obra na qual desenvolvemos uma série de aspectos vinculados não apenas à origem e evolução da noção de dignidade da pessoa humana, mas também da relativos à condição jurídico-normativa da dignidade, sua conexão com os direitos fundamentais, etc.

[5] V. especialmente o segundo capítulo do nosso *Dignidade da Pessoa Humana e Direitos Fundamentais...*, notadamente a partir do item 2.2 (p. 39-60).

de definição do seu âmbito de proteção como norma jurídica fundamental, se revela no mínimo difícil de ser obtida. Tal dificuldade, consoante exaustiva e corretamente destacado na doutrina, decorre certamente (ao menos também) da circunstância de que se cuida de um conceito de contornos vagos e imprecisos[6] caracterizado por sua "ambigüidade e porosidade"[7] assim como por sua natureza necessariamente polissêmica,[8] muito embora tais atributos não possam ser exclusivamente atribuídos à noção de dignidade da pessoa. Uma das principais dificuldades, todavia – e aqui recolhemos a lição de Michael Sachs – reside no fato de que no caso da dignidade da pessoa, diversamente do que ocorre com as demais normas jusfundamentais, não se cuida de aspectos mais ou menos específicos da existência humana (integridade física, intimidade, vida, propriedade, etc.), mas, sim, de uma qualidade tida para muitos – possivelmente a esmagadora maioria – como inerente a todo e qualquer ser humano, de tal sorte que a dignidade – como já restou evidenciado – passou a ser habitualmente definida como constituindo o valor próprio que identifica o ser humano como tal, definição esta que, todavia, acaba por não contribuir muito para uma compreensão satisfatória do que efetivamente é o âmbito de proteção da dignidade,[9] pelo menos na sua condição jurídico-normativa.

Mesmo assim, não restam dúvidas de que a dignidade é algo real, algo vivenciado concretamente por cada ser humano, já que não se verifica maior dificuldade em identificar claramente muitas das situações em que é espezinhada e agredida,[10] ainda que não seja possível estabelecer uma pauta exaustiva de violações da dignidade.[11] Além disso, verifica-se que a doutrina e a jurisprudência – notadamente no que diz com a construção de uma noção jurídica de dignidade[12] – cuidaram, ao longo do tempo, de estabelecer alguns contornos

---

[6] Neste sentido, dentre tantos, a lição de T. Maunz e R. Zippelius, *Deutsches Staatsrecht*, 29. ed., München: C. H. Beck, 1994, p. 179.

[7] Assim o sustenta C. L. Antunes Rocha, *O Princípio da Dignidade da Pessoa Humana e a Exclusão Social*, in: *Revista Interesse Público*, n. 04, 1999, p. 24.

[8] Cf. F. Delpérée, *O Direito à Dignidade Humana*, in: S. R. Barros; F. A. Zilveti (Coords.). *Direito Constitucional – Estudos em Homenagem a Manoel Gonçalves Ferreira Filho*, São Paulo: Dialética, 1999, p. 153. Assim também M-L. Pavia, *Le Principe de Dignité de la Persone Humaine: Un Nouveau Principe Constitutionnel* in: R. Cabrillac; M.-A. Frison-Roche; T. Revet. *Droits et Libertés Fondamenteaux*, 4.ed., Paris: Dalloz, 1997, p. 99.

[9] Cf. M. Sachs, *Verfassungsrecht II – Grundrechte*, Berlin-Heidelberg-New York: Springer-Verlag, 2000, p. 173.

[10] Esta a oportuna advertência de J. Tischner, *Zur Genese der menschlichen Würde*, in: E.-W. Böckenförde; R. Spaemann (Orgs.), *Menschenrechte und Menschenwürde*, 1987, p. 317. Na mesma linha de entendimento situa-se a lição de M. Renaud, *A Dignidade do ser Humano como Fundamentação Ética dos Direitos do Homem*, in: *Brotéria – Revista de Cultura*, v. 148, 1999, p. 36, sustentando, todavia, que, não obstante todos tenhamos uma compreensão espontânea e implícita da dignidade da pessoa humana, ainda assim, em sendo o caso de explicitar em que consiste esta dignidade, teríamos grandes dificuldades.

[11] Cf. J. González Pérez, *La Dignidad de la Persona*. Madrid: Civitas, 1986, p. 115.

[12] Quando aqui se fala em uma noção jurídica de dignidade, pretende-se apenas clarificar que se está simplesmente buscando retratar como a doutrina e a jurisprudência constitucional – e ainda assim de modo apenas exemplificativo – estão compreendendo, aplicando e eventualmente concretizando e desenvolvendo

basilares do conceito e concretizar o seu conteúdo, ainda que não se possa falar, também aqui, de uma definição genérica e abstrata consensualmente aceita, isto sem falar no já referido ceticismo por parte de alguns no que diz com a própria possibilidade de uma concepção jurídica da dignidade.

Neste contexto, bem refutanda a tese de que a dignidade não constitui um conceito juridicamente apropriável e que não caberia – como parece sustentar Habermas[13] – em princípio, aos Juízes ingressar na esfera do conteúdo ético da dignidade, relegando tal tarefa ao debate público que se processa notadamente na esfera parlamentar, assume relevo a percuciente observação de Denninger de que – diversamente do filósofo, para quem, de certo modo, é fácil exigir uma contenção e distanciamento no trato da matéria – para a jurisdição constitucional, quando provocada a intervir na solução de determinado conflito versando sobre as diversas dimensões da dignidade, não existe a possibilidade de recusar a sua manifestação, sendo, portanto, compelida a proferir uma decisão, razão pela qual já se percebe que não há como dispensar uma compreensão (ou conceito) jurídica da dignidade da pessoa humana, já que desta – e à luz do caso examinado pelos órgãos judiciais – haverão de ser extraídas determinadas conseqüências jurídicas,[14] muitas vezes decisivas para a proteção da dignidade das pessoas concretamente consideradas.

Feitas estas considerações, procurar-se-á, na seqüência, destacar algumas das possíveis e relevantes dimensões da dignidade da pessoa humana, com o intuito de alcançar uma compreensão suficientemente abrangente e operacional do conceito também para a ordem jurídica, ressaltando-se que tais dimensões, por sua vez, não se revelam como necessariamente incompatíveis e reciprocamente excludentes. Inicia-se, neste contexto, pelo que, já de há muito, se pode

---

uma (ou várias) concepções a respeito do conteúdo e significado da dignidade da pessoa. Por outro lado, não se questiona mais seriamente que a dignidade seja também um conceito jurídico. Neste sentido, por todos e mais recentemente, P. Kunig, *Art. 1 (Würde des Menschen, Grundrechtsbindung*, in: I. von Münch; P. Kunig (Orgs.). *Grundgesetz – Kommentar*, v. 1, 5.ed., München: C. H. Beck, 2000, p. 76.

[13] Com efeito, J. Habermas, *Die Zukunft der menschlichen Natur. Auf dem Weg zu einer liberalen Eugenik?* Frankfurt am Main: Suhrkamp, 1987, p. 70 e ss., argumenta, em síntese, que o Estado secularizado e neutro, quando constituído de modo democrático e procedendo de modo inclusivo, não pode tomar partido numa controvérsia ética relacionada com a dignidade da pessoa humana e o direito geral ao livre desenvolvimento da personalidade (artigos 1° e 2° da Lei Fundamental da Alemanha). Além disso – segue argumentando Habermas – quando a pergunta a respeito do tratamento dispensado à vida humana antes do nascimento envolve questões de conteúdo ético, o razoável será sempre contar com um fundado dissenso, tal qual encontrado na esfera do debate parlamentar por ocasião da elaboração das leis (no caso, Habermas fez referência expressa ao debate no Parlamento da Alemanha, ocorrido no dia 31.05.2001).

[14] Cf. E. Denninger, *Embryo und Grundgesetz. Schutz des Lebens und der Menschenwürde vor Nidation und Geburt*, in: *Kritische Vierteljahresschrift für Gesetzgebung und Rechtswissenschaft (KritV)*, Baden-Baden: Nomos, 2/2003, p. 195-196, lembrando, nesta perspectiva (da necessária intervenção da jurisdição constitucional no plano das decisões envolvendo a dignidade da pessoa humana), a arguta argumentação da Ex-Presidente do Tribunal Constitucional Federal da Alemanha, Juíza Jutta Limbach (extraída de voto proferido em decisão envolvendo a descriminalização do aborto), no sentido de que assim como é correto afirmar que a ciência jurídica não é competente para responder à pergunta de quando inicia a vida humana, também é certo que as ciências naturais não estão em condições de responder desde quando a vida humana deve ser colocada sob a proteção do direito constitucional (ob.cit., p. 196).

considerar como uma dimensão ontológica da dignidade, vinculada à concepção da dignidade como uma qualidade intrínseca da pessoa humana, e, de modo geral, comum às teorias da dignidade como uma dádiva ou um dom conferido ao ser humano pela divindidade ou pela própria natureza.[15]

3. A dimensão ontológica, mas não necessariamente (ou, pelo menos, não exclusivamente) biológica da dignidade

Inicialmente, cumpre salientar – retomando a idéia nuclear que já se fazia presente até mesmo no pensamento clássico[16] – que a dignidade, como qualidade intrínseca da pessoa humana, é irrenunciável e inalienável, constituindo elemento que qualifica o ser humano como tal e dele não pode ser destacado, de tal sorte que não se pode cogitar na possibilidade de determinada pessoa ser titular de uma pretensão a que lhe seja concedida a dignidade.[17] Esta, portanto, compreendida como qualidade integrante e, em princípio, irrenunciável da própria condição humana,[18] pode (e deve) ser reconhecida, respeitada, promovida e protegida, não podendo, contudo (no sentido ora empregado) ser criada, concedida ou retirada (embora possa ser violada), já que existe – ou é reconhecida

---

[15] Cf. a apresentação das diversas teorias sobre a dignidade levada a efeito por H. Hofmann, *Die versprochene Menschenwürde*, in: *Archiv des Öffentlichen Rechts (AöR)*, n. 118, 1993, p. 357 e ss., e, mais recentemente, por J.C.G. Loureiro, *O Direito à Identidade Genética do Ser Humano*, in: *Portugal-Brasil Ano 2000*, Boletim da Faculdade de Direito de Coimbra, Coimbra: Coimbra Editora, 1999, p. 280-281.

[16] Sobre o ponto, v, entre nós, as belas páginas de F. K. Comparato, *A Afirmação Histórica dos Direitos Humanos*, São Paulo: Saraiva, 1999, especialmente p. 11 e ss., retratando a evolução da noção de pessoa humana e sua dignidade. Também bem discorrendo sobre a evolução da noção de dignidade humana, v., E. R. Rabenhorst, *Dignidade Humana e Moralidade Democrática*, Brasília: Brasília Jurídica, 2001, p. 13 e ss. No mesmo sentido, v. R. Zippelius, *Anmerkungen zu Art. 1 Grundgesetz*, in: R. Dolzer (Org), *Bonner Kommentar*, Heidelberg, 1994, p. 8-9, referindo-se ao pensamento do filósofo e político romano Cícero. Também M. Renaud, *A Dignidade do ser Humano como Fundamentação Ética dos Direitos do Homem*, p. 137, destaca o pensamento de Cícero, informando que este filósofo estóico conferiu à dignidade um sentido mais amplo, fundado na natureza humana e na posição superior ocupada pelo ser humano no *cosmos*. Com efeito, voltando-nos diretamente às formulações do jurisconsulto, político e filósofo romano, contemporâneo de Pompeu e Júlio César, bastaria lembrar aqui a passagem em que faz referência ao fato de que é a natureza que prescreve que o homem deve levar em conta os interesses de seus semelhantes, pelo simples fato de também serem homens, razão pela qual todos estão sujeitos às mesmas leis da natureza, que proíbe que uns prejudiquem aos outros (M. T. Cícero, *Dos Deveres*, São Paulo: Martins Fontes, 1999, p. 137). Neste contexto, O. Höffe. *Medizin ohne Ethik?* Frankfurt am Main: Suhrkamp, 2002, p. 60, lembra que na China, por volta do século IV a.C., o sábio confucionista Meng Zi afirmava que cada homem nasce com uma dignidade que lhe é própria, atribuída por Deus, e que é indisponível para o ser humano e os governantes. Também G.Peces-Barba Martínez, *La Dignidad de la Persona desde la Filosofía del Derecho*, 2.ed., Madrid: Dykinson, 2003, p. 21 e ss., oferece uma série de referências demonstrando que a noção de dignidade da pessoa, ainda que não diretamente referida sob este rótulo, já se encontrava subjacente a uma série de autores da antiguidade, inclusive além das fronteiras do mundo clássico greco-romano e cristão ocidental.

[17] Esta a lição de G. Dürig, *Der Grundsatz der Menschenwürde. Entwurf eines praktikablen Wertsystems der Grundrechte aus Art. 1 Abs. I in Verbidung mit Art, 19 Abs. II des Grundgesetzes*, in: *Archiv des Öffentlichen Rechts (AöR)*, n. 81, 1956, p. 9.

[18] Assim, entre tantos, K. Stern, *Das Staatsrecht der Bundesrepublik Deutschland*, v.III/1, München: C. H. Beck, 1988, p. 6.

como tal – em cada ser humano como algo que lhe é inerente. Ainda nesta linha de entendimento, houve até mesmo quem afirmasse que a dignidade representa "o valor absoluto de cada ser humano, que, não sendo indispensável, é insubstituível",[19] o que, por si só, não afasta necessariamente a possibilidade de uma abordagem de cunho crítico e não inviabiliza, ao menos não por si só, eventual relativização da dignidade, notadamente na sua condição jurídico-normativa (ou seja, na condição de princípio jurídico) e em alguma de suas facetas, temática que, todavia, não será explorada neste estudo.[20] Assim, vale lembrar – nesta linha de entendimento – que a dignidade evidentemente não existe apenas onde é reconhecida pelo Direito e na medida que este a reconhece,[21] já que – pelo menos em certo sentido – constitui dado prévio, no sentido de preexistente e anterior a toda experiência especulativa.[22]

Além disso, não se deverá olvidar que a dignidade – ao menos de acordo com o que parece ser a opinião largamente majoritária – independe das circunstâncias concretas, já que inerente a toda e qualquer pessoa humana, visto que, em princípio, todos – mesmo o maior dos criminosos – são iguais em dignidade, no sentido de serem reconhecidos como pessoas – ainda que não se portem de forma igualmente digna nas suas relações com seus semelhantes, inclusive consigo mesmos. Assim, mesmo que se possa compreender a dignidade da pessoa humana – na esteira do que lembra José Afonso da Silva[23] – como forma de comportamento (admitindo-se, pois, atos dignos e indignos), ainda assim, exatamente por constituir – no sentido aqui acolhido – atributo intrínseco da pessoa humana e expressar o seu valor absoluto, é que a dignidade de todas

---

[19] Cf. J. C. Gonçalves Loureiro, *O Direito à Identidade Genética do Ser Humano*, p. 280, citando lição de C. Hodgkinson, filósofo dinamarquês, admitindo, para além disso, a inequívoca inspiração kantiana desta assertiva.

[20] A respeito deste ponto, v., por todos, o paradigmático contributo de M. Kloepfer, *Leben und Würde des Menschen*, in: *Festschrift 50 Jahre Bundesverfassungsgericht*, Tübingen: J. C. Mohr (Paul Siebeck), 2001, que integra a presente coletânea. Entre nós, remete-se aqui ao nosso *Dignidade da Pessoa Humana e Direitos Fundamentais...*, p. 124 e ss.. onde desenvolvemos tal problema.

[21] Cf. M. A Alegre Martínez, *La Dignidad de la Persona como Fundamento del Ordenamiento Constitucional Español*. León: Universidad de León, 1996, p. 21. Entre nós, v. J. Afonso da Silva, *A Dignidade da Pessoa Humana como Valor Supremo da Democracia*, in: *Revista de Direito Administrativo*, v. 212, 1998, p. 91, inspirado em Kant, referindo que a dignidade da pessoa "não é uma criação constitucional, pois ela é um desses conceitos *a priori*, um dado preexistente a toda experiência especulativa, tal como a própria pessoa humana", lição compartilhada, mais recentemente, também por C. L. Antunes Rocha, *O Princípio da Dignidade da Pessoa Humana e a Exclusão Social*, p. 26.

[22] Cf. R. Pereira e Silva, *Introdução ao Biodireito. Investigações Político-Jurídicas sobre o Estatuto da Concepção Humana*, São Paulo: LTr, 2002, p. 191.

[23] Cf., entre nós e dentre outros, J. Afonso da Silva *A Dignidade da Pessoa Humana como Valor Supremo da Democracia*, p. 93. Registre-se também a lição de J. González Pérez, *La Dignidad de la Persona*, p. 25, destacando que a dignidade da pessoa não desaparece por mais baixa que seja a conduta do ser humano, divergindo, nesta linha de entendimento, de São Tomás de Aquino, já que este – como igualmente bem lembrou o autor citado – justificando a pena de morte, sustentava que o homem, ao delinqüir, decai da dignidade, rebaixando-se à condição de besta. Assim, devem ser repudiadas todas as concepções que consideram a dignidade como mera prestação, isto é, algo que depende eminentemente das ações da pessoa humana e algo a ser conquistado, aspecto sobre o qual voltaremos a nos pronunciar.

as pessoas, mesmo daquelas que cometem as ações mais indignas e infames, não poderá ser objeto de desconsideração. Aliás, não é outro o entendimento que subjaz ao art. 1º da Declaração Universal da ONU (1948), segundo o qual "todos os seres humanos nascem livres e iguais em dignidade e direitos. Dotados de razão e consciência, devem agir uns para com os outros em espírito e fraternidade", preceito que, de certa forma, revitalizou e universalizou – após a profunda barbárie na qual mergulhou a humanidade na primeira metade deste século – as premissas basilares da doutrina kantiana.[24]

Nesta linha argumentativa e na feliz formulação de Jorge Miranda,[25] o fato de os seres humanos (todos) serem dotados de razão e consciência representa justamente o denominador comum a todos os homens, expressando em que consiste sua igualdade. Também o Tribunal Constitucional da Espanha – apenas para referir um exemplo extraído da jurisprudência constitucional – igualmente inspirado na Declaração Universal, manifestou-se no sentido de que a dignidade é um valor espiritual e moral inerente à pessoa, que se manifesta singularmente na autodeterminação consciente e responsável da própria vida e que leva consigo a pretensão ao respeito por parte dos demais. No âmbito da doutrina alemã, refere-se aqui a paradigmática lição de Günter Dürig, para quem a dignidade da pessoa humana consiste no fato de que "cada ser humano é humano por força de seu espírito, que o distingue da natureza impessoal e que o capacita para, com base em sua própria decisão, tornar-se consciente de si mesmo, de autodeterminar sua conduta, bem como de formatar a sua existência e o meio que o circunda".[26]

Assim, à luz do que dispõe a Declaração Universal da ONU, bem como considerando os entendimentos colacionados em caráter exemplificativo, verifica-se que o elemento nuclear da noção de dignidade da pessoa humana parece continuar sendo reconduzido – e a doutrina majoritária conforta esta conclusão – primordialmente à matriz kantiana, centrando-se, portanto, na autonomia e no direito de autodeterminação da pessoa (de cada pessoa).[27] Importa, contudo,

---

[24] Apenas a título ilustrativo, a concepção Kantiana de dignidade da pessoa encontrou lugar de destaque, entre outros, nos seguintes autores. Entre nós, v., por exemplo, as recentes e preciosas contribuições de C.L. Antunes Rocha, *O Princípio da Dignidade da Pessoa Humana e a Exclusão Social*, p. 23 e ss., e F. K. Comparato, *A Afirmação Histórica dos Direitos Humanos*, p. 19 e ss, assim como os trabalhos de F. Ferreira dos Santos, *Princípio Constitucional da Dignidade da Pessoa Humana*. São Paulo: Celso Bastos, 1999, p. 20 e ss., e J.Afonso da Silva, *A Dignidade da Pessoa Humana como Valor Supremo da Democracia*, p. 89 e ss. Na literatura lusitana, v., dentre outros, J. Miranda, *Manual de Direito Constitucional*, v. IV, 3. ed., Coimbra: Coimbra Editora , 2000, p. 188, bem como, por último, P. Mota Pinto, *O Direito ao Livre Desenvolvimento da Personalidade,* in: *Portugal-Brasil Ano 2000*, Boletim da Faculdade de Direito de Coimbra, Coimbra: Coimbra Editora, 2000, p. 151, sem falar na expressiva maioria dos autores alemães, alguns dos quais já referidos.

[25] *Manual de Direito Constitucional*, vol. IV, p. 183.

[26] Cf. G. Dürig, *Der Grundsatz der Menschenwürde*, p. 125.

[27] Cf. A. Bleckmann, *Staatsrecht II – Die Grundrechte*, 4.ed., Köln-Berlin-Bonn-München: Carl Heymanns, 1997, p. 541. Neste sentido, dentre tantos, v. também A. Podlech, *Anmerkungen zu Art. 1 Abs. I Grundgesetz* in: R. Wassermann (Org.) *Kommentar zum Grundgesetz für die Bundesrepublik Deutschland (Alternativ Kommentar)*, v. 1, 2. ed., Neuwied: Luchterhand, 1989, p. 275, assim como R. Zippelius, *Anmerkungen zu Art. 1 Grundgesetz,* p. 9. Conforme bem lembra G. Frankenberg, *Autorität und Integration. Zur Gramatik von Recht und Verfassung*, Frankfurt am Main: Suhrkamp, 2003, p. 270, foi a partir de Kant (embora com

ter presente a circunstância de que esta liberdade (autonomia) é considerada em abstrato, como sendo a capacidade potencial que cada ser humano tem de autodeterminar sua conduta, não dependendo da sua efetiva realização no caso da pessoa em concreto, de tal sorte que também o absolutamente incapaz (por exemplo, o portador de grave deficiência mental) possui exatamente a mesma dignidade que qualquer outro ser humano física e mentalmente capaz,[28] aspecto que voltará a ser considerado, ainda que não exatamente no mesmo contexto.

Além disso, convém destacar, por oportuno, que com isso não se está a sustentar a equiparação, mas a intrínseca ligação entre as noções de liberdade e dignidade, já que a liberdade e, por conseguinte, também o reconhecimento e a garantia de direitos de liberdade (e dos direitos fundamentais de um modo geral), constituem uma das principais (mas não a única) exigências da dignidade da pessoa humana. De qualquer modo, o que se percebe – e os desenvolvimentos posteriores pretendem demonstrar isso – é que o reconhecimento da dignidade como valor próprio de cada pessoa não resulta, pelo menos não necessariamente (ou mesmo exclusivamente), em uma biologização da dignidade, no sentido de que esta seria como uma qualidade biológica e inata da natureza humana, geneticamente pré-programada, tal como, por exemplo, a cor dos olhos ou dos cabelos, tal como, entre tantos outros, bem o sustentou um Jürgen Habermas, consoante ainda restará melhor demonstrado no próximo item.

4. Dignidade e intersubjetividade: a dimensão comunicativa e relacional da dignidade da pessoa humana como o reconhecimento pelo(s) outro(s)

Mesmo sendo possível – na linha dos desenvolvimentos precedentes – sustentar que a dignidade da pessoa se encontra, de algum modo, ligada (também) à

---

desenvolvimentos anteriores) o ponto de arquimedes da moderna compreensão de dignidade passou a ser a autonomia ética, evidenciada por meio da capacidade de o homem dar-se as suas próprias leis.

[28] Neste sentido, a lição de G. Dürig, *Der Grundsatz der Menschenwürde...*, p. 125, que, com base neste ponto de vista, sustenta que mesmo o consentimento do ofendido não descaracteriza uma efetiva agressão à dignidade da pessoa. Pelo mesmo motivo, também o nascituro (embrião) encontra-se protegido na sua dignidade, admitindo-se até mesmo que os reflexos da proteção da dignidade venham a alcançar a pessoa inclusive após a morte, posicionamento que vai também por nós acolhido. Sobre este ponto, de resto objeto de aguda polêmica, especialmente no que concerne ao marco inicial do reconhecimento de uma proteção jurídica da dignidade e da própria vida, v., entre outros, P.Kunig, "Art. 1 (Würde des Menschen, Grundrechtsbindung)", in: I.von Münch; P. Kunig (Org), *Grundgesetz – Kommentar*, v. 1, 5.ed., München: C. H. Beck, 2000, p. 73-75 e, mais recentemente, também na doutrina constitucional alemã, M. Herdegen, *Neuarbeitung von Art. 1 Abs. 1- Schutz der Menschenwürde*, in: T. Maunz; G. Dürig. *Grundgesetz Kommentar*, München: C. H. Beck, 2003, p. 29 e ss. Na França, vale conferir, dentre tantos outros, o ensaio de B. Matieu, *La Dignité de la Personne Humaine: Quel Droit? Quel Titulaire?*, in: *Recueil Dalloz Sirey*, Paris: Éditions Dalloz, 1996, p. 283-284. De modo particular, parece-nos oportuno registrar a lição de W. Höfling, *Anmerkungen zu Art. 1 Abs. 3 Grundgesetz*, in: M. Sachs (Org.) *Grundgesetz – Kommentar*, München: C. H. Beck, 1996, p. 117, apontando para a necessidade de uma interpretação aberta e ampliativa do conceito vida, de tal sorte a agasalhar as necessárias respostas normativas às agressões atuais e potenciais que ameaçam a vida humana.

DIMENSÕES DA DIGNIDADE
Ensaios de Filosofia do Direito e Direito Constitucional

condição humana de cada indivíduo, não há como desconsiderar a necessária dimensão comunitária (ou social) desta mesma dignidade de cada pessoa e de todas as pessoas, justamente por serem todos reconhecidos como iguais em dignidade e direitos (na iluminada fórmula da Declaração Universal de 1948) e pela circunstância de nesta condição conviverem em determinada comunidade. Aliás, consoante já anunciado, a própria dimensão ontológica (embora não necessariamente biológica) da dignidade assume seu pleno significado em função no contexto da intersubjetividade que marca todas as relações humanas e, portanto, também o reconhecimento dos valores (assim como princípios e direitos fundamentais) socialmente consagrados pela e para a comunidade de pessoas humanas.

Neste contexto, assume relevo a lição de Pérez Luño,[29] que, na esteira de Werner Maihofer e, de certa forma, também retomando a noção kantiana, sustenta uma dimensão intersubjetiva da dignidade, partindo da situação básica do ser humano em sua relação com os demais (do ser com os outros), em vez de fazê-lo em função do homem singular, limitado a sua esfera individual, sem que com isto – importa frisá-lo desde logo – se esteja a advogar a justificação de sacrifícios da dignidade pessoal em prol da comunidade, no sentido de uma funcionalização da dignidade. Seguindo – ao menos assim o parece – esta linha de entendimento, vale lembrar a lição de Franck Moderne,[30] referindo que, para além de uma concepção ontológica da dignidade – como qualidade inerente ao ser humano (que, de resto, não se encontra imune a críticas) – importa considerar uma visão de caráter mais "instrumental", traduzida pela noção de uma igual dignidade de todas as pessoas, fundada na participação ativa de todos na "magistratura moral" coletiva, não restrita, portanto, à idéia de autonomia individual, mas que – pelo contrário – parte do pressuposto da necessidade de promoção das condições de uma contribuição ativa para o reconhecimento e proteção do conjunto de direitos e liberdades indispensáveis ao nosso tempo.

---

[29] Cf. A. E. Pérez Luño, *Derechos Humanos, Estado de Derecho y Constitución*, 5. ed., Madrid: Tecnos, 1995, p. 318. Este também parece ser o entendimento de J. Miranda, *Manual de Direito Constitucional*, p. 189, ao sustentar que "cada pessoa tem de ser compreendida em relação com os demais. Por isso, a Constituição completa a referência à dignidade com a referência à mesma dignidade social que possuem todos os cidadãos e todos os trabalhadores [arts. 13, n° 1, e 59, n° 1, alínea *b*], decorrente da inserção numa comunidade determinada". No mesmo sentido, v. M. A. Alegre Martinez, *La Dignidad de la Persona...*, p. 19, referindo, no âmbito de uma dimensão social, a necessidade de que a dignidade, como atributo de pessoa individual, deve ser acompanhada da necessidade de que as demais pessoas e a comunidade respeitem sua liberdade e seus direitos.

[30] Cf. F. Moderne, *La Dignité de la Personne comme Principe Constitutionnel dans les Constitutions Portuguaise et Française,* in: J. Miranda (Org.). *Perspectivas Constituicionais – Nos 20 anos da Constituição de 1976, v. I.,* Coimbra: *Coimbra Editora, 1997*, p. 198-199, em passagem confessadamente influenciada pela obra de Ronald Dworkin. Note-se, de outra parte, que as assim denominadas concepções ontológica e instrumental da dignidade, de certa forma correspondem à já referida classificação proposta por Hofmann (dignidade como dádiva e prestação). Nesta mesma linha de entendimento, também no âmbito da doutrina francesa, vale mencionar o magistério de L. Cassiers, *La Dignité et l'Embryon Humain*, in: *Revue Trimmestrielle des Droits de L'Homme*, v. 54, 2003, especialmente p. 407-413, entre outros aspectos apontando para a circunstância de que – na condição de uma criação da sociedade (como elaboração cultural e simbólica) – a dignidade adquire uma dimensão coletiva, no sentido de que a relação do sujeito com ele próprio depende largamente da relação da pessoa com os seus semelhantes.

De qualquer modo, o que importa, nesta quadra, é que se tenha presente a circunstância, oportunamente destacada por Gonçalves Loureiro,[31] de que a dignidade da pessoa humana – no âmbito de sua perspectiva intersubjetiva – implica uma obrigação geral de respeito pela pessoa (pelo seu valor intrínseco como pessoa), traduzida num feixe de deveres e direitos correlativos, de natureza não meramente instrumental, mas sim, relativos a um conjunto de bens indispensáveis ao "florescimento humano". Que tais direitos e deveres correspondem justamente à concepção aberta, complexa e heterogênea dos direitos e deveres fundamentais da pessoa humana na sociedade e no Estado contemporâneo, haverá de ser sempre presente.

Em verdade – e tal aspecto deve ser destacado – a dignidade da pessoa humana (assim como – na esteira de Hannah Arendt – a própria existência e condição humana),[32] sem prejuízo de sua dimensão ontológica e, de certa forma, justamente em razão de se tratar do valor próprio de cada uma e de todas as pessoas, apenas faz sentido no âmbito da intersubjetividade e da pluralidade. Aliás, também por esta razão é que se impõe o seu reconhecimento e proteção pela ordem jurídica, que deve zelar para que todos recebam igual (já que todos são iguais em dignidade) consideração e respeito por parte do Estado e da comunidade, o que, de resto, aponta para a dimensão política da dignidade, igualmente subjacente ao pensamento de Hannah Arendt, no sentido de que a pluralidade pode ser considerada como *a* condição (e não apenas como uma das condições) da ação humana e da política.[33] Na perspectiva ora apontada, vale consignar a lição de Jürgen Habermas,[34] considerando que a dignidade da pessoa, numa acepção rigorosamente moral e jurídica, encontra-se vinculada à simetria das relações humanas, de tal sorte que a sua *intangibilidade* (o grifo é do autor) resulta justamente das relações interpessoais marcadas pela recíproca consideração e respeito, de tal sorte que apenas no âmbito do espaço público da comunidade da linguagem, o ser natural se torna indivíduo e pessoa dotada de racionalidade.[35] Assim, como bem destaca Hasso Hof-

---

[31] Cf. J. C. Gonçalves Loureiro, *O Direito à Identidade Genética do Ser Humano*, p. 281.

[32] Cf. H. Arendt, *A Condição Humana*, 10.ed., Rio de Janeiro: Forense Universitária, 2002, p. 15 e ss. (capítulo I), onde discorre, entre outros aspectos (e sem uma referência direta à noção de dignidade da pessoa humana), sobre o conceito e os pressupostos da condição e da existência humana, noções que, a despeito de vinculadas, não se confundem. Assim, para a autora "A ação, única atividade que se exerce entre os homens sem a mediação das coisas ou da matéria, corresponde à condição humana da pluralidade, ao fato de que homens, e não o Homem, vivem na Terra e habitam o mundo. Todos os aspectos da condição humana têm alguma relação com a política; mas esta pluralidade é especificamente *a* condição – não apenas a *conditio sine qua non*, mas a *conditio per quam* – de toda a vida política. Assim, o idioma dos romanos – talvez o povo mais político que conhecemos – empregava como sinônimas as expressões 'viver' e 'estar ente os homens' (*inter homines esse*), ou 'morrer' e 'deixar de estar entre os homens' (*inter homines esse desinere*)". Em suma, ainda para a filósofa (ob. cit., p. 16), "*a pluralidade é a condição da ação humana pelo fato de sermos todos os mesmos, isto é, humanos, sem que ninguém seja exatamente igual* a qualquer pessoa que tenha existido, exista ou venha a existir" (grifo nosso).

[33] Cf. H. Arendt, *A Condição Humana*, p. 15-16, de acordo com trecho já transcrito na nota anterior.

[34] Cf. J. Habermas, *Die Zukunft der menschlichen Natur*, p. 62 e ss.

[35] Idem, p. 65.

mann,[36] a dignidade necessariamente deve ser compreendida sob perspectiva relacional e comunicativa, constituindo uma categoria da co-humanidade de cada indivíduo (*Mitmenschlichkeit des Individuums*).

Tais desenvolvimentos em torno da natureza relacional e comunicativa da dignidade da pessoa humana, ao mesmo tempo em que acabaram contribuindo, consoante já referido, para a superação de uma concepção eminentemente especista (biológica) – e, portanto, necessariamente reducionista e vulnerável – da peculiar e específica dignidade dos seres humanos (que, por si só, não afasta uma possível consideração da dignidade da vida de um modo geral[37]), permitem vincular a igual dignidade de todas as pessoas humanas (assim como sua igualdade *prima facie* em direitos) *também* à qualidade comum, recentemente apontada com ênfase também por Francis Fukuyuma, de que como seres humanos "partilhamos uma humanidade comum que permite a todo o ser humano se comunicar potencialmente com todos os demais seres humanos no planeta e entrar numa relação moral com eles".[38]

É precisamente com base nesta linha argumentativa, visceralmente vinculada à dimensão intersubjetiva (e, portanto, sempre relacional) da dignidade

---

[36] Cf. H. Hofmann, *Die versprochene Menschenwürde*, p. 364, posicionando-se – ao sustentar que a dignidade, na condição de conceito jurídico, assume feições de um conceito eminentemente comunicativo e relacional – no sentido de que a dignidade da pessoa humana não poderá ser destacada de uma comunidade concreta e determinada onde se manifesta e é reconhecida. No mesmo sentido, reconhecendo que a dignidade também assume a condição de conceito de comunicação, v., no âmbito da doutrina lusitana, a referência de J. Machado, *Liberdade de Expressão. Dimensões Constitucionais da Esfera Pública no Sistema Social*, Coimbra: Coimbra Editora, 2002, p. 360.

[37] Tais questionamentos, por sua vez, nos remetem à controvérsia em torno da atribuição de dignidade e/ou direitos aos animais e demais seres vivos, que, de resto, já vem sendo reconhecida por alguma doutrina. Sem que se vá adentrar este campo, desde logo nos parece que a tendência contemporânea de uma proteção constitucional e legal da fauna e flora, bem como dos demais recursos naturais, inclusive contra atos de crueldade praticados pelo ser humano, revela no mínimo que a própria comunidade humana vislumbra em determinadas condutas (inclusive praticadas em relação a outros seres vivos) um conteúdo de indignidade. Da mesma forma, considerando que nem todas as medidas de proteção da natureza não humana têm por objeto assegurar aos seres humanos sua vida com dignidade (por conta de um ambiente saudável e equilibrado) mas já dizem com a preservação – por si só – da vida em geral e do patrimônio ambiental, resulta evidente que se está a reconhecer à natureza um valor em si, isto é, intrínseco. Se com isso se está a admitir uma dignidade da vida para além da humana, tal reconhecimento não necessariamente conflita (nem mesmo por um prisma teológico) com a noção de dignidade própria e diferenciada da pessoa humana, que, à evidência, somente e necessariamente é da pessoa humana. De qualquer modo, consoante já referido, não é aqui que iremos desenvolver tais aspectos. Dentre a doutrina disponível (e as referências não indiciam concordância com o conteúdo dos aportes de cada autor), remetemos – a título exemplificativo – inicialmente ao clássico e altamente controverso contributo de P. Singer, *Ética Prática*, São Paulo: Martins Fontes, 2002, especialmente p. 65 e ss. Dentre os desenvolvimentos mais recentes, v. o instigante mas equilibrado artigo de C. Sunstein, *The Rights of Animals*, in: *The University of Chicago Law Review*, v. 70, 2003, p. 387 e ss., onde, embora não se tenha reconhecido propriamente uma dignidade dos animais, admite a possibilidade de se atribuir certos direitos a determinadas categorias de animais, a depender, especialmente, de suas capacidades. Revelando seu ceticismo em relação ao reconhecimento de uma autonomia dos animais em relação ao próprio ser humano, o autor prefere enfatizar a idéia de que os animais têm direito a uma vida decente, livre de sofrimento e maus-tratos, o que, de qualquer modo, não se mostra completamente incompatível com alguns componentes da própria noção de dignidade.

[38] Cf. F. Fukuyama, *Nosso Futuro Pós-Humano. Conseqüências da Revolução da Biotecnologia*, Rio de Janeiro: Rocco, 2003, p. 23.

da pessoa humana, que se tem podido sustentar, como alternativa ou mesmo (se assim se preferir) como tese complementar à tese ontológico-biológica, a noção da dignidade como produto do reconhecimento da essencial unicidade de cada pessoa humana e do fato de esta ser credora de um dever de igual respeito e proteção no âmbito da comunidade humana. Neste sentido, há como afirmar que a dignidade (numa acepção também ontológica, embora definitivamente não biológica) é a qualidade reconhecida como intrínseca à pessoa humana, ou da dignidade como reconhecimento,[39] a teor de uma já expressiva e influente doutrina, que, contudo, aqui não mais poderá ser inventariada e analisada.

5. A dignidade como construção: a indispensabilidade de uma perspectiva (e, portanto, contextualização) histórico-cultural da dignidade

As constatações precedentes, no que diz com uma concepção ontológica e intersubjetiva da dignidade, não desqualificam (pelo contrário, reforçam) a observação de que a dignidade da pessoa humana, por tratar-se, à evidência – e nisto não diverge de outros valores e princípios jurídicos – de categoria axiológica aberta, não poderá ser conceituada de maneira fixista, ainda mais quando se verifica que uma definição desta natureza não harmoniza com o pluralismo e a diversidade de valores que se manifestam nas sociedades democráticas contemporâneas,[40] razão pela qual correto afirmar-se que (também aqui) – como bem lembra Cármen Lúcia Antunes Rocha,[41] nos deparamos com um conceito em permanente processo de construção e desenvolvimento. Assim, há que reconhecer que também o conteúdo da noção de dignidade da pessoa humana, na sua condição de conceito jurídico-normativo, a exemplo de tantos outros conceitos de contornos vagos e abertos, reclama uma constante concretização e delimitação pela práxis constitucional, tarefa cometida a todos os órgãos estatais.[42]

---

[39] Sobre as teorias da dignidade como reconhecimento (*Annerkennungstheorien*) v. também o já referido H. Hofmann, *Die versprochene Menschenwürde*, p. 357 e ss. Se em Kant e Hegel já se encontram elementos importantes para uma compreensão da dignidade como categoria relacional e comunicativa, que acima de tudo faz sentido no âmbito da intersubjetividade das relações humanas, mediante o reconhecimento recíproco do ser pessoa (aspecto igualmente explorado pelo texto de Kurt Seelman, que compõe esta coletâna), é em autores contemporâneos, tais como Charles Taylor e Axel Honneth – para citar dois dos mais destacados nesta seara – que a noção de dignidade (da pessoa) humana como reconhecimento acabou por ocupar um espaço privilegiado na esfera da discussão política, sociológica e filosófica, não sendo o caso, aqui, de desenvolver este aspecto.

[40] Cf., entre nós, E. Pereira de Farias, *Colisão de Direitos. A Honra, a Intimidade, a Vida Privada e a Imagem versus a Liberdade de Expressão e Informação*, Porto Alegre: Fabris, 1996, p. 50, por sua vez arrimado nas lições de Gomes Canotilho e de Celso Lafer.

[41] Cf. C.L. Antunes Rocha, *O Princípio da Dignidade da Pessoa Humana...*, p. 24.

[42] Cf. averba R. Zippelius, *Anmerkungen zu Art. 1 Grundgesetz*, p. 14.

Já por esta razão, há quem aponte para o fato de que a dignidade da pessoa não deve ser considerada exclusivamente como algo inerente à natureza humana (no sentido de uma qualidade inata pura e simplesmente), isto na medida em que a dignidade possui também um sentido cultural, sendo fruto do trabalho de diversas gerações e da humanidade em seu todo, razão pela qual as dimensões natural e cultural da dignidade da pessoa se complementam e interagem mutuamente,[43] guardando, além disso, relação direta com o que se poderá designar de dimensão prestacional (ou positiva) da dignidade.

Além do mais, tal linha de aproximação (histórico-cultural), importa consignar, foi recepcionada por expressiva jurisprudência constitucional, destacando-se aqui precedente do Tribunal Constitucional de Portugal, que, no âmbito do Acórdão n° 90-105-2, de 29.03.1990, assentou que "a idéia de dignidade da pessoa humana, no seu conteúdo concreto – nas exigências ou corolários em que se desmultiplica – não é algo puramente apriorístico, mas que necessariamente tem de concretizar-se histórico-culturalmente".[44] Ainda a respeito deste ponto, vale registrar a lição de Ernst Benda,[45] de acordo com o qual, para que a noção de dignidade não se desvaneça como mero apelo ético, impõe-se que seu conteúdo seja determinado no contexto da situação concreta da conduta estatal e do comportamento de cada pessoa humana.

É também nesta perspectiva que há, de fato, como traçar uma distinção entre dignidade humana (aqui no sentido da dignidade reconhecida a todos os seres humanos, independentemente de sua condição pessoal, concreta) e dignidade da pessoa humana, concretamente considerada, no contexto de seu desenvolvimento social e moral. Em caráter ilustrativo, é possível referir aqui uma série de situações que, para determinada pessoa (independentemente aqui de uma vinculação a certo grupo cultural específico) não são consideradas como ofensivas à sua dignidade, ao passo que, para outros, se trata de violação intensa inclusive do núcleo essencial da dignidade da pessoa. O mesmo ocorre com a evolução da natureza das penas em matéria criminal ao longo do tempo, já que na mesma sociedade ocidental, que já reconhecia a dignidade da pessoa como um valor até mesmo para o Direito, determinadas penas inicialmente

---

[43] Cf. P. Häberle, *Die Menschenwürde als Grundlage der staatlichen Gemeinschaft*, in: J. Isensee; P. Kirchhof (Orgs.). *Handbuch des Staatsrechts der Bundesrepublik Deutschland*, v. I, Heidelberg: C. F. Müller, 1987, p. 860, destacando-se que a despeito da referida dimensão cultural, a dignidade da pessoa mantém sempre sua condição de valor próprio, inerente a cada pessoa humana, podendo falar-se assim de uma espécie de "constante antropológica", de tal sorte que a dignidade possui apenas uma dimensão cultural relativa (no sentido de estar situada num contexto cultural), apresentando sempre também traços tendencialmente universais (ob. cit., p. 842-843).

[44] Acórdão n° 90-105-2, de 29.03.90, Relator Bravo Serra, onde, para além do aspecto já referido, entendeu-se ser do legislador "sobretudo quando, na comunidade jurídica, haja de reconhecer-se e admitir-se como legítimo um pluralismo mundividencial ou de concepções" a tarefa precípua de "em cada momento histórico, 'ler', traduzir e verter no correspondente ordenamento aquilo que nesse momento são as decorrências, implicações ou exigências dos princípios 'abertos' da Constituição."

[45] Cf. E. Benda, *Die Menschenwürde ist Unantastbar*, in: *Archiv für Rechts-und Sozialphilosophie (ARSP)*, Beiheft n. 22, 1984, p. 23.

aceitas como legítimas, foram proscritas em função de representarem violações da dignidade da pessoa humana.[46]

Desde logo, percebe-se (ao menos assim se espera) que com o reconhecimento de uma dimensão cultural e, em certo sentido, também prestacional[47]da dignidade não se está a aderir à concepção da dignidade como prestação,[48] ao menos não naquilo em que se nega ser a dignidade (também) o valor intrínseco reconhecido ao ser humano, mas sim, eminentemente uma condição conquistada pela ação concreta de cada indivíduo, não sendo tarefa dos direitos fundamentais assegurar a dignidade, mas sim, as condições para a realização da prestação.[49] Com efeito, não há como aceitar neste ponto a lição de Niklas Luhmann,[50] para quem a pessoa alcança (conquista) sua dignidade a partir de uma conduta autodeterminada e da construção exitosa da sua própria identida-

---

[46] A título de exemplo, no que diz com a dimensão histórico-cultural da dignidade e seu reconhecimento pela própria jurisprudência constitucional, vale tanscrever aqui texto livremente traduzido, extraído de decisão do Tribunal Federal Constitucional da Alemanha (v. BverfGE v. 45, p. 229), ora objeto de livre tradução, "não se pode perder de vista que a dignidade da pessoa humana é algo irrenunciável, mas o reconhecimento daquilo que é exigido pelo postulado que impõe a sua observância e respeito não pode ser desvinculado da evolução histórica. A história das políticas criminais revela que penas cruéis foram sendo gradativamente substituídas por penas mais brandas. Da mesma forma a evolução de penas gravosas para penas mais humanas e de formas simples para formas mais diferenciadas de penalização tem prosseguido, permitindo que se vislumbre o quanto ainda deve ser superado. Por tal razão, o julgamento sobre o que corresponde à dignidade da pessoa humana, repousa necessariamente sobre o estado vigente do conhecimento e compreensão e não possui uma pretensão de validade indeterminada".

[47] A respeito da dignidade como limite e tarefa v., dentre tantos e mais recentemente, no contexto de uma dúplice função defensiva (negativa) e prestacional (positiva) a lição de M. Sachs, *Verfassungsrecht II – Grundrechte*, p. 178 e ss.

[48] Nesta quadra, convém lembrar que, de modo geral e de acordo com a influente lição de H. Hofmann, *Die versprochene Menschenwürde*, p. 357 e ss., as diversas teorias sobre a dignidade da pessoa, notadamente no que diz com o seu conteúdo e fundamentação, podem ser agrupadas em torno de duas concepções, quais sejam, as teorias que compreendem a dignidade como dádiva (*Mitgifttheorien*), no sentido de que a dignidade constitui uma qualidade ou propriedade peculiar e distintiva da pessoa humana (inata, ou fundada na razão ou numa dádiva divina), bem como as teorias assim denominadas de prestacionais (*Leistungstheorien*), que vêem na dignidade o produto (a prestação) da subjetividade humana. Sem que se vá aqui arrolar e dissecar as principais concepções elaboradas no âmbito destas duas correntes e lembrando que mesmo esta classificação não se encontra imune à controvérsia, parece-nos – tal como lembra o próprio Hofmann (ob. cit., p. 358), que, em verdade, não se verifica uma oposição fundamental entre ambas as teorias (dádiva e prestação), já que ambas repousam, em última análise, no postulado da subjetividade e autonomia do indivíduo. A despeito disso, que ambas as concepções apresentam aspectos passíveis de crítica, é ponto que já obteve e voltará a obter alguma atenção ao longo deste ensaio. Também mencionando a classificação proposta por Hofmann, v., em língua portuguesa, a recente e importante contribuição de J. C. Gonçalves Loureiro, *O Direito à Identidade Genética* ..., p, 280-81, referindo uma terceira concepção teórica extraída do texto de Hofmann, e que visualiza a dignidade como reconhecimento (*Annerkennung*). Muito embora tal aspecto careça de maior digressão, parece-nos que Hofmann, após apresentar e discutir criticamente as duas concepções da dignidade como dádiva e prestação, passa a propor uma noção de dignidade como reconhecimento, no sentido de que "a dignidade significa reconhecimento recíproco do outro no que diz com a sua especifidade e suas peculiaridades como indivíduo..." (ob. cit., p. 370).

[49] Cf. a leitura de P. Häberle, *Die Menschenwürde als Grundlage*..., p. 836, referindo-se especificamente ao pensamento de Luhmann.

[50] Para Luhmann, *Grundrechte als Instituition*, 2. ed., Berlin: Duncker & Humblot, 1974, p. 60 e ss., adotando nitidamente uma perspectiva Hegeliana, assim como a liberdade, a dignidade é o resultado e condição de uma exitosa auto-re- presentação. Além disso, os conceitos de liberdade e dignidade constituem condições fundamentais para a auto-representação do Homem como pessoa individual, o que, de resto, se processa

de. Tal concepção, que chegou a ser qualificada – talvez até de modo exagerado – como um equívoco sociológico (*ein soziologisches Missverständnis*),[51] também não corresponde às exigências do estado constitucional e de sua cultura, já que também aquele que nada "presta" para si próprio ou para os outros (tal como ocorre com o nascituro, o absolutamente incapaz, etc.) evidentemente não deixa de ter dignidade e, para além disso, não deixa de ter o direito de vê-la respeitada e protegida.[52]

Justamente no que diz com este ponto, resulta evidente a conexão com a necessariamente dupla dimensão negativa (defensiva) e positiva (prestacional) da dignidade da pessoa humana, que justamente merecerá atenção mais detida no próximo segmento.

6. A dignidade como limite e como tarefa: a dupla dimensão negativa e prestacional da dignidade

A partir do exposto, sustenta-se que a dignidade possui uma dimensão dúplice, que se manifesta enquanto simultaneamente expressão da autonomia da pessoa humana (vinculada à idéia de autodeterminação no que diz com as decisões essenciais a respeito da própria existência), bem como da necessidade de sua proteção (assistência) por parte da comunidade e do Estado, especialmente quando fragilizada ou até mesmo – e principalmente – quando ausente a capacidade de autodeterminação. Assim, de acordo com Martin Koppernock, a dignidade, na sua perspectiva assistencial (protetiva) da pessoa humana, poderá, dadas as circunstâncias, prevalecer em face da dimensão autonômica, de tal sorte que, todo aquele a quem faltarem as condições para uma decisão própria e responsável (de modo especial no âmbito da biomedicina e bioética) poderá até mesmo perder – pela nomeação eventual de um curador ou submissão involuntária a tratamento médico e/ou internação – o exercício pessoal de sua capacidade de autodeterminação, restando-lhe, contudo, o direito a ser tratado com dignidade (protegido e assistido).[53]

---

apenas no contexto social, de tal sorte que a dignidade e a liberdade referem-se a problemas específicos de comunicação.

[51] Cf. a crítica de C. Starck, *Das Bonner Grundgesetz*, 4.ed., v.1, München: Verlag Franz Vahlen, 1999, p. 46, destacando que a dignidade não se restringe aos que logram construí-la pessoalmente, pois, em sendo assim, poderá acabar sendo justificado – como a história já demonstrou – o sacrifício dos deficientes mentais, pessoas com deformidades físicas e até mesmo dos "monstros espirituais" (os traidores da pátria e inimigos da classe).

[52] Cf. a ponderação de P. Häberle, *Die Menschenwürde als Grundlage...*, p. 838.

[53] Cf. M. Koppernock, *Das Grundrecht auf bioethische Selbstbestimmung*, Baden-Baden: Nomos, 1997, p. 19-20, salientando – na esteira de outros doutrinadores, que mesmo presente, em sua plenitude, a autonomia da vontade (dignidade como capacidade de autodeterminação) esta poderá ser relativizada em face da dignidade na sua dimensão assistencial (protetiva), já que, em determinadas circunstâncias, nem mesmo o livre consentimento autoriza determinados procedimentos, tal como ocorre, v.g., com a extração de todos os

Tal concepção encontra-se, de resto, embasada na doutrina de Dworkin,[54] que, demonstrando a dificuldade de se explicar um direito a tratamento com dignidade daqueles que, dadas as circunstâncias (como ocorre nos casos de demência e das situações nas quais as pessoas já não logram sequer reconhecer insultos a sua auto-estima ou quando já perderam completamente sua capacidade de autodeterminação), ainda assim devem receber um tratamento digno. Dworkin, portanto, parte do pressuposto de que a dignidade possui "tanto uma voz ativa quanto uma voz passiva e que ambas encontram-se conectadas", de tal sorte que é no valor intrínseco (na "santidade e inviolabilidade") da vida humana[55] de todo e qualquer ser humano, que encontramos a explicação para o fato de que mesmo aquele que já perdeu a consciência da própria dignidade merece tê-la (sua dignidade) considerada e respeitada.[56] Que essa assertiva não conduz necessariamente à refutação da possível distinção entre as noções de pessoa e dignidade, vai aqui afirmado, tendo sido desenvolvido tembém e recentemente por Habermas,[57] que traça uma linha distintiva entre o que chama

---

dentes de um paciente sem qualquer tipo de indicação médica, especialmente quando o consentimento estiver fundado na ignorância técnica. Até que ponto, nesta e em outras hipóteses até mesmo mais gravosas, é possível falar na presença de uma plena autonomia, é, de resto, aspecto que refoge ao âmbito destas considerações, mas que, nem por isso, deixa de merecer a devida atenção.

[54] Cf. R. Dworkin, *El Dominio de la Vida. Una Discusión acerca del Aborto, la Eutanasia y la Libertad Individual*, Barcelona: Ariel, 1998, p. 306-307.

[55] Embora – importa destacá-lo já neste momento – não se possa concordar com uma noção exclusivamente biológica da dignidade, não sendo poucas as críticas que têm sido assacadas no âmbito da produção doutrinária, ao tematizar a assim designada "biologização" da dignidade, também é certo que a desvinculação total entre vida e dignidade igualmente se revela incompatível com uma concepção suficientemente produtiva da dignidade e capaz de abarcar os inúmeros e diversificados desafios que lhe são direcionados. Posicionando-se contrariamente a uma biologização, v., entre outros, U. Neumann, *Die Tyrannei der Würde*, in: *Archiv für Rechts-und Sozialphilosophie (ARSP)*, v. 84, 1998, p. 156 e ss., especialmente no contexto da problemática das manipulações genéticas, assim como, mais recentemente, E. Denninger, *Embryo und Grundgesetz...*, p. 201 e ss., este aderindo à concepção de Habermas, no sentido de que a dignidade não decorre da natureza humana (não sendo, portanto, um atributo inato e natural, tal como a cor dos olhos, etc.), mas sim do reconhecimento do valor intangível de cada pessoa no âmbito da reciprocidade das relações humanas. A despeito dos diversos problemas vinculados à discussão ora retratada, deixaremos de desenvolver, pelo menos por ora, este ponto, que, de resto, será em parte retomado mais adiante, quando do comentário a respeito das relações entre a dignidade e o direito à vida. Em sentido diverso, criticando enfaticamente a tendência a uma desconexão entre vida e dignidade, v., dentre tantos, J. Isensee, *Der Grundrechtliche Status des Embryos. Menschewürde und Recht auf Leben als Determinanten der Gentechnik*, in: O. Höffe; L. Honnefelder; J. Isensee. *Gentechnik und Menschenwürde. An den Grenzen von Ethik und Recht*, Köln: Du Mont, 2002, p. 62 e ss. Da mesma forma, aproximando-se aqui de Habermas, mas sem deixar de reconhecer uma vinculação entre os atributos naturais da pessoa, registre-se o entendimento de O. Höffe, *Menschenwürde als ethisches Prinzip*, in: O. Höffe; L. Honnefelder; J. Isensee. *Gentechnik und Menschenwürde. An den Grenzen von Ethik und Recht*, Köln: Du Mont, 2002, p. 115, ao afirmar que se, por um lado, a dignidade consiste em um axioma, no sentido de um princípio diretivo da moral e do direito, também é certo que a dignidade se refere a características biológicas da pessoa, sem contudo ser ela própria (dignidade) uma destas características.

[56] Cf. R. Dworkin, *El Dominio de la Vida...*, p. 306-309. Sobre a distinção (autonomia), mas mesmo assim íntima conexão entre dignidade e da vida (pois dignidade e vida, como princípios e direitos fundamentais, referem-se, em primeira linha, à pessoa humana, sendo esta o elo comum) bem como a respeito das relações entre ambos os valores, v. especialmente os desenvolvimentos de Michael Kloepfer, *Leben und Würde des Menschen*, especialmente p. 78 e ss, texto que integra a presente coletânea.

[57] Com efeito, K. Seelmann, *Person und Menschenwürde in der Phliosophie Hegels*, in: H. Dreier (Org.). *Philosophie des Rechts und Verfassungstheorie. Geburtstagsympoion für Hasso Hofmann*, Berlin: Duncker

de dignidade da pessoa e dignidade da vida humana.[58] Assim, seguindo uma tendência que parece estar conduzindo a uma releitura e recontextualização da doutrina de Kant (ao menos naquilo em que aparentemente se encontra centrada exclusivamente na noção de autonomia da vontade e racionalidade), vale reproduzir a lição de Dieter Grimm,[59] eminente publicista e Magistrado germânico, ao sustentar que a dignidade, na condição de valor intrínseco do ser humano, gera para o indivíduo o direito de decidir de forma autônoma sobre seus projetos existenciais e felicidade e, mesmo onde esta autonomia lhe faltar ou não puder ser atualizada, ainda assim ser considerado e respeitado pela sua condição humana.

É justamente neste sentido que assume particular relevância a constatação de que a dignidade da pessoa humana é simultaneamente limite e tarefa dos poderes estatais e, no nosso sentir, da comunidade em geral, de todos e de cada um, condição dúplice esta que também aponta para uma paralela e conexa dimensão defensiva e prestacional da dignidade. Como limite, a dignidade implica não apenas que a pessoa não pode ser reduzida à condição de mero objeto da ação própria e de terceiros, mas também o fato de a dignidade gera direitos fundamentais (negativos) contra atos que a violem ou a exponham a graves ameaças. Como tarefa, da previsão constitucional (explícita ou implícita) da dignidade da pessoa humana, dela decorrem deveres concretos de tutela por parte dos órgãos estatais, no sentido de proteger a dignidade de todos, assegurando-lhe também por meio de medidas positivas (prestações) o devido respeito e promoção.

& Humblot, 2000, p. 141, destaca que o mais apropriado seria falar que, ao pensamento de Hegel (e não estritamente na sua Filosofia do Direito), encontra-se subjacente uma teoria da dignidade como viabilização de determinadas prestações. Tal teoria, além de não ser incompatível com uma concepção ontológica da dignidade (vinculada a certas qualidades inerentes à condição humana), significa que uma proteção jurídica da dignidade reside no dever de reconhecimento de determinadas possibilidades de prestação, nomeadamente, a prestação do respeito aos direitos, do desenvolvimento de uma individualidade e do reconhecimento de um auto-enquadramento no processo de interação social. Além disso, como, ainda, bem refere o autor, tal conceito de dignidade não implica a desconsideração da dignidade (e sua proteção) no caso de pessoas portadoras de deficiência mental ou gravemente enfermos, já que a possibilidade de proteger determinadas prestações não significa que se esteja a condicionar a proteção da dignidade ao efetivo implemento de uma dada prestação, que também aqui (de modo similar – como poderíamos acrescentar – ao que se verificou relativamente ao pensamento Kantiano, centrado na capacidade para a autodeterminação inerente a todos os seres racionais) o que importa é a possibilidade de uma prestação (ob. cit., p. 142). A respeito das diversas dimensões da dignidade encontradas no pensamento de Hegel, v., ainda, a breve referência de O. Höffe, *Menschenwürde als ethisches Prinzip*, p. 133.

[58] Cfr. Jürgen Habermas, *Die Zukunft der menschlichen Natur...*, p. 57 e ss.

[59] Cf. D. Grimm, *apud* M. Koppernock, *Das Grundrecht auf bioethische Selbstbestimmung*, p. 21-22, muito embora posicionando-se de forma crítica em relação ao reconhecimento da dignidade exclusivamente com base na pertinência biológica a uma espécie e centrando a noção de dignidade no reconhecimento de direitos ao indivíduo, sem os quais este acaba não sendo levado a sério como tal. Nesta mesma linha, já havia decidido o Tribunal Federal Constitucional da Alemanha (in: BverfGE 39, 1 [41]), considerando que onde existe vida humana esta deve ter assegurada a proteção de sua dignidade, não sendo decisivo que o titular tenha consciência de sua dignidade ou que saiba defender-se a si próprio, bastando, para fundamentação da dignidade, as qualidades potenciais inerentes a todo o ser humano.

Em caráter complementar e evidentemente não exaustivo, recolhe-se aqui a lição de Adalbert Podlech,[60] segundo o qual é possível afirmar que, na condição de limite da atividade dos poderes públicos, a dignidade necessariamente é algo que pertence a cada um e que não pode ser perdido ou alienado, porquanto, deixando de existir, não haveria mais limite a ser respeitado (este sendo considerado o elemento fixo e imutável da dignidade). Como tarefa (prestação) imposta ao Estado, a dignidade da pessoa reclama que este guie as suas ações tanto no sentido de preservar a dignidade existente, quanto objetivando a promoção da dignidade, especialmente criando condições que possibilitem o pleno exercício e fruição da dignidade, sendo portanto dependente (a dignidade) da ordem comunitária, já que é de se perquirir até que ponto é possível ao indivíduo realizar, ele próprio, parcial ou totalmente, suas necessidades existenciais básicas ou se necessita, para tanto, do concurso do Estado ou da comunidade; este seria, portanto (segundo o mesmo Podlech), o elemento mutável da dignidade.

7. Da fórmula minimalista do homem-objeto para uma conceituação analítica (necessariamente aberta e complexa) possível da dignidade da pessoa humana

Com base no que até agora foi exposto, verifica-se que reduzir a uma fórmula abstrata e genérica tudo aquilo que constitui o conteúdo possível da dignidade da pessoa humana, em outras palavras, alcançar uma definição precisa do seu âmbito de proteção ou de incidência (em se considerando sua condição de norma jurídica), não parece ser possível, o que, por sua vez, não significa que não se possa e não se deva buscar uma definição, que, todavia, acabará alcançando pleno sentido e operacionalidade apenas em face do caso concreto, como, de resto, é o que ocorre de modo geral com os princípios e direitos fundamentais.

Com efeito, para além dos aspectos ventilados, a busca de uma definição necessariamente aberta mas minimamente objetiva (no sentido de concretizável) impõe-se justamente em face da exigência de um certo grau de segurança e estabilidade jurídica, bem como para evitar – como bem lembra Béatrice Maurer, no seu contributo publicado nesta coletânea – que a dignidade continue a justificar o seu contrário.[61]

Como ponto de partida nesta empreitada, inclusive por se tratar daquilo que pode ser até mesmo considerado como um elemento nuclear da dignidade,

---

[60] Cf. A. Podlech, *Anmerkungen zu Art. 1 Abs. I Grundgesetz*, p. 280-281.

[61] Cf. B. Maurer, *Notes sur le Respect de la Dignité Humaine... ou Petite Fugue Inacheveé Autour d'un Thème Central*, in: A. Sérieux et allii. *Le Droit, Le Médicine et L'être Humain*, Aix-En-Provence: Presses Universitaires D'Aix-Marseille, 1996, p. 186.

vale citar a fórmula desenvolvida por Günter Dürig, na Alemanha, para quem (na esteira da concepção kantiana) a dignidade da pessoa humana poderia ser considerada atingida sempre que a pessoa concreta (o indivíduo) fosse rebaixada a objeto, a mero instrumento, tratada como uma coisa, em outras palavras, sempre que a pessoa venha a ser descaracterizada e desconsiderada como sujeito de direitos.[62] Como bem consignou Michael Sachs,[63] tal fórmula parte de uma definição da dignidade considerando seu âmbito de proteção, traduzindo uma opção por uma perspectiva que prefere determinar este âmbito de proteção a partir de suas violações no caso concreto. Esta concepção, muito embora largamente (mas não exclusivamente) acolhida e adotada também – ao menos em expressivo número de decisões – pelo Tribunal Federal Constitucional da Alemanha,[64] por evidente não poderá oferecer uma solução global para o problema, já que não define previamente o que deve ser protegido, mas permite a verificação, à luz das circunstâncias do caso concreto, da existência de uma efetiva violação da dignidade da pessoa humana, fornecendo, ao menos, um caminho a ser trilhado, de tal sorte que, ao longo do tempo, doutrina e jurisprudência encarregaram-se de identificar uma série de posições que integram a noção de dignidade da pessoa humana e que, portanto, reclamam a proteção pela ordem jurídica.[65] O que se percebe, em última análise, é que onde não houver respeito pela vida e pela integridade física e moral do ser humano, onde as

---

[62] Cf. G. Dürig, *Der Grundsatz der Menschenwürde...*, p. 127. No direito brasileiro, a fórmula do homem-objeto, isto é, o enunciado de que tal condição é justamente a negação da dignidade, encontra-se – ao menos assim nos parece – formulada expressamente na Constituição, notadamente quando o nosso Constituinte, no art. 5º, inciso III, da Constituição de 1988, estabelece de forma enfática que "ninguém será submetido à tortura e a tratamento desumano ou degradante". Neste contexto, vale, ainda, lembrar a lição de P. Häberle, *Menschenwürde als Grundlage...*, p. 842, quando afirma que a concepção de Dürig (a fórmula do "objeto") acaba por transformar-se também numa "fórmula-sujeito", já que o estado constitucional efetiva a dignidade da pessoa na medida em que reconhece e promove o indivíduo na condição de sujeito de suas ações.

[63] Cf. M. Sachs, *Verfassungsrecht II – Grundrechte*, p. 174.

[64] Apenas pinçando uma das diversas decisões onde tal concepção foi adotada, verifica-se que, para o Tribunal Federal Constitucional da Alemanha, a dignidade da pessoa humana está vinculada ao valor social e pretensão de respeito do ser humano, que não poderá ser reduzido à condição de objeto do Estado ou submetido a tratamento que comprometa a sua qualidade de sujeito (v. BverfGE 96, p. 399). Convém lembrar, todavia (a despeito de outras críticas possíveis) que a fórmula do homem-objeto não afasta a circunstância de que, tanto na vida privada quando na esfera pública, as pessoas constantemente se colocam a si próprias na condição de objeto da influência e ação alheias, sem que com isto se esteja colocando em dúvida a sua condição de pessoa (Cf. a observação de H. Hofmann, *Die versprochene Menschenwürde*, p. 360. Igualmente não se deve desconsiderar a precoce objeção de N. Luhmann, *Grundrechte als Institution*, p. 60, que considerou a fórmula-objeto vazia, já que não afasta a necessidade de decidir quando e sob que circunstâncias alguém estará sendo tratado como objeto, a ponto de restar configurada uma violação da sua dignidade.

[65] Assim, por exemplo, não restam dúvidas de que a dignidade da pessoa humana engloba necessariamente o respeito e a proteção da integridade física do indivíduo, do que decorrem a proibição da pena de morte, da tortura, das penas de cunho corporal, utilização da pessoa humana para experiências científicas, estabelecimento de normas para os transplantes de órgãos, etc., tudo conforme refere Höfling, *Anmerkungen zu Art. 1 Abs. 3 Grundgesetz*, p. 107-109. De outra parte, percebe-se que os exemplos citados demonstram a existência de uma íntima relação entre os direitos fundamentais e a dignidade da pessoa, aspecto que ainda será objeto de análise mais aprofundada e que aqui foi apenas referido com o objetivo de demonstrar algumas das dimensões concretas desenvolvidas a partir da noção da dignidade da pessoa humana. Registre-se, ademais, que o próprio Tribunal Federal Constitucional da Alemanha, tal como refere M. Sachs, *Verfassungsrecht II – Grun-*

condições mínimas para uma existência digna não forem asseguradas, onde não houver limitação do poder, enfim, onde a liberdade e a autonomia, a igualdade (em direitos e dignidade) e os direitos fundamentais não forem reconhecidos e minimamente assegurados, não haverá espaço para a dignidade da pessoa humana e esta (a pessoa), por sua vez, poderá não passar de mero objeto de arbítrio e injustiças.

É neste contexto que, igualmente buscando uma concretização da dignidade da pessoa humana na perspectiva do Direito, poder-se-á acompanhar, em linhas gerais, a lição de Maria Celina Bodin de Moraes,[66] para quem do substrato material da dignidade decorrem quatro princípios jurídicos fundamentais, nomeadamente os da igualdade (que, em suma, veda toda e qualquer discriminação arbitrária e fundada nas qualidades da pessoa), da liberdade (que assegura a autonomia ética e, portanto, a capacidade para a liberdade pessoal), da integridade física e moral (que, no nosso sentir inclui a garantia de um conjunto de prestações materiais que asseguram uma vida com dignidade) e da solidariedade (que diz com a garantia e promoção da coexistência humana, em suas diversas manifestações). Que tais princípios concretizadores da dignidade, por sua vez, encontram-se vinculados a todo um conjunto de direitos fundamentais, vai aqui assumido como pressuposto e não será, dados os limites do presente estudo, objeto de desenvolvimento.[67]

A partir do exposto, verifica-se que também para a ordem jurídico-constitucional a concepção do homem-objeto (ou homem-instrumento), com todas as conseqüências que daí podem e devem ser extraídas, constitui justamente a antítese da dignidade da pessoa humana, embora esta, à evidência, não possa ser, por sua vez, exclusivamente formulada no sentido negativo (de exclusão de atos degradantes e desumanos), já que assim se estaria a restringir demasiadamente o âmbito de proteção da dignidade,[68] razão pela qual imperiorsa a sua concretização por meio de outros princípios e direitos fundamentais, de natureza negativa e positiva. Isto, por sua vez, remete-nos ao delicado problema de um conceito minimalista ou maximalista (ótimo) de dignidade, que aqui não

---

drechte, p. 174, tem relativizado a fórmula do "homem-objeto", reconhecendo ser a mesma insuficiente para apreender todas as violações e assegurar, por si só, a proteção eficiente da dignidade da pessoa humana.

[66] Cf. M.C. Bodin de Moraes, *O Conceito de Dignidade Humana: Substrato Axiológico e Conteúdo Normativo*, in: I. W. Sarlet (Org.). *Constituição, Direitos Fundamentais e Direito Privado*. Porto Alegre: Livraria do Advogado, 2003, p. 116 e ss.

[67] Aqui remetemos ao nosso *Dignidade da Pessoa Humana e Direitos Fundamentais...*, p. 84 e ss.

[68] Neste sentido, parece situar-se o entendimento de M. Sachs, *Verfassungsrecht II – Grundrechte*, p. 174 e ss., sugerindo que o âmbito de proteção da garantia da dignidade da pessoa humana restaria melhor definido em se perquirindo, em cada caso concreto, se à luz da fórmula do homem-objeto a suposta conduta violadora efetivamente desconsidera o valor intrínseco da pessoa. Por sua vez, U. Di Fabio, *Der Schutz der Menschenwürde durch allgemeine Programmgrundsetze*, München: Reinhard Fischer Verlag, 1999, p. 22 e ss., destaca que não é possível definir a dignidade como bem juridicamente protegido para além da fórmula-objeto (que reconhece ser vaga e indeterminada), sem que se acabe invadindo a seara nebulosa da autodefinição do ser humano, de tal sorte que apenas uma determinação do âmbito de proteção com base no critério da conduta ofensiva se revela juridicamente controlável.

será desenvolvido, mas que se encontra subjacente ao problema da universalização da própria dignidade e dos direitos fundamentais que lhe são inerentes, objeto do próximo segmento.

O próprio Dworkin,[69] ao tratar do conteúdo da dignidade da pessoa humana, acaba reportando-se direta e expressamente à doutrina de Kant, ao relembrar que o ser humano não poderá jamais ser tratado como objeto, isto é, como mero instrumento para realização dos fins alheios, destacando, todavia, que tal postulado não exige que nunca se coloque alguém em situação de desvantagem em prol de outrem, mas sim, que as pessoas nunca poderão ser tratadas de tal forma que se venha a negar a importância distintiva de suas próprias vidas.[70] Neste contexto, vale registrar, ainda, que mesmo Kant nunca afirmou que o homem, num certo sentido, não possa ser "instrumentalizado" de tal sorte que venha a servir, espontaneamente e sem que com isto venha a ser degradado na sua condição humana, à realização de fins de terceiros, como ocorre, de certo modo, com todo aquele que presta um serviço a outro. Com efeito, Kant refere expressamente que o homem constitui um fim em si mesmo e não pode servir "simplesmente como meio para o uso arbitrário desta ou daquela vontade".[71] Ainda nesta perspectiva, já se apontou – com razão, assim o parece – para o fato de que o desempenho das funções sociais em geral encontra-se vinculado a uma recíproca sujeição, de tal sorte que a dignidade da pessoa humana, compreendida como vedação da instrumentalização humana, em princípio proíbe a completa e egoística disponibilização do outro, no sentido de que se está a utilizar outra pessoa apenas como meio para alcançar determinada finalidade, de tal sorte que o critério decisivo para a identificação de uma violação da dignidade passa a ser (pelo menos em muitas situações, convém acrescer) o do objetivo da conduta, isto é, a intenção de instrumentalizar (coisificar) o outro.[72]

Por derradeiro, é possível encerrar esta etapa reproduzindo, a título de sugestão, proposta pessoal de conceituação (jurídica) da dignidade da pessoa humana[73] que, além de abranger (mas não se restringir) a vedação da coisificação e, portanto, degradação da pessoa por conta da tradicional fórmula-objeto, busca reunir a dupla perspectiva ontológica e instrumental referida, procura destacar tanto a sua necessária faceta intersubjetiva e, portanto, relacional, quanto a sua dimensão simultaneamente negativa (defensiva) e positiva (prestacional).

---

[69] Cf. R. Dworkin, *El Dominio de la Vida...*, p. 307-10.

[70] Idem, p. 310, referindo, com base no exemplo dos presos, que tal concepção impõe que, apesar das razões que levaram ao encarceramento, que poderão exigir e justificar esta ofensa (a prisão), estas não autorizam que se venha a tratar o preso como mero objeto, à disposição dos demais, como se apenas importasse a utilidade da prisão.

[71] Cf. I. Kant, *Fundamentação da Metafísica dos Costumes,* in: *Os Pensadores – Kant (II),* Trad. Paulo Quintela. São Paulo: Abril Cultural, 1980, p. 134-135.

[72] Cf. U. Neumann, *Die Tyrannei der Würde*, p. 161.

[73] Cf. o nosso *Dignidade da Pessoa Humana e Direitos Fundamentais...*, p. 59-60.

Assim sendo, tem-se por dignidade da pessoa humana *a qualidade intrínseca e distintiva reconhecida em cada ser humano que o faz merecedor do mesmo respeito e consideração por parte do Estado e da comunidade, implicando, neste sentido, um complexo de direitos e deveres fundamentais que assegurem a pessoa tanto contra todo e qualquer ato de cunho degradante e desumano, como venham a lhe garantir as condições existenciais mínimas para uma vida saudável,[74] além de propiciar e promover sua participação ativa e co-responsável nos destinos da própria existência e da vida em comunhão com os demais seres humanos.*

8. À guisa de conclusão: a necessária secularização e universalização da dignidade num contexto multicultural – por uma concepção não "fundamentalista" da dignidade

Em face da já referida contextualização histórico-cultural da dignidade da pessoa humana é de perguntar-se até que ponto a dignidade não está acima das especifidades culturais, que, muitas vezes, justificam atos que, para a maior parte da humanidade são considerados atentatórios à dignidade da pessoa humana, mas que, em certos quadrantes, são tidos por legítimos, encontrando-se profundamente enraizados na prática social e jurídica de determinadas comunidades. Em verdade, ainda que se pudesse ter o conceito de dignidade como universal, isto é, comum a todas as pessoas em todos os lugares, não haveria como evitar uma disparidade e até mesmo conflituosidade sempre que se tivesse de avaliar se uma determinada conduta é, ou não, ofensiva da dignidade.[75] Nesta linha de entendimento parece situar-se o pensamento de Dworkin que, ao sustentar a existência de um direito das pessoas de não serem tratadas de forma indigna, refere que qualquer sociedade civilizada tem seus próprios padrões e convenções a respeito do que constitui esta indignidade, critérios que variam conforme o local e a época.[76]

---

[74] Como critério aferidor do que seja uma vida saudável, parece-nos apropriado utilizar os parâmetros estabelecidos pela Organização Mundial da Saúde, quando se refere a um completo bem-estar físico, mental e social, parâmetro este que, pelo seu reconhecimento amplo no âmbito da comunidade internacional, poderia igualmente servir como diretriz mínima a ser assegurada pelos Estados.

[75] Cf. M. A. Alegre Martínez, *La Dignidad de la Persona*..., p. 26. No mesmo sentido, frisando que a despeito da dignidade ser um valor constante, o que assegura dignidade às pessoas acaba sendo definido por fatores históricos e sociais, v. C. Gearty, *Principles of Human Rights Adjudication*, Oxford: Oxford University Press, 2004, p. 87.

[76] Cf. R. Dworkin, *El Dominio de la Vida*..., p. 305. Neste contexto, a respeito da diversidade de tratamento da dignidade da pessoa, mesmo pelo ordenamento jurídico, vale lembrar, entre outros, o exemplo da Constituição Iraniana de 1980 (referido por B. Mathieu, *La Dignité de la Personne Humaine*..., p. 286), que, no seu artigo 22, dispõe que "a dignidade dos indivíduos é inviolável...salvo nos casos autorizados por lei", o que demonstra igualmente que – ao menos para algumas ordens jurídicas – nem mesmo a dignidade encon-

Ainda que não se possa aqui avançar muito na discussão em torno de um concepção universalmente aceita de dignidade da pessoa e direitos fundamentais, vale registrar, todavia, a lição de Boaventura Santos,[77] ao sustentar que o conceito corrente de direitos humanos[78] e a própria noção de dignidade da pessoa assentam num conjunto de pressupostos tipicamente ocidentais, quando, em verdade, todas as culturas possuem concepções de dignidade humana, muito embora nem todas elas a concebam em termos de direitos humanos, razão pela qual se impõe o estabelecimento de um diálogo intercultural, no sentido de uma troca permanente entre diferentes culturas e saberes, que será viabilizado pela aplicação de uma "hermenêutica diatópica", que, por sua vez, não pretende alcançar uma completude em si mesma inatingível, mas sim, ampliar ao máximo a consciência da incompletude mútua entre diversas culturas por meio do diálogo. Neste mesmo contexto, acrescenta-se a observação de Otfried Höffe,[79] no sentido de que uma vinculação da noção de dignidade da pessoa à tradição judaico-cristã[80] ou mesmo à cultura européia, poderia justificar a crítica de que

tra-se imune a restrições pelo legislador, aspecto do qual voltaremos a nos pronunciar. Da mesma forma, vale lembrar aqui, dentre outros tantos exemplos que poderiam ser colacionados, a prática da tortura, das mutilações genitais, da discriminação sexual e religiosa, ainda toleradas (inclusive pelo direito positivo) em alguns Estados.

[77] Cf. B. Sousa Santos, *Por uma Concepção Multicultural de Direitos Humanos*, in: *Revista Crítica de Ciências Sociais*, n. 48, 1997, especialmente p. 18 e ss., onde o festejado sociólogo lusitano sustenta que o conceito de direitos humanos e a própria noção de dignidade da pessoa assentam num conjunto de pressupostos tipicamente ocidentais, quando, em verdade, todas as culturas possuem concepções de dignidade humana, muito embora nem todas elas a concebam em termos de direitos humanos, razão pela qual se impõe o estabelecimento de um diálogo intercultural, no sentido de uma troca permanente entre diferentes culturas e saberes, que será viabilizada pela aplicação daquilo que o autor designou de uma "hermenêutica diatópica", que, por sua vez, não pretende alcançar uma completude em si mesma inatingível, mas sim, ampliar ao máximo a consciência da incompletude mútua entre as diversas culturas por meio do diálogo. Mais recentemente, também enfrentando a questão da dignidade à luz da globalização e do multiculturalismo, v., entre outros, D.N. Weisstub, *Honor, Dignity, and the Framing of Multiculturalist Values*, in: D. Kretzmer; E. Klein (Ed.), *The Concept of Human Dignity in Human Rights Discourse*, The Hague: Kluwer Law International, 2002, p. 263-293. Demonstrando não apenas a necessidade, mas algumas das possibilidades vinculadas a um diálogo entre as diversas fontes normativas (no caso, enfrentando o tema da dignidade da pessoa humana) v. o estudo de V. Jackson, *Constitutional Dialogue and Human Dignity: States and Transnational Constitutional Discourse*, in: *Montana Law Review*, v. 65, 2004, p. 15-40, propondo, em síntese, uma abertura para os aportes do direito comparado e, de resto, o diálogo produtivo entre as fontes de direito constitucional, especialmente no caso dos EUA, onde, a despeito da ausência de previsão expressa na Constituição (muito embora o reconhecimento da dignidade – ainda que de modo não unânime e carente de uma série de desenvolvimentos – como valor subjacente ao sistema constitucional) existe previsão explícita do princípio na esfera estadual.

[78] Neste sentido, vale averbar a lição de M. Kriele, *Einführung in die Staatslehre*, 5.ed., Opladen: Westdeutscher Verlag, 1994, p. 214, apontando para a circunstância de que foi justamente a idéia de que o homem, por sua mera natureza humana, é titular de direitos possibilitou o reconhecimento dos direitos humanos e a proteção também dos fracos e excluídos, e não apenas dos que foram contemplados com direitos pela lei, por contratos, em virtude de sua posição social e econômica.

[79] Cf. O. Höffe, *Medizin ohne Ethik?*, p. 49, afirmando que para assegurar a validade intercultural do princípio da dignidade da pessoa humana, de tal sorte a alcançar vinculatividade mundial, o próprio conteúdo e significado do princípio deve ser necessariamente compreendido como interculturalmente válido e secularizado, portanto, mediante renúncia a qualquer específica mundovisão ou concepção religiosa.

[80] Com efeito, vale recordar, com C. Starck, *Das Bonner Grundgesetz*, p. 34-35, que a despeito de não existir na Bíblia um conceito de dignidade, nela encontramos uma concepção do ser humano que serviu e até

a dignidade não constitui um conceito e postulado intercultural e secularizado, o que, por sua vez, acabaria sendo um obstáculo à própria universalização e – neste sentido – um fator impeditivo de uma globalização da dignidade num contexto multicultural.

De outra parte, em se tomando por referencial as diversas dimensões da dignidade da pessoa humana na sua dimensão jurídico-normativa, tal qual sumariamente expostas, constata-se o quanto não se pode aceitar, a crítica genérica de que o conceito de dignidade da pessoa é algo como um cânone perdido e vazio, que se presta a todo e qualquer tipo de abusos e interpretações equivocadas, já que, a partir da lição de Lenio Streck,[81] se está convicto de que também e acima de tudo em matéria de dignidade da pessoa humana não se deve e nem se pode legitimamente dizer e aceitar qualquer coisa, pois mesmo que se venha a oscilar entre uma hermenêutica pautada pela melhor resposta possível ou única resposta correta, qualquer uma das alternativas repudia um voluntarismo hermenêutico arbitrário e, portanto, também constitucionalmente ilegítimo.

Para além disso, não se poderá olvidar – também nesta perspectiva – que a dignidade da pessoa humana (assim como os direitos fundamentais que lhe são inerentes) aponta – de acordo com a lapidar lição de Gomes Canotilho[82] – para a idéia de uma comunidade constitucional (republicana) inclusiva, necessariamente pautada pelo multiculturalismo mundividencial, religioso ou filosófico e, portanto, contrária a qualquer tipo de "fixismo" nesta seara, e, para além disso, incompatível com uma compreensão reducionista e até mesmo "paroquial" da dignidade. Certamente um dos papéis centrais do Direito e da Filosofia do Direito é o de assegurar, por intermédio de uma adequada construção e compreensão da noção de dignidade da pessoa humana, a superação de qualquer visão unilateral e reducionista e a promoção e proteção da dignidade de todas as pessoas em todos os lugares.

9. Referências bibliográficas

ARENDT, Hannah. *A Condição Humana*, 10.ed., Rio de Janeiro: Forense Universitária, 2002.

AZEVEDO, Antonio Junqueira de. *Caracterização Jurídica da Dignidade da Pessoa Humana*, in: *Revista dos Tribunais*, v. 797, mar. 2002, p. 11-26.

hoje tem servido como pressuposto espiritual para o reconhecimento e construção de um conceito e de uma garantia jurídico-constitucional da dignidade da pessoa, que, de resto, acabou passando por um processo de secularização, notadamente no âmbito do pensamento Kantiano.

[81] Cf. L L. Streck, *Hermenêutica Jurídica e(m) Crise – Uma Exploração Hermenêutica da Construção do Direito*, 5. ed., Porto Alegre: Livraria do Advogado, 2004, p. 310 e ss.

[82] J. J. Gomes Canotilho, *Direito Constitucional e Teoria da Constituição*, 7.ed., Coimbra: Almedina, 2004, p. 225-226.

BENDA, Ernst. *Die Menschenwürde ist Unantastbar*, in: *Archiv für Rechts-und Sozialphilosophie (ARSP)*, Beiheft n. 22, 1984.

BLECKMANN, Albert. *Staatsrecht II – Die Grundrechte*, 4.ed., Köln-Berlin-Bonn-München: Carl Heymanns, 1997.

BORELLA, François. *Le Concept de Dignité de la Personne Humaine*, in: PEDROT, Philippe (Dir). *Ethique, Droit et Dignité de la Personne*, Paris: Economica, 1999, p. 29-38.

CANOTILHO, José Joaquim Gomes. *Direito Constitucional e Teoria da Constituição*, 7.ed., Coimbra: Almedina, 2004.

CASSIERS, León. *La Dignité et l'Embryon Humain*, in: *Revue Trimmestrielle des Droits de L'Homme*, v. 54, 2003, p. 403-420.

CÍCERO, Marco Túlio. *Dos Deveres*, São Paulo: Martins Fontes, 1999.

COMPARATO, Fábio Konder. *A Afirmação Histórica dos Direitos Humanos*, São Paulo: Saraiva, 1999.

DELPÉRÉE, Francis. *O Direito à Dignidade Humana*, in: BARROS, Sérgio Resende de; ZILVETI, Fernando Aurélio (Coords.). *Direito Constitucional – Estudos em Homenagem a Manoel Gonçalves Ferreira Filho*, São Paulo: Dialética, 1999, p. 151-162.

DENNINGER. Erhard. *Embryo und Grundgesetz. Schutz des Lebens und der Menschenwürde vor Nidation und Geburt*, in: *Kritische Vierteljahresschrift für Gesetzgebung und Rechtswissenschaft (KritV)*, Baden-Baden: Nomos, 2/2003, p. 191-209.

DI FABIO, Udo. *Der Schutz der Menschenwürde durch allgemeine Programmgrundsetze*, München: Reinhard Fischer Verlag, 1999.

DÜRIG, Günter. *Der Grundsatz der Menschenwürde. Entwurf eines praktikablen Wertsystems der Grundrechte aus Art. 1 Abs. I in Verbidung mit Art, 19 Abs. II des Grundgesetzes*, in: *Archiv des Öffentlichen Rechts (AöR)*, n. 81, 1956.p. 9 e ss.

DWORKIN, Ronald. *El Dominio de la Vida. Una Discusión acerca del Aborto, la Eutanasia y la Liberdad Individual*, Barcelona: Ariel, 1998.

FARIAS, Edilsom Pereira de. *Colisão de Direitos. A Honra, a Intimidade, a Vida Privada e a Imagem versus a Liberdade de Expressão e Informação*, Porto Alegre: Fabris, 1996.

FRANKENBERG, Günter. *Autorität und Integration. Zur Gramatik von Recht und Verfassung*, Frankfurt am Main: Suhrkamp, 2003.

FUKUYUMA, Francis. *Nosso Futuro Pós-Humano. Conseqüências da Revolução da Biotecnologia*, Rio de Janeiro: Rocco, 2003.

GEARTY, Conor. *Principles of Human Rights Adjudication*, Oxford: Oxford University Press, 2004.

HÄBERLE, Peter. *Die Menschenwürde als Grundlage der staatlichen Gemeinschaft*, in: ISENSEE, Josef; KIRCHHOF, Paul (Orgs.). *Handbuch des Staatsrechts der Bundesrepublik Deutschland*, v. I, Heidelberg: C. F. Müller, 1987, p. 317-367 (a versão em língua portuguesa integra a presente coletânea).

HABERMAS, Jürgen. *Die Zukunft der menschlichen Natur. Auf dem Weg zu einer leberalen Eugenik?* Frankfurt am Main: Suhrkamp, 1987.

HERDEGEN, Mathias. *Neuarbeitung von Art. 1 Abs. 1- Schutz der Menschenwürde*, in: MAUNZ, Theodor; DÜRIG, Günter. *Grundgesetz Kommentar*, München: C. H. Beck, 2003.

HÖFFE, Otfried. *Medizin ohne Ethik?* Frankfurt am Main: Suhrkamp, 2002.

———. *Menschenwürde als ethisches Prinzip*, in: HÖFFE, Otfried; HONNEFELDER, Ludger; ISENSEE, Josef. *Gentechnik und Menschenwürde. An den Grenzen von Ethik und Recht*, Köln: Du Mont, 2002, p. 111-141.

HÖFLING, Wolfram. *Anmerkungen zu Art. 1 Abs. 3 Grundgesetz*, in: SACHS, Michael (Org.) *Grundgesetz – Kommentar*, München: C. H. Beck, 1996.

HOFMANN, Hasso. *Die versprochene Menschenwürde*, in: *Archiv des Öffentlichen Rechts (AöR)*, n. 118, 1993, p. 353-377.

ISENSEE, Josef. *Der Grundrechtliche Status des Embryos. Menschewürde und Recht auf Leben als Determinanten der Gentechnik*, in: HÖFFE, Otfried; HONNEFELDER, Ludger; ISENSEE, Josef. *Gentechnik und Menschenwürde. An den Grenzen von Ethik und Recht*, Köln: Du Mont, 2002, p. 37-77.

JACKSON, Vicki. *Constitutional Dialogue and Human Dignity: States and Transnational Constitutional Discourse*, in: *Montana Law Review*, v. 65, 2004., p. 15-40.

KANT, Immanuel. *Fundamentação da Metafísica dos Costumes*, in: *Os Pensadores – Kant (II)*, Trad. Paulo Quintela. São Paulo: Abril Cultural, 1980, p. 103-162.

KLOEPFER, Michael. *Leben und Würde des Menschen*, in: *Festschrift 50 Jahre Bundesverfassungsgericht*, Tübingen: J. C. Mohr (Paul Siebeck), 2001, p.405-420 (a tradução em língua portuguesa integra a presente coletânea).

KOPPERNOCK, Martin. *Das Grundrecht auf bioethische Selbstbestimmung*, Baden-Baden: Nomos, 1997.

KRIELE, Martin. *Einführung in die Staatslehre*, 5.ed., Opladen: Westdeutscher Verlag, 1994.

KUNIG, Philip. *Art. 1 (Würde des Menschen, Grundrechtsbindung*, in: MÜNCH, Ingo von; KUNIG, Philip (Orgs.). *Grundgesetz – Kommentar*, v. 1, 5.ed., München: C. H. Beck, 2000, p. 65-101.

LOUREIRO, João Carlos Gonçalves. *O Direito à Identidade Genética do Ser Humano*, in: *Portugal-Brasil Ano 2000*, Boletim da Faculdade de Direito de Coimbra, Coimbra: Coimbra Editora, 1999, p. 263-389.

LUHMANN, Niklas. *Grundrechte als Instituition*, 2. ed., Berlin: Duncker & Humblot, 1974.

MACHADO, Jônatas. *Liberdade de Expressão. Dimensões Constitucionais da Esfera Pública no Sistema Social*, Coimbra: Coimbra Editora, 2002.

MATHIEU, Bertrand. *La Dignité de la Personne Humaine: Quel Droit? Quel Titulaire?*, in: *Recueil Dalloz Sirey*, Paris: Éditions Dalloz, 1996, p. 282-286.

MARTÍNEZ, Gregorio Peces-Barba. *La Dignidad de la Persona desde la Filosofía del Derecho*, 2.ed., Madrid: Dykinson, 2003.

MARTÍNEZ, Miguel Angel Alegre. *La Dignidad de la Persona como Fundamento del Ordenamiento Constitucional Español*. León: Universidad de León, 1996.

MAUNZ, Theodor; ZIPPELIUS, Reinhold. *Deutsches Staatsrecht*, 29. ed., München: C. H. Beck, 1994.

MAURER, Béatrice. *Notes sur le Respect de la Dignité Humaine... ou Petite Fugue Inacheveé Autour d'un Thème Central*, in: SÉRIEUX, Alain et allii. *Le Droit, Le Médicine et L'être Humain*, Aix-En-Provence: Presses Universitaires D'Aix-Marseille, 1996, p. 185-212 (a tradução em língua portuguesa integra a presente coletânea).

MIRANDA, Jorge. *Manual de Direito Constitucional*, v. IV, 3. ed., Coimbra: Coimbra Editora, 2000.

MODERNE, Franck. *La Dignité de la Personne comme Principe Constitutionnel dans les Constitutions Portuguaise et Française*, in: MIRANDA, Jorge (Org.). *Perspectivas Constituicionais – Nos 20 anos da Constituição de 1976*, v. I., Coimbra: Coimbra Editora, 1997.

MORAES, Maria Celina Bodin de. *O Conceito de Dignidade Humana: Substrato Axiológico e Conteúdo Normativo*, in: SARLET, Ingo Wolfgang (Org.). *Constituição, Direitos Fundamentais e Direito Privado*, Porto Alegre: Livraria do Advogado, 2003, p. 105-148.

MOTA PINTO, Paulo. *O Direito ao Livre Desenvolvimento da Personalidade*, in: *Portugal-Brasil Ano 2000*, Boletim da Faculdade de Direito de Coimbra, Coimbra: Coimbra Editora, 1999, p. 149-246

MÜNCH, Ingo von; KUNIG, Philip (Orgs.). *Grundgesetz – Kommentar*, v. 1, 5.ed., München: C. H. Beck, 2000.

NEIRINCK, Claire. *La Dignité de la Personne ou le Mauvais Usage d'une Notion Philosophique*, in: PEDROT, Philippe (Dir). *Ethique Droit et Dignité de la Personne*, Paris: Economica, 1999.

NEUMANN, Ulfried. *Die Tyrannei der Würde*, in: *Archiv für Rechts-und Sozialphilosophie (ARSP)*, v. 84, 1998, p. 153-166.

PAVIA, Marie-Luce. *Le Principe de Dignité de la Persone Humaine: Un Nouveau Principe Constitutionnel* in: CABRILLAC; Rémy; FRISON-ROCHE, Marie-Anne; REVET, Thierry. *Droits et Libertés Fondamenteaux*, 4.ed., Paris: Dalloz, 1997, p. 99-114.

PÉREZ, Jesús González. *La Dignidad de la Persona*. Madrid: Civitas, 1986.

PÉREZ LUÑO, Antonio-Enrique. *Derechos Humanos, Estado de Derecho y Constitución*, 5. ed., Madrid: Tecnos, 1995.

PODLECH, Adalbert. *Anmerkungen zu Art. 1 Abs. I Grundgesetz* in: WASSERMANN, Rudolf (Org.) *Kommentar zum Grundgesetz für die Bundesrepublik Deutschland (Alternativ Kommentar)*, vol. I, 2. ed., Neuwied: Luchterhand, 1989.

RABENHORST, Eduardo Ramalho. *Dignidade Humana e Moralidade Democrática*, Brasília: Brasília Jurídica, 2001.

RENAUD, Michel. *A Dignidade do ser Humano como Fundamentação Ética dos Direitos do Homem*, in: *Brotéria – Revista de Cultura*, v. 148, 1999, p. 135-154.

ROCHA, Cármen Lúcia Antunes Rocha. *O Princípio da Dignidade da Pessoa Humana e a Exclusão Social*, in: *Revista Interesse Público*, n. 04, 1999, p.23-48.

SACHS, Michael. *Verfassungsrecht II – Grundrechte*, Berlin-Heidelberg-New York: Springer-Verlag, 2000.

SANTOS, Boaventura de Souza. *Por uma Concepção Multicultural de Direitos Humanos*, in: *Revista Crítica de Ciências Sociais*, n. 48, 1997, p. 11-32.

SANTOS, Fernando Ferreira dos. *Princípio Constitucional da Dignidade da Pessoa Humana*, São Paulo: Celso Bastos, 1999.

SARLET, Ingo Wolfgang. *Dignidade da Pessoa Humana e Direitos Fundamentais na Constituição Federal de 1988*, 3. ed., rev., atual. e ampl., Porto Alegre: Livraria do Advogado, 2004.

SEELMANN, Kurt. *Person und Menschenwürde in der Phliosophie Hegels*, in: DREIER, Horst (Org.). *Philosophie des Rechts und Verfassungstheorie. Geburtstagsympoion für Hasso Hofmann*, Berlin: Duncker & Humblot, 2000, p. 125-145.

SILVA, José Afonso da. *A Dignidade da Pessoa Humana como Valor Supremo da Democracia*, in: *Revista de Direito Administrativo*, v. 212, 1998, p. 125-145.

SILVA, Reinaldo Pereira e. *Introdução ao Biodireito. Investigações Político-Jurídicas sobre o Estatuto da Concepção Humana*, São Paulo: LTr, 2002.

SINGER, Peter. *Ética Prática*, São Paulo: Martins Fontes, 2002.

STARCK, Christian (Coord.). *Das Bonner Grundgesetz*, 4.ed., v.1, München: Verlag Franz Vahlen, 1999.

STERN, Klaus. *Das Staatsrecht der Bundesrepublik Deutschland*, v.III/1, München: C. H. Beck, 1988.

STRECK, Lenio Luiz. *Hermenêutica Jurídica e(m) Crise – Uma Exploração Hermenêutica da Construção do Direito*, 5. ed., Porto Alegre: Livraria do Advogado, 2004.

SUNSTEIN, Cass. *The Rights of Animals*, in: *The University of Chicago Law Review*, v. 70, 2003, p. 387-401.

TISCHNER, Jozef. *Zur Genese der menschlichen Würde*, in: BÖCKENFÖRDE, Ernst-Wolfgang; SPAEMANN, Robert (Orgs.). *Menschenrechte und Menschenwürde*, 1987.

WEISSTUB, David N. *Honor, Dignity, and the Framing of Multiculturalist Values*, in: KRETZMER, David; KLEIN, Eckart (Ed.). *The Concept of Human Dignity in Human Rights Discourse*, The Hague: Kluwer Law International, 2002, p. 263-294.

ZIPPELIUS, Reinhold. *Anmerkungen zu Art. 1 Grundgesetz,* in: DOLZER, Rudolf; GRASSHOF, Karin; VOGEL, Klaus (Org.) *Bonner Kommentar zum Grundgesetz*, Heidelberg, 1994.

— 2 —

A dignidade humana como fundamento da comunidade estatal* [1]

PETER HÄBERLE

Tradução de INGO WOLFGANG SARLET
e PEDRO SCHERER DE MELLO ALEIXO

Sumário: A – A cláusula da dignidade humana como fundamento textual do estado constitucional democrático; I. A cláusula da dignidade humana no direito internacional; II. A disciplina da dignidade humana no âmbito do direito comparado; 1. A evolução histórica na Alemanha; 2. Comparação no direito constitucional estadual interno alemão; 3. Direito constitucional comparado no plano internacional; B – A dignidade humana como princípio diretivo da jurisprudência dos tribunais superiores; I. A jurisprudência constitucional a respeito da dignidade humana; 1. A jurisprudência do Tribunal Constitucional Federal; 2. A jurisprudência dos tribunais constitucionais estaduais a respeito da dignidade humana; a) A jurisprudência do Tribunal Constitucional da Baviera a respeito da dignidade humana; b) Outros Tribunais Estaduais Constitucionais; II. A jurisprudência dos Tribunais Especializados (ordinários) a respeito do princípio da dignidade humana; C – A dignidade humana no espelho da literatura científica; I. Os pensamentos pré-constitucional e constitucional a respeito da dignidade humana; II. A multiplicidade de pontos de partida e o enfoque jusnaturalista; III. Uma distinção necessária: dignidade humana como valor e dignidade humana como prestação; IV. Proposta teórica vinculante como integração pragmática de elementos teóricos; V. Retrospectiva crítica; D – O ponto de partida próprio; I. Dignidade humana, cultura, personalidade; 1. Problema; 2. Conceitos de identidade; 3. Algumas conclusões; 4. Dignidade humana na "referência ao outro" (*Du-Bezug*); II. A dignidade humana do art. 1°, § 1°, da Lei Fundamental alemã como norma-base; 1. O art. 1°, § 1°, da LF e os direitos fundamentais individualmente considerados; 2. O art. 1°, inc. I, da LF e as normas

---

* Tradução do original: "Die Menschenwürde als Grundlage der Staatlichen Gemeinschaft", in: ISENSEE, Josef; KIRCHHOF (Edit.), *Handbuch des Staatsrechts*, 3ª ed., vol. II, Heidelberg: C. F. Müller, 2004, p. 317-367.
[1] In: Isensee/Kirchhof (Orgs.) *Handbuch des Staats Rechts*. 3ª ed., vol. II, Verfassungsstaat, C. F. Müller, 2004.

DIMENSÕES DA DIGNIDADE
Ensaios de Filosofia do Direito e Direito Constitucional

definidoras de fins estatais; 3. Especialmente: a conexão entre dignidade humana e democracia; a) O "clássico" pensamento separatista e sua crítica; b) Mudanças dos textos constitucionais; c) A soberania popular do homem e do cidadão; 4. Dignidade humana como direito fundamental e medida para a democracia; III. Dignidade humana no contexto da mudança cultural; IV. As quatro dimensões da proteção jurídico-fundamental da dignidade humana; 1. A unidade entre defesa e proteção e entre liberdade e participação; 2. A proteção jurídico-material e processual da dignidade humana; 3. A proteção material e ideal da dignidade humana; 4. Conteúdo e organização; a) Dignidade humana e auto-compreensão; b) Necessidade de configuração; c) A técnica exemplificativa; V. Concretização: três exemplos atuais para a problemática da dignidade humana sob a égide da Lei Fundamental; 1. Inseminação artificial e tecnologia genética; 2. Dignidade humana das crianças na execução penal contra a mãe; 3. O direito de morrer com dignidade; E – Retrospectiva e perspectivas; Bibliografia.

A – A CLÁUSULA DA DIGNIDADE HUMANA COMO FUNDAMENTO TEXTUAL DO ESTADO CONSTITUCIONAL DEMOCRÁTICO

Conteúdo e limites dos princípios constitucionais concretos deduzem-se em primeira linha de suas garantias textuais. A cláusula da dignidade humana prevista no art. 1°, inc. I, da Lei Fundamental[2] não constitui uma particularidade da nossa Lei Fundamental, mas sim um "tema típico" e atualmente central para muitos dos Estados Constitucionais integrantes da "Família das Nações", conforme revela uma comparação de seus respectivos textos constitucionais.

I. A cláusula da dignidade humana no direito internacional

No direito internacional, as referências à dignidade humana encontram-se sobretudo nos preâmbulos. Na Carta das Nações Unidas, de 26 de junho de 1945,[3] consta: "Nós, os povos das Nações Unidas – afirmamos com firmeza, [...] nossa crença nos direitos fundamentais do Homem, na dignidade e no valor da personalidade humana [...] e no compromisso de renovadamente fortalecê-los [...]".

Na – programática – Declaração Universal dos Direitos Humanos de 10 de dezembro de 1948[4] consta, também, no preâmbulo: "[...] o reconhecimento da dignidade inerente a todos os componentes da família humana e dos seus direitos iguais e inalienáveis [...]". O art. 1°, por sua vez, dispõe que: "todos os homens *nascem* livres e iguais em dignidade e direitos. Eles são portadores de

---

[2] Nota dos tradutores: doravante será utilizada a abreviatura LF para designar a Lei Fundamental da República Federal da Alemanha.

[3] Citado conforme Friedrich Berber, *Völkerrechtliche Vertrage*, 1979, p. 15 ss.

[4] Citado conforme: Berber (n° 2). p. 131 ss.

razão e de consciência e devem tratar uns aos outros com espírito de fraternidade". Além disso, o preâmbulo do Pacto Internacional sobre Direitos Civis e Políticos de 19 de dezembro de 1966[5] afirma que "o reconhecimento da dignidade inerente a todos os membros da sociedade humana [...] compõe o fundamento da liberdade, justiça e paz mundial, no reconhecimento de que esses direitos derivam da dignidade inerente aos homens". No Estatuto da UNESCO, de 16 de novembro de 1945,[6] encontra-se, logo de início, a seguinte passagem: "os governos dos Estados [...] declaram em nome dos seus povos: [...] que a grande e terrível guerra [...] fez-se possível em virtude da negação dos princípios democráticos da dignidade, igualdade e respeito mútuo entre os homens [...]".

A dignidade humana como "reação" aos horrores e violações perpetrados na Segunda Guerra Mundial é, nesses textos, digna de nota, mas também importa destacar a dimensão prospectiva da dignidade, apontando para a configuração de um futuro compatível com a dignidade da pessoa.

A partir dos referenciais fornecidos pela Carta das Nações Unidas, pela Declaração Universal de Direitos Humanos e pelo Pacto Internacional sobre Direitos Civis e Políticos, também o preâmbulo da Convenção das Nações Unidas sobre Tortura, de 1984, refere-se ao "reconhecimento de que esses direitos derivam da dignidade inerente aos homens".[7] Da "dignidade inerente a todos os membros da comunidade humana" fala, finalmente, a Convenção sobre o Direito das Crianças de 1989.[8] Já no âmbito constitucional europeu, o art. 1º da Carta de Direitos Fundamentais da União Européia (2000) normatiza a cláusula da dignidade humana pela primeira vez, encontrando-se outra referência no art. 31, inc. I.

II. A disciplina da dignidade humana no âmbito do direito comparado

1. A evolução histórica na Alemanha

A evolução histórica alemã será aqui apenas esboçada no que tange aos textos constitucionais positivos, e não por meio dos "textos clássicos" (v.g. Immanuel Kant ou mesmo Wilhelm von Humboldt), tomados estes como "textos constitucionais em sentido amplo",[9] os quais prepararam culturalmente o terreno para a dignidade humana e a mantiveram em vigor.

---

[5] Citado conforme: Berber (nº 2). p. 185 ss.

[6] Citado conforme: Friedrich Berber (Org.), Völkerrecht, Dokumentensammlung, vol. I, 1967.

[7] Diário de Justiça da União 1990 II, p.246 (nota dos tradutores: a referência ao Diário de Justiça da União substitui doravante a sigla alemã BGBl, Bundesgesetzblatt).

[8] Idem, p. 122.

[9] "[...] ele (o Estado) deve abolir a mentalidade desumana e preconceituosa de acordo com a qual um homem é julgado não em conformidade com as suas virtudes particulares, senão de acordo com a sua origem e religião e que o vê, contra toda autêntica noção de dignidade humana, não como um indivíduo, mas como per-

Já na Constituição de Weimar (1919), havia uma disposição textual sobre a dignidade humana. O art. 151, inc. III, assim dispunha: "a disciplina da atividade econômica deve corresponder aos princípios da justiça, com vista a assegurar uma existência humana digna para todos. Nesses limites assegurar-se-á a liberdade econômica dos indivíduos".

Embora a cláusula da dignidade não esteja ainda estampada no topo da Constituição, ela já "rege" um âmbito parcial desta. No âmbito econômico-social, a existência humana digna apresenta-se suficientemente importante ao legislador constitucional de sorte a exprimir não apenas uma garantia, mas também para delimitar a liberdade econômica individual. A posição elevada ocupada por essa "especial" cláusula da dignidade humana evidencia-se por meio da sua associação com os "princípios de justiça". A influência como paradigma para as Constituições estaduais alemãs após 1945 e 1989 resulta evidente.[10]

2. Comparação no direito constitucional estadual interno alemão

As Constituições estaduais alemãs após 1945 e 1989[11] foram generosas em matéria de dignidade humana. Cláusulas a respeito da dignidade humana encontram-se, em parte, nos seus preâmbulos,[12] mas também em seus catálogos de direitos fundamentais, aqui não apenas no tradicional contexto dos clássicos direitos de liberdade,[13] mas também na sua conexão com a ordem econômica[14] ou mesmo em contexto de modo algum evidente.[15] Preâmbulos, como essência

---

tencente a uma raça e enxerga certas virtudes como que com ele necessariamente divididas". Assim *Wilhelm von Humboldt*, Gutachten zum preuâischen Emanzipationsedikt vom 17. Juli 1809, in: *o mesmo*, Politische Denkschriften, vol. I 1903; acerca dessa compreensão de "textos clássicos" *Peter Häberle*, Klassikertexte im Verfassungsleben, 1981. Com respeito a Kant v. abaixo, nota de rodapé nº 35.

[10] A rejeição da era nazista espelha-se no recurso à dignidade humana nos programas dos partidos CDU (*Christlich Demokratische Union* – União Democrático-Cristã), SPD (*Sozialdemokratische Partei Deutschlands* – Partido Social-Democrata Alemão) e CSU (*Christlich Soziale Union in Bayern* – União Social-Cristã na Baviera) após 1945: cf. v.g. *Rainer Kunz/Herbert Maier/Theo Stammen* (Orgs.), Programme der politischen Parteien, 1975, p. 78, 129 e 200.

[11] Citado cf. Christian Pestalozza, Verfassungen der deutschen Bundesländer, 1999; bem como a documentação em: JöR N. F.39 (1990), p. 350 ss.; 40 (1991/92), p. 366 ss.; 41 (1993), p. 93 ss.; 42 (1994), p. 201 ss.; 43 (1995), p. 419 ss.

[12] Cf. os prolegômenos da Constituição de Baden-Württemberg (1953): "[...] a partir do consentimento popular decidiu-se por assegurar a liberdade e a dignidade dos homens"; a seguir, Constituição de Bremen (1947); v. ainda Constituição da Baviera (1946).

[13] Cf., em sentido aproximado, o art. 5º, inc. I, da Constituição de Bremen (1947): "a dignidade da personalidade humana é reconhecida e protegida pelo Estado". No mesmo sentido, o art. 52, inc. I: "dignidade humana dos trabalhadores"; art. 3º da Constituição de Hessen (1946).

[14] Cf. art. 151, inc. I, da Constituição da Baviera: "[...] garantia de uma existência humanamente digna para todos [...]". No mesmo sentido: art. 51, inc. I, alínea 2, da Constituição da Renânia-Palatinado (1947); art. 27 da Constituição de Hessen.

[15] V.g. art. 30, inc. I, da Constituição de Hessen: "as condições de trabalho devem ser arranjadas de modo a assegurar a saúde, a dignidade, a vida familiar e as pretensões culturais dos trabalhadores"; sem paralelo: art. 100 da Constituição da Baviera.

de uma Constituição,[16] conferem um significado singular à dignidade humana como ponto de partida. O mesmo ocorre com a disciplina da dignidade humana no art. 1º, ou então no início de uma Constituição, v.g., como objetivo pedagógico primário.[17] [18]A semelhança de conteúdo entre preâmbulos, artigos inaugurais de Constituições e objetivos pedagógicos expressos remete a uma profunda e substancial conexão.[19]

Uma Constituição que parte da dignidade humana e da sua proteção deve preocupar-se com que essa dignidade (incluindo suas vinculações)[20] seja vista como um objetivo pedagógico – desde as escolas até a regulamentação da atividade de radiodifusão[21] –, mesmo onde a dignidade humana não esteja disciplinada textualmente como constituindo objetivo pedagógico. De uma previsão textual da dignidade humana deriva sua condição de objetivo pedagógico e educativo.[22] A Constituição assume este compromisso perante si própria.

As Constituições dos novos Estados federados alemães produziram uma fecunda leva de textos enfocando novos âmbitos problemáticos da dignidade humana. Assim, por exemplo, o art. 7º, inc. II, da Constituição de Brandemburgo, de 1992, dispõe a respeito da ética comunicativa: "cada um é responsável pelo reconhecimento da dignidade do outro", o que implica uma espécie de "efeito de irradiação" (*Drittwirkung*), situado no contexto da dignidade humana considerada como "base de cada comunidade solidária".[23] Literatura e jurisprudência assimilaram o direito de respeito à dignidade na morte.[24] Direitos fundamentais

---

[16] Com respeito ao significado jurídico dos preâmbulos: *Peter Häberle*, Präambeln im Text und Kontext von Verfassungen, in: FS für Johannes Broermann, 1982, p. 211 (224 ss., 238 ss.); *o mesmo*, Europäische Verfassungslehre, 2001/2002, p. 273 ss. Na perspectiva da Suíça: *Bernhard Ehrenzeller*, "Im Bestreben, den Bund zu erneuern", in: FS für Yvo Hangartner, 1998, p. 981 ss.; com respeito aos textos de preâmbulos internacionais *Markus Kotzur*, Theorieelemente des internationalen Menschenwürdesschutzes, 2000.

[17] Assim o art. 7º, inc. I, da Constituição da Renânia do Norte-Vestfália: "[...] respeito pela dignidade dos homens [...] mais nobre objetivo pedagógico"; v. ainda o art. 26, inc. I, da Constituição de Bremen.

[18] Assim, v.g., art. 1º da Constituição do Sarre (1947).

[19] Cf. indicações em *Häberle* (Präambeln nº 15), p. 235 ss.; cf., ainda, a correspondência de conteúdo entre o art. 1º e o art. 12, inc. I, da Constituição de Baden-Württemberg (1953) como exemplo de uma devida e possível permutabilidade de forma entre preâmbulos, artigos inaugurais (direitos fundamentais) e objetivos pedagógicos expressos.

[20] V.g. art. 12, inc. I, da Constituição de Baden-Württemberg; art. 131, inc. II, da Constituição da Baviera; art. 26, inc. I, da Constituição de Bremen; art. 56, inc. IV, da Constituição de Hessen; art. 33 da Constituição da Renânia-Palatinado; art. 30 da Constituição do Sarre.

[21] Cf. v.g. par. 2, inc. III, alínea 2, da "Lei sobre as Rádios" de Bremen, cit. por: *Günter Herrmann*, Rundfunkgesetze, 1977. É de exigir-se, jurídico-politicamente, sobretudo que o emprego da cláusula expressa da dignidade humana não se dê de modo inflacionário (cf. §38, inc. II, BRRG, §11, inc. I, alínea 3, SG, §1, inc. II, BSHG, §1 inc. I, SGB I). A Internet levanta novas questões.

[22] A respeito, *Peter Häberle*, Verfassungsprinzipien als Erziehungsziele, in: FS für Hans Huber, Bern 1981, p. 211 ss. Agora: BVerwGE (*Bundesverwaltungsgerichtsentscheidung – Coleção Oficial das Decisões do Tribunal Administrativo Federal*) 90, 1 (12).

[23] Inc. I, alínea 2, da Constituição de Brandemburgo.

[24] Art. 8º, inc. I, alínea 1, da Constituição de Brandemburgo; cf. também art. 1º, inc. I, alínea 2, da Constituição da Turíngia de 1993.

sociais e culturais, objetivos e tarefas estatais, assim como a dignidade humana, encontram-se vinculados pelo art. 7°, inc. I, da Constituição da Saxônia, de 1992, por meio de uma categoria textual amadurecida: "O Estado reconhece, como seus objetivos, o direito de cada homem a uma existência humana digna, especialmente ao trabalho, a uma adequada moradia, à adequada subsistência, e à adequada seguridade social e educação". O art. 14, inc. II, igualmente da Constituição da Saxônia, estabelece: "a intangibilidade da dignidade humana constitui fonte de todos os direitos fundamentais", onde, por sua vez, a literatura acabou sendo reconhecida por um texto. O art. 7°, inc. II, da Constituição de Mecklemburgo e Pomerânia Ocidental, de 1993, também se abriu para esta nova categoria textual, ao dispor que: "a pesquisa científica submeter-se-á às limitações legais, quando ela ameaçar violar a dignidade humana".

3. Direito constitucional comparado no plano internacional

Cláusulas a respeito da dignidade humana encontram-se alocadas com especial hierarquia, principalmente nas Constituições dos mais jovens Estados-constitucionais.[25] A Constituição do novo Estado-constitucional português (1976/97) dispõe já no seu art. 1°: "Portugal é uma republica soberana, baseada no princípio da dignidade humana e na vontade popular".

Além disso, a dignidade humana aparece no catálogo de direitos fundamentais junto ao princípio da igualdade,[26] impregnando, de outra parte, inclusive o âmbito de proteção de uma série de novas liberdades individuais.[27]

Conteúdo praticamente idêntico ao de uma norma sobre a dignidade humana encontra-se na previsão do art. 27, inc. II, da Constituição da Itália (1947/93), que determina: "as penas não devem consistir em tratamentos violadores e contrários à humanidade e devem almejar à reeducação do condenado".

Isso revela um paralelo com o art. 14, inc. IV, da Constituição da Turquia (1961/73): "não devem ser reconhecidas as punições incompatíveis com a dignidade humana". De forma semelhante dispõe o art. 17, inc. III, da atual Constituição da Turquia (1982).

A Constituição da Grécia (1975/86) contém uma formulação semelhante à da Lei Fundamental da Alemanha, anunciando, logo em seu pórtico, no

---

[25] V., porém, o preâmbulo da Constituição da Irlanda (1937): "[...] para que a dignidade e a liberdade do indivíduo sejam asseguradas", cit. conforme: *Peter Cornelius Mayer-Tasch* (Org.), Die Verfassungen Europas, 1975. As novas Constituições de Portugal, da Turquia e da Grécia são citadas conforme suas reproduções em: JöR N. F. 32 (1983), a da Espanha conforme JöR N. F. 29 (1980). As Constituições do leste europeu são citadas conforme a documentação dividida em cinco etapas em JöR N. F. 43 (1995) até JöR N. F. 46 (1998), p. 123 ss. Cf., a propósito, *Herbert Baumann/Matthias Ebert* (Orgs.), Die Verfassungen der frankophonen und lusophonen Staaten des subsaharischen Afrikas, 1997.

[26] Art. 13, inc. I, da Constituição de Portugal: "todos os cidadãos possuem a mesma dignidade social e são iguais perante a lei".

[27] Cf. Art. 26, inc. II, da Constituição de Portugal; Art. 66, inc. I, da Constituição de Portugal.

art. 2º, inc. I, que "constitui obrigação jurídico-fundamental do Estado respeitar e proteger a dignidade dos homens". De modo semelhante, dispõe o capítulo 1º, § 2º, inc. I, da Constituição da Suécia (1975/95).

A nova Constituição da Espanha (1978) disciplina a "dignidade humana" tanto no Preâmbulo quanto no artigo inaugural de seu título primeiro, intitulado "os direitos fundamentais e os deveres fundamentais". O preâmbulo dispõe: "A nação espanhola [...] proclama, no exercício da sua soberania, sua vontade: [...] de desenvolver o progresso da economia e da cultura, com vista a assegurar uma qualidade de vida digna a todos [...]". O art. 10º, inc. I, reza: "A dignidade dos homens, os direitos humanos invioláveis, o livre desenvolvimento da personalidade, o respeito à lei e ao direito dos outros constituem os fundamentos da ordem política e da paz social".

Com isso, demonstra-se novamente a conexão entre preâmbulos e direitos fundamentais, mas também a dimensão objetiva da dignidade humana e sua "função fundante" (*Grundlagenfunktion*) tanto para a comunidade política como para os direitos humanos e os direitos fundamentais individuais (v. par. 1º, inc. I, da Lei Fundamental da Finlândia, de 1999).

Na Suíça, a dignidade humana figura nas novas Constituições e projetos constitucionais, tanto no plano *cantonal* quanto no plano federal.[28]

As mais recentes utilizações do princípio da "dignidade humana" na Suíça são especialmente produtivas. Elas confirmam o paradigma dos níveis textuais (*Textstufenparadigma*), na medida em que esses textos recebem freqüentemente as mais novas contribuições da literatura e da jurisprudência, quando se trata do *tipo* Estado Constitucional. Enquanto a clássica cláusula da dignidade humana já se tornou, textualmente, direito comum suíço,[29] a nova Constituição Federal da Suíça, de 2000, ao lado da conhecida proteção da dignidade humana (art. 7º), incursiona por novos textos e contextos. O art. 12 da nova Constituição Suíça transforma a nova jurisprudência e literatura no enunciado: "aquele que estiver em estado de necessidade e não estiver em condições de cuidar de si próprio, é titular de uma pretensão de ajuda e acompanhamento e aos meios indispensáveis a uma existência digna". O art. 119 da nova Constituição Suíça, por sua vez, a respeito da medicina reprodutiva e da tecnologia genética na

---

[28] Textos citados conforme: JöR N. F. 34 (1985). V., por exemplo, par. 5º da Constituição de Basel-Landschaft (1984), inc. I: "a dignidade do homem é inviolável". Inc. II: "respeitá-la é dever de todos, protegê-la constitui a principal tarefa dos poderes estatais". V., ainda, art. 7º da Constituição Cantonal Jura (1977), par. 9º da Constituição Cantonal Aargau (1980), art. 10º da Constituição Cantonal Uri (1985) e art. 6º da Constituição Cantonal Solothum (1986). Mais adiante, art. 3º do Projeto da Constituição Cantonal Glarus (1977): "Personalidade, dignidade e liberdade do homem são invioláveis". Art. 8º do Projeto de Constituição Federal (1977): "A dignidade humana é inviolável". *Alfred Kölz/Jörg Paul Müller*, Entwurf für eine Bundesverfassung vom 16. Mai 1984, 1995 (1984), art. 4º, inc. I: "a dignidade de cada homem deve ser respeitada e protegida". Outros textos em: JöR N. F. 47 (1999), p. 171 ss., bem como em: JöR N. F. 48 (2000), p. 281 ss.

[29] Cf., v.g., art. 9º da Constituição de Berna de 1993 e art. 4º da Constituição Appenzell A. Rh., de 1995; por último, art. 9º da Constituição Cantonal Waadt (2003); preâmbulo da Constituição Cantonal Graubünden (2003).

esfera humana, exige da Federação regulamentações a respeito do trato com embriões (*Keimgut*) e com o patrimônio genético humanos: "Ela (a Federação) deve velar pela proteção da dignidade humana". Quando o art. 120 da nova Constituição suíça, a respeito da tecnologia genética fora da esfera humana, exige da Federação que ela tome em consideração "a dignidade da criatura", tal prescrição soa como provocação para a literatura alemã a respeito da dignidade humana, que reserva o atributo da dignidade aos seres humanos.

No âmbito das novas Constituições dos "Estados em transformação" do leste europeu, ganha destaque especial a Constituição da Polônia (1997). Ela aponta, textual e contextualmente, para novos caminhos. No preâmbulo, foi associada à dignidade humana uma variante da clássica cláusula do bem comum: "a todos os que aplicarão essa Constituição em prol da Terceira República, exortamos que observem a dignidade inata aos homens, seu direito à liberdade e seu dever de solidariedade com os outros homens [...]". No art. 30, encontra-se a metáfora da dignidade humana como "fonte das liberdades e do direito dos homens e dos cidadãos". Caminhos já conhecidos trilham as demais Constituições no leste europeu.[30] Muitas novas Constituições associam a cláusula da dignidade humana para além de outros pontos vinculados à "proteção da integridade física".[31] A Constituição da Estônia (1993), por exemplo, localiza de forma inovadora a dignidade humana na cláusula viabilizadora do desenvolvimento de novos direitos fundamentais constante do art. 10° ("[...] outros direitos [...] que [...] sejam compatíveis com a dignidade humana [...]"). Pelo mundo afora encontra-se a cláusula da dignidade humana também em Constituições de nações em desenvolvimento, mesmo que por meio de uma configuração mais "simplificada".[32]

B – A DIGNIDADE HUMANA COMO PRINCÍPIO DIRETIVO DA JURISPRUDÊNCIA DOS TRIBUNAIS SUPERIORES

I. A jurisprudência constitucional a respeito da dignidade humana

1. A jurisprudência do Tribunal Constitucional Federal

O Tribunal Constitucional Federal alemão atualizou a "dignidade humana" (art. 1°, inc. I, LF) em muitas das suas decisões. O art. 1°, inc. I, obteve

---

[30] Cf., em sentido aproximado, art. 21 da Constituição Russa de 1993, com novos exemplos; em sentido semelhante, art. 21 da Constituição da Lituânia de 1992.

[31] Cf. art. 1°, inc. III e art. 22 da Constituição da Romênia de 1991.

[32] V.g. preâmbulo e art. 8° da Constituição da Namíbia de 1990, com um catálogo exemplificativo; art. 5° da Constituição da Guiné de 1990; art. 10° da Constituição da Etiópia de 1994; cap. 1, n° 10, da Constituição da África do Sul de 1996; preâmbulo da Constituição do Perú (2002).

significação central já na senteça proferida contra o KPD[33] (partido comunista alemão); mas também contra o "outro lado", no caso o partido que pregava a ideologia nazista.[34] Muitas decisões fundamentais proferidas na "fase inicial" da judicatura do Tribunal Constitucional Federal foram desenvolvidas a partir do art. 1º, inc. I, da LF.[35] No somatório, conseguiu-se que as manifestações a respeito da dignidade humana aumentassem e se intensificassem.

O Tribunal Constitucional Federal faz do art. 1º, inc. I, da LF o ponto de partida dos direitos fundamentais[36] assim como o centro de seu muito criticado enfoque "sistemático-valorativo".[37] Sobretudo o art. 2º, inc. I, LF,[38] assim como o art. 2º, inc. II, alínea 1, LF,[39] mas também o art. 6º, LF (direito dos pais)[40] e o direito fundamental de ser ouvido em juízo (art. 103, inc. I, LF),[41] no sentido de uma garantia de proteção jurídica,[42] foram, em conexão com a dignidade humana, interpretativamente reforçados. Essa "união" foi posteriormente estendida pelo Tribunal Constitucional Federal para a liberdade de crença,[43] para a liberdade de consciência,[44] para a liberdade de informação[45] e para a liberdade artística (art. 5º, inc. III, LF),[46] mas também para o art. 12, LF,[47] e o art. 103, inc. II, LF.[48] O Tribunal Constitucional Federal reforçou um número considerável

---

[33] BVerfGE (*Coleção Oficial das Decisões do Tribunal Constitucional Federal Alemão*) 5, 85 (204 s.); cf. também, pela primeira vez, BVerfGE 1, 97 (104), onde todavia também (ainda) não é indicada a proteção diante de perigos materiais, e sim a proteção contra intervenções sobre a dignidade humana por meio de terceiros (!), como degradação, estigmatização, perseguição e assim por diante.

[34] BVerfGE 6, 32 (163): "o Estado dominado pelo NSDAP (Partido Nacional Socialista dos Trabalhadores Alemães – *Partido Nazista*) – correspondentemente desrespeitou, com a doutrina nacional-socialista, toda a dignidade humana comunitária – perseguiu objetivos [...]"; v. BVerfGE 2, 1 (12).

[35] BVerfGE 6, 32 (40 s.); 30, 173 (193 ss.); 30, 1 (24 ss.); 39, 1 (43). V. ainda BVerfGE 1, 97 (104); 102, 347 (367).

[36] V.g. BverfGE 36, 174 (188): "como titular dos direitos fundamentais que decorrem da dignidade humana e de sua proteção [...]"; mais adiante, BverfGE 21, 362 (369); 48, 127 (164). BverfGE 93, 266 (293): dignidade humana como "raíz dos direitos fundamentais".

[37] BVerfGE 6, 32 (40 s.); 7, 198 (205); 33, 23 (27); 35, 366 (376): "valor superior no sistema dos direitos fundamentais"; 36, 174 (188): dignidade humana no ponto central da ordem de valores; cf. mais adiante BVerfGE 12, 45 (51); 35, 202 (225); 37, 57 (65); 39, 1 (43).

[38] BVerfGE 27, 1 (6); 344 (350 f.); 34, 205 (209); 35, 202 (219 f.); 33, 367 (376); 54, 148 (153); 79, 256 (268); 84, 192 (194 s.); 95, 220 (241); 106, 28 (39, 43).

[39] BVerfGE 39, 1 (41); 46, 160 (164); 102, 370 (393).

[40] BVerfGE 10, 59 (81); 104, 373 (392).

[41] BVerfGE 7, 275 (279); 9, 89 (95); 26, 66 (71); 57, 250 (275); 63, 332 (337).

[42] BVerfGE 6, 32 (36); 61, 126 (137).

[43] BVerfGE 27, 23 (29); 32, 98 (108).

[44] BVerfGE 28, 243 (260).

[45] BVerfGE 27, 71 (81).

[46] BVerfGE 30, 173 (193, 195); cf. ainda BVerfGE 7, 198 (221): "completo aniquilamento da existência artística e humana" como violação à dignidade humana.

[47] BVerfGE 7, 377 (397); 50, 290 (362); 103, 293 (307).

[48] BVerfGE 25, 269 (285).

DIMENSÕES DA DIGNIDADE
Ensaios de Filosofia do Direito e Direito Constitucional

de direitos fundamentais com a ajuda do art. 1º da LF: v.g. art. 2º, inc. I,[49] art. 2º, inc. II[50] ou art. 4º, inc. I,[51] art. 4º, inc. III,[52] art. 16, inc. II, alínea 2,[53] mas também resultaram incrementadas as respectivas limitações[54] dos direitos fundamentais. Por um lado, o Tribunal acentuou que também uma "criança constitui um ser dotado de dignidade humana própria", salientando,[55] por outro lado, que a obrigação derivada do art. 1º, inc. I, LF não termina para o Estado com a morte.[56] Uma contribuição especial repousa no desenvolvimento da proteção da privacidade, já que o art. 2º, inc. I, da LF provavelmente obteve a referência mais intensivamente atualizada para a dignidade humana:[57] o direito geral de liberdade foi "materializado" de modo específico e concretizado por meio da proteção da esfera de intimidade em todas as áreas do Direito. Dentre as qualificações principais responsáveis por uma fórmula diretriz é de se mencionar a palavra "princípio constitutivo",[58] bem como a frase: o "sistema-valorativo" da Lei Fundamental tem seu "ponto central" no direito ao livre desenvolvimento da personalidade, no contexto comunitário.[59] A dignidade humana apresenta-se, de tal sorte, como "valor jurídico mais elevado" dentro do ordenamento constitucional,[60] figurando como "valor jurídico supremo".[61] O caráter pré-positivo da dignidade humana é, neste sentido, implicitamente evocado.[62] Característica é também a formulação da dignidade humana como "fim supremo de todo o Direito"[63] ou como "determinação da inviolabilidade da dignidade humana, que

---

[49] Cf. BVerfGE 32, 373 (379); 35, 202 (220 s.); 44, 353 (372 s.); 99, 165 (195 ss.).

[50] Cf. BVerfGE 56, 54 (74 s.); 88, 203 (251 ss.).

[51] BVerfGE 33, 23 (28 s.); 52, 223 (247); 35, 366 (376); 41, 29 (50); 57, 361 (382).

[52] BVerfGE 12, 45 (53 s.); 28, 243 (260, 263 s.).

[53] BVerfGE 54, 341 (357); 56, 216 (235).

[54] V. o reforço da força atribuída à eficácia da "lei ordinária" conforme o art. 5º, inc. II, LF, por meio do art. 1º, LF: BVerfGE 34, 269 (282, 292 s.). A respeito do direito de personalidade (art. 2º, inc. I, em vinculação ao art. 1º, inc. I, LF) como limite à liberdade artística: BVerfGE 67, 213 (228).

[55] BVerfGE 24, 119 (144); 72, 155 (172); 79, 51 (63).

[56] BVerfGE 30, 173 (194); 51, 97 (110).

[57] Cf. BVerfGE 27, 1 (6 ss.); 344 (350 s.); 32, 373 (379); 33, 367 (376 s.); 34, 205 (209); 34, 238 (245 s.); 35, 202 (219 s.) com documentação comprobatória adicional; 39, 1 (42); 44, 197 (203); 49, 286 (300 s.); 63, 131 (142 s.); 65, 1 (41 ss.); por último 71, 183 (201); 206 (219); 72, 155 (170); 73, 118 (201); 99, 165 (195 ss.); 100, 313 (359); 103, 21 (32 s.).

[58] BVerfGE 45, 187 (227); 72, 105 (115); 79, 256 (268); 87, 209 (228); 95, 220 (241); 96, 375 (398); 102, 370 (389).

[59] BVerfGE 7, 198 (205).

[60] BVerfGE 45, 187 (227); 60 (87); 75, 369 (380).

[61] BVerfGE 33, 23 (29), 30, 173 (193); 32, 98 (108); 52, 223 (246); por último BVerfGE 102, 370 (389). Na literatura: *Engelbert Niebler*, Die Rechtsprechung des BVerfG zum obersten Rechtswert der Menschenwürde, in: BayVBl 1989, p. 737 ss.

[62] BVerfGE 25, 269 (285): pressuposto pela Lei Fundamental (!) e no art. 1º, inc. I, *i*, e art. 2º, inc. I, LF: dignidade protegida com força constitucional; acerca dos efeitos sobre as mudanças constitucionais v. BVerfGE 6, 32 (40 s.); v. porém também BVerfGE 94, 49 (102 s.).

[63] BVerfGE 12, 45 (51); 37, 57 (65). Digno de nota: BVerfGE 75, 369 (380): efeito dos limites provenientes da dignidade humana: "absoluto, sem possibilidade de realizar uma ponderação de bens (*C. Starck*)".

está na base de todos os direitos fundamentais".[64] A tese-objeto (desenvolvida por Dürig) reencontra-se a toda hora.[65]

Esse *approach* pode conduzir também a deveres e obrigações, no sentido de um dever geral de defesa.[66] Antes de tudo, porém, torna-se visível a existência de um dever de proteção intersubjetivo.[67]

Rastreando-se a jurisprudência de longa data,[68] resulta a proibição, decorrente da consideração da dignidade humana como "princípio constitutivo basilar" ("valor social e pretensão de respeito por parte dos homens"), de fazer dos homens "meros objetos do Estado ou de expô-los a tratamento que coloque em causa, em princípio, sua qualidade de sujeito"; assim, restam reforçadas a referência e a vinculação comunitária da pessoa humana, mas também sua individualidade.

Especificamente, chamam a atenção as decisões sobre os seguintes âmbitos de proteção e problemas: o Tribunal Constitucional Federal revitalizou e atualizou a obrigação de os poderes estatais protegerem a dignidade humana antes de tudo com vista ao direito penal e processual penal, tal como ocorreu com a situação jurídica do prisioneiro preventivo,[69] com o direito dos acusados de ficarem calados,[70] bem como das testemunhas em caso de auto-incriminação.[71]O Tribunal extrai conseqüências também para o direito das contravenções,[72] para a proibição de apreensões,[73] bem como para a proibição de (e do aproveitamento de) determinadas provas,[74] o que vale também para a execução penal.[75] O Tribunal, além disso, deduz, da dignidade humana, o *princípio* da culpabilidade,[76] do mesmo modo como ocorre com a adequação

---

[64] BVerfGE 30, 173 (194).

[65] BVerfGE 9, 85 (95); 27, 1 (6 s.), 50, 166 (175); 63, 133 (143); 87, 209 (228), 96, 375 (399). A respeito, *Peter Häberle*, Staatsrechtslehre im Verfassungsleben – am Beispiel Günter Dürigs, in: *o mesmo*, Die Verfassung des Pluralismus, 1980, p. 110 ss. com documentação comprobatória adicional.

[66] BVerfGE 12, 45 (60 s.); 48, 127 (163).

[67] BVerfGE 24, 119 (144): "uma Constituição que situa a dignidade humana no ponto central de seu sistema de valores não pode, em princípio, conceder na ordenação das relações inter-humanas direito à pessoa de outro que não respeite, ao mesmo tempo, a dignidade humana dos outros e seja vinculado a deveres".

[68] BVerfGE 50, 166 (175); 96, 375 (398 ss.); 87, 209 (228): "dignidade dos homens como essência genérica". Por último, BVerfGE 101, 275 (287); 102, 370 (388 s.).

[69] BVerfGE 34, 369 (382 s.): ausência de publicação do nome; cf. também BVerfGE 1, 332 (348); 28, 386 (389 ss.).

[70] BVerfGE 56, 37 (43).

[71] BVerfGE 56, 37 (43).

[72] BVerfGE 55, 144 (150).

[73] BVerfGE 32, 373 (379 ss.).

[74] BVerfGE 34, 238 (245 ss.).

[75] BVerfGE 45, 187 (245): "[...] o núcleo da dignidade humana será afetado quando o condenado, a despeito do desenvolvimento de sua personalidade, tiver de renunciar a toda esperança de recuperar sua liberdade"; v., ainda, no mesmo sentido p. 228 s.; BVerfGE 35, 202 (235); 64, 261 (272 ss.); 72, 105 (113 ss.).

[76] BVerfGE 45, 187 (259); 25, 269 (285); 28, 386 (391); 50, 205 (214 s.); 54, 100 (108); 95, 96 (131, 140).

da punição à culpabilidade.[77] Um componente prestacional resta evidenciado, ainda que apenas esporadicamente e em decisões anteriores, de modo um tanto tímido.[78] Também a compreensão do princípio democrático foi concretizada pelo Tribunal a partir do art. 1º, inc. I, da LF.[79] A proteção da personalidade e da privacidade manifesta-se em todos os ramos do Direito: no direito civil, penal e público, bem como no direito processual.[80]

Substancialmente, merecem críticas apenas duas decisões a respeito da dignidade humana. No julgamento acerca das escutas, o Tribunal Constitucional Federal ficou aquém da sua própria e reiterada compreensão do art. 1º, inc. I,[81] quando apresentou objeções à fórmula-objeto, por ele próprio tão freqüentemente utilizada: "o homem não raras vezes é mero objeto não apenas do relacionamento e desenvolvimento social, mas também do Direito (!), hipóteses nas quais, sem consideração de seus interesses, deve se submeter". Aqui o "carater emancipatório" da dignidade humana, bem como a compreensão do Direito em uma democracia liberal, foi negligenciado.[82] A decisão no caso "Mephisto" não pode, da mesma forma, satisfazer: tão sinalizado já foi o reconhecimento da repercussão da dignidade humana para além da morte, tão correta, em princípio, a visão conjunta da dignidade humana e da liberdade artística,[83] o fato é que o pensamento sistemático-valorativo desenvolvido pelo Tribunal conduziu

---

[77] V. v.g. BVerfGE 50, 5 (12); 205 (215); 54, 100 (108); 86, 288 (312 s.); 96, 245 (249).

[78] BVerfGE 20, 31 (32): "[...] a medida mínima necessária para uma existência humanamente digna em matéria de seguridade social"; em sentido semelhante, BVerfGE 40, 121 (133); 45, 187 (228); já mais contido: BVerfGE 1, 97 (104). Mais tarde, porém, correto: 82, 60 (85); 99, 216 (233); 99, 246 (259): vedação de impostos relativamente ao mínimo existencial. V. ainda BVerfGE 103, 197 (221).

[79] BVerfGE 40, 287 (291), por ocasião do processo proibitivo de acordo com o art. 21, inc. II, da LF. V. ainda BVerfGE 5, 85 (204 s.). No fundamento repousa também a "definição legal" da "ordenação fundamental liberal-democrática" no sentido do art. 21, inc. II, da LF na decisão do Partido Socialista do Reich (*Sozialistische Reichspartei* – SRP) (BVerfGE 2, 1 [12 s.]) a dignidade humana do art. 1º, inc. I, LF incluída (cf. no mesmo sentido p. 12: "dignidade humana"; p. 13: "direitos humanos").

[80] V.g. BVerfGE 34, 238 (245 s.); 269 (281 s.); 32, 373 (378 ss.); 99, 185 (196). Em inúmeros casos, pode o Tribunal Constitucional Federal recusar, bem rapidamente, uma violação à dignidade humana, freqüentemente apenas globalmente afirmada, veiculada por reclamação constitucional, sem rodeios ou mesmo liminarmente; cf. em sentido aproximado BVerfGE 38, 1 (21): sentimento de degradação por meio de novas designações de funções não constitui violação da dignidade humana. BVerfGE 16, 124 (128); 47, 253 (270): "ponderável"; v. ainda BVerfGE 1, 418 (423); 9, 73 (82) e 167 (171); 16, 191 (194); 20, 31 (32); 22, 254 (265); 22, 21 (28); 23, 127 (134 s.); 25, 327 (330 s.) e 230 (234); 28, 1 (10) bem como 282 (288); 52, 256 (261); 50, 256 (262). Por último, BVerfGE 105, 313 (333).

[81] BVerfGE 30, 1 (25 s.), cit. novamente em: BVerfGE 100, 313 (399): crítico a respeito: *Hans Heinrich Rupp*, Urteilsanmerkung, in: NJW 1971, p. 275 ss.; *Peter Häberle*, Die Abhörentscheidung des Bundesverfassungsgerichts vom 15.12. 1970, in: JZ 1971, p. 145 ss.; também em: *o mesmo*, Kommentierte Verfassungsrechtsprechung, 1979, p. 91 ss. com aditamento em 1979, p. 122 ss.

[82] Oportuno BVerfGE 30, 33 (42), voto separado *Gregor Geller, Fabian v. Schlabrendorff* e *Hans Rupp*: "o cidadão permanece membro vivo da comunidade jurídica"; cf., mais adiante, a questão, conforme BVerfGE 5, 85 (204): ausência de determinação inequívoca por meio de "situação em aula/classe" dentre outros; BVerfGE 7, 198 (205).

[83] BVerfGE 30, 173 (194): o dever de assegurar ao indivíduo proteção contra agressões a sua dignidade humana não termina com a morte. Com respeito à decisão Mephisto, v. *Peter Lerche*, Schranken der Kunstfreiheit, in: BayVBl 1974, p. 177 ss. – Diferenciado: BVerfGE 83, 130 (143).

a uma equivocada ponderação do âmbito da personalidade do falecido Gustav Gründgens, protegida por meio do art. 1°, inc. I, da LF", e "a liberdade artística assegurada por meio do art. 5°, inc. III, alínea 1, da LF", em detrimento deste último bem jurídico.[84] Irradiações da dignidade humana sobre os demais direitos fundamentais não devem impedir que as fronteiras dos direitos fundamentais sejam determinadas mediante uma ponderação voltada ao caso concreto, a ser obtida por meio de um cuidadoso "equilíbrio recíproco" (Peter Lerche) no sentido de se atingir uma "concordância prática" (Konrad Hesse).[85]

O Tribunal Constitucional Federal maneja, em síntese, o art. 1°, inc. I, da LF como "ponto de partida" do poder estatal, sem invocar a dignidade humana de modo *inflacionário*, evitando, com isso, a sua desvalorização. De modo geral, ele concretizou a dignidade humana de maneira específica para cada caso concreto, determinando o conteúdo e alcance dos direitos fundamentais de modo individualizado, sem argumentar de modo *panfletário* com a dignidade humana, de sorte a não tratá-la como uma fórmula vazia. A técnica exemplificativa possibilitou atribuir um conteúdo mais concreto para a dignidade humana à luz da "tese-objeto" ("Objektthese"), tornando-a justiciável também para o juiz. Digno de nota é que o Tribunal, em regra, evitou "aplicar a patética palavra dignidade humana exclusivamente no sentido mais elevado".[86]

Sobretudo, merece aplausos a irradiação da dignidade humana em relação a outros princípios, âmbitos e instituições constitucionais, assim como também sobre os direitos fundamentais, a democracia liberal ou o direito penal. O art. 1°, inc. I, da LF, foi também jurisprudencialmente movido para o âmago da Constituicão, onde ele já se encontra textualmente. O Tribunal levou a sério seu significado fundamental.

Para o futuro, um desenvolvimento mais reforçado dos deveres e obrigações decorrentes da dignidade torna-se imperativo. Tal componente encontra fundamento especialmente na dimensão comunitária da dignidade humana, que, em princípio, já foi esporadicamente atualizada,[87] devendo, nessa medida, tornar-se atual, tal como os "limites do crescimento" do Estado social de Direito tornaram necessária a proteção do meio ambiente (art. 20, *a*, LF). Também a exemplar intensificação do direito de ser ouvido (ou *contraditório*, art. 103, inc. I, LF),[88] bem como da garantia de proteção

---

[84] BVerfGE 30, 175 (195 s.); BVerfGE 30, 200 (214), voto separado *Erwin Stein*.

[85] Cf. a respeito: BVerfGE 39, 1 (43); 102, 347 (366 s.).

[86] Assim, a bem-sucedida formulação em: BVerfGE 30, 33 (39), voto separado *Gregor Geller, Fabian v. Schlabrendorff* e Hans Rupp.

[87] V. para o dever de defesa em correspondência com a pretensão de proteção do indivíduo (também) pelo art. 1°, inc. I, LF: BVerfGE 38, 154 (167); 12, 45 (51).

[88] Cf. o *approach* em: BVerfGE 9, 89 (95); 7, 275 (279): "dignidade da pessoa do membro da comunidade jurídica". A referência à dignidade humana parece ter sido perdida, do ponto de vista terminológico, mais tarde (cf. v.g. BVerfGE 25, 158 [165 s.]; 31, 388 [390 s.]; 38, 35 [38 ss.]; 40, 42 [44 ss.]; 41, 23 [25 ss.]; 46, 315 [319 ss.]; 47, 182 [187 ss.]; 92, 158 [183 ss.]; 96, 205 [216 ss.]). O direito de ser ouvido já deduziu *Josef Wintrich*, Die

judiciária[89] (art. 19, inc. IV, LF), deverá encontrar seu fundamento expresso no art. 1°, inc. I, da LF,[90] por tratar-se da posição subjetiva do homem no processo. O *status activus processualis*[91]constitui expressão direta da dignidade humana.

2. A jurisprudência dos tribunais constitucionais estaduais a respeito da dignidade humana

Por "dominante" que seja a jurisprudência do Tribunal Constitucional Federal a respeito da dignidade humana, importa destacar que as decisões dos Tribunais Constitucionais dos Estados da Federação (*Länder*) integram a visão estatal-constitucional conjunta da compreensão da dignidade humana não somente por motivos históricos. Com efeito, o Tribunal Constitucional da Baviera (*Bayerische Verfassungsgerichtshof*) já em 1948 iniciou com a delimitação judicial da "dignidade da personalidade humana"[92] e, com isso, influenciou normativamente a discussão subseqüente: o respeito pela sua tradição jurisprudencial em matéria de dignidade humana até hoje é perceptível.

Paralelamente, devem ser exemplarmente valorizadas as decisões do Tribunal do Estado de Hessen (*Hessischen Staatsgerichtshof*), para colocar em relevo também as culturas jurídicas diferenciadas dos Estados-Membros, como demonstra o fecundo relacionamento, geralmente de tensão, entre a Baviera e Hessen. Um compêndio geral dos métodos e conteúdos em matéria de dignidade humana, desenvolvidos nos planos estadual e federal,[93] bem como os procedimentos de produção e recepção cultural, que uma norma fundamental como a cláusula constitucional da dignidade humana desenvolveu no curso do tempo,[94] poderiam, sem dúvida, ser descritos apenas pontualmente. O tímido reconhecimento de direitos fundamentais em muitas Constituições estaduais do norte da Alemanha, bem como as possibilidades – constitucional e faticamente

---

Bedeutung der "Menschenwürde" für die Anwendung des Rechts, in: BayVBl 1957, p. 137 (139), a partir do art. 1° da LF, em vinculação ao princípio do Estado de Direito: cf., por último: BGHSt 47, 120 (124).

[89] V.g. BVerfGE 46, 325 (334 s.); 45, 297 (333); 24, 367 (401); 35, 348 (361); 51, 150 (156).

[90] V., nesse sentido: BVerfGE 55, 1 (5 s.); 57, 250 (274 s.); 63, 332 (337); cf., ainda: BVerfGE 18, 146 s. (ref. § 32 BverfGG). Em sentido diverso, porém: BVerfGE 88, 118 (123 ss.); 93, 99 (107 s.); 94, 166 (206 s.); 101, 106 (121 ss.).

[91] A respeito: *Peter Häberle*, Grundrechte im Leistungsstaat, in: VVDStRL 30 (1972), p. 43 (86 ss.); v., ainda: BVerfGE 53, 69 (80) – voto separado; com respeito à comunicação e à dignidade nesse processo (judicial) v. *Bernhard Giese*, Das Würde-Konzept, 1975, p. 90 ss.

[92] BayVerfGH (*Tribunal Constitucional da Baviera*) 1 (1947/48), 2 (32).

[93] Relativamente às questões concernentes ao direito constitucional comum-alemão (e comum-suíço) v. *Peter Häberle*, Neuere Verfassungen und Verfassungsvorhaben in der Schweiz, insbesondere auf kantonaler Ebene, in: JöR N. F. 34 (1985), p. 303 (340 ss.).

[94] A harmonia das cláusulas consagradoras da dignidade humana insculpidas nas Constituições estaduais com o art. 1°, inc. I, da LF (assim v.g. BayVerfGH 4 [1951], 219 [244]: 6, 18 [24]: HessStGH (*Tribunal do Estado de Hessen*), in: ESVGH 22, 209 [212]) não exclui o fato de ela provocar diferentes contribuições interpretativas na fixação dos contornos da "dignidade humana no sentido da Constituição".

– limitadas de uma jurisprudência própria em matéria de direitos fundamentais em diversos Estados da Federação, com exceção do Tribunal Constitucional da Baviera, apenas esporadicamente resultaram em um posicionamento crítico por parte de outros Tribunais Constitucionais estaduais.[95]

a) *A jurisprudência do Tribunal Constitucional da Baviera a respeito da dignidade humana.* Já a decisão de 22 de março de 1948 espelha *in nuce* a maioria dos problemas interpretativos que envolvem uma cláusula constitucional da dignidade humana.[96] Mediante referência aos motivos expostos por *Nawiasky* para o acolhimento do art. 100 da Constituição da Baviera na parte dos direitos fundamentais, assumem relevo, já no período do pós-guerra, palavras-chave tão referenciais como: art. 100 da Constituição da Baviera como "enunciado jurídico vinculativo", "o homem, como pessoa, é titular dos mais altos valores morais-espirituais e possui um valor moral próprio, que não pode ser perdido e que, além disso, é autônomo e inviolável, especialmente diante de todas as intervenções jurídicas e políticas patrocinadas pelo Estado e pela sociedade", "dignidade da personalidade humana consiste no valor e pretensão de respeito intrínseco e simultaneamente social, o qual pertence a cada ser humano pela sua condição humana", "considerando que o bem jurídico protegido pertence também ao âmbito da moralidade, ocorrem violações de bens que não pertencem à esfera jurídica, mas ao âmbito exclusivamente moral, e que, portanto, não estão sujeitas à proteção jurídica", "deve haver uma intervenção de tal maneira lesiva para um valor da personalidade, que para além das conseqüências para o próprio atingido, a dignidade humana, como tal, desconsiderada a pessoa individual, venha a restar atingida", "o reconhecimento do valor fundamental moral da dignidade humana como *valor jurídico* constitui pressuposto para o reconhecimento de todos direitos de liberdade", "o art. 100 estabelece ao mesmo tempo um direito subjetivo público do indivíduo".

Essa decisão-condutora veio a ser reforçada, no sentido de continuar a ser desenvolvida em diferentes dimensões:[97] o tratamento ou penalização cruel é tomado como exemplo de violação da dignidade humana.[98] Da mesma forma,

---

[95] A respeito: *Wolfgang Rüfner*, Die persönlichen Freiheitsrechte der Landesverfassungen in der Rechtsprechung der Landesverfassungsgerichte, in: Christian Starck/Klaus Stern (Orgs.), Landesverfassungsgerichtsbarkeit, vol. III: Verfassungsauslegung, 1983, p. 247 ss., mas também *Dietrich Franke*, Verfassungsgerichtsbarkeit der Länder (...) in: FS für Ernst Gottfried Mahrenholz, 1994, p. 923 (933 ss.); *Horst Dreier*, Grundrechtsschutz durch Landesverfassungsgerichte, 2000; *Evic Tjarks*, Zur Bedeutung der Landesgrundrechte, 1999.

[96] BayVerfGH 1, 29 (32); cf. também 32, 130 (137 s.). Na literatura: *Christian Graf von Pestalozza*, in: Nawiasky, dentre outros, Die Verfassung des Freistaates Bayern, Kommentar, Stand 2000, Art. 100 V.

[97] V.g. BayVerfGH 2 (1949), 85 (93): violação do art. 100 da Constituição da Baviera somente "quando ocorrer uma tal lesão no valor da personalidade que o efeito sobre o afetado pareça ter atingido para além da dignidade humana como tal, sem consideração da pessoa individual"; também BayVerfGH 8, 1 (5) – essa abstração da pessoa individual é, ao meu ver, questionável: a dignidade humana do homem concreto não se deixa separar da dignidade *do* homem! V., a seguir: BayVerfGH 3, 15 (28); 4, 219 (244).

[98] BayVerfGH 8, 52 (57); 34, 157 (161): "pena cruel".

DIMENSÕES DA DIGNIDADE
Ensaios de Filosofia do Direito e Direito Constitucional

encontra-se uma roupagem filosófico-valorativa da fórmula do sujeito (*Subjektformel*).[99] Também os doentesfísicos são colocados sob a proteção do art. 100 da Constituição da Baviera.[100] A fórmula-objeto de Dürig é assimilada,[101] ocasionalmente vinculada à fórmula-personalidade (*Persönlichkeitsformel*), a partir de uma argumentação fundada na perspectiva da violação![102] O postulado da dignidade humana atua no *processo* como fundamento da proibição de uma duração excessiva.[103]

De modo quase patético, uma dimensão jusnaturalista foi precocemente expressada, mediante recurso ao "caráter supra-positivo do Direito": "corresponde à concepção do próprio Poder Constituinte que ele não criou esses direitos, mas apenas os revelou. Com isso, é ao mesmo tempo reconhecido que [...] o respeito e a proteção da dignidade das pessoas [...] delimitam a soberania do Poder Constituinte e do Poder do Estado".[104] Cristaliza-se progressivamente a fórmula da personalidade.[105] Na esfera do direito privado, novos impulsos surgem da jurisprudência do Tribunal Constitucional Federal.[106] Não deixa, contudo, de encontrar-se a imagem de uma compreensão "apolítica" da dignidade humana;[107] a conexão entre dignidade humana e direitos fundamentais individualmente considerados é também desenvolvida pelo Tribunal Constitucional da Baviera.[108] Também a jurisprudência do Tribunal Constitucional Federal sobre a concepção humana da pessoa é integrada no "conceito de dignidade".[109] De modo impregnante, a dignidade humana assume a condição de limite absoluto para a restringibilidade dos direitos fundamentais.[110] As decisões passam a in-

---

[99] V.g. BayVerfGH 10, 1 (3): direito fundamental da dignidade como "valor ao mesmo tempo interior e social e como pretensão de respeito [...] que pertence ao homem na qualidade de portador dos valores espirituais e morais mais elevados".

[100] V.g. BayVerfGH 10, 101 (Diretiva 2).

[101] V.g. BayVerfGH 13, 80 (89); posteriormente BverfGH, in: BayVBl 1987, p. 14 (15).

[102] BayVerfGH 15, 49 (58 s.); cf. também o assunto conforme 11, 81 (89); 13, 147 (148).

[103] BayVerfGH 20, 208 (Diretiva 2 b); 35, 40 (45) relativamente ao princípio "nulla poena sine culpa" com indicações reportando-se ao BVerfGE 20, 323 (331); 45, 187 (228); 50, 125 (133).

[104] BayVerfGH 4, 51 (58 s.) referindo-se a Gustav Radbruch, Erich Kaufmann, Helmut Coing, Erik Wolf; v. ainda BayVerfGH 9, 27 (37); 11, 164 (181).

[105] V.g. BayVerfGH 17, 19 (27): "grave lesão que afeta o núcleo da personalidade humana"; também BayVerfGH 17, 94 (104); 18, 124 (127); 19, 30 (34); 27, 93 (99); 30, 167 (175); 35, 56 (62 s.) – por último 48, 34 (38).

[106] BayVerfGH 20, 78 (85); 21, 38 (50); 30, 167 (175).

[107] BayVerfGH 11, 164 (181 s.): "participar nas escolhas públicas, candidatar-se e exercer um mandato transmissível não constituem direitos de origem supra-estatal, senão direitos, de cariz democrático-político, pertencentes aos cidadãos [...]. Normas que não se ocupam com os direitos dos cidadãos serão, via de regra, independentes, por meio do art. 100 da Constituição da Baviera, do âmbito protegido da dignidade humana".

[108] BayVerfGH 13, 24 (26) referindo-se a BVerfGE 9, 89 (95).

[109] BayVerfGH 21, 59 (65 s.).

[110] BayVerfGH 26, 18 (18. Diretiva 4 b: 24). O art. 100 da Constituição da Baviera e o art. 1°, inc. I, da LF, serão, com isso, ao mesmo tempo citados, bem como o art. 98, alínea 1, da Constituição da Baviera e o art. 19, inc. II, da LF; v. ainda BayVerfGH 30, 109 (119 s.).

tegrar de modo progressivo os diversos aspectos parciais do direito tipicamente jurisprudencial sobre a dignidade existente até o presente momento.[111] Na linha desse diálogo vivo com a ciência e o Tribunal Constitucional Federal, bem como a partir da compreensão conjunta da sua própria tradição jurisprudencial, insere-se também a recepção do direito à "autodeterminação informativa" pelo Tribunal Constitucional da Baviera.[112]

De uma retrospectiva, resulta: o Tribunal Constitucional da Baviera "desenvolve" sua jurisprudência sobre a dignidade humana mediante uma alternância entre decisões de cunho principiológico e decisões sobre casos concretos. Se no início de sua judicatura, o Tribunal, de modo expresso, conseguia firmar-se "sobre seus próprios pés", posteriormente, buscou fortalecer o seu diálogo com o Tribunal Constitucional Federal. Também desde o princípio, ele levou em consideração expressivos conceitos científicos de dignidade. Formulações negativas a partir dos casos de violação, mas também construções positivas, formam um impressionante quadro geral. A dignidade humana expressamente consagrada no art. 100 da Constituição da Baviera resulta, com isso, não apenas enriquecida no que diz com seus contornos, mas irradia-se também cada vez com mais força sobre os direitos fundamentais individualmente tomados. Além de dirigir o próprio processo estatal, assimila a jurisprudência do Tribunal Constitucional Federal a respeito da visão da pessoa humana e sobre a esfera privada, servindo-se, todavia, também da fórmula do núcleo da personalidade. Assim, o art. 100 da Constituição da Baviera acabou por se transformar em um princípio constitucional fundante de toda a ordem jurídico-constitucional (estadual),[113] impregnando-a na sua totalidade. Ele demonstra de modo exemplar como uma cláusula constitucional da dignidade humana enseja uma série de atividades concretizadoras que geram o consenso e agregam o Estado e a sociedade na labuta pela dignidade humana. O Tribunal Constitucional da Baviera conseguiu de forma exemplar preencher a cláusula da dignidade humana com vida, efetivando-a no dia-a-dia, sem desvalorizá-la ou anulá-la mediante recurso a argumentos esvaziados de sentido, mas simultaneamente sem deixar de incorporar novos conteúdos e funções, um exemplo impressionante que dá conta da capacidade e da necessidade de desenvolvimento da noção de "dignidade humana".

b) *Outros Tribunais Estaduais Constitucionais.* O Tribunal Estatal de Hessen teve de se debruçar tanto sobre a garantia geral da dignidade humana prevista no art. 3º da Constituição de Hessen ("Honra e dignidade humanas são invioláveis") como sobre a garantia da dignidade humana em âmbitos específi-

---

[111] V., v.g., BayVerfGH 34, 14 (26) referindo-se a BayVerfGH 11, 164 (181 s.); 14, 49 (57); 32, 156 (159) e 28, 24 (39); 29, 38 (42); 32, 146 (159).

[112] BayVerfGH, in: BayVBl 1985, p. 652. Por último, em BayVerfGH 42, 21 bem como em BayVBl 1997, p. 686 ss. Jurisprudência subseqüente: BayVerfGH 40, 58; 44, 85; 45, 125; 47, 241; 49, 79; a respeito da dignidade humana e os "universos corporais" também: BayVGH in NJW 2003, p. 1618 ss.

[113] Inserção dos tradutores.

cos, tal como prevista no art. 27 desta mesma Constituição ("As ordens social e econômica baseiam-se no reconhecimento da dignidade e da personalidade humana"): ambos os preceitos são (ainda) interpretados diferentemente.[114] Segundo o Tribunal, reportando-se a Dürig, o art. 3º da Constituição de Hessen assegura um "direito fundamental de respeito à esfera individual". Além disso, acentua que a "interpretação da idéia de dignidade torna possível uma análise das noções ético-jurídicas dominantes". Paradigmáticas são, neste sentido, não apenas as compreensões que prevaleciam por ocasião da criação da Constituição, mas especialmente as "concretizações, diferenciações e mudanças realizadas ao longo do tempo no âmbito desta concepção".[115] A despeito "de todas as imprecisões da idéia de dignidade e das dificuldades interpretativas dela resultantes", é possível afirmar, com bastante segurança, que a dignidade humana não deve ser identificada, em primeira linha, na sua validade externa, mas sim, cada vez mais, no seu valor moral singular, "da pessoa em si mesma e não a partir de outros fins e bens". O art. 27 da Constituição de Hessen tem a sua qualidade de direito fundamental negada pelo Tribunal de Hessen, que o interpreta meramente como fundamento ético da ordem social e econômica e na forma de preâmbulo e diretiva para as prescrições subseqüentes. Todavia, no meu entender, o caráter jusfundamental do citado preceito é de ser afirmado, já que cláusulas especiais de dignidade teriam a sua conexão com o postulado geral da dignidade erodida e até mesmo perdida, restando degradadas a meras fórmulas de cunho ético e programático.[116]

II. A jurisprudência dos Tribunais Especializados (ordinários) a respeito do princípio da dignidade humana

Os Tribunais Especializados (como "simples tribunais constitucionais"), mediante uma jurisprudência praticamente inabarcável, contribuem não menos para concretizações em casos específicos da cláusula jurídico-constitucional da dignidade humana. Eles espelham-se, de forma global, em uma argumentação fortemente orientada para o caso concreto, reveladora de âmbitos especificos e de "situações de risco" (*Gefahrenlagen*), nas quais a determinação do conteúdo da dignidade humana deve ser especialmente atualizada.

---

[114] HessStGH, in: ESVGH 22, 209 (212 ss.).

[115] Um conceito de dignidade digno de nota, dinâmico e aberto! Também HessStGH, in: DÖV 1971, p. 742 (744), reportando-se a *Reinhold Zippelius* (1966), in: BK, art. 1º, nota de rodapé nº 7.

[116] Cf., ainda, HessStGH, in: ESVGH 24, 1 (8): "[...] quando o homem concreto é degradado a objeto, a um mero meio, a uma grandeza substituível" (sob indicação de Dürig). A referência a BVerfGE 1, 348 e a BayVerfGH 8, 57, indica uma compreensão jurídico-constitucional "comum-alemã" da cláusula da dignidade humana; v., além disso, ESVGH 19, 7 (11): "[...] valor jurídico mais elevado" com respeito a BVerfGE 12, 53. Duvidoso: VfGH Berl. (caso Honecker), in: DVBl 1993, p. 368 ss. A respeito do caso Mielke: VfGH Berl., in: NJW 1994, p. 436 ss. Com respeito ao "significado da moradia para a consecução de uma vida humanamente digna" (art. 47, inc. II, alínea 2, da Constituição de Brandemburgo): VerfGH Brandenburg, in: Wohnungswirtschaft und Mietrecht, 1994, p. 366 ss.

A proteção da privacidade e da esfera íntima, materializada por meio do art. 1º da Lei Fundamental, bem como a concretização dos bons costumes e da proibição de excesso no sentido de uma máxima de rigorismo e eqüidade para o caso concreto, parecem ser uma constante cada vez mais implementada em âmbitos específicos de todos os planos jurídicos e tradições judiciárias. Na jurisprudência do Superior Tribunal Federal (*Bundesgerichtshof*),[117] no direito civil, assume relevo o desenvolvimento e concretização do direito geral da personalidade,[118] nomeadamente a proteção da honra como emanação da dignidade pessoal, mas também a necessidade extraordinária de proteção dos homens especiais, assim como das condições de vida dos socialmente desfavorecidos.

As decisões a respeito do direito geral da personalidade,[119] de início fundadas jurídico-constitucionalmente ainda de forma precisa com base no "art. 1º, parágrafos 1º e 3º em associação com o art. 2º da Lei Fundamental",[120] são hoje proferidas a partir de uma referência genérica dos "arts. 1º e 2º da Lei Fundamental",[121] por vezes estreitada, sem menção do art. 1º da LF, mas apenas do art. 2º da LF como única norma base,[122] o que é parcialmente verdadeiro, na medida em que também às pessoas jurídicas é conferido o direito geral de personalidade;[123] recentemente, todavia, o conceito já tem sido empregado sem referência a normas constitucionais.[124] Essa jurisprudência espelha a *posição* da judicatura relativamente ao direito geral da personalidade,[125] por menos que o art. 1º da LF tenha sido decisivo para efeitos do reconhecimento de uma indenização pecuniária.[126]

O direito geral de personalidade foi sempre sendo diferenciado de forma mais apurada: paralelamente a uma esfera própria e inviolável de sigilo e intimidade,[127]

---

[117] V. ainda *Hans Joachim Faller*, Die Rechtsprechung des Bundesgerichtshofs zum Grundgesetz von 1968 bis 1984, in: JöR N. F. 34 (1985), p. 659 (660 ss.); *o mesmo*, Bericht 1985 bis 1995, JöR N. F. 46 (1998), p. 25 (26 ss.).

[118] *Hans-Uwe Erichsen*, Allgemeine Handlungsfreiheit, in: HStRVL 2001 (1989), § 152 nota de rodapé nº 52-59; *Walter Schmitt Glaeser*, Schutz der Privatsphäre, § 129 nota de rodapé nº 8.

[119] Fundamentalmente BGHZ (Revista do Superior Tribunal de Justiça – *Bundesgerichtshof Zeitschrift*) 13, 334 (337 s.); 24, 72 (76 ss.).

[120] Assim, em sentido aproximado BGHZ 24, 72 (77); 27, 284 (286).

[121] Assim, em sentido aproximado BGHZ 26, 349 (354); 33, 20 (22 s.); 73, 120 (122); 37, 187 (190); 82, 173 (179).

[122] V. BGHZ 67, 48 (50 ss., 53); 74, 25 (34); 80, 218 (220); BGHSt 31, 296 (298).

[123] Assim BGHZ 81, 75 (78).

[124] V., em sentido aproximado, BGHZ 79, 111 (114).

[125] V. *Hans Erich Brandner*, Das allgemeine Persönlichkeitsrecht in der Entwicklung durch die Rechtsprechung, in: JZ 1983, p. 689 ss.

[126] V., porém, fundamentalmente BGHZ 26, 349 (353 ss.); 35, 363 (367 s.).

[127] V. BGHZ 73, 120 (122 ss.); 15, 249 (257 ss.); 36, 77 (79, 83 s.); por último BGHZ in: NJW 1993, p. 525 (526) e NJW 1995, p. 2492 (2493); por último BGHZ 149, 247 ss. (violação da dignidade humana por meio de propaganda).

ao direito à própria imagem,[128] à propria palavra falada[129] e sobretudo à autorepresentação,[130] colocam-se sempre novos conhecimentos pontuais e ponderações específicas cuidadosamente aperfeiçoadas em cada caso,[131] tanto por meio de uma delimitação "negativa", no que diz com ponderações envolvendo direitos em situação de conflito, como resultado da vinculação coletiva social da personalidade individual,[132] quanto no que concerne a limites para os direitos de liberdade de terceiros.[133] Possivelmente, deve ser rigorosamente diferenciado entre um "âmbito nuclear" resultante da fusão do art. 1º com o art. 2º, inc. I, da LF, e um âmbito de geral desenvolvimento da personalidade garantido somente pelo art. 2º, inc. I, da LF.[134]

Um outro importante tema jurisprudencial diz com a proteção da honra como emanação da proteção por meio dos arts. 1º e 2º da LF, acima de tudo perante ataques/agressões públicas por intermédio dos meios de comunicação de massa, recorrendo a uma ponderação entre os interesses em jogo de acordo com a medida da "inserção na esfera pública" dos envolvidos.[135] Nesses casos, também desempenha um significativo papel a possibilidade de veracidade/sinceridade de uma afirmação.[136]

Finalmente, a cláusula da dignidade humana é "ativada" no caso dos direitos de pessoas desfavorecidas, carecedoras de proteção e de minorias, tais como os transexuais,[137] ou por meio da capacidade processual parcial conferida aos interditados e aos doentes mentais.[138] De modo especialmente penetrante, os direitos da personalidade, proteção da honra e das minorias, ligam-se em face do *background* subjacente ao art. 1º da LF (também) contra a experiência histórica da perseguição aos judeus[139] no Terceiro Reich: "o próprio fato histórico de que os homens deveriam ser apartados com base em critérios de origem/ascendência (*Abstammungskriterien*), estabelecidos pelas pretensas Leis de Nu-

---

[128] V. BGHZ 20, 345 (351); 24, 200 (209); 26, 52 (68).

[129] V. BGHZ 13, 334 (338 s.); 27, 284 (285 ss.); 73, 120 (122 ss.); v. "primeiramente acertado" BGHZ 33, 20 (22 s.).

[130] V. (mais além do § 12 BGB): BGHZ 25, 163 (168); 30, 7 (10 s.); 81, 75 (78).

[131] Exemplos: BGHZ 82, 173 (179); 85, 327 (332); 92, 213 (219).

[132] Exemplos: BGHZ 56, 180 (191); 41, 318 (323 s., 327); 79, 111 (114); 74, 25 (34).

[133] V.g. para a liberdade artística BGHZ 50, 130 (146 s.); 84, 237 (238): para a liberdade de pensamento BGHZ 38, 317 (322 s., 325 ss.): para a liberdade de pensamento e de imprensa ("liberdade de crítica") no âmbito do *Bundesgerichtshof* (BGH), in: NJW 1981, p. 1366 (1367).

[134] V., em sentido aproximado: BGHZ 67, 48 (50 s., 53); 79, 111 (114); 80, 218 (220).

[135] Cf. BGHZ 39, 124 (131 s.); 27, 284 (289); 31, 308 (312); 57, 325 (328).

[136] Cf. também BGHZ 37, 187 (190); BGH in: NJW 1982, p. 635.

[137] BGHZ 74, 20 (23); v. ainda BGHZ 57, 63 (66. 71 s.); judicialmente, por força do art. 1º da LF, aqui mais liberal: BverfGE 49, 286 (303).

[138] BGHZ 35, 1 (8 ss.); 52, 1 (2); ainda sem indicação do art. 1º da LF BGHZ 15, 262 (265 ss.); 19, 240 (243).

[139] *Rolf Grawert*, Die nationalsozialistische Herrschaft, vol. I, § 6 nota de rodapé nº 16 s.

remberg, e que fossem submetidos a privações com o objetivo de extermínio de sua individualidade, assegura aos judeus que vivem na Republica Federal da Alemanha uma relação especialmente pessoal aos seus concidadãos; nessa relação, os acontecimentos históricos seguem atuais. É natural, neste contexto, que em virtude dessa auto-compreensão pessoal lhes seja assegurada uma especial responsabilidade moral por parte de todos os outros, que constitui parte de sua dignidade, no sentido de serem considerados um grupo de pessoas distinto alcançado e destacado pelo destino. O respeito a essa auto-compreensão é para cada um dos integrantes do grupo uma das garantias diretas contra a repetição de discriminações desse tipo e uma condição fundamental para suas vidas na República Federal".[140]

Do ponto de vista do direito penal, a proteção da personalidade e da sua honra,[141] bem como da esfera íntima e privada, encontra sua correspondência específica nesse âmbito disciplinar nas hipóteses de ponderações com os interesses persecutórios estatais. Aqui, cuida-se da proibição de *provas* contra a vontade do demandado, da proibição do uso do detector de mentiras[142] até a proibição do aproveitamento de escutas clandestinas[143] ou da gravação de conversas privadas na moradia.[144] De modo geral, trata-se de conferir maior precisão à proteção do acusado, freqüentemente em associação com o princípio do Estado de Direito ou com o princípio da proporcionalidade: o art. 1º da LF impõe, no campo do direito penal e processual penal, a comprovação da culpa,[145] bem como penas apropriadas aos fatos e compatíveis com a culpa,[146] conferindo proteção também aos ofensores (*Straffälligen*) no sentido de uma "consideração da dignidade humana também dos graves infratores (*schwer Gestrauchelten*)".[147] A superioridade da pretensão persecutória estatal nas situações especiais de poder pode esclarecer a freqüente tematização do art. 1º da LF, embora a prática sob a égide do Estado de Direito tenha resultado em poucas violações[148] reconhecidas da dignidade. A merecer maior reflexão, resta

---

[140] Assim BGHZ 75, 160 (163); em sentido semelhante OLG Köln in: NJW 1981, p. 1280 (1281).

[141] BGHSt 11, 67 (71). Por último, com respeito aos soldados do exército: BGHSt 36, 83; v. ainda BGHSt 46, 266 (273 ss.); v. ainda BGHSt 46, 339 (345).

[142] BGHSt 5, 332 (333 ss.). Por último BGHSt 44, 308 (317).

[143] BGHSt 14, 358 (359 s.); "primeiramente correto" 19, 325 (326 s.; com respeito às exceções 332 ss.); por último, relativamente ao monitoramento por vídeo BGHSt 44, 13 (16).

[144] BGHSt 31, 296 (299 s.); sem referir-se ao art. 1º da LF, ainda: BGHSt 27, 355 (357). Aprofundado *Hans Heiner Kühne*, Strafprozessuale Beweisverbote und Art. 1 Grundgesetz, 1970; por último BGHSt 44, 243 (249).

[145] BGHSt 21, 306 (306 s.). Em ligação ao princípio do Estado de Direito; por último BGHSt 47, 362 (375).

[146] BGHSt 24, 173 (175) referindo-se a BverfGE 1, 332 (348); 6, 389 (439).

[147] BGHSt 31, 189 (194) ref. § 57, *a*, do Código Penal (StGB – *Strafgesetzbuch*). De modo geral, a respeito da "dignidade humana e processo penal" cf. *Jürgen Taschke/Felix Breidenstein* (Orgs.), Die Genomanalyse im Strafverfahren, 1995, p. 291 ss.

[148] Ausência de violação contra o art. 1º da LF: BGHSt 13, 123 (124); 17, 382 (387); 19, 201 (202 s.); 20, 34; 22, 260 (265); 23, 82 (83); v. ainda BGHSt 18, 280; 20, 143 (146).

a consciente afronta à lei mediante referência ao dever de proteção decorrente dos arts. 1°, inc. I, e 2°, inc. II, alínea 1, da LF.[149] Além disso, o art. 1° da LF assume significado para questões isoladas.[150]

No direito administrativo, a crescente jurisprudência do Tribunal Administrativo Federal confirma por toda a parte a força dinâmica do art. 1° da LF. Aqui repete-se a proteção da esfera privada e íntima,[151] assim como a proteção da honra como "elemento da dignidade humana"[152] e a proteção dos desfavorecidos,[153] agora especialmente em conexão com os problemas envolvendo estrangeiros.[154] Notadamente no que diz com o reconhecimento de asilo, as violaçães contra o art. 1° da LF no país de origem são consideradas tão-somente indicadores de que haja também perseguição política.[155] Como questão singularmente relevante, no sentido de um "direito constitucional concretizado", sobressai especialmente a determinação prestacional[156] da garantia de uma vida humanamente digna, para efeitos do direito à segurança social. As decisões do Tribunal Administrativo Federal concretizam a proteção da dignidade humana como tarefa estatal, também naquilo que transcende o mero combate à fome.[157] Além disso, os relacionamentos (excepcionais) pessoais dentro do exército federal formaram um ponto intermediário,[158] e de um modo

---

[149] Assim BGHSt 27, 260 (263, 264) referindo-se a BverfGE 39, 1 (41) ref. à esfera de contado "em situação extraordinária" (p. 262).

[150] BGHSt 10, 202 (205); 11, 241 (247 s.) – "castigo de pancadas" para crianças: BGHSt 13, 32 (35 s.); 16, 49 (56) – com riqueza de materialidade: *Jürgen Wolter*, Verfassungsrecht im Strafprozeâ- und Strafrechtssystem, in: NStZ 1993, p. 1 ss.

[151] V.g. BVerwGE 17, 342 (346 s.); 73, 146 (147) para a admissibilidade de testes psicológicos: BVerwGE 19, 179 (186); 35, 225 (229 s.): padrão de ato pessoal (apresentação dos arquivos pessoais): BVerwGE 23, 223 (224); 29, 144 (148); 36, 53 (57 s.); 76, 82 (86); 82, 29 (30); 45 (49); 93, 222 (225); 98, 298 (306); 100, 287 (294).

[152] BVerwGE 18, 34 (37 s.); em sentido semelhante BVerwGE 43, 88 (91, 94); 63, 312 (313); 73, 4 (6).

[153] Cf., todavia, ainda BVerwGE 62, 11 (16 s.). Com respeito a conclusões da dignidade humana dos destinatários de auxílio social, posteriormente: BVerwGE 72, 354 (357). Por último BGHZ 150, 12 (22).

[154] V. BVerwGE 59, 284 (294); 60, 75 (77); além disso BVerwGE 65, 174 (181); 99, 324 (328); 102, 249 (259).

[155] V. BVerwGE 67, 184 (194); 69, 320 (321), correspondente a uma compreensão apolítica da dignidade humana, cf. BVerfGE 80, 315 (335); para o novo regramento do art. 16, *a*, LF cf. agora *Gertrude Lübbe-Wolff*, in: Dreier, GG I, art. 16, *a*, nota de rodapé n° 18 ss.; referência indireta à dignidade humana na determinação do "Estado providência e da segurança" no sentido preconizado pelo art. 16, *a*, inc. III, alínea 1, LF, encontram-se em: BVerfGE 94, 115 (134 ss., 138); por último BVerwGE 114, 379 (381 s.).

[156] BVerwGE 82, 36 (366). V., ainda, os princípios, v.g., em BGHZ 74, 38 (61).

[157] BVerwGE 14, 294 (296 s.) referindo-se a BVerwGE 1, 159 (161); 19, 149 (152); 20, 188 (192, 193); 23, 149 (153); 27, 58 (63); mas nem um televisor nem um automóvel são indispensáveis para uma vida com dignidade (no sentido do § 1, inc. II, alínea 1, BSGH – *Tribunal Federal Social*), cf. BVerwGE 48, 237 (238 s.) e 62, 261 (266), mesmo quando devam ser levados em consideração os hábitos de vida e as experiências dominantes, BVerwGE 69, 146 (154); v. além disso BVerwGE 25, 36 (41); 25, 307 (318); 63, 52 (57).

[158] V. sobretudo BVerwGE 43, 78 (83 ss.); 73, 187 (192 s.); 76, 7 (10); 83, 300 (301); 384 (391); 86, 362 (365); 93, 30 (31 s.); 56 (58 s.); 103, 257 (259); 349 (350); 113, 187 (192 s.); 113, 340 (341 ss.); por último 115, 174 (176). No resultado, não problemático em termos de dignidade humana: BVerwGE 43, 88 (91, 94); 43, 312 (314 s., 317); 43, 185 (186); 43, 353 (355); 46, 1 (1 s.); 76, 60 (60 ss.) (sem indicação do art. 1°

mais geral as crescentes obrigações em relações de *status* especial (*Sonders-tatusverhältnissen*).[159]

Uma pletora de decisões estabelece alguns deveres gerais; elas refutam expressamente uma violação do art. 1º da LF[160] e salientam de forma geral a vinculação comunitária do homem em sua dignidade,[161] precisando, com isso, o conteúdo da dignidade.[162] Cláusulas de exceção, de severidade/rigorismo e de eqüidade podem justamente impedir violações à dignidade humana.[163] modo implícito[164]e ocasional a "dignidade" é também tomada como medida de deveres e obrigações profissionais ou pessoais.[165]

A jurisprudência federal trabalhista prevalentemente trata de modo mais específico[166] a irradiação do art. 1º da LF sobre as relações de emprego. Na verdade, trata-se aqui da proteção da esfera íntima e privada[167] no sentido do direito geral de personalidade,[168] embora fique, apesar disso, em primeiro plano uma configuração humanamente digna da relação de emprego, na qual também o empregador encontra-se obrigado por um dever de cuidado e assistência (*Fürsorgepflicht*).[169] Trata-se como que de um direito da personalidade específico na esfera trabalhista.[170] A configuração dessa relação de

---

da LF); além disso BVerwGE 76, 82 (86 s.). Aprofundado: *Christian Grimm*, Allgemeine Wehrpflicht und Menschenwürde, 1982, p. 73 ss., 89 ss.

[159] BVerwGE 36, 53 (57 s.); 53, 327 (328).

[160] BVerwGE 12, 270 (270 s.) – serviço de defesa: BVerwGE 14, 21 (25) – permissão para contrair matrimônio; BVerwGE 18, 32 (33) – dever de alistamento: BVerwGE 18, 107 (109); BVerwGE in: NJW 1981, p. 1852; BVerwGE 26, 182 (182 s.) – serviço de substituição; BVerwGE 31, 236 (237).

[161] V.g. BVerwGE 20, 188 (192); 22, 286 (288).

[162] V., em sentido aproximado, BVerwGE 26, 169 (170 s.) ref. à conservação de documentos do serviço de identificação: BVerwGE 64, 274 (277 ss.) – "Peep-Show" – circunstâncias apontam para violação do art. 1º, LF; v. agora sem indicação do art. 1º, LF; BVerwGE 71, 29 (32 s.); agora crítico: VG Berlin in NJW 2001, p. 983; também BVerwGE 84, 314 (317); a respeito *Horst Dreier*, in: *o mesmo*, GG I, art. 1º, nota de rodapé nº 91, com documentação comprobatória adicional; *o mesmo*, Festgabe 50 Jahre BverwG 2003, p. 201 (217 ss.).

[163] BVerwGE 30, 226 (230); cf. ainda BVerwGE 12, 270 (271). De

[164] De forma indireta, também a jurisprudência sobre a superação do passado nacional-socialista (v.g. casos G-121) presta uma contribuição ainda não exaurida para a identificação de violações da dignidade humana, cf. em sentido aproximado BVerwGE 15, 336 (338); 17, 104 (105); 19, 1 (5 s.); 25, 128 (131, 134) bem como 337 (338, com referência expressa ao art. 1º, inc. I, LF: 344).

[165] V. BVerwGE 40, 17 (22); 43, 6 (8); 44, 152 (153, 155); 76, 7 (8).

[166] V. *Friedrich H. Heither*, die Rechtsprechung des Bundesarbeitsgerichts zu den Grundrechten, in: JöR N. F. 33 (1984), p. 315 (316 ss.).

[167] BAGE (*Coleção Oficial das Decisões do Tribunal Federal do Trabalho*) 15, 275 (279) referindo-se a BVerwGE 17, 342 (346 s.); 41, 54 (61); v. ainda BAGE 38, 69 (80 s.).

[168] BAGE 4, 274 (278); 46, 98 (102) referindo-se a BverfGE 34, 238 (246) e BGHZ 14, 163 (173) e como jurisprudência reiterada, indicada referindo-se a BAGE 20, 96 (102). Na literatura: *Ulrich Zachert*, Ein Mosaik de Arbeitnehmergrundrechten, in: BB 1998, p. 1310 ss.

[169] BAGE 2, 221 (224 s.); 15, 174 (186); 28, 168 (172).

[170] Dele derivam pretensões dos trabalhadores contra o empregador: BAGE 7, 280 (287); 28, 168 (172); 45, 111 (114); 46, 98 (104 ss.); v. ainda BAGE 9, 62 (70 s.); 19, 217 (227).

emprego,[171] bem como o direito coletivo do trabalho, [172] encontra seus limites no art. 1º da LF; ainda na negação de uma violação da dignidade humana à luz da vinculação comunitária do cidadão repousa também uma determinação de conteúdo específica do direito do trabalho.[173]

Em contrapartida, a cláusula da dignidade humana possui significado antes *marginal* no âmbito do mais "tecnicista" e detalhado direito tributário e social, isto também conforme as coletâneas de decisões oficiais. A jurisprudência do Tribunal Social Federal (*Bundessozialgericht*) tematiza o art. 1º da LF primeiramente sob o ponto de vista das conseqüências sociais das reduções e da eliminação das pensões.[174] Pontualmente é pronunciado o lado jurídico-prestacional da dignidade humana,[175] e a proteção da esfera de intimidade pessoal é amparada de modo isolado no art. 2º da LF.[176] O Tribunal Financeiro Federal (*Bundesfinanzhof*) recepcionou expressamente a jurisprudência do Superior Tribunal Federal (*Bundesgerichtshof*) a respeito do direito geral de personalidade,[177] protegido por meio dos arts. 1º e 2º da LF, sendo deduzido, na sua primeira decisão a respeito, de 1957, um direito dos médicos de negar um exame em fichários de pacientes com seus dados pessoais confidenciais às repartições financeiras.[178] Aliás, não existe regularmente qualquer violação contra o art. 1º da LF nas decisões judiciais que dispõem sobre intervenções na esfera privada[179] ou sobre uma prática administrativa incriminada (*inkriminierte Verwaltungspraxis*),[180] especialmente por ocasião de regulamentações legais isoladas.[181]

Do ponto de vista técnico-jurídico-dogmático, a jurisprudência do Tribunal Federal (*Bundesgerichte*) tem percorrido um "caminho comum-alemão" (*gemeindeutschen Weg*), viabilizado sobretudo pela expressa recepção das decisões do Tribunal Constitucional Federal,[182] mas também por meio de suas pró-

---

[171] BAGE 4, 274 (281 s.); cf. a seguir BAGE 9, 62 (70 s.); 19, 217 (227); 30, 50 (59); posteriormente BAGE 48, 122 (131 s., 138 s.) e BAGE 77, 128 bem como BAG in: NZA 1998, p. 145 ss.

[172] BAGE 38, 69 (80 s.).

[173] Afirmam a ausência de violação contra o art. 1º da LF: BAGE 20, 79 (85); 42, 375 (381 ss.); 33, 185 (191 s.); 34, 281 (290).

[174] BSGE 9, 199 (205 s.); 11, 209 (211); v. ainda *Hermann Heuäner/Horst Steinmeyer*, Die Rechtsprechung des Bundessozialgerichts zum Grundgesetz, in: JöR N. F. 30 (1981), p. 405 (407 s.).

[175] BSGE 27, 197 (199); 31, 235 (242).

[176] BSGE 43, 100 (103). v., porém, ainda BSGE 82, 283 (289).

[177] BFHE 66, 225 (229 s.); 69, 409 (414); 78, 32 (33 s.).

[178] BFHE 66, 225 (229 s.) mediante remissão a BGHZ 13, 334; 24, 72.

[179] BFHE 69, 409 (414); 118, 503 (507 s.).

[180] BFHE 133, 250 (252); já BFHE 89, 460 (463) sem indicação do art. 1º da LF.

[181] BFHE 73, 337 (340); 82, 398 (404); 86, 520 (522); 109, 363 (367); in BFHE 82, 398 (404 s.) encontra-se a única tomada de posição abrangente em favor do art. 1º da LF. Por último BFHE 168, 174; 183, 165.

[182] Exemplos: BGHZ 73, 120 (122 ss.); BverwGE 53, 327 (328); BSGE 11, 209 (211 s.); BFHE 82, 398 (404); v. com respeito à recepção de fórmulas vazias: BGHSt 31, 296 (299): "o valor mais elevado" referindo-se a BVerfGE 27, 1 (6); BAGE 38, 69 (80): um dos "princípios constitutivos" referindo-se a BVerfGE 6, 32 (36) e outros.

prias atividades pretorianas. Raramente as normas constitucionais estaduais[183] e, mais raramente ainda as decisões dos Tribunais Estaduais Constitucionais, são referidas.[184] Como "bem-comum" específico da dignidade humana, a fórmula-objeto de Dürig é, contudo, instituída ao menos em diversos contextos,[185] inclusive de forma implícita, quando, em virtude de generalizações, o ser humano não é mais individualmente levado a sério como tal.[186] A garantia da dignidade humana prevista no art. 1° da LF (como também ocorreu com o Tribunal Constitucional Federal) apenas inicialmente é acentuada como suprapositiva,[187] aparecendo como elemento nuclear do princípio do Estado de Direito,[188] mas também do princípio do Estado Social,[189] sendo complementarmente protegida por meio do art. 103, inc. I, da LF.[190] Os direitos fundamentais são interpretados à luz do art. 1° da LF,[191] também com respeito aos seus limites;[192] conteúdo essencial e núcleo da dignidade humana de um direito fundamental são identificados.[193] A dignidade pessoal, a despeito de (auto-) degradações fáticas praticadas pela própria pessoa individual, é valorada como indisponível,[194] rejeitada uma interpretação excessivamente extensiva,[195] embora produza efeitos para além da morte.[196]

---

[183] V., todavia, v.g. BGHZ 67, 348 (351): "art. 2°, inc. I, LF e art. 45 da Constituição do Sarre"; além disso BGHSt 14, 358 (359 s.): inclusão do art. 8° da Convenção Européia sobre Proteção dos Direitos Humanos e Liberdades Fundamentais (EMRK – *Europäische Konvention zum Schutze der Menschenrechte und Grundfreiheiten*).

[184] V., porém, BVerwGE 10, 282 (287 s.) ref. BayVerfGH, in: BayVBl 1952, p. 6 (9) com respeito ao relacionamento do art. 1° com o art. 103, inc. II, ambos da LF.

[185] V. v.g. BGHZ 85, 327 (332); v. já 29, 46 (54); 29, 176 (181); BVerwGE 23, 149 (156); 24, 264 (265); 64, 274 (278); 83, 303 (304) bem como 384 (392); BFHE 86, 520 (522).

[186] BAGE 9, 163 (166 s.); BVerwGE 26, 169 (170 s.); v. ainda BGHSt 11, 111 (114).

[187] V. v.g. BGHSt 5, 323 (327); BGHZ 26, 349 (354).

[188] Assim BGHZ 58, 370 (378).

[189] V. BVerwGE 23, 149 (153).

[190] Assim BGHZ 48, 327 (333 s.); em sentido semelhante BVerwGE 24, 264 (265); BFHE 69, 33 (35 s.).

[191] V., de modo genérico, com respeito à liberdade e à igualdade : BAGE 16, 95 (105); com respeito à liberdade artística: BGHZ 50, 130 (145); com respeito ao direito de recusa do serviço militar: BVerwGE 39, 53 (55) em ligação a BverfGE 28, 243 (263 s.), v. ainda BVerwGE 12, 270 (271); com respeito ao art. 6°, inc. II, LF: BVerwGE 20, 188 (193); com respeito à liberdade de formar coalizões: BAGE 30, 122 (132); 31, 318 (329); com respeito ao direito de asilo: BVerwGE 67, 184 (185); com respeito à proibição de retroatividade do art. 103, inc. II, LF: BVerwGE 10, 282 (287 s.); ref. ao art. 12, LF, bem como BVerwGE 22, 286 (288). – v., porém, ainda BGHZ 17, 108 (112 s.): ausência de alargamento do art. 104, inc. II, LF por meio da irradiação do art. 1°, LF.

[192] BVerwGE 39, 197 (208): barreira à liberdade artística.

[193] Assim BVerwGE 47, 330 (357), seguindo o art. 79, inc. III, LF.

[194] Assim BGHZ 67, 119 (125); BVerwGE 64, 274 (279) referindo-se a BverfGE 45, 187 (229); a respeito também *Henning v. Olshausen*, Menschenwürde im Grundgesetz: Wertabsolutismus oder Selbstbestimmung?, in: NJW 1982, p. 2221 ss.; *Martin Redeker*, Peep-Show und Menschenwürde, in: BayVBl 1985, p. 73 ss.; cf., além disso, BVerwGE 73, 187 (188 s.); BVerwGE 115, 189 (violação da dignidade humana por meio de ações simuladoras de homicídio no "Laserdrome").

[195] V. v.g. BGHZ 23, 175 (179 s.); BVerwGE 18, 32 (33); 43, 353 (355).

[196] BGHZ 15, 249 (257 ss.); 50, 133 ss. ref. ao direito geral da personalidade; BVerwGE 45, 224 (230): repouso dos mortos.

Essa jurisprudência do Tribunal Federal, em seu conjunto, ratifica: o art. 1º, inc. I, da LF é realidade vivenciada na prática jurídica da República Federal da Alemanha e constitui o real "fundamento da comunidade estatal".

C – A DIGNIDADE HUMANA NO ESPELHO DA LITERATURA CIENTÍFICA

A doutrina do Direito do Estado, ao analisar o texto constitucional do art. 1º da LF, tem a tarefa "estimulante" e até provocativa de fazer propostas teóricas características do que se poderia chamar de um "pensamento alternativo". Tais propostas são então assimiladas pela Justiça Constitucional de acordo com a divisa da "integração pragmática de elementos teóricos".

O Estado constitucional, bem como a cláusula da dignidade humana, foi preparado por meio de um longo desenvolvimento científico e constitui o resultado – provisório – de muitos processos: a dignidade humana cristalizou-se em textos jurídicos depois de ter sido culturalmente trazida à tona por meio de clássicos como Kant. A "dignidade humana" situa-se no contexto dos fenômenos a serem manejados de forma interdisciplinar e científico-cultural.

I. Os pensamentos pré-constitucional e constitucional a respeito da dignidade humana

A entrada em vigor das constituições estaduais alemãs, depois de 1945, bem como da Lei Fundamental, de 1949, marcaram, desconsiderando-se o previsto pelo art. 151 da Constituição de Weimar, a transição da discussão de um valor sobretudo filosófico-teológico para a de textos juridicamente vinculativos e sua interpretação. A discussão pré-constitucional a respeito da dignidade humana preparou "apenas" culturalmente os textos jurídicos do tema. Cada manifestação científica, especialmente filosófica ou sociológica,[197] a respeito da problemática da dignidade humana é potencialmente recepcionada no plano jurídico como elemento produtivo para um texto consagrador da dignidade humana "no sentido da Constituição": ela pode se tornar vinculativa, na medida em que enriquece a interpretação do texto constitucional com "dignidade humana". Esse contexto cultural permanece imprescindível para o texto jurídico,[198] justamente porque seu teor lingüístico admite um amplo

---

[197] V. v.g. *Richard R. Behrendt*, Die Menschenwürde als Problem der sozialen Wirklichkeit, 1966: *Jürgen Habermas*, Legitimationsprobleme im Spätkapitalismus, 1973, p. 196: "determinação de [...] retomar o combate contra a estabilização de um sistema social natural que paira sobre as cabeças de seus cidadãos, de tal sorte, pagando-se o preço de uma dignidade humana européia arcaica".

[198] Relativamente ao contexto da problemática: *Peter Häberle*, Kommentierte Verfassungsrechtsprechung, 1979, p. 1 (44 ss.).

espectro interpretativo.[199] Sua "pré-história" científica constitui aspecto fundamental do pensamento jurídico acerca da proteção juridíco-constitucional da dignidade humana.

Nesse contexto, são dotadas de sentido as "periodizações" históricas do pensamento acerca da dignidade e da dignidade humana:[200] "dignitas" na Antigüidade (dignidade como caracterização de uma posição social dentro da sociedade e distinção de cada dignidade humana diante de criaturas não-humanas) e no Estoicismo como compartilhamento pelos homens do atributo da razão. Para o Cristianismo da Antigüidade e da Idade Média, a *imagem e semelhança dos homens para com Deus*. Na Renascença, Pico della Mirandola compreendeu a dignidade do homem a partir da sua essencial possibilidade de escolha. No Iluminismo, foi a dignidade, como liberdade, associada à idéia estóica de dignidade como compartilhamento da razão; Pufendorf acrescentou à noção de dignidade a idéia de igualdade de todos os homens. O aperfeiçoamento deste pensamento por Kant culminou na idéia da insubstituibilidade de cada ser humano. Um "valor interno absoluto", portanto dignidade possui para Kant apenas aquela pessoa aparelhada com identidade moral e auto-responsablidade, dotada de razão prática e capacidade de autodeterminação racional.[201]

Na metade do século XIX, a dignidade humana se tornou "idéia-motriz política do movimento trabalhista": Lassalle exige a melhoria das condições materiais das classes trabalhadoras e que se lhes proporcione uma existência verdadeiramente digna;[202] Proudhon dá um passo adiante, ao incluir a dignidade da pessoa na idéia de justiça. Com isso, o pensamento da dignidade humana abriu-se a uma nova dimensão, a do Direito e da justiça, transitando do reino do "pensamento puro" para a prática jurídica.

O art. 151, inc. I, da Constituição de Weimar constitui exemplar expressão desse desenvolvimento e, "finalmente", sua conseqüência. A dignidade humana recebeu configuração textual jurídica, de tal sorte que a "ruptura" por meio da positivação e da idéia jurídica de Constituição foi levada a cabo. Seu desenvolvimento subseqüente como texto fundamental universal é tributário, todavia, de acontecimentos histórico-temporais negativos: o desprezo sem paralelo pela humanidade no período nacional-socialista. A evolução finalmente conduziu à união entre o Estado constitucional moderno, com o seu patamar textual atual,

---

[199] Pormenorizado: *Waldemar Schreckenberger*, Rhetorische Semiotik, 1978, p. 51 ss.

[200] Cf. para o que segue: *Adalbert Podlech*, in: GG-AK, 1989, art. 1º, inc. I, nota de rodapé nº 2–4; v., além disso, *Christian Starck*, Menschenwürde als Verfassungsgarantie im modernen Staat, in: JZ 1981, p. 457 (459 ss.); para a história das idéias, conferir também *Dreier* (nº 161) notas de rodapé nº 1–16.

[201] *Immanuel Kant*, Metaphysik der Sitten, Tugendlehre, §11 (A 93), citado conforme Kant-Werkausgabe org. por Wilhelm Weischedel, vol. VIII, p. 569; v. ainda *Wolfgang Graf Vizthum*, Die Menschenwürde als Verfassungsbegriff, in: JZ 1985, p. 201 (205).

[202] A respeito: *Podlech* (nº 199), nota de rodapé nº 4.

e a comunidade jurídica dos povos, ambos moralmente comprometidos com a dignidade humana como texto jurídico central.[203]

II. A multiplicidade de pontos de partida e o enfoque jusnaturalista

Textos clássicos de autores como Pufendorf e Kant, Lassalle e Proudhon foram historicamente precedentes ao texto constitucional. Qual a orientação filosófica que iria determinar agora o conteúdo da interpretação? Com Christian Starck[204] poder-se-ia diferenciar entre um conceito *cristão,*[205] "humanista-iluminista",[206] marxista,[207] teórico-sistemático[208] e um conceito *behaviorista*[209] de dignidade. Cada interpretação jurídico-constitucional deve ter em vista todos esses conceitos, pois ela visualiza a dignidade humana "no âmbito da continuidade da tradição filosófica".[210] Foi inicialmente predominante um pensamento que interpretava o art. 1° da LF como direito natural codificado e a dignidade humana como um valor pré-estatal, v.g., com a tese de que o art. 1°, inc. I, tem em mira a realidade do ser-pessoa,[211] ou, mediante o enunciado: "a idéia da dignidade do homem não deve ser juridicamente definida. Trata-se da essência, da natureza do homem, pura e simplesmente".[212] Tais aproximações foram freqüentemente vinculadas de forma estreita ao pensamento valorativo-filosófico alemão.[213]

Especialmente eficaz tornou-se o conceito específico de dignidade humana de Günter Dürig.[214] Seus comentários, um jovem texto clássico e texto constitucional em sentido amplo, tornaram o art. 1°, inc. I, justiciável, sobretudo com ajuda da chamada fórmula-objeto.[215] Dürig trouxe contribuições pioneiras em

---

[203] Com respeito à gênese do art. 1°, inc. I, LF, v. JöR N. F. 1 (1950/51), p. 48 ss.

[204] *Christian Starck*, in: v. Mangoldt Klein/Starck, GG I, Art. 1 Abs. 1 Rn. 2.

[205] *Josef Fuchs*, Lex naturae, 1955, p. 57 ss.; *Helmut Thielicke*, Theologische Ethik, vol. I, 1958.

[206] *Werner Maihofer*, Rechtsstaat und menschliche Würde, 1968.

[207] *Ernst Bloch*, Naturrecht und menschliche Würde, 1961.

[208] *Niklas Luhmann*, Grundrechte als Institution, 1999 (1965), p. 64 ss.

[209] *Bert F. Skinner*, Jenseits de Freiheit und Würde, 1973, p. 28; crítica justificada em *Starck* (n° 203), nota de rodapé n° 6.

[210] *Starck* (n° 203), nota de rodapé n° 13, v. porém previamente: nota de rodapé n° 2.

[211] *Josef Wintrich*, Über Eigenart und Methode de verfassungsrechtlicher Rechtsprechung, in: FS für Wilhelm Laforet, 1952, p. 247; nesse sentido *Podlech* (n° 199), nota de rodapé n° 10; *Grimm* (n° 157), p. 34 ss.

[212] *Hans-Carl Nipperdey*, Die Würde des Menschen, in: GR, vol. II, p. 1.

[213] *Wilhelm Wertenbruch*, Grundgesetz und Menschenwürde, 1958, p. 170 ss.; v. ainda *Maihofer* (n° 205), p. 10 ss.

[214] *Günter Dürig*, Die Menschenauffassung des Grundgesetzes, in: JR, 1952, p. 259 ss.; *Günter Dürig*, Der Grundrechtssatz de der Menschenwürde, in: AöR 81 (1956), p. 117 ss.

[215] *Günter Dürig* (1958), in: Maunz/Dürig, Komm. z. GG Art. 1 Rn 1 ff.; com respeito à fórmula-objeto: nota de rodapé n° 28: "a dignidade humana é atingida quando o homem concreto é degradado em objeto, num mero meio, numa grandeza substituível".

matéria de interpretação constitucional, como demonstra a história da recepção de sua teoria, que, inclusive chegou a ser "canonizada" pela jurisprudência. Na interpretação do art. 1°, inc. I, da LF, Dürig deve ser sempre considerado, mesmo quando o *pano de fundo* filosófico-valorativo de seu ponto de partida não for adotado: "no reconhecimento de que a vinculatividade e a força obrigatória também de uma Constituição só podem estar fundados em *valores* objetivos, o legislador constitucional [...] comprometeu-se com o valor moral da dignidade humana [...] sendo esse valor-próprio algo sempre existente, inderrogável e irrenunciável, sempre pensado como pressuposto [...]. Essa pretensão, na condição de pretensão moral apenas recepcionada pelo Direito, não reclama por direções a seguir. Ela já se faz presente na relação *eu-tu*, como pretensão de respeito ético-individual, e na relação com terceiros e com a sociedade, como pretensão de respeito ético-social, antes mesmo de *se tornar* um valor jurídico autônomo, por meio do art. 1°, inc. I, da LF, também em relação a atuações estatais".[216]

III. Uma distinção necessária: dignidade humana como valor e dignidade humana como prestação

Na mais nova literatura a respeito do art. 1°, inc. I, da LF, assume relevância uma dupla dimensão: a dignidade como valor, no sentido de princípio filosófico-valorativo jusnatural ("Teoria da dádiva" – *Mitgifttheorie*: Hasso Hofmann), é confrontada com a dignidade como prestação (*Leistung*): dignidade não é, de acordo com esta última corrente, nem um atributo natural do homem, nem um valor, mas sim uma tarefa, que o indivíduo pode realizar, mas que também pode perder. Os direitos fundamentais não possuem a função de assegurar a dignidade, pois isso não repousa no poder do Estado, e sim de conservar as condições para essa tarefa.[217] A "grande vantagem" dessa teoria diante da até então dominante concepção filosófico-valorativa deveria consistir na possibilidade de "se relacionar a dignidade diretamente com situações concretas envolvendo problemas de homens individuais. Dessa interpretação deveria resultar que a dignidade humana tem alguma coisa a ver com a chance de próprias condutas, da própria atividade humana".[218]

IV. Proposta teórica vinculante como integração pragmática de elementos teóricos

A literatura tem evitado, de modo preponderantemente teórico, conseqüências unilaterais por meio da integração pragmática de distintos elementos

---

[216] *Dürig* (n° 214), nota de rodapé n° 1 s.

[217] Fundamentalmente *Luhmann* (n° 207), p. 64 ss.; *Podlech* (n° 199), nota de rodapé n° 11; além disso, *Graf Vizthum* (n° 200), p. 205 ss; diferenciado: *Bodo Pieroth/Bernhard Schlink*, Grundrechte Staatsrecht II, 2002, nota de rodapé n° 355 s.; v. ainda *Giese* (n° 90), p. 63 ss., de modo crítico: p. 83 ss., 87 ss.; *Grimm* (n° 157), p. 50, 56.

[218] *Podlech* (n° 199), nota de rodapé n° 11.

conceituais. Ela se orienta, neste ponto, com base no necessário pragmatismo *do caso concreto*, no âmbito da perspectiva decisória judicial, parecendo naturalmente predominante nos comentários orientados para a *praxis*.[219] Todavia, a ela correspondem também publicações que se ocupam com as questões atuais ou potenciais que dizem com os fundamentos da jurisprudência do Tribunal Constitucional Federal e com as lições nela estampadas,[220] no sentido de uma "política de provisão científica" (*wissenschaftlicher Vorratspolitik*). Entretanto, subjacente a esse pragmatismo figura o reconhecimento de que o art. 1º da LF deve ser encarado como uma base comum para todas as posições ideológicas fundamentais de uma sociedade pluralista,[221] que justamente se fecham, por isso, contra teorias interpretativas demasiadamente unilaterais ou estáticas. Em conformidade com isso, pode-se concordar com muitos resultados da literatura existente a respeito da dignidade humana, independentemente de suas premissas teórico-filosóficas. Para a Lei Fundamental, não se deixa verificar fora da força dominante da jurisprudência e da sua recepção da ciência, no conjunto, uma concepção "dominante" divergente a respeito do conteúdo da garantia da dignidade humana do art. 1º da LF.

Além disso, deixam-se identificar uma série de publicações orientadas acentuadamente de forma metódica.[222] A abertura do art. 1º da LF permite extrair, de um lado, do seu alto grau de abstração, conclusões por vezes céticas em termos de conteúdo;[223] de outro lado, oportuniza o reconhecimento do fundamento metafísico-cristão da dignidade humana como pressuposto da vigência do art. 1º da LF.[224]

A isso correspondeu uma opinião semelhante na Suíça, muito embora não existisse qualquer texto a respeito da dignidade humana no plano da Constituição Federal até 1999. O Tribunal Federal (Suíço) argumentava, e ainda argumenta, neste ponto, (ainda) preferivelmente com o (não escrito) direito

---

[219] Cf. *Starck* (nº 203), nota de rodapé nº 1 ss., 27 ss.; produtivo: *Philipp Kunig*, in: v. Münch/Kunig, GGK I, art. 1º nota de rodapé nº 11 ss.; aplicado de forma distinta: *Podlech* (nº 199) em alternativas aqui efetivas GG-AK.

[220] V. v.g. *Ernst Benda*, Gefährdungen der Menschenwürde, 1975, p. 8 ss., 16 ss.; em sentido semelhante *o mesmo*, Menschenwürde und Persönlichkeitsrecht, in: HdbVerfR, 1994, § 6; a literatura constitui, de modo geral, por meio de seus exemplos fictícios e reais, uma fonte para a alegação de violações à dignidade humana, também no sentido de uma sensibilização pública.

[221] *Klaus Stern*, Menschenwürde als Wurzel der Menschen- und Grundrechte, in: FS für Hans Ulrich Scupin, 1983, p. 627 (631 s.).

[222] Linguístico-analítico: *Schreckenberger* (nº 198), p. 51 ss.; v. ainda *Norbert Hoerster*, Zur Bedeutung des Prinzips der Menschenwürde, in: JuS 1983, p. 93 ss.; definitório: *Grimm* (nº 157), p. 50 ss.; (limites-) jurídico-dogmáticos: *Michael Kloepfer*, Grundrechtstatbestand und Grundrechtsschranken in der Rechtsprechung des Bundesverfassungsgerichts – dargestellt am Beispiel der Menschenwürde, in: *Christian Starck* (Org.), BverfG u. GG Festgabe BvefG, vol. II (1976), p. 405 (411 ss.).

[223] V. *Erhard Denninger*, Staatsrecht, vol. I, 1973, p. 25 ("fórmula vazia"); *o mesmo*, Über das Verhältnis von Menschenrechten zum positiven Recht, in: JZ 1982, p. 225 (229 ss., 231): a prática jurídica, e não os textos constitucionais, conferem legitimidade.

[224] Assim *Starck* (nº 199), p. 462 ss.

fundamental de "liberdade pessoal".[225] Com os olhos voltados para a Lei Fundamental e o Tribunal Constitucional Federal, é de observar-se, não obstante, um "processo de positivação" da dignidade humana, que tem culminado, conseqüentemente, em previsões textuais expressas nas novas Constituições *cantonais*,[226] inserindo o Estado constitucional suíço no conceito comum-europeu de dignidade humana após trabalhos preliminares da literatura. Jörg P. Müller vê hoje assumir prevalência o entendimento de que "a dignidade humana revela de modo imediato o conteúdo do que cada pessoa, em função de sua humanidade, pode exigir da comunidade".[227]

V. Retrospectiva crítica

A fórmula-objeto de Dürig é ainda hoje a construção teórica mais convincente para a compreensão do princípio da dignidade humana do art. 1°, inc. I, da LF. Ela conquistou, de há muito, independência jurídica em face de sua derivação filosófica, encontrando suporte na prática dos casos concretos ao longo das décadas. O que, além disso, tem resultado na concretização e atualização satisfatória do "princípio esperança" contido no art. 1° da LF, deve-se à dialética de "Princípio e regra" (*Grundsatz und Norm*), de Josef Esser, também no âmbito da relação dinâmica com direitos fundamentais específicos e normas definidoras de fins estatais.

Em contrapartida, a "idéia de dignidade dinâmica" de Luhmann, que põe a "descoberto"[228] e fragiliza a dignidade como "prestação", afigura-se especialmente questionável pelo prisma jurídico-constitucional.[229] Sua construção contraria os textos constitucionais consagradores da dignidade humana, que vislumbram a dignidade humana como "inata". De outra parte, também aquele que para a "construção da sua identidade" for incapaz de manifestar sua vontade e de agir, como o criminoso anômalo, o nascituro, o doente mental ou o deficiente por ocasião do nascimento, possui dignidade humana,[230] do mesmo modo que a criança ainda incapaz de agir. O conceito luhmaniano de dignidade humana assume a feição de um "mal entendido sociológico" (Christian Starck),

---

[225] A respeito, as indicações em *Peter Saladin*, Grundrechte im Wandel, 1982, p. 93 s., 107 s., 286 s.; *Ulrich Häfelin/WalterHaller*, Schweizerisches Bundesstaatsrecht, 1998, p. 398; *Philippe A. Mastronardi*, Die Menschenwürde als Verfassungsgrundsatz in der Schweiz, in: JöR N. F. 28 (1979), p. 469 (470 ss., 472).

[226] V. acima: n° 27.

[227] *Jörg P. Müller*, Elemente einer schweizerischen Grundrechtstheorie, 1982, p. 3; agora *o mesmo,* Grundrechte in der Schweiz, 1999, p. 1 ss.; v. além disso *Yvo Hangartner*, Grundzüge des schweizerischen Staatsrechts, vol. II: Grundrechte, 1982, p. 95: "a Constituição jurídico-estatal é orientada [...] globalmente pela proteção da dignidade humana: servem-na, especialmente, os direitos humanos (cf. art. 1°, inc. I e 2°, ambos da LF) [...]"; *Mastronardi* (n° 224), p. 482 s.

[228] *Luhmann* (n° 207), p. 68, anotação 64.

[229] Crítica também em *Starck* (n° 203), nota de rodapé n° 14.

[230] V. ainda *Peter Badura*, Generalprävention und Würde des Menschen, in: JZ 1964, pS. 337 (341); *Harro Otto*, Recht auf den eigenen Tod?, in: 56. DJT (1986), vol. I p.D. 9 (D 25) na nota de rodapé n° 59.

DIMENSÕES DA DIGNIDADE
Ensaios de Filosofia do Direito e Direito Constitucional

uma distorção substancial do Estado constitucional e de sua cultura. Também "aquele que não age", tanto para si quanto para os outros, possui dignidade humana. É verdade que o conceito cultural de dignidade humana aqui defendido constitui, nesse ponto, expressão de atividade (*Leistung*), assim como cultura é a atividade de muitos. Todavia, o homem individual não precisa diretamente apresentá-la, por mais que a cultura tenha sido alcançada pela humanidade e por mais que no futuro tenha de assegurar, cultivar e desenvolver sua cultura. Mesmo quando a concepção de Luhmann acerca do assunto possa não levar a tais conseqüências, ela coloca em risco de modo desnecessário uma abrangente proteção jurídica da dignidade humana.

Em adesão a Niklas Luhmann, Adalbert Podlech desenvolveu cinco condições centrais para a garantia da dignidade humana: a liberdade do medo existencial no Estado social por meio da possibilidade de trabalho e um seguro social mínimo; a igualdade normativa dos homens, que apenas permite desigualdades fáticas justificáveis; a defesa da identidade e da integridade humana por meio da garantia do livre desenvolvimento espiritual do indivíduo; a limitação do poder estatal por meio de seu enquadramento pelo Estado de Direito; e, finalmente, o respeito da corporalidade do homem como momento de sua individualidade autônoma e responsável.[231] Essa "teoria dos cinco componentes" possui, entretanto, autonomia diante de pontos de partida teórico-sistemáticos e convence principalmente como "integração pragmática" justamente também no plano das suas concretizações justiciáveis.

D. O PONTO DE PARTIDA PRÓPRIO

I. Dignidade humana, cultura, personalidade

1. Problema

Apesar da grande tradição jurisprudencial do Tribunal Constitucional Federal, não se conhece uma formulação suficientemente substancial e "manejável" sobre o que deva ser a dignidade humana. "Nas entrelinhas" das diferentes disposições a respeito da dignidade humana percebe-se que as cláusulas, respectivamente, dizem respeito a uma noção culturalmente específica de dignidade. Isso levanta a questão a respeito da dependência cultural (sobretudo também dependência religiosa) das noções de dignidade humana.[232] V.g., a posição da mulher no Islã viola um conteúdo, válido no mundo inteiro de modo universal e indisponível, da dignidade humana? Ou valeria

---

[231] *Podlech* (nº 199), nota de rodapé nº 17-55, em ligação a *Maihofer* (nº 205), p. 56 ss.

[232] Cf. BVerfGE 12, 1 (4): "povos culturais de hoje", "terreno de determinadas concepções éticas compartilhadas no curso do desenvolvimento histórico"; cf. também BVerfGE 24, 236 (246) e BayVerfGH 49, 79.

de algum modo a conhecida frase "The mores can make anything right" (William G. Sumner)?

Essa questão só pode ser respondida de forma jusfundamentalmente específica.[233] Há de partir-se da tese de que a totalidade das garantias jurídicas relacionadas a pessoa, de um lado, e, de outro lado, os deveres a elas associados, devem viabilizar aos homens se tornarem, serem e permanecerem, pessoas.[234] Com essa garantia jurídica específica de um âmbito vital do Ser-Pessoa, da identidade, a dignidade ocupa o seu lugar central: o modo pelo qual o homem se torna pessoa também fornece indicativos para o que é a dignidade humana. Duas questões devem ser distinguidas: como se constrói a identidade humana em uma sociedade e até que ponto se pode partir de um conceito de identidade interculturalmente válido (e com isso "universal"). Algumas concepções de identidade das ciências sociais serão, assim, brevemente apresentadas.

2. Conceitos de identidade

Conceitos psicológicos de identidade enxergam o problema principal da identidade humana na mediação entre as próprias necessidades do indivíduo e as pretensões dos outros: aqui deve ser encontrado um equilíbrio, devem esses conflitos ser superados sob o pano de fundo das capacidades adquiridas para o exercício de papéis sociais, de tal sorte a reproduzir uma continuidade aceitável na biografia do indivíduo.[235] O tradicional conceito sociológico de identidade vê a particularidade da personalidade individual na única escolha de papéis que, em virtude da profusão de alternativas disponíveis, não correspondem integralmente às configurações particulares de cada indivíduo. A integração da respectiva combinação de papéis é, de mais a mais, independente da consistência interna dos papéis sociais e dos sistemas normativos.[236] A sociologia do conhecimento vê a identidade do indivíduo como resultado da mediação de um determinado recorte da realidade social no âmbito do processo de socialização

---

[233] V. já BVerfGE 12, 45 (50 s.); posteriormente BVerfGE 54, 341 (357).

[234] Assim *Josef M. Wintrich*, Zur Problematik der Grundrechte, 1957, especialmente p. 6: dignidade pertence ao homem pois ele "constitui" pessoa "na sua essencialidade". Elementos constitutivos da dignidade pelas ciências sociais encontram-se inicialmente nas investigações de *Giselher Rüpke*, Der verfassungsrechtliche Schutz der Privatheit, 1976; *Dieter Suhr*, Die Entfaltung des Menschen durch den Menschen, 1976, e *Gerhard Klier*, Gewissensfreiheit und Psycologie, 1978.

[235] O mentor do conceito de identidade na psicologia é *Erik Erikson*, v.g. Identität und Lebenszyklus, 1966; *o mesmo*, The problem of ego identity, in: Journal of American Psychoanalytic Association 4 (1956), p. 56-121. Com respeito à apresentação de diferentes *approaches* psicológicos de identidade v. *Lothar Krappmann*, Soziologische Dimensionen der Identität, 1969, p. 17 ss. com documentação comprobatória adicional.

[236] Esses conceitos sociológicos de identidade remontam sobretudo a *Talcott Parsons*, in: Eduard A. Shils (Org.), Toward a general theory of action, Cambridge, Mass.: Harvard University Press 1967, aqui especialmente a contribuição introduzida na p. 3 ss. e as contribuições na p. 110 ss. e 465 ss.; uma concretização levada a cabo por *Talcott Parsons*, Social structure and the development of personality, in: Bert Kaplan (Org.), Studying persoality cross-culturally, New York, 1961, p. 165 ss.; uma apresentação da crítica ao conceito sociológico de identidade v. *Krappmann* (nº 234), p. 17; com respeito ao conceito de "papéis" de Parsons cf., no mesmo sentido, p. 102 ss.

primário. Conseqüência disso é a cristalização de uma identidade relativamente rígida, que, por meio de atividades de tradução do plano objetivo para o subjetivo, apenas dificilmente pode ser modificada.[237] O interacionismo simbólico parte de uma nova descoberta permanente no sentido do desenvolvimento da identidade na situação de interação do dia-a-dia; de tal sorte que o indivíduo pode, com isso, construí-la apenas por meio da comunicação com os outros. Como todas as questões do dia-a-dia alcançam seu significado social apenas nessa interação, a identidade contextualmente encontrada do indivíduo permanece precária e aberta. Tal abertura é viabilizada a partir da circunstância de que a sociedade, com sua rede de indivíduos e normas em interação, precede a essa situação de interação e construção da identidade pessoal, de tal sorte que para a criança é assegurada, no contexto do processo de socialização, a capacidade de participar de forma exitosa nesses processos. Esse conceito de identidade é assim caracterizado por uma particular e ambivalente convivência entre abertura e flexibilidade na situação, pressupondo um contexto situacional estruturado que garanta tal flexibilidade.[238] De forma parecida, o indivíduo ganha, também em perspectiva teórico-sistêmica e por meio de um aprendizado ininterrupto, uma identidade pesssoal e individualidade autoconsciente, por meio de sua bem-sucedida auto-representação como parceiro no processo de interações e no desempenho autônomo de papéis no tráfego social.[239]

A multiplicidade de pontos de partida mostra que conceitos simples, "manejáveis", também não podem ser fornecidos pelos cientistas sociais e pelos psicólogos. Similar também é a resposta à pergunta sobre um conceito intercultural e aplicável de personalidade ou de identidade no âmbito da etnologia. Com todas as diferenças de opinião, é possível sintetizar a discussão no sentido de identificar determinados componentes fundamentais como "constantes" da identidade humana em todas as culturas, reconhecendo que, no mais, a identidade é cunhada de modo específico em cada cultura.[240] Isso não surpreende, pois o homem se socializa justamente em uma ordem comunitária com uma cultura específica.[241]

---

[237] Aqui fundamentalmente *Peter L. Berger/Thomas Luckmann*, The social construction of reality: a treatise in the sociology of knowledge, Garden City, NY 1966 (alemão: Die gesellschaftliche Konstruktion der Wirklichkeit, 1969); para crítica, v. *Krappmann* (n° 234), p. 22.

[238] Fundamentalmente *George H. Mead*, Geist, Identität und Gesellschaft, 1978, com minuciosa introdução de Charles W. Morris, p. 13 ss.; com respeito às implicações sociológicas *Herbert Blumer*, Sociological Implications of the Thought of G. H. Mead, in: American Journal of Assimciology, 1966, p. 535 ss.; ainda importante *Erving Goffman*, Wir alle spielen Theater: die Selbstdarstellung im Altag, 1969; v., além disso, *Krappmann* (n° 234). Com respeito à recepção jurídica, sobretudo *Giese* (n° 90), especialmente p. 78 ss.; preponderante referindo-se à *Goffman* e *Suhr* (n° 233).

[239] Cf. *Luhmann* (n° 207), p. 81 s.; *Karl W. Deutsch*, The Nerves of Government. Models of Political Communication and Control, New York 1963 (alemão: Politische Kybernetik, 1969, p. 196 s.).

[240] Cf. também, de modo genérico BVerfGE 31, 58 (75 s.); 45, 187 (229): ausência de "pretensão de duração atemporal".

[241] Uma apresentação dos *approaches* e da história científica da pesquisa intercultural da personalidade em *Milton Singer*, in: Kaplan (n° 235), p. 9 ss.; com respeito a aspectos individuais da pesquisa intercultural da personalidade v. sobretudo as diferentes contribuições registradas na coletânea de Kaplan (n° 235).

3. Algumas conclusões

Observando-se os conceitos psicológicos e científico-sociais de identidade, revela-se uma semelhança pragmática (não terminológica). O processo de formação da identidade parece ser alcançado no âmbito de uma liberdade enquadrada em uma determinada "moldura". Essa moldura é, em parte, também a "superestrutura" jurídica da sociedade. Por meio dela o princípio da dignidade humana transmite ao indivíduo determinadas "concepções normativas a respeito da pessoa", que, por sua vez, são impregnadas pela cultura de onde surgiram.[242]

A dignidade humana, contudo, não é apenas passível de ter seu conteúdo analisado de modo culturalmente específico. Já com vista a concepções interculturalmente válidas de identidade, verifica-se que determinados componentes fundamentais da personalidade humana devem ser levados em consideração em todas as culturas: eles representam, com isso, também o conteúdo de um conceito de dignidade humana insuscetível de uma redução culturalmente específica.

Para além disso, a moldura orientadora, que serve de pano de fundo para o livre, porém orientado, desenvolvimento do homem como pessoa, definitivamente não é estática. Possibilidades asseguradas, portanto, socialmente aceitas, de desenvolvimento e comunicação – v.g., na forma de papéis profissionais definidos – constituem uma parte da (não apenas jurídica) moldura orientadora; a especificidade cultural das noções de dignidade humana transforma-se, com isso, em algo culturalmente específico no seu tempo, ao passo que a moldura orientadora, em função do crescente número de possibilidades de orientação, torna-se cada vez mais flexível e diferenciada.[243] Um retorno a noções rígidas será difícil, quiçá impossível.

Com outras palavras: a fórmula-objeto de Dürig se tornará fórmula-sujeito; o Estado constitucional realiza a dignidade humana, quando transforma os cidadãos em sujeitos de suas ações.[244]

Dignidade humana constitui, nesse sentido, a crescida e crescente (*gewachsene und wachsende*) biografia da relação Estado-cidadão[245] (com a superação da separação entre Estado e sociedade, da relação Estado/sociedade-cidadão).

---

[242] V. ainda *Zippelius* (n° 114), nota de rodapé n° 4: "a segunda idéia principal que em nossa comunidade cultural (!) enseja representações vivas a respeito da dignidade humana é a autonomia moral".

[243] Afigura-se, assim, também "correto", do ponto de vista funcional, normatizar um "direito fundamental" geral como o art. 2°, inc. I, LF, que possa, em vinculação com o art.1°, inc. I, LF, atuar no futuro. De modo genérico, a respeito do "tempo e Constituição": *Peter Häberle*, Verfassung als öffentlicher Prozeâ, 1998 (1978), p. 59 ss.; com respeito ao "tempo e a cultura constitucional" *o mesmo*, in: Anton Peisl/Armin Mohler (Orgs.), Die Zeit, 1989 (1983), p. 289 ss.

[244] De modo claro: BverfGE 38, 105 (114 s.); 9, 89 (95). Agora *Christoph Enders*, Die Menschenwürde in der Verfassungsordnung, 1997, p. 501 ss.: "um direito a ter direitos".

[245] Também o art. 79, inc. III, LF, concerne menos a conceitos de dignidade abstratos e filosóficos do que, muito mais precisamente, à crescente biografia do relacionamento Estado (sociedade-) cidadão. Cf. a respeito

Aqui repousa a (parcial) justificação quando a dignidade humana é tida como bem-acabada auto-representação da personalidade individualmente constituída e, com isso, apresentada como prestação pessoal do homem isolado,[246] o que, no caso do direito "à auto-determinação informativa", assume significado prático.[247] O conceito (de percepção e de descoberta) de identidade é aqui compreendido, em função da abertura daquela moldura orientadora da dignidade humana, num sentido amplo, que abrange as condições de possibilidade sociais e jurídicas.[248]

Outro corretivo de uma idéia de dignidade humana pura, específica de cada cultura, é a abertura das fronteiras estatais e, com isso, culturais, na "sociedade mundial" (Niklas Luhmann). Conceitos de dignidade não são mais hoje desenvovidos apenas no interior de uma sociedade, de uma cultura; eles também se orientam e se desenvolvem por meio de intercâmbios com outras culturas, sobretudo sob o signo dos pactos de Direitos Humanos.[249] No desenvolvimento dos conceitos de dignidade humana não deve ser descurada a cultura "individual" da coletividade política, mas esta também não deve ser absolutizada.[250] A dignidade humana possui uma referência cultural relativa, ela se situa no contexto cultural,[251] possuindo, contudo, também feições tendencialmente universais.

4. Dignidade humana na "referência ao outro" (Du-Bezug)

Os conceitos científico-sociais de identidade confortam, além disso, o reconhecimento jurídico que segue: na dignidade humana a "referência ao outro" é pressuposta. O reconhecimento da "igual dignidade humana dos outros"[252] forma a ponte dogmática para o enquadramento intersubjetivo da dignidade humana de cada um, tal como dá conta a jurisprudência praticada pelo Tribunal Constitucional Federal sobre a imagem do homem[253] ou como demonstra a con-

---

Peter Häberle, Verfassungsrechtliche Ewigkeitsklauseln als verfassungsstaatliche Identitätsgarantien, in: *FS für Hans Haug*, 1986, p. 81 ss.

[246] *Luhmann* (n° 207), p. 68 ss.; *Podlech* (n° 199), nota de rodapé n° 11.

[247] Cf. BverfGE 65, 1 (41 ss.); v. ainda BayVerfGH 50, 226 (246); *Erhard Denninger*, Das Recht auf informationelle Selbstbestimmung und Innere Sicherheit, in: KJ 18 (1985), p. 215 (219); *Philipp Kunig*, Der Grundsatz informationeller Selbstbestimmung, in: Jura 1993, p. 595 ss.

[248] Mais restrito do ponto de vista das idéias *Podlech* (n° 199), nota de rodapé n° 34 ss.

[249] V. a respeito *Häberle* (n° 242), p. 407 ss.; v. ainda *Stern* (n° 220), p. 629 s., 642, a proteção da dignidade humana pertence, assim, ao padrão mínimo jurídico-internacional, nesse sentido BverfGE 63, 332 (337 s.); cf. também BVerfGE 59, 280 (281 em vinculação com 283, 286 s.); por último, BVerfGE 95, 96 (135): "que todos os Povos, conjuntamente, se convençam juridicamente acerca do valor e da dignidade dos Homens".

[250] Cf., paralelo ao art. 102 da LF: BverfGE 18, 112 (117 s.).

[251] V. v.g. BverfGE 54, 341 (357): a respeito da compreensão científico-cultural da Constituição: *Peter Häberle*, Verfassungslehre als Kulturwissenschaft, 1982, p. 18 ss., 57 ss. (1998, p. 28 ss. e *passim*).

[252] Paul Kirchhof, Der allgemeine Gleichheitssatz, in: *HStR V*, 2000 (1992), § 124 nota de rodapé n° 46, 111 ss.

[253] A respeito, *Häberle* (n° 21), p. 235 ss., bem como *o mesmo*, Das Menschenbild im Verfassungsstaat, 1988 (2001).

cretização levada a efeito no catálogo de direitos fundamentais, especialmente nos arts. 6º e 140, 9º e 21 ou 28, inc. II, da LF.[254] A referência ao "outro", ao "próximo", ao "tu" e ao "irmão" (no sentido de fraternidade, de 1789), hoje também à "irmã", constitui integralmente conteúdo do enunciado jurídico-fundamental da dignidade humana (*palavra-chave*: "co-humanidade comunicativa" – *kommunikative Mitmenschlichkeit*). Imbuído desse espírito está o art. 7º, inc. I, alínea 2, da Constituição de Brandemburgo: "Cada um é responsável perante cada um pelo respeito de sua dignidade".

Compreendido de modo científico-cultural isso abrange a perspectiva generacional supra-individual: a conexão entre gerações institui uma comunidade responsável, à qual o indivíduo nem deve, nem pode, se subtrair. Novos textos constitucionais positivos também têm tomado progressivamente consciência da perspectiva das gerações (v.g. art. 20 *a*, da LF e o preâmbulo da Constituição Cantonal de Waad, de 2003) e lançam um olhar para o futuro de um povo e dos seus cidadãos "viventes" com dignidade humana. Isso também gera responsabilidades e deveres. Exemplo disso são os novos questionamentos da técnica genética.

II. A dignidade humana do art. 1º, § 1º, da Lei
Fundamental alemã como norma-base

1. O art. 1º, § 1º, da LF e os direitos fundamentais individualmente considerados

Uma Constituição que se compromete com a dignidade humana lança, com isso, os contornos da sua compreensão do Estado e do Direito e estabelece uma premissa antropológico-cultural. Respeito e proteção da dignidade humana como dever(jurídico)fundamental do Estado constitucional constitui a premissa para todas as questões jurídico-dogmáticas particulares. Dignidade humana constitui a norma fundamental do Estado, porém é mais do que isso: ela fundamenta também a sociedade constituída e eventualmente a ser constituída. Ela gera uma força protetiva pluridimensional, de acordo com a situação de perigo que ameaça os bens jurídicos de estatura constitucional. De qualquer sorte, a dignidade humana, como tal, é resistente à ponderação, razão pela qual vale uma proibição absoluta de tortura.

A maioria dos direitos fundamentais individualmente considerados é marcada por uma diferenciada amplitude e intensidade no que diz com sua conexão com a dignidade humana. Os direitos fundamentais (individualmente considerados) subseqüentes, assim como os objetivos estatais e as variantes das formas estatais, têm a dignidade como premissa e encontram-se a seu serviço. No

---

[254] Com respeito ao "status corporativus" *Peter Häberle*, Die Wesensgehaltgarantie des Art. 19 Abs. 2 GG, 1983, p. 376 ss.; com respeito à totalidade da problemática: *Konrad Hesse*, Grundzüge des Verfassungsrechts der Bundesrepublik Deutschland, 1995 (nova impressão 1999), nota de rodapé nº 116.

processo histórico do novo desenvolvimento estatal-constitucional dos direitos fundamentais, a construção jurisprudencial ou as novas formulações textuais de direitos fundamentais individualmente considerados[255] atuam como novas atualizações do postulado-base de proteção da dignidade humana em face de novas zonas de perigo, por meio de um aperfeiçoamento jusfundamental.[256]

No campo dos direitos fundamentais individualmente considerados, experiências dolorosas e negativas com violações da dignidade humana receberam configuração textual positiva. O que no âmbito do art. 1º, inc. I, da LF freqüentemente apenas pode ser "negativamente" descrito a partir de um *fenômeno de violação*, com auxílio da fórmula-objeto, nos direitos fundamentais especiais "já" ("*schon*") é subjetivamente formulado de modo positivo (v.g.: "cada um possui o direito fundamental de proteção dos seus dados" no sentido de que "ninguém deve ser tornado objeto, de sorte a degradar-se mediante a manipulação de dados"). Assim, é possível reconhecer, de tal maneira, uma conexão entre o art. 1º, inc. I, da LF e os direitos fundamentais individualmente considerados, no sentido de que a fórmula-objeto dá bons resultados como primeiro passo para a determinação dos contornos da dignidade humana orientados pelo caso concreto; um segundo passo reside na conexão da cláusula da dignidade com os direitos fundamentais específicos, igualmente abertos ao desenvolvimento, mas também na sua relação com a igualdade (art. 3º da LF).[257] Ao revés, uma cláusula de dignidade humana deixa desvelar seu conteúdo também com ajuda de determinações já obtidas com os direitos classicamente "assegurados" ou com os novos direitos fundamentais individualmente considerados. Neste sentido, em termos de desenvolvimento histórico e atualmente, verifica-se um "dar e receber" entre o art. 1º, inc. I, da LF e os direitos fundamentais individualmente considerados. Não por acaso as tentativas de interpretação restritiva dos direitos fundamentais específicos andam *de mãos dadas* com a sua consideração em separado do art. 1º da LF.[258]

A dogmática, freqüentemente apenas pontualmente trabalhada, deve esclarecer essa conexão de desenvolvimento de modo sempre renovado. Assim, será também compreensível que a dignidade humana constitui "norma estrutural" para o Estado *e* a sociedade. A obrigação de respeito e proteção abrange tendencialmente também a sociedade.[259] A dignidade humana possui eficácia em relação a terceiros;[260] ela constitui a sociedade.

---

[255] BverfGE 65, 1 e art. 4º, inc. II, da Constituição da Renânia do Norte-Vestfália: "cada um tem pretensão à proteção de seus dados pessoais". Do mesmo modo o art. 6º, inc. I, da Constituição da Saxônia-Anhalt de 1992.

[256] A respeito *Häberle* (nº 90), p. 69 ss.

[257] Com respeito à interpretação do art. 1º, inc. I, LF, a partir das proibições especiais de diferenciação do art. 3º, incs. II e III, LF: *Podlech* (nº 199), nota de rodapé nº 30 ss.; *Kirchhof* (nº 251), nota de rodapé nº 99 ss.

[258] V. ref. ao art. 16, inc. II, alínea 2, *a*, LF, v.g. *Helmut Quaritsch*, Recht auf Asyl, 1985, p. 67 ss. A argumentação relativa ao art. 16, *a*, LF projeta-se de modo paralelo.

[259] Concordando: *Hasso Hofmann*, Die versprochene Menschenwürde, in: AöR 118 (1993), p. 353.

[260] Nota explicativa dos tradutores: o autor, com a expressão *Drittwirkung* (habitualmente traduzida como *eficácia em relação a terceiros*) refere-se à eficácia e vinculatividade da dignidade da pessoa humana nas relações entre particulares.

A jurisprudência concreta a respeito da dignidade humana é dotada de força comprobatória.[261] A *praxis* da casuística já progrediu tanto no que diz com a vinculação viva entre dignidade humana e os direitos específicos que a efetivam, que a ciência apenas necessita estabelecer as molduras teóricas, justamente no sentido especificamente jurídico-constitucional, que radicam científico-culturalmente no *tipo* Estado-constitucional.

2. O art. 1°, inc. I, da LF e as normas definidoras de fins estatais

Também os objetivos estatais do "Estado social de Direito" e do "Estado cultural", assim como do "Estado do Meio Ambiente" são, em seus conteúdos fundamentais, conseqüências do dever jurídico-estatal de respeito e proteção da dignidade humana, no sentido de uma atualização viva do princípio. A doutrina dos fins estatais, dos elementos do bem comum, ou mesmo das tarefas estatais expansivas representa – sobretudo considerando que os direitos fundamentais individualmente tomados "resultam" em muitos fins estatais – a "transformação" da cláusula da dignidade humana em atividade estatal, em competência delimitada e potência das funções estatais. Disso resultam também limites à privatização. O Estado de Direito se desenvolveu, a serviço da dignidade humana, em Estado Social de Direito; também o encargo cultural do Estado constitucional deixa-se fundamentar na dignidade humana,[262] assim como uma medida mínima de proteção ambiental. De maneira especial deve ser trabalhada essa conexão entre dignidade humana e democracia.

3. Especialmente: a conexão entre dignidade humana e democracia

a) *O "clássico" pensamento separatista e sua crítica.* O fundamento do Estado constitucional é duplo: soberania popular *e* dignidade humana. Histórico-espiritualmente, soberania popular e dignidade humana, no mais das vezes, foram pensadas e "organizadas" em separado. A soberania popular representou a polêmica contrapartida política contra a soberania monárquica do príncipe.[263] Sua clássica compreensão, na tradição de Rousseau, "todos poderes estatais partem do povo", impregna até hoje os textos constitucionais e a tradição científica. Sua força de penetração é tão forte que correções normalmente são periféricas, questionamentos poucos e variantes textuais substanciais constitucionais são, em princípio, raramente levadas a efeito. Mesmo na frase de Dolf Sternberger "nem todo poder estatal parte do povo" repousa uma reverência

---

[261] Indicações pormenorizadas v. acima: n° 54 ss.; com respeito à chamada justiça especializada (Fach-Gerichtsbarkeit) v. acima: n° 117 ss.

[262] Cf. a respeito *Dieter Grimm*, Kulturauftrag im staatlichen Gemeinwesen, in: VVDStRL 42 (1984), p. 46 (65, 66 s.); *Peter Häberle*, Verfassungslehre als Kulturwissenschaft, 1982 (1998).

[263] Com respeito à soberania cf. fundamentalmente *Prodromos Dagtoglou*, verbete "soberania", in: EvStL, Sp. 2321 ss. (agora 1987, Sp. 3155 ss.).

não desejada em relação à – combatida – "posição" de Rousseau. No postulado da democracia de poderes separados ou do Estado de Direito[264] repousa, do mesmo modo, uma correção da absoluta doutrina da soberania popular, assim como na referência à cisão pluralista da vontade popular.[265] Não obstante, permanece a tarefa de desvincular a soberania popular de sua polêmica origem histórica e vizualizá-la em conexão com a dignidade humana, assim como a missão de criticar a ideologia das cadeias de legitimação.

b) *Mudanças dos textos constitucionais.* Uma comparação de textos constitucionais mais antigos mostra o povo como elemento primário dentre os três elementos da Teoria Geral do Estado; ocasionalmente, o povo, assim como o cidadão, aparecem degradados à condição de "objeto" do poder estatal. Textualmente, manifesta-se a tradição da doutrina da soberania popular (como na passagem "todo poder estatal parte do povo"); outras vezes, sobressai a configuração nacionalista da codificação: o povo é qualificado como (contra as minorias étnicas) unidade "nacional", como, por exemplo, no sentido de "povo alemão".

De modo quase imperceptível, alguns novos textos constitucionais trilham caminho diverso.[266] Ou eles modificam a cláusula da soberania popular,[267] ou edificam seu título *dos direitos fundamentais*, de forma evidente sobre a cláusula da dignidade humana, que não pode permanecer sem influência sobre a compreensão da recorrente cláusula da soberania popular. Assim, o art. 1º da LF, que, por sua vez, "corrige" o art. 20, inc. II. Quando, após o projeto de "Herrenchiemsee"[268] (art. 1º, inc. I) "o Estado existe em função dos homens" (e não o inverso[269]), disso resulta que todos os poderes estatais provêm do povo. Contudo, tal assertiva já possui sua "premissa primária" na dignidade humana! Ela constitui o "ponto de referência de Arquimedes" de todas – também necessárias no Estado constitucional – derivações e conexões de poder. "Poder do povo" (pelo povo e para o povo) é apenas pensado num segundo estágio de pensamento. A proteção da dignidade humana (também no que diz com sua eficácia irradiadora sobre os direitos fundamentais individualmente considerados!) é afirmada como princípio jurídico do "Estado" e do "povo", assim como

---

[264] Richard Bäumlin, *Die rechtsstaatliche Demokratie*, 1954.

[265] *Hesse* (nº 253), nota de rodapé nº 133 ss.

[266] A conexão entre povo e direitos humanos é clarificada pontualmente, v.g., no §130 da Constituição de Paulskirche (1849); acima *Walter Pauly*, Die Verfassung der Paulskirche und ihre Folgewirkungen, vol. I, § 3 nota de rodapé nº 55; v. ainda art. 1º, alínea 2, B-VG (1920): "seus direitos partem do povo"; o título da seção a respeito dos direitos fundamentais da Constituição do Japão (1946) dispõe: "os direitos e deveres do povo" (citado conforme *Reinhard Neumann*, Änderung und Wandlung der japanischen Verfassung, 1982, p. 187).

[267] Cf. art. 1º, inc. II, "Burgenland" (1981): *"Burgenland* funda-se na liberdade e dignidade do homem".

[268] Nota dos tradutores: a referência ao "Projeto de Herrenchiemsee" é ao local onde ocorreu a elaboração do projeto e a aprovação da Lei Fundamental.

[269] Cf. art. 8º, inc. II, da Constituição de Mecklemburgo e Pomerânia Ocidental, de 1993.

para todas as derivações de poder e "conexões de legitimação" *do* povo *para* os órgaos estatais (cfr. BVerfGE 69, 315 [346]).

O paralelismo entre dignidade humana e soberania popular está claramente enunciado nos arts. 1º e 2º da Constituição da Grécia (1975/1986). O art. 1º, inc. II, dispõe: "soberania popular constitui o fundamento da forma estatal"; inc. III: "todos poderes partem do povo, existem para o povo [...]" etc. Quando, então, o art. 2º, inc. I, estabelece a "obrigação fundamental" do Estado de respeito e proteção da dignidade humana são assim entrelaçadas, desde o princípio, soberania popular e conceito de dignidade humana. O art. 1º da Constituição de Portugal (1976/1997) formula essa conexão de modo ainda melhor.[270]

c) *A soberania popular do homem e do cidadão.* O povo[271] constitui menos uma grandeza *natural* pressuposta, do que uma grandeza constituída culturalmente no âmbito de uma Constituição estatal e que está sempre a se renovar pluralisticamente em suas conexões culturais. Constitui-se de "titulares de direitos fundamentais", portanto, de cidadãos. Destes é que decorre, em última instância, todo o poder (estatal). Por isso, o respeito e a proteção da dignidade humana constitui um "dever fundamental" (*Grundpflicht*) do Estado constitucional, ou, de forma mais precisa: um "dever jurídico-fundamental".[272] Neste sentido, o art. 1º, inc. I, da LF assume a feição de "forma de Estado": fundamento do Estado. A soberania popular possui na dignidade humana seu "último" e primeiro (!) fundamento. O povo não constitui uma grandeza mística, senão uma coordenação de muitos homens dotados, cada um, de dignidade própria:[273] uma espacialmente localizada, temporalmente desenvolvida, aberta ao futuro, publicamente vivida e responsável coordenação de uma "multidão de homens" debaixo de leis jurídicas (no sentido de Kant): o povo democraticamente constituído e naturalmente orientado pela e comprometido com a dignidade humana.

Uma tal compreensão contorna também perigos, que, por meio da excessiva ênfase na comunidade, não raras vezes levou a desenvolvimentos totalitários. Toda autoridade possui natureza derivada, não existindo uma "dignidade" estatal;[274] há, apenas, dignidade do homem.

Do ponto de vista do cidadão individual, existe uma "conexão de continuidade" entre dignidade humana e democracia liberal.[275] A fórmula-objeto de

---

[270] V. acima, nº 24.

[271] Acima *Isensee*, § 15 nota de rodapé nº 29 ss.; *Grawert*, § 16 nota de rodapé nº 1 ss.; *Kirchhof*, § 21 nota de rodapé nº 73 ss.; *Hillgruber*, § 32 nota de rodapé nº 17 ss.

[272] A respeito dessa idéia: *Häberle* (nº 90), p. 94.

[273] Cf. no mesmo sentido *Dimitris Th. Tsatsos*, Einführung in das Grundgesetz, 1976, p. 74; *Hans Meyer*, Das parlamentarische Regierungssystem des Grundgesetzes, in: VVDStRL 33 (1975), p. 69 (75 s.).

[274] V. também *Karl Josef Partsch*, Von der Würde des Staates, 1967; *Giese* (nº 90), p. 76 s.; agora, porém, *Dimitris Th. Tsatsos*, De der Würde des Staates zur Glaubwürdigkeit der Politik, 1987.

[275] V. *Behrendt* (nº 196), p. 57 ss.

Dürig deve (involuntariamente) ter ocultado que existe uma conexão positiva entre dignidade humana e os direitos políticos (democráticos) de participação dos cidadãos (na Suíça: "direitos do povo"). O art. 1º da LF, o direito de sufrágio do art. 38 e os direitos fundamentais previstos no e deduzidos do art. 21º da LF, situam-se numa relação racional de conexão com o art. 20 da LF.[276] Na verdade, uma fórmula comum sobre a dignidade ainda não foi encontrada *e possivelmente nem o venha a ser*, pois a diferença entre indivíduo e comunidade, inclusive no sentido de comunidade constituída, constitui uma relação de tensão irrevogável, geradora de conflitos, cujo reconhecimento jurídico justamente se mostra característico para a estatalidade moderna. O povo não constitui, porém, uma grandeza contrária aos direitos fundamentais, tampouco antiestatal, senão desde logo estruturada jurídico-fundamentalmente e enquadrada estatal-constitucionalmente; direitos fundamentais são, num sentido mais profundo, também "direitos do povo" ("liberdades do povo").

4. Dignidade humana como direito fundamental e medida para a democracia

A "universal" e "culturalmente específica" conformada "cultura da dignidade humana" e a "cultura da liberdade" que a concretiza desenvolvem, por isso, diretamente, uma força constitutiva da democracia. Por mais freqüentes que tenham sido, na Alemanha de forma especialmente bem-sucedida, as variantes do liberalismo, do positivismo e um pensamento comprometido com as tradições burguesas e com um determinado constitucionalismo alemão, que concebia a democracia como mera "forma estatal", dissociada das liberdades fundamentais, de modo tanto mais inequívoco deve-se hoje acentuar a conexão entre dignidade humana, liberdades fundamentais e uma ordem democrática livre;[277] esta é a conseqüência organizatória daquelas.

Todavia, disso não resulta uma preferência por uma determinada forma de democracia. É provável que seja reforçado, porém, na compreensão dos direitos fundamentais individualmente tomados, o componente plebiscitário, na medida em que uma Constituição (como a Lei Fundamental) exclusivamente investiu na democracia representativa. Seria, portanto, temerário descrever a democracia direta como a forma especialmente conforme à dignidade humana, bem como seria questionável vislumbrar na democracia representativa a única

---

[276] V. em sentido aproximado BverfGE 40, 287 (291); 5, 85 (204 s., 206 s.); de modo implícito 27, 71 (81); 2, 1 (12 s.).

[277] V. *EKD* (Org.), Evangelische Kirche und freiheitliche Demokratie, 1985: na dignidade humana "funda-se a vocação do homem para a livre responsabilidade compartilhada na configuração da comunidade" [...] "apenas uma Constituição democrática pode corresponder atualmente à dignidade humana" [...] "sobre essa tradição realiza-se uma avaliação positiva da democracia liberal porquanto ela também questiona a forma de democracia *dada*, nos pontos em que ela ser modificada, de sorte que liberdade e dignidade humana sejam melhor asseguradas" (cf. p. 14, 17).

forma.[278] Também uma democracia "apenas" representativa atende suficientemente ao postulado da força – democraticamente justificadora – da dignidade humana. Dignidade humana, como direito de participação e conformação política,[279] constitui, assim, um direito fundamental à democracia: por um lado, há que considerar seu aspecto fundamentador da democracia; por outro, são os direitos fundamentais "atribuídos" ao povo. A "soma" desses titulares de direitos fundamentais como homens individuados significa, num sentido ideal, também uma soma de direitos fundamentais, que constitui o povo num Estado constitucional.

Conseqüência disso é uma correspondente compreensão dos direitos de sufrágio[280] e do direito fundamental de participação democrática: eles são – sobretudo em vinculação com a dimensão política dos arts. 5° e 8° da LF (liberdade de pensamento, imprensa, reunião e democrática) –, como "fundamentos funcionais da democracia", a exteriorização concreta da "perspectiva" da cláusula da dignidade humana como cidadania ativa.[281] Seria, v.g., também uma violação da dignidade humana quando grupos isolados de cidadãos (v.g., "os velhos") fossem privados dos seus direitos de sufrágio: eles seriam convertidos em objeto da atividade estatal (com efeitos também no espaço societário) e perderiam sua identidade como pessoas, bem como a capacidade de comunicação pública e social (também a abstenção pode representar uma descoberta da identidade). Desconsiderando a distância redacional-textual: a ligação interna entre a – também entendida sob o ponto de vista político – dignidade humana e os direitos democráticos de sufrágio é, como se pode imaginar, muito estreita no Estado democrático, encontrando-se nas suas bases.

Nesse espírito, enuncia o art. 1°, inc. II, da nova Constituição do Paraguai (1992): "pluralistic democracy, wich is founded on the recognition of human dignity". Nesse sentido consta do Documento do encontro de Kopenhagen para a conferência sobre a dimensão humana da Conferência sobre Segurança e Trabalho Conjunto na Europa (KSZE – *Konferenz über Sicherheit und Zusammenarbeit in Europa*), de 29 de junho de 1990 (EuGRZ 1990, p. 239 ss.): "[...] dentre os elementos [...] que seguem essenciais para uma expressão abrangente da dignidade inerente aos homens [...]: eleições livres serão realizadas em períodos de tempo adequados [...]". Em sentido análogo, o capítulo 2°, n° 7, inc. I, da Constituição da República Sul-Africana (1996) enuncia: "This Bill of Rights is a cornerstone of democracy in South Africa. It enshrines the rights of

---

[278] Assim, porém, em sentido aproximado *Ernst-Wolfgang Böckenförde*, Mittelbare/repräsentative Demokratie als eigentliche Form der Demokratie, in: FS für Kurt Eichenberger, 1982, p. 301 ss.; *o mesmo*, Demokratische Willensbildung und Repräsentation, in: HStR II, 1998 (1987), § 30 nota de rodapé n° 12 ss.

[279] Cf., agora, arts. 21-24 da Constituição de Brandemburgo.

[280] V.g. art. 38, 29 bem como art. 33, LF.

[281] V. com respeito à liberdade de opinião BverfGE 54, 148 (155 s.); 12, 113 (125). De modo geral, a respeito dos direitos fundamentais como base funcional da democracia *Häberle* (n° 253), p. 16 ss., 21, 336 s., 339 s.

all people in our country and affirms the democratic values of human dignity, equality and freedom".

III. Dignidade humana no contexto da mudança cultural

O enunciado constitucional da dignidade humana traz consigo uma medida mínima em capacidade de desenvolvimento e, com isso, de mutabilidade, da aparentemente "absoluta" dignidade humana.[282] Assim, apenas recentemente se tem tomado consciência dos riscos e ameaças na esfera ambiental, bem como grupos marginalizados foram apenas há pouco percebidos pela sociedade:[283] as cláusulas da dignidade humana situam-se no contexto da cultura constitucional. Esta transcende o aspecto jurídico da Constituição: alcançando o cultural, textos clássicos, bem como utopias concretas (v.g. os protetores do meio ambiente), assim como as experiências de um povo (v.g. com tiranias) e também as esperanças (v.g., a seu tempo, a unidade alemã ou da Europa atual).

Um "princípio constitucional" como a "dignidade humana", em termos de sua realização pelo Estado e sociedade, bem como no que diz com uma conscientização, apenas tendencialmente pode ser imposto pelo direito constitucional. A autocompreensão individual e comunitária do cidadão não é menos constitutiva. A educação para o respeito da dignidade humana constitui um destacado objetivo pedagógico do Estado constitucional: dignidade humana, para cada um, bem como para o próximo, no sentido dos "outros" (como "tolerância, "solidariedade").[284] Se e como será, então, vivenciada a dignidade humana por cada um e com referência aos outros, depende da responsabilidade de cada um: última instância é o cidadão e o próprio homem, na medida em que "nós mesmos fornecemos um sentido e estabelecemos um objetivo para a história política, a saber, um sentido humanamente digno e um objetivo humanamente digno".[285]

IV. As quatro dimensões da proteção jurídico-fundamental da dignidade humana

1. A unidade entre defesa e proteção e entre liberdade e participação

A primeira direção protetiva do art. 1º, inc. I, da LF desenvolve-se na defesa contra as intervenções do Estado, no sentido do *status negativus*. Essa

---

[282] Assim expressamente BverfGE 45, 187 (229); a isso correspondeu sua compreensão como "pensamento condutor", assim BVerfGE 56, 37 (43).

[283] V. ref. ao aprisionamento BVerfGE 45, 187 (227 ss., 245 s.); 64, 261 (272 ss.); ref. aos transexuais BVerfGE 49, 286 (297 ss.); 60, 123 (134 s.).

[284] Com respeito às determinações constitucionais "como objetivos pedagógicos": *Häberle* (nº 21), p. 211 ss. Cf., por último, com referência ao art. 1º, bem como ao art. 2º e ss., da LF: BVerwGE 90, 1 (12).

[285] *Karl R. Popper*, Auf der Suche nach einer besseren Welt, 1984, p. 157; v., de modo pormenorizado, no tocante ao exemplo paralelo da arte: *Peter Häberle*, Die Freiheit der Kunst im Verfassungsstaat, in: AöR 110 (1985), p. 577 (594 ss.).

"clássica" dimensão revela-se permanentemente atual, v.g. no caso de intervenções de órgãos estatais na esfera pessoal dos indivíduos.[286]

Essa defesa se tornará imediatamente um *status positivus*, portanto, em encargo de proteção para o Estado, onde se trata de impedir violações da dignidade humana no âmbito da sociedade.[287] Aqui a dignidade humana se tornará encargo constitucional ativo (dever jurídico-fundamental) do Estado, relacionada a uma atuação positiva.[288] A ideologia da "liberdade estatal" falha aqui. Esse efeito geral da dignidade humana torna-se hoje cada vez mais importante.[289] Não apenas o Estado, mas também a sociedade e seus grupos (de força) plurais, podem intervir no bem jurídico-constitucional da dignidade humana.[290] Neste sentido, é de se estender também à tese-objeto de Dürig uma referência societária.

A dupla direção protetiva da cláusula da dignidade humana significa: ela é um direito público subjetivo, direito fundamental do indivíduo *contra* o Estado (e contra a sociedade) e ela é, ao mesmo tempo, um encargo constitucional endereçado ao Estado, no sentido de um dever de proteger o indivíduo em sua dignidade humana em face da sociedade (ou de seus grupos). O Estado deve criar as condições para levar isso a cabo, de tal sorte que a dignidade humana não seja violada por terceiros (integrantes da sociedade). Esse dever constitucional pode ser cumprido classicamente, portanto jurídico-defensivamente, mas também pode ser desempenhado jurídico-prestacionalmente; ele pode ser realizado por caminhos jurídico-materiais[291] e por vias processuais (no sentido de um *status activus processualis*), bem como por meios ideais e materiais. Uma multiplicidade de combinações é imaginável.[292]

---

[286] V., v.g., plasticamente BVerfGE 44, 353 (372 s.); 35, 35 (39 s.). De modo pormenorizado, com respeito ao caráter de direito fundamental do art. 1º da LF: *Werner Krawietz*, Gewährt Art. 1 Abs. 1 GG dem Menschen ein Grundrecht auf Achtung und Schutz seiner Würde?, in: GS für Friedrich Klein, 1977, p. 245 ss.; por último *Peter Badura*, Staatsrecht, 1996, C 32; *Volfram Höfling*, in: Sachs, GG, 2002, Art. 1 Rdn. 3 ss.

[287] Cf. BVerfGE 1, 97 (104): a primeira frase do dispositivo constitucional sobre a dignidade humana pretende proteger de forma negativa a dignidade contra intervenções; já a segunda proposição, obriga o Estado à proteção positiva contra intervenções praticadas por terceiros. Correto: BVerfGE 88, 203 (296): Qualificar como dano o dever de sustentar uma criança não querida constitui uma violação à dignidade humana. A respeito do problema: BGHZ 129, 178.

[288] Especialmente em relação ao dever de proteção da vida v. BVerfGE 39, 1 (42); 46, 160 (164); 49, 24 (53); 88, 203 (251 ss.). Contra o questionamento da qualidade jurídico-subjetiva do direito fundamental do art. 1º inc. I, com razão: *Wolfram Höfling*, in: Michael Sachs (Org.), Grundgesetz, 2003, art. 1º nota de rodapé nº 3-5 a.

[289] V. no exemplo do direito fundamental à "auto-determinação informativa" BVerfGE 65, 1 (41, 43); 103, 21 (32 ss.); especialmente com respeito ao sigilo fiscal também perante terceiros BVerfGE 67, 100 (142 ss.). Relativamente ao conhecimento da própria origem: BVerfGE 79, 256 (268). Com respeito à proteção do nome: BVerfGE 104, 373 (387).

[290] V., de modo geral, no que diz com essa compreensão de direitos fundamentais *Häberle* (nº 253); *o mesmo*, (nº 90); por detrás das reclamações constitucionais (*Verfassungsbeschwerden*) contra decisões proferidas por tribunais civis ocultam-se problemas de ordem material relativos à coordenação humanamente digna das liberdades, cf. v.g. BVerfGE 35, 202 (221); 54, 148 (153 ss.); 208 (217 ss.).

[291] Já por meio da interpretação (conforme à Constituição) o art. 1º da LF torna-se eficaz, v.g. BVerfGE 49, 286 (301 ss.) ref. § 47 PStG.

[292] V., v.g., o *approach* ideal-processual no direito de resposta no âmbito do direito das comunicações: BVerfGE 63, 131 (142 s.).

2. A proteção jurídico-material e processual da dignidade humana

A dignidade humana é efetivada, tanto jurídico-materialmente como processualmente, de múltiplas maneiras, por meio de leis; pense-se quanto ao direito material, na consecução da proteção da personalidade no direito civil alemão (sob a direção do *Superior Tribunal Federal – Bundesgerichtshof*); no direito de família, na pretensão defensiva de um cônjuge contra a admissão do adúltero no âmbito objetivo-espacial do casamento;[293] pense-se, também, no direito de proteção de dados pessoais[294] ou no direito de execução penal.[295]

Processualmente, o direito ao contraditório e a garantia da proteção jurídica efetiva:[296] trata-se da proteção da dignidade humana por meio do processo;[297] do processo e do procedimento administrativo[298] até o direito de representação pessoal.[299] O *due process* constitui uma das mais importantes garantias da dignidade humana! (exemplo: a Magna Charta ou o *Habeas Corpus* do art. 6º da Constituição da Grécia; art. 17, inc. IV, da Constituição da Espanha; cap. 2, nº 12, 35 da Constituição da África do Sul; art. 4º, alínea *g* da Constituição cantonal de St. Gallen, Suíça, de 2001: "processo penal justo").

3. A proteção material e ideal da dignidade humana

Respeito e proteção da dignidade humana necessitam do engajamento material e ideal do Estado. A garantia da dignidade humana pressupõe uma pretensão jurídico-prestacional do indivíduo ao mínimo existencial material. A dedução de uma – hoje concretizada por meio da Lei Federal sobre Assistência Social (*Bundessozialhilfegesetz*) – pretensão de cuidado e assistência a partir do art. 1º, em combinação com o art. 20, ambos da LF (princípio do Estado social de Direito, também: princípio democrático) permanece uma atividade jurisprudencial exemplar.[300]

Dentre as mais desprezadas atividades ideais do Estado constitucional vinculadas à dignidade humana, o encargo educacional do Estado, com os cor-

---

[293] BGHZ 6, 360 (364); o *Bundesgerichtshof* (BGH) reduz todavia aqui o papel da mulher (v. "dignidade da mulher", p. 367 – em sentido diverso da dignidade humana).

[294] BVerfGE 65, 1 (41 ss.); 78, 77 (84); 84, 192 (194). V. ainda BverwGE 84, 375 (378 ss.); 89, 14 (18).

[295] BVerfGE 64, 261 (272, 276 s., 280 ss.); 72, 105 (114 s.); 74, 102 (122). BVerfGE 96, 100 (115) e 98, 169 (200): pretensão de ressocialização. Por último BVerfGE 103, 21 (39).

[296] BVerfGE 50, 280 (284 ss.) ou 50, 16 (30); 217 (231); 51, 268 (284 s.); 51, 97 (110) ref. reserva judicial.

[297] BVerfGE 65, 1 (44, 46, 49); 63, 131 (143). V. ainda BGHZ in: NJW 1992, p. 3096 (3098).

[298] A respeito *Peter Häberle*, Verfassungsprinzipien "im" Verwaltungsverfahrensgesetz, in: Walter Schmitt Glaeser (Org.), Verwaltungsverfahren, 1977, p. 47 (65, 74 s.); *Walter Schmitt Glaeser/Hans-Detlef Horn*, Verwaltungsprozeârecht, 2000, p. 326.

[299] Cf., nesse sentido, BVerfGE 51, 43 (58); 28, 314 (323).

[300] BVerwGE 1, 159 (161 s.); 23, 149 (153); 25, 307 (317 s.). Cf. *Peter Trenk-Hinterberger*, Würde des Menschen und Sozialhilfe, in: ZfS 1980, p. 46 ss. Agora BVerfGE 82, 60 (85) bem como o art. 12 da nova Constituição Federal Suíça.

respondentes objetivos educacionais ligados às pessoas em geral (art. 7º da LF) – um exemplo da configuração jurídico-prestacional da dignidade humana e também para sua "formação" nos homens no que diz com o aspecto ideal e educativo. O encargo cultural especial de proteção do Estado, parte de seu encargo cultural geral e constitui "realização" da dignidade humana.[301] Também a dignidade humana carece de desenvolvimento.[302] Na realização da tarefa educativa, ela é protegida pelo Estado (e pelos pais), por mais que a mesma dignidade humana imponha limites aos autorizados a educar.[303] Dignidade humana é – *horribile dictu* – também resultado de atividade constitucional do Estado.

4. Conteúdo e organização

O conteúdo da dignidade humana, de tal sorte, a dignidade de cada homem, começa com a existência humana e termina com a morte. Todavia existem efeitos prévios e póstumos da proteção jurídico-constitucional da dignidade humana. Exemplo para tanto constitui a proteção da personalidade depois da morte.[304] Exemplos para "efeitos antecipados" encontram-se na luta pela proteção do feto.[305] No âmbito desta foi desenvolvida a doutrina dos deveres de proteção.

Na dignidade humana habita, de antemão, a dimensão comunicativa, social, que pode ganhar realidade tanto na esfera privada quanto na pública.[306] Dignidade humana significa também, mas não somente, o espaço interno do homem.[307] Sua abertura ao social, o momento da responsabilidade diante de outros homens e da comunidade, pertence a ela do mesmo modo e revela-se tão constituinte como o momento da auto-responsabiliade,[308] no sentido de autodeterminação.[309] As conexões intersubjetivas dos direitos fundamentais individualmente tomados constituem parcela da dignidade humana.[310]

---

[301] V. BVerfGE 47, 46 (73 s.); cf. também BVerfGE 41, 29 (50 s.); de modo geral com respeito ao encargo cultural estatal *Häberle* (nº 250), p. 14 ss., 63 ss. com indicações pormenorizadas e *Grimm* (nº 261).

[302] Essa concepção vê a dignidade humana e o livre desenvolvimento da personalidade mais próximos, juntas, do que a opinião dominante. Como, então, se realiza esse desenvolvimento, descreveu sobretudo *Suhr* (nº 233). Orientado para a comunicação, também *Krawietz* (nº 285), p. 245 ss., para a dignidade humana. Questionável: *Nipperdey* (nº 211), p. 15.

[303] A respeito BVerfGE 7, 320 (323); 24, 119 (144); *Ekkehart Stein*, Das Recht des Kindes auf Selbstentfaltung in der Schule, 1967.

[304] BVerfGE 30, 173 (194 e 195 s.); voto separado correto *Erwin Stein*, a.a.O., p. 200 ss.; s.0. N 193. V. ainda BayVerfGH 49, 79 (92).

[305] Palavra-chave: "aborto", a respeito BVerfGE 39, 1 (41, 43). Posteriormente BVerfGE 88, 203 (251 s.).

[306] Cf. BVerfGE 34, 238 (246). O enfoque também teórico-comunicativo, desenvolvido em 1987 na edição anterior, é agora, em adesão a *Hofmann* (nº 258), enquadrado por *Horst Dreier* como concepção autônoma de dignidade humana (in: Dreier [nº 161], nota de rodapé nº 43).

[307] Cf. BVerfGE 40, 287 (291).

[308] Cf. BVerfGE 61, 126 (137).

[309] Cf. BVerfGE 40, 287 (291).

[310] Cf. *Hesse* (nº 253), nota de rodapé nº 116, 293.

a) *Dignidade humana e autocompreensão.* A autocompreensão vivida de cada pessoa torna-se, assim, co-constitutiva para o conteúdo da dignidade humana.[311] Dela constitui-se também a autocompreensão de toda a coletividade.[312] Estado e Direito, Constituição e política, podem atuar somente no sentido de apoiar, proteger, defender e ajudar (de modo "prestacional") de forma efetiva. Um povo que de longa data nada sabe da dignidade de cada indivíduo e que age de modo correspondente também não pode, ao fim e ao cabo, mesmo com ajuda de instrumentos jurídicos, viver constituído pela dignidade humana. O que a dignidade humana representa em termos de conteúdo ou, expresso de forma negativa, o que ela não representa, determina-se no dia-a-dia de cada homem, na sua *conditio humana*, mas também é determinado em situações excepcionais (do feriado constitucional até o estado de defesa). Significativa é, também, a auto-compreensão dos excluídos e dos sectarizados.[313] Arte e ciência constituem auxiliares interpretativos primários.[314]

b) *Necessidade de configuração.* Também o Estado constitucional há de fazer sua parte respeitando e protegendo; disso resulta a legitimidade do seu poder estatal. Dignidade humana, como fundamento do Estado constitucional e de seus "poderes", necessita simultaneamente do – seu protetor – poder estatal.[315] O art. 1º da LF formula isso, desde o princípio, com clareza digna de nota, e decidiu a disputa em torno da necessidade de configuração dos direitos fundamentais.[316] Do art. 1º da LF podem resultar deveres diretos de legislar.[317] O dever de proteção possibilita a "defesa móvel e prospectiva" da dignidade humana[318] e levanta questões a respeito dos limites da dignidade humana (v.g. a mesma dignidade humana de outros) e a respeito de instrumentos protetivos adequados.[319]

c) *A técnica exemplificativa.* A idéia "dignidade humana" pode ser apenas aproximadamente descrita com fórmulas abstratas (como a "posição de sujeito", a "identidade", a "comunicação"). Elas devem ser ilustradas por meio de

---

[311] No mesmo sentido BVerfGE 35, 202 (220); 49, 286 (298); 54, 148 (155 s.); 63, 131 (142 s.).

[312] Cf. BVerfGE 36, 174 (188); 35, 202 (235 s.).

[313] V. a respeito BVerfGE 33, 23 (29).

[314] Cf. também BVerfGE 47, 327 (379 s.) com respeito ao §6º da Lei Universitária de Hessen (*Universitätsgesetz*). "Antígona", de Sófocles, deve ter auxiliado na decisão (na primavera de 1977) sobre o conflito pela forma do enterro de membros do grupo terrorista *Baader-Meinhof* no cemitério principal de Stuttgart, próximo ao túmulo de Theodor Heuss, o primeiro presidente de nossa República: também sua dignidade humana estaria protegida.

[315] V. (em exemplo relativo à execução penal) BVerfGE 45, 187 (238, 246). De forma geral: BVerfGE 90, 145 (195); 103, 197 (221); também BVerfGE 75, 1 (16 s.).

[316] A respeito *Häberle* (nº 253), especialmente p. 180 ss., 340 ss. Cf. por último BVerfGE 100, 271 (284).

[317] V. v.g. BVerfGE 60, 123 (134 s.); 49, 89 (132, 142); 88, 203 (259 ss.).

[318] Expressão de *Konrad Hesse*, in: VVDStRL 30 (1972), p. 145 s. (discussão), para direito fundamental.

[319] V. a absolutização de um aspecto parcial (*ameaça de punição*) in: BVerfGE 39, 1 (47, 53 ss.); de outra forma BVerfGE 39, 68 (73 ss.), voto separado *Wiltraut Rupp v. Brünneck*, Helmut Simon.

técnicas exemplificativas positivas e negativas,[320] tais como tortura, detector de mentiras etc. As muito divulgadas "concepções sociais" hão de ser empregadas, da mesma forma, como os canônes-axiológicos jurídicos e culturais comparativos deduzidos de outros Estados constitucionais.[321] De resto, o princípio constitucional da dignidade humana também se realiza "de baixo para cima", de tal sorte que a ordem jurídica infraconstitucional fornece elementos para a definição dos contornos dos bens constitucionais.[322]

V. Concretização: três exemplos atuais para a problemática da dignidade humana sob a égide da Lei Fundamental

1. Inseminação artificial e tecnologia genética

As "tecnologias de inseminação"[323] e a genética humana[324] misturam, como em um tubo de ensaio, problemas essenciais do art. 1º da LF. Elas provocam uma mudança interpretativa no contexto da garantia jurídica da dignidade humana (v.g. posicionamentos diferenciados também da Igreja Católica a respeito da inseminação homóloga[325]) e revelam que a determinação da dignidade humana, no âmbito de uma comparação internacional, é claramente influenciada pelo contexto da cultura constitucional (v.g. a reserva estrita no Japão em relação a todas as considerações que lembram a eugenia). Todas as dimensões protetivas jurídico-fundamentais ganham nova atualidade: a defesa preventiva contra uma manipulação da existência humana; a extensão da proteção da dig-

---

[320] Cf. *Peter Häberle*, Öffentliches Interesse als juristisches Problem, 1970, p. 507 ss. – V. v.g. também BVerfGE 54, 148 (153 s.) ref. Ao art. 2º, inc. I, em ligação ao art. 1º, ambos da LF; porém também BVerfGE 30, 1 (25 s.): 33, 35 (39 s.), voto separado *Fabian v. Schlabrendorff* – Na literatura: *Kunig* (nº 218), art. 1º, nota de rodapé nº 36 ss.; *Hans D. Jarass*, in: ders./Bodo Pieroth, Grundgesetz, 2002, art. 1º, nota de rodapé nº 6 s., 11; *Karl Heinz Seifert/Dieter Hömig*, Grundgesetz, 2003, art. 1º, nota de rodapé nº 5-17.

[321] Pensa-se no emprego do detector de mentiras nos EUA.

[322] V. acima nº116 s.; por último em relação ao sigilo fiscal BVerfGE 67, 100 (142). De modo geral, a respeito de uma visão de conjunto de Constituição e lei ordinária: *Häberle* (nº 253), p. 210 ss.; *Peter Lerche*, Verfassungswandel als aktuelles Politikum, in: FS für Theodor Maunz, 1971, p. 285 ss.; *Gunnar Folker Schuppert/Christian Bumke*, Die Konstitutionalisierung der Rechtsordnung, 2000.

[323] V. *Armin Stolz*, Grundrechtsaspekte künstlicher Befruchtungsmethoden, in: Erwin Bernat (Org.), Lebensbeginn durch Menschenhand, 1985, p. 109 ss.

[324] V., a respeito: *Ernst Benda*, Erprobung der Menschenwürde am Beispiel der Humangenetik, in: Aus Politik und Zeitgeschichte B 3/85, p. 18 ss.; *Friedrich-Naumann-Stiftung* (Org.), Genforschung und Genmanipulation, 1985; *Christian Flämig*, Die genetische Manipulation des Menschen, 1985; *Christoph Enders*, Die Menschenwürde und ihr Schutz vor gentechnologischer Gefährdung, in: EuGRZ 1986, p. 241 ss.; *Hasso Hofmann*, Biotecknik, Gentherapie – Wissenschaft im rechtsfreien Raum?, in: JZ 1986, p. 253 ss.; *Wolfgang Graf Vitzthum*, Gentechnologie und Menschenwürdeargument, in: ZRP 1987, p. 33 ss. De modo geral, a respeito da "dignidade humana e genética humana" v. *Dreier* (nº 161), nota de rodapé nº 56 ss.; *Mathias Herdegen*, Die Erforschung des Humangenoms als Herausforderung für das Recht, in: JZ 2000, p. 633 ss.; *Matthias Schmidt-Preuã*, Menschenwürde und "Menschenbild" des GG, in: FS für Christoph Link, 2003, p. 921 (929 s.).

[325] Indicações em *Benda* (nº 323), p. 23. Conseqüentemente descomprometida é a "instrução sobre o respeito da vida humana em formação e a dignidade da procriação" da "congregação do Vaticano para o ensino da fé" de 22.2.1987 (citado conforme o jornal Frankfurter Allgemeine de 11.3.1987, p. 4).

nidade humana em relação a intervenções por parte de terceiros na sociedade (v.g. pelas análises da série do genoma de trabalhadores para os empregadores); questionamentos acerca de uma ponderação de bens "relativizadora" em face de outros direitos fundamentais, assim como com a liberdade de pesquisa (art. 5°, inc. III, da LF), mas também do art. 12 da LF (análise do genoma na vida laboral?), necessitam de soluções diferenciadas pelo prisma jurídico material, organizacional e processual (v.g. comissões de ética[326]). A conversa especializada interdisciplinar[327] da ciência jurídica constitucional, bem como a autocompreensão vivida do homem individual (v.g. sua imparcialidade diante da inseminação artificial), constituem auxílios interpretativos.

Existe, em termos jurídico-constitucionais, uma diferença fundamental entre a manipulação envolvendo procedimentos de inseminação com material embrionário natural do homem e a manipulação de estruturas genéticas humanas: 1) no primeiro caso, uma presunção refutável indica uma não-violação; no segundo caso, uma violação do art. 1° da LF; 2) uma outra diferenciação pode ser feita, com relação a medidas objetivas e gerais, limitadas a homens concretos individuais, mas que atingem muitas pessoas (no último caso é de se presumir uma violação jurídico-objetiva do art. 1° da LF); 3) a dignidade do homem nascido não deve ser identificada com a de um nascituro; a proteção da dignidade humana é passível de diferenciações e ponderações, como evidenciam os grupos de casos vinculados ao § 218 do Código Penal;[328] 4) a dependência temporal da compreensão da dignidade humana dificulta a obtenção de regras gerais ou fórmulas: critérios decisórios devem ser personalizados à luz do concreto e trabalhados metodicamente por meio da técnica exemplificativa negativa em casos-limite e de modo pontual.

---

[326] *Reinhard Bork*, Das Verfahren vor den Ethik-Kommissionen der medizinischen Fachbereiche, 1984; *Hans Heinrich Rupp*, Sind Ethik-Kommissionen Rechtsausschüsse und ihre Voten Verwaltungsakte?, in: FS für Martin Heckel, 1999, p. 839 ss.

[327] V. a respeito: *Der Bundesminister für Forschung und Technologie* (Org.). Ethische und rechtliche Probleme der Anwendung zellbiologischer und getetischer Methoden am Menschen, 1984; *Benda* (n° 323), p. 18 s.; *Ulrich Steger* (Org.), Die Herstellung der Natur, 1985; *Wolfgang Graf Vitzthum*, Gentechnik und Grundgesetz, in: FS für Günter Dürig, 1990, p. 185 ss.; *Dreier* (n° 161), nota de rodapé n° 56-62.

[328] Nota dos tradutores: o referido dispositivo do Código Penal Alemão preceitua: (1) 1 Quem interromper uma gravidez será punido com pena privativa de liberdade de até três anos ou multa. 2 Ações cujos efeitos se realizarem antes da fecundação do óvulo no útero não são consideradas interrupção de gravidez (aborto) no sentido preconizado por esta lei. (2) 1 Em casos especialmente graves, a pena privativa de liberdade será de seis meses até cinco anos. 2. Um caso especialmente grave ocorre, de regra, quando o autor: 1. age contra a vontade da grávida ou; 2. causa levianamente risco de morte ou uma grave lesão à saúde da grávida. (3) Se a grávida pratica o ato, a pena será privativa de liberdade de até um ano ou convertida em multa. (4) 1 A tentativa é punível. 2. A grávida não será punida pela tentativa. ("(1) 1 Wer eine Schwangerschaft abbricht, wird mit Freiheitsstrafe bis zu drei Jahren oder mit Geldstrafe bestraft. 2 Handlungen, deren Wirkung vor Abschluß der Einnistung des befruchteten Eies in der Gebärmutter eintritt, gelten nicht als Schwangerschaftsabbruch im Sinne dieses Gesetzes. (2) 1 In besonders schweren Fällen ist die Strafe Freiheitsstrafe von sechs Monaten bis zu fünf Jahren. 2 Ein besonders schwerer Fall liegt in der Regel vor, wenn der Täter: 1. gegen den Willen der Schwangeren handelt oder; 2. leichtfertig die Gefahr des Todes oder einer schweren Gesundheitsschädigung der Schwangeren verursacht. (3) Begeht die Schwangere die Tat, so ist die Strafe Freiheitsstrafe bis zu einem Jahr oder Geldstrafe. (4) 1 Der Versuch ist strafbar. 2 Die Schwangere wird nicht wegen Versuchs bestraft").

Métodos de inseminação artificial constituem expressão da força elementar do desejo por uma criança geneticamente própria. Essa superação da tradicional resistência à abertura de uma esfera da existência pessoal antes vista como tabu constitui reflexo de uma racionalização de uma individualizada concepção contraceptiva, ou mesmo do planejamento familiar e, apesar de tecnologias médicas estranhas, provavelmente apenas uma forma específica de manifestação da tecnicização do nosso mundo da vida em geral – por mais que uma "heurística do medo" (Hans Jonas) deva aqui servir de advertência.

Tecnologias de inseminação[329] são jurídico-constitucionalmente (não necessariamente também do ponto de vista ético!) sustentáveis no interesse da dignidade humana da mãe (eventualmente do pai), contanto que o nascituro, como vida humana, e a criança nascida, em sua dignidade pessoal, sejam suficientemente protegidos. Menos a inseminação heteróloga como tal, do que algumas das suas formas de manifestação são problemáticas:

A livre destruição da existência de embriões excedentes e capazes de viver na inseminação extracorporal em proveta não se deixa justificar jurídico-constitucionalmente em conformidade com os rigorosos critérios do Tribunal Constitucional Federal.[330] São, ao menos, necessárias regras protetivas de cunho jurídico-processual que minimizem o número de embriões excedentes e que disciplinem[331] as condições a serem preenchidas para a autorização de seu extermínio.

Como conseqüência do conceito de identidade para a determinação da dignidade humana, uma série de problemas para o *tornar-se pessoa* (*Person-Werdung*) da criança, acabam por fazer com que determinadas tecnologias reprodutivas se revelem incompatíveis com a dignidade humana. As (não esclarecidas, não experimentalmente provadas, porém plausíveis) conseqüências sociais para crianças indicam que a inconstitucionalidade é a regra: uma vez para a maternidade emprestada (*Leihmutterschaft*) por meio da transferência embrionária, na qual a maternidade genética e psicossocial, mediante grave negligência em relação à natural relação mãe-criança, provavelmente resulta em encargos para as crianças.[332] Quando a descoberta da identidade da criança ape-

---

[329] V. o panorama a respeito do estado da investigação em *Flämig* (nº 323), p. 33 ss.

[330] BVerfGE 39, 1 (43). v., porém, também BVerfGE 88, 203 (250 s.).

[331] *Benda* (nº 323), p. 28: internacionalmente existe uma larga margem no que diz com a liberdade de experimentação. Também a possível mistura de esperma humano e animal não parece ser totalmente sem sentido para os primeiros estágios da partição celular, e, por isso, carece de regulamentação; para além disso, verifica-se uma violação do art. 1º da LF.

[332] Assim *Manfred Balz*, Heterologe künstliche Samenübertragung beim Menschen, 1980, p. 10; *Benda* (nº 323), p. 29 s.; *Peter Lerche*, Verfassungsrechtliche Aspekte der Gentechnologie, in: Rudolf Lukes/Rupert Scholz (Orgs.), Rechtsfragen der Gentechnologie, 1986, p. 88 (107 ss.). Com respeito ao problema da "maternidade de aluguel": OLG Hamm, in: JZ 1986, p. 441, e *Dieter Medicus*, Das fremde Kind, in: Jura 1986, p. 302 ss.; Thesen des Deutschen Richterbundes, Menschenwürde oberster Maâtab (*Teses da Associação Alemã de Juízes, Dignidade como parâmetro maior*), em: DriZ 1986, p. 229 s. Desde então incidem a lei de proteção dos embriões (*EmbryonenschutzG*), de 1990, e a lei sobre células-tronco (*StammzellG*), de 2002.

nas é possível, contanto que o indivíduo possa se enquadrar e encontrar em sua origem, são também inconstitucionais, de acordo com o art. 1º da LF, todos os processos e procedimentos que impeçam, de forma permanente e irreversível, o acesso à identidade do doador de sêmen (ou porventura de óvulo).[333] Quando se considera constitucionalmente aceitável a perversão que constituem os bancos de sêmen de agraciados com o prêmio Nobel, são mesmo constitucionalmente exigidos limites temporais para a conservação dos dados, evitando-se procedimentos de reprodução historicamente anacrônicos e que extrapolem uma geração.

As perspectivas na genética humana (análise do genoma, manipulações "genético-cirúrgicas" por meio de transferência de genes de forma individual em células somáticas ou, de forma coletiva, de modo ativo, em células embrionárias)[334] colocam o art. 1º da LF diante de novos problemas.

Com base no art. 1º da LF e no art. 5º, inc. III, da LF (liberdade de pesquisa), parecem aceitáveis jurídico-constitucionalmente (e, do ponto de vista fático, inevitáveis) todas as pesquisas que também possibilitam ao homem uma explicação da estrutura genética individual (análises do genoma). Completamente carente de justificação é, todavia, a permissão de experimentos com "procriados em provetas" antes da implantação de embriões desprotegidos.[335] As imagináveis possibilidades de aplicação de tais conhecimentos esbarram rapidamente em limites jurídico-constitucionais: no sentido de uma proteção de dados genéticos seria inadmissível (e para o Estado constitucional, sempre desproporcional)[336] cada apreensão integral da estrutura genética individual (*Gen-Kartierung*) para além de quadros patológicos pontuais de perigos socialmente intoleráveis; uma disposição voluntária é apenas permitida sob condições restritas (a serem legislativamente reguladas), que exclui toda e qualquer coação (sobretudo no mundo do trabalho)[337] física e social e que apenas são concebidas como a de liberdade de ser individualmente responsabilizado.[338] Inconstitucional seria uma análise genética de vida não-nascida objetivando o aborto em virtude de riscos para a vida que não excedam sensivelmente os riscos doenças normais.

---

[333] É, por isso, também inconstitucional uma eliminação prematura dos documentos de adoção por parte do Estado.

[334] V. a respeito do estado da investigação levada a cabo no âmbito das discussões na Agência Federal de Saúde (*Bundesgesundheitsamt*) – Zentrale Kommission für die Biologische Sicherheit bei der in vitro Neukombination de Nukleinsäuren, in: Der Bundesminister (nº 326), p. 11 ss.; *Flämig* (nº 323), p. 39 ss.

[335] V. *GünterMersson*, Fortpflanzungstechnologie und Strafrecht, 1984, p. 69 ss.; com respeito à proteção defeituosa: *Heribert Ostendorf*, Experimente mit dem "Retortenbaby" auf dem rechtlichen Prüfstand, in: Friedrich-Naumann-Stiftung (nº 323), p. 96 (103 ss.); *Albin Eser*, Rechtliche und rechtspolitische Aspekte zu "Überlegungen und Anwendung gentechnischer Methoden am Menschen", in: Der Bundesminister (nº 326), p. 26 (29).

[336] V., ainda, *Eser* (nº 334), p. 28.

[337] V. *Jürgen Walter/Ernst Wolf*, Gentechnologie und Arbeitsplätze – die gewerkschaftliche Sicht, in: Steger (nº 326), V. 165 (173 s.); *Wolfgang van den Daele*, Genetische Rationalisierung und Grundrechtsschutz, no local indicado, p. 135 (138 ss.).

[338] *Benda* (nº 323), p. 33 s.; *van den Daele* (nº 336), p. 137 s., 140.

Métodos genético-cirúrgicos em pessoas correm o risco de ser considerados ainda mais inconstitucionais. Apenas uma transferência de genes em células somáticas é jurídico-constitucionalmente menos problemática; todavia, ela necessita de uma configuração jurídico-processual para o consentimento do paciente, de sorte que haja uma proteção contra experimentos em seres humanos.

De resto, todos os métodos de transferência de genes em células embrionárias violam o art. 1º da LF.[339] O risco não controlável e imprevisível de tais intervenções proíbe pura e simplesmente semelhantes experimentos, também considerando a conseqüência de uma unificação do *pool* genético humano. Uma modificação das predisposições hereditárias com efeitos também para a descendência futura, bem com a duplicação por meio da clonagem, violam o art. 1º da LF porque, por meio de adulteração (no sentido de reprodução/multiplicação), privam os homens de seu altamente pessoal e singular *tornar-se pessoa (Person-Werdung)*. A igual dignidade de todos os homens radica em sua natural e individual singularidade. Cada influência final-racional sobre esse destino natural, no sentido de uma "plantação humana" (*Menschenzüchtung*),[340] pressupõe critérios seletivos que comparam o destino natural e igual[341] do Homem e desenvolvem critérios sociais para uma desigualdade também na dignidade humana. Nisto repousa o germe de uma valoração desigual da igual dignidade de todas as pessoas, na sua imperfeição decorrente da sua condição humana, para além da desigualdade socialmente constituída. Uma tal compreensão explode com o conteúdo nuclear do art. 1º da LF.[342]

A categoria textual mais madura corresponde ao bem-sucedido art. 119 da Constiuição Federal Suíça, de 2000. No contexto da proteção da dignidade humana são formulados modelos textuais que revelam a quinta essência do estágio atual da discussão e que, levando em conta os possíveis efeitos do direito comparado, deveriam ser considerados como o "quinto" método interpretativo, também na Alemanha: "todas as formas de clonagem e de intervenções no patrimônio de células embrionárias humanas e embriões são inadmissíveis"; "embrião e patrimônio genético não humano não devem ser introduzidos em material genético humano ou com ele ser fundido"; "a doação de embriões e

---

[339] V., de certo modo intransigente: *Mersson* (nº 334), p. 69 ss.; *Eser* (nº 334), p. 30 s.

[340] V. com respeito a tais tendências na biogenética: *Flämig* (nº 323), p. 27 ss.; *van den Daele* (nº 336), p. 142 ss.

[341] Com respeito à diferenciação a partir de diferenças afirmadas/pretendidas cf. *Kirchhof* (nº 251), § 124 nota de rodapé nº 86 ss.

[342] Cf. a respeito da "indivisibilidade de liberdade e dignidade" *Dürig* (nº 214), nota de rodapé nº 87; *Benda* (nº 323), p. 32 e 35 s. (o qual, contudo, mostra-se mais receptivo a uma "eugenia negativa"); diferenciado (demasiado liberal): *Ursula Köbl*, Gentechnologie zu eugenischen Zwecken – Niedergang oder Steigerung der Menschenwürde?, in: FS für Heinrich Hubmann, 1985, p. 161 (171 ss.). V., em contrapartida, a correta exigência da Assembléia Parlamentar do Conselho Europeu de 1982 de um "direito a uma herança genética, na qual não se interveio artificialmente" (BT-Drs 9/1373). Com respeito à Convenção de Bioética do Conselho Europeu e à Declaração de Bioética da UNESCO v. *Bernd Klees*, Bioethik in der Diskussion, 1998.

todas as formas de maternidade por empréstimo são inadmissíveis"; "o patrimônio de uma pessoa deve apenas ser investigado, registrado ou divulgado, quando a pessoa atingida concordar ou a lei o prescrever" etc.

As "regras para o parque humano" (1999), de Peter Sloterdijk, conduzem muitas ciências a "águas profundas"; quanto mais o mapa do genoma, publicado em 26 de junho de 2000, com a sua decodificação dos "caracteres da vida humana".

2. Dignidade humana das crianças na execução penal contra a mãe

De modo referencial e moderno, o § 80, inc. I, alínea 1, da Lei de Execução Penal possibilita uma acomodação de crianças não sujeitas ao ensino obrigatório na instituição encarregada de promover a execução penal, na qual a mãe incriminada se encontra recolhida, quando isso corresponder ao bem-estar da criança. Recentemente, crianças nascidas antes do início da pena e que não mais necessitam ser amamentadas, podem ser acolhidas na instituição judiciária encarregada de promover a execução da pena.[343] A literatura jurídica acerca da execução penal avalia as prescrições de modo geral positivamente, apesar do risco de um "aprisionamento da criança".[344] Em relação a isso, justamente por força do reconhecimento do significado *vital* do relacionamento mãe-criança nos primeiros anos de vida e na esteira das pesquisas hospitalistas (*Hospitalismus-Forschungen* – Rene Spitz), a vinculação da criança com a mãe é considerada "muito mais importante para o seu desenvolvimento do que a possibilidade de efeitos negativos oriundos da situação prisional".[345] O passo adiante, assegurar à mãe a dispensa do cumprimento da pena, não é (tendo em vista os riscos) tentado, já que as mulheres colocariam crianças no mundo apenas por conta dessa vantagem.[346]

Desconsiderada permanece, com isso, também aqui a força normativa dirigente do art. 1º da LF: o bebê ou a criança pequena não deve ser transformado em objeto e instrumento da atuação estatal.[347] Sua descoberta e formação da identidade por meio do contato social deve ocorrer, em princípio, pura e simplesmente sem perturbações sociais, portanto, de forma livre e por meio

---

[343] *Elisabeth Meyer*, in: Hans-Dieter Schwind/Alexander Böhm (Orgs.), Strafvollzugsgesetz, Groâkommentar, 1983, §80 nota de rodapé nº 2.

[344] *Marlies Dürkop*, in: Kommentar zum Strafvollzugsgesetz (AK StVollzG), 1980, antes de §76 nota de rodapé nº 4 s.

[345] Assim *Helga Einsele*, Die Behandlung de Müttern und Kindern im Strafvollzug, in: Unsere Jugend 19 (1967), p. 194 (196) – citado conforme AK StVollzG (nº 343), antes de §76 nota de rodapé nº 10.

[346] V. *Dürkop* (nº 343), nota de rodapé nº 10.

[347] Por isso são jurídico-constitucionalmente problemáticas considerações que instrumentalizam o abrigo institucional das crianças, primacialmente para o tratamento e ressocialização dos apenados, quando não forem considerados os interesses das crianças; cf. *E. Meyer* (nº 342), nota de rodapé nº 4. Relativamente à crítica dessa "socialização da mãe por meio dos filhos" cf. também *Dürkop* (nº 343), nota de rodapé nº 3; de modo genérico: *Carsten Hoffmeyer*, Grundrechte im Strafvollzug, 1979, p. 47 ss., 82 ss., 208 ss.

do vínculo com a mãe, pessoa que lhe serve de referência. Mesmo na fase da amamentação, a situação da mãe não deveria influenciar fisicamente de modo negativo (de qualquer sorte, de modo não proveitoso) a criança, quanto mais numa idade mais avançada. A experiência de que crianças também podem se "desenvolver bem" em uma prisão está condicionada por uma comprovação científica.[348]

O art. 1º da LF exige, em princípio, que se evite a prisão para mães de crianças não sujeitas ao ensino obrigatório. Exceções estritamente delimitadas podem ser admitidas apenas no interesse da criança: por exemplo, quando a mãe é condenada por conta de maus-tratos à crianca e, não sendo possível uma terapia social conjunta,[349] há que admitir, em geral, uma separação de mãe e da criança em favor de outras que para esta possam servir de referência. Aqui pode vir a ser afetada de modo definitivo a vinculação de mãe e filho, à semelhança do que ocorreria no caso de uma condenação a uma pena perpétua de prisão. Também para além disso, devem ser levadas em consideração as particularidades da respectiva criminalidade concreta das mães (v.g. dependência de drogas).

Todavia, sempre que o bem-estar da criança indica a permanência na instituição judiciária encarregada de promover a execução da pena, no sentido preconizado pelo § 80, inc. I, da Lei de Execução Penal, deve-se inverter a relação regra-exceção, mediante uma interpretação conforme o art. 1º da LF. A presunção milita em prol da dispensa da pena de prisão para a mãe,[350] quando não imposta por razões predominantes do bem-comum (v.g. a segurança pública) ou quando o interesse da própria criança exigir uma execução imediata da pena, por exemplo, no caso de as condições de socialização da criança com a mãe em liberdade serem piores no caso individual. As flexibilizações da execução talhadas para a mãe também devem indicar, em geral, uma dispensa da pena de prisão da mãe no interesse da criança: na dúvida, suspensão temporária da execução da pena para as mães, ao invés de convívio com as crianças em estabelecimentos prisionais.

3. O direito de morrer com dignidade

O específico conteúdo em autonomia da autodeterminação humana abrange também o direito a uma morte humanamente digna e com um significado

---

[348] *Helga Einsele/Hanna Dupuis*, Die Mutter-Kind-Situation im Frauengefängnis, in: Marlies Dürkop/Gertrud Hardtmann (Orgs.), Frauen im Gefängnis, 1978, p. 58 (65).

[349] Cf. *Dürkop* (nº 343), nota de rodapé nº 5.

[350] A genérica objeção de que haveria um risco para a segurança pública é pouco convincente. Apenas 3 a 4% de todos os prisioneiros são mulheres (1982: 1261 de 37.112), das quais apenas uma pequena parte (em sentido aproximado: 1/5) constitui-se de mães de crianças não obrigadas legalmente a freqüentar a escola; cf. as informações em *Eisele/Dupuis* (nº 347), p. 58; em 1984, viviam 32 crianças em estabelecimentos prisionais. Dúvidas quanto ao § 80 inc. I, p. 1 StVollzG também em *Wolfram Höfling*, in: Michael Sachs, Grundgesetz, 2003, art. 1º, nota de rodapé nº 33, bem como em *Hasso Hofmann* (nº 258), p. 363.

autodeterminado.[351] A atual discussão do problema a respeito das chances e dos limites da medicina dos transplantes, bem como a respeito do – do ponto de vista ético – tão discutido "suicídio assistido" (*Sterbehilfe*), há que ser aferida com base nos fundamentos da dignidade humana. Assim, também o "direito de morrer com dignidade" (v. também o art. 8°, inc. I, alínea 1, da Constituição de Brandemburgo), constitui um novo desafio para o art. 1° da LF diante do pano de fundo das mudanças técnicas e sociais. A conexão entre a morte biológica e social foi flexibilizada em virtude das capacidades de uma medicina tecnicizada de preservar uma vida irreversivelmente comprometida. Ao mesmo tempo, aumentou o problema de uma morte digna, no sentido da capacidade de uma aceitação consciente da morte, por meio da provavelmente crescente incapacidade de acompanhar os moribundos no final de suas vidas. Sua entrega a lares assistenciais, clínicas e pessoal especializado passa a ser uma regra sintomática.

No que diz com sua eficácia geral, o art. 1° da LF ganha primariamente um significado novo, menos como direito de defesa contra o Estado. A morte digna constitui um problema social: a relevância social da dignidade humana manifesta-se nas relações das pessoas de uma sociedade com seus moribundos; justamente em virtude de sua hipossuficiência no final da vida, faz-se necessária uma proteção especialmente sensível. Sua discussão pormenorizada, contudo, constitui tarefa cometida aos juristas, mediante diálogo especializado e em nível de igualdade (portanto de modo interdisciplinar) com a medicina, ética social, a antropologia e a teologia, já que soluções generalizadas se revelam insuficientes em face dos muitos casos limítrofes nesta seara.[352]

A partir dos parâmetros do art. 1° da LF, é de se advertir em relação a todas as tendências em prol de uma eutanásia ativa. Cada primeiro passo nessa direção, por mais pequeno que seja, desloca a proteção de todas as pessoas vivas e da sua dignidade, com repercuções também sobre a "mera" eutanásia passiva. Praticamente, confunde-se aqui a diferenciação entre uma omissão e uma ação comissiva, por mais que as diferenciações decorrentes dos casos particulares (causas da morte "definitivamente estabelecidas"? Consciente co-decisão do moribundo? Perda irreverssível da consciência?) forneçam critérios importantes.[353] Por outro lado, o art. 1° da LF não impede, em nível jurídico-constitucional, as decisões voluntárias do indivíduo por uma morte consciente, encurtando a própria vida, com ou sem ajuda de terceiros. "Na aceitação consciente da morte como fim da existência manifesta-se uma especial dignidade".[354] A for-

---

[351] *Adolf Laufs*, Fortpflanzungsmedizin und Arztrecht, 1992, p. 45 s.; *Dieter Lorenz*, Recht auf Leben und körperliche Unversehrtheit, in: HStR VI, 2001 (1989), § 128, nota de rodapé n° 66; *Wolfram Höfling/Stephan Rixen*, Verfassungsfragen der Transplantationsmedizin, 1996.

[352] Cf., apenas: *Reinhold Zippelius*, An den Grenzen des Rechts auf Leben, in: JUS 1983, p. 659 (660 ss.).

[353] V. *Otto* (n° 229), D 29 ss,; com respeito ao problema do direito à própria morte: *Adolf Laufs*, Die Entwicklung des Arztrechts 1985/86, in: NJW 1986, p. 1515 (1517 ss.).

[354] *Otto* (n° 229), sub B II 1. Com respeito ao "suicídio assistido": *Kunig* (n° 218), art. 1°, nota de rodapé n° 36 (p. 113 s.).

ça determinante do art. 1º da LF possui limites e não pode responder todas as perguntas não solucionadas. Não obstante, permanece seguro: a dignidade dos moribundos como elemento da dignidade humana constitui, cada vez mais, um caso-teste central para a força atuante e para a realização do art. 1º da LF na sociedade constituída. Neste contexto, referem-se também os novos textos da Constituição de Brandemburgo (art. 8º, inc. I, alínea 1) e da Constituição da Turíngia (art. 1º, inc. I, alínea 2).

E. RETROSPECTIVA E PERSPECTIVAS

A dignidade humana constitui a "base" do Estado constitucional como *tipo*, expressando as suas premissas antropológico-culturais. Os Poderes Constituintes, "de mãos dadas" com a jurisprudência e a ciência, e mediante uma atuação também criativa, desenvolveram e construíram estes fundamentos. Acompanhar e seguir as fases do crescimento cultural e, com isso, também as dimensões da dignidade humana em permanente processo de evolução, é tarefa de todos: do Poder Constituinte até o cidadão, resultando no direito do cidadão à democracia.

Natureza e cultura devem ser pensadas conjuntamente no fórum da dignidade humana e no âmbito do Estado constitucional: a dignidade é "inata" à existência humana. Ela constitui "natureza" do ser humano; ela constitui, porém, também "cultura", atividade de muitas gerações e dos Homens na sua totalidade (da "humanidade"): a "segunda Criação". A partir dessa ação recíproca se constitui a dignidade do Homem.

Dignidade humana, compreendida científico-culturalmente, é interpretada, num primeiro passo, como "bem jurídico-constitucional" de primeira grandeza, mediante auxílio da fórmula-objeto de Dürig. Num segundo momento, ela é concretizada jurídico-pragmaticamente de modo científico-experimental e com base nos exemplos recolhidos da casuística dos casos concretos ("tese dos dois passos" – *Zweischritt-These*). Sua conexão com os direitos fundamentais individualmente considerados e com os "objetivos estatais" permite uma definição a partir do homem-sujeito. Sobretudo a dimensão democrática da dignidade e a compreensão dos direitos fundamentais específicos na perspectiva de "direitos dos povos", faz da dignidade humana, e não "do povo", o último ponto de referência antropológico cultural do Direito e do Estado, da Constituição e do bemcomum.

As questões interpretativas concretas decorrentes do art. 1º, inc. I, da LF reclamam uma "integração pragmática de elementos teóricos" e conhecimentos práticos. Assim, a cláusula da dignidade humana pode ser mantida de forma "sensível" também no futuro: a realização em escala mundial da "profissão de fé" (*Glaubenssatzes*) consubstanciada na dignidade humana transforma-se em assunto de toda a humanidade, organizada por meio de Estados constitucionais cooperativos. Quando no "interior" do Estado constitucional as pessoas devem ser respeitadas e protegidas, também não se pode deixar em último plano a consideração pela dimensão universal ("externa") da dignidade humana. A dignidade humana é aqui e lá "norma e tarefa", pretensão e realidade, fundamento de validade de uma Constituição viva e sempre um novo resultado de cada Constituição *vivida* – em última instância, cada Homem e a humanidade nele contida decide, ele próprio, sobre o futuro da dignidade humana: "a dignidade da humanidade foi posta em suas mãos, conservem-na!" (Friedrich von Schiller, no ano de 1789).

BIBLIOGRAFIA

BAYERTZ, Kurt. Die Idee der Menschenwürde: Probleme und Paradoxien, in: *ARSP 81* (1995), p.465 ss.

BEHRENDT, Richard F. *Menschenwürde als Problem der sozialen Wirklichkeit*, 1967.

BLOCH, Ernst. *Naturrecht und menschliche Würde*, 1961.

BRUGGER, Winfried. *Menschenwürde, Menschenrechte, Grundrechte*, 1997.

DEDERER, Hans-Georg. Verfassungskonkretisierung und Verfassungsneuland: das Stammzellgesetz, in: *JZ* 2003, p.986 ss.

DENNINGER, Erhard. Menschenrechte, Menschenwürde und staatliche Souveränität, in: *ZRP 2000*, p.192 ss.

DREIER, Horst. Menschenwürde in der Rechtsprechung des Bundesverwaltungsgerichts, in: *FG 50 Jahre Bundesverwaltungsgericht*, 2003, p.201 ss.

DÜRIG, Günter. Der Grundrechtssatz von der Menschenwürde, in: *AöR 81* (1956), p.117 ss.; também em: ———. Gesammelte Schriften, 1984, p.127 ss.

ENDERS, Christoph. *Die Menschenwürde in der Verfassungsordnung*, 1997.

GEDDERT-STEINACHER, Tanja. *Menschenwürde als Verfassungsbegriff*, 1990.

GIESE, Bernhard. *Das Würde-Konzept*, 1975.

HÄBERLE, Peter. *Europäische Verfassungslehre*, 2002.

———. Menschenwürde und Verfassung am Beispiel von Art. 2 Abs. 1 Verf. Griechenland 1975, in: *Rechtstheorie 11* (1980), p.389 ss.

———. *Verfassungslehre als Kulturwissenschaft*, 1998.

HOERSTER, Norbert. Zur Bedeutung des Prinzips der Menschenwürde, in: *JuS* 1983, p.93 ss.

HÖFFLING, Wolfram. Die Unantastbarkeit der Menschenwürde – Annäherungen an einen schwierigen Verfassungsrechtssatz, in: *JuS* 1995, p.857 ss.

HOFFMANN, Hasso. Die versprochene Menschenwürde, in: *AöR 118* (1993), p.353 ss.

KLOEPFER, Michael. Leben und Würde des Menschen, in: *FS 50 Jahre Bundesverfassungsgericht*, vol. II, 2001, p.77 ss.

KRAWIETZ, Werner. Gewährt Art. 1 Abs. 1 GG dem Menschen ein Grundrecht auf Achtung und Schutz seiner Würde?, in: GS für Friedrich Klein, 1977, p.245 ss.

MASTRONARDI, Philippe A. *Der Verfassungsgrundsatz der Menschenwürde in der Schweiz*, 1978.

MESSNER, Johannes. Die Idee der Menschenwürde im Rechtsstaat der pluralistischen Gesellschaft, in: *FS für Willi Geiger*, 1974, p.221 ss.

PICKER, Eduard. Menschenwürde und Menschenleben, in: *FS für Werner Flume*, 1998, p.155 ss.

SCHIEDERMAIR, Hartmut. Hoffnung und Menschenwürde, in: *FS für Klaus Stern*, 1997, p. 63 ss.

STARCK, Christian. Menschenwürde als Verfassungsgarantie im modernen Staat, in: *JZ* 1981, p.457 ss.

STERN, Klaus. Menschenwürde als Wurzel der Menschen- und Grundrechte, in: *FS für Hans Ulrich Scupin*, 1983, p.627 ss.

VITZTHUM, Wolfgang Graf. Die Menschenwürde als Verfassungsbegriff, in: *JZ* 1985, p.201 ss.

WERTENBRUCH, Wilhelm. *Grundgesetz und Menschenwürde*, 1958.

WINTRICH, Josef M. Die Bedeutung der "Menschenwürde" für die Anwendung des Rechts, in: *BayVBl* 1957, p.137 ss.

— 3 —

Pessoa e dignidade da pessoa humana na filosofia de HEGEL*

KURT SEELMAN

Tradução de RITA DOSTAL ZANINI

Revisão da tradução: Ingo Wolfgang Sarlet, Thadeu Weber e Draiton Gonzaga de Souza

Sumário: I. Paradoxos; II. Herança kantiana; III. Pessoa e sujeito na Filosofia do Direito de Hegel; IV. "Dignidade" para além da Filosofia do Direito; V. As esferas hegelianas da dignidade da pessoa humana; VI. Hegel no contexto da discussão atual; VII. Síntese.

I. Paradoxos

O tema "dignidade da pessoa humana" padece, hoje em dia, de alguns paradoxos. Se se compreender como fundamento da dignidade da pessoa humana a subjetividade orientada pela razão, também o crescente controle da natureza e assim, por derradeiro, também a auto-objetivação do homem como ser natural é, com isso, por si mesmo, o resultado.[1] Mais do que isso: se se quiser proteger o indivíduo, em sua autofinalidade, na condição de ser racional, busca-se a fundamentação para tanto numa propriedade que caracteriza a espécie como um estado de regularidade em cujo nome se procura tornar vinculantes certas *representações* humanas também ali onde o indivíduo atingido sequer vê a sua dignidade ameaçada.[2] A dependência do elemento distintivo da razão prejudi-

---

* Tradução do original: "Person und Menschenwürde in der Philosophie Hegels" in: DREIER, Horst (org.), *Philosophie des Rechts und Verfassungstheorie*. Geburtstagssymposium für Hasso Hofmann. Berlin: Duncker & Humblot, 2000, p. 125-145.

[1] K. Bayertz, *Die Idee der Menschenwürde: Probleme und Paradoxien*, in: ARSP 81, 1995, p. 465 e ss, 480.

[2] Para a proteção de representações humanas em especial no debate bioético U. Neumann, *Die "Würde des Menschen" in der Diskussion um Gentechnologie und Befruchtungstechnologien*, ARSP anexo 33, 1988,

ca, então, justamente a proteção daqueles que, por motivo de doença física ou deficiência mental, surgem como especialmente carecedores de proteção.[3] E finalmente: se se atribui como objeto da dignidade aquilo que precede qualquer reconhecimento, subtrai-se dela, na procura da "vida humana pura",[4] a dimensão social, para adquirir-se, por meio disso, a indisponibilidade da dignidade.

A essas tradicionais dificuldades do conceito nas últimas décadas acresceram-se, nos anos passados, outras. Matizes de significado como "direito à naturalidade" ou "direito à contingência" que, na utilização do conceito orientada pela razão e autofinalidade, parecem ser contraditórias na modernidade, são-lhe atribuídas adicionalmente, hoje em dia, no debate biotecnológico.[5]

II. Herança kantiana

Minha tese de partida é, então, a de que nós não devemos nos surpreender demasiadamente sobre tais paradoxos e obscuridades mesmo no cerne do conceito, vez que estes já se mostram ali onde a mais recente história do conceito, que passou por Günther Dürig,[6] busca um ponto de contanto no Direito Constitucional alemão, a saber, na filosofia prática kantiana.

Respeitar a dignidade do outro, não torná-lo um simples meio, não é, na "Metafísica dos Costumes" de Kant, um dever jurídico eventualmente imposto pela violência, e sim um dever de virtude,[7] situado, naturalmente, em termos de conteúdo, a meio caminho entre um dever jurídico e outro dever de virtude, o do amor ao próximo.[8] A meio caminho, porque esse dever de virtude de respeito é, tal como um dever jurídico, um "dever negativo". É que num certo paralelo com o *neminem laede*, com a proibição de lesão do Direito, ele é o dever de não se impor sobre o outro.[9] Bem diferentemente ocorre com o dever

---

p. 139 e ss, 150; H. Dreier, in (org.): *Grundgesetz-Kommentaar*, vol. 1, Tübingen, 1996, art. 1, nota de margem 56 e ss, especialmente p. 62; K. Seelman, *Recht und Rechtsethik in der Fortpflanzungs medizin*, Recht 1996, p. 240 e ss, jew. im Nachw.

[3] V. Neumann, *Menschenwürde und psychische Krankheit*, KritV 1993, p. 276 e ss., 283.

[4] H. Hofmann, *Die versprochene Menschenwürde*, AöR 118 (1993), p. 353 e ss, 354. Cfr. também a p. 361: *"Biologisch-kurzschlüssige Gleichsetzung von Würde und Leben"*.

[5] H. Jonas, *Biogenetik und Ethik*, Universitas 1987, p. 111 e ss, 113. Cfr. também H. Hofmann, *Biotechnik, Gentherapie, Genmanipulation – Wissenschaft im rechtsfreien Raum?* JZ 1986, p. 237 e ss, 260: "Nada pode ser feito que torne impossível, aos indivíduos existentes, compreender-se como seres humanos enquanto seres pertencentes à espécie, e nada que os impeça de cultivar a contingência de sua corporeidade como momento de sua individualidade".

[6] G. Dürig, *Der Grundrecthssatz von der Menschenwürde*, AöR 81 (1956), p. 117 e ss, 125-127.

[7] I. Kant, *Die Metaphysik der Sitten* (surgido primeiramente em 1797), Wiesbaden 1956, vol. IV, p. 600: "Dos deveres de virtude para com os outros do respeito que lhes cabe".

[8] I. Kant, *Die Metaphysik* (nota de rodapé 7), p. 584: "Do dever do amor para com os outros".

[9] Idem, p. 585.

de assistência positivo do imperativo do amor, que requer uma conduta ativa em relação ao outro.

Mas o que diferencia o dever de respeito de um dever jurídico, para Kant, e que é decisivo no sentido da sua classificação como dever de virtude em comparação com o dever do amor, é a circunstância de que o primeiro não é imaginável sem que tal dever se torne a máxima do agir para o próprio sujeito, uma vez que ele sequer pode ser, de acordo com a perspectiva de Kant, um dever externo, que pode ser forçado.[10] Com isso, todavia, o dever de respeito aos outros é, na terminologia da tradição pré-kantiana, um "dever imperfeito", cuja lesão sequer pode ser constatada de forma clara por causa dessa sua perspectiva que também abrange a atitude interna. Seu significado é, enfim, demasiado impreciso para que se pudesse impô-lo como dever jurídico. Sobre a adequação, como dever jurídico, em relação ao outro dever de virtude kantiano, aquele de assistência decorrente do amor ao próximo, surgiu, vinculado à temática da punibilidade, um fervoroso debate nos anos 50.[11] Não havia correspondentes reservas em relação ao dever de respeito da dignidade da pessoa humana. O assombro em relação ao horror nazista fez com que a dignidade da pessoa humana, como fundamento da Constituição, se tornasse um postulado evidente.

Mas não apenas a vagueza como problema da jurisdicização de um dever de virtude, como também os paradoxos inicialmente referidos, pertencem à tradição kantiana da dignidade da pessoa humana e não são resultado de desenvolvimentos mais recentes. Nosso jubilado já referiu, na metade dos anos 80 – em conexão com o debate atual sobre a dignidade da pessoa humana na biotecnologia – "que a utilização de um princípio da moralidade no reino da legalidade decerto conduz, forçosamente, a algumas dificuldades".[12] Se a subjetividade for compreendida como a autolegislação por meio de normas universalizáveis, não é assim o homem, justamente, como ser natural, que poderia se opor à representação por meio das normas da razão. Se existir o dever para consigo mesmo de respeitar a humanidade na própria pessoa, então afirma-se esse conceito multifacetado de dignidade que reconhece ao indivíduo, perante os outros, o direito moral de respeito, mas que justamente também opõe ao indivíduo a dignidade como imperativo.[13] Se a razão continuar sendo o fundamento da dignidade, então a dignidade daqueles que não são dotados de razão só pode ser salva se se dispensar, face à razão, uma proibição de imputação que,

---

[10] De forma detalhada, em relação a tal contexto, J. Hruschka, *Rechtstaat, Freiheitsrecht und das "Recht auf Achtung von seinen Nebenmenschen"*, in: B. S. Byrd / J. Hruschka / J. C. Joerden (org.), Jahrbuch für Recht und Ethik, vol. 1 (1993), p. 193 e ss, especialmente p. 199 e ss., 202.

[11] Cfr. apenas U. Gallas, *Zur Revision des § 330c StGB*, JZ 1952, 396; H. Welzel, *Zur Dogmatik der echten Unterlassungsdelikte, insbesondere des § 330c des StGB*, NJW 1953, 327.

[12] H. Hofmann, *Biotechnik* (nota de rodapé 5), p. 260.

[13] Para o "dever de respeito da dignidade da pessoa humana", A. Blankenagel, *Gentechologie und Menschenwürde*, KritJ 1987, p. 379 e ss, 385f.

na prática, não é resistente.[14] E se o dever de respeito for *conseqüência* da auto-finalidade do sujeito racional autônomo, esta sempre se encontrará pressuposta quanto ao mundo social e é, para ele, inalcançável: Kant parte, na consciência da legislação dos costumes, de um "fato da razão" que não necessita nem é apto a uma fundamentação mais precisa.[15]

Essas considerações tiveram que ser antecipadas para tornar compreensíveis os questionamentos que serão aproximados de Hegel. Há de questionar-se se existe, na sua filosofia, um acesso à noção de dignidade da pessoa humana que evita os paradoxos descritos e que integra, nesse sentido, os elementos aqui tematizados como dignidade como adequação, dignidade como contingência e dignidade como *resultado* de reconhecimento.

III. Pessoa e sujeito na Filosofia do Direito de Hegel

Uma breve visão panorâmica pode, primeiramente, indicar os pontos nos quais Hegel fala, nos seus "Princípios de Filosofia do Direito", de 1821,[16] seja de reconhecimento, seja de dever de respeito, seja de autofinalidade ou algo análogo, o que aponta repercussões no conceito kantiano de dignidade da pessoa humana.

Dentro do "direito abstrato", da primeira das três grandes partes dos "Princípios de Filosofia do Direito", tal ocorre, primeiramente, no § 36, onde é descrito como imperativo jurídico tratar os outros como pessoas, ficando já registrada, naturalmente, a ressonância pejorativa de "pessoa".[17] No § 66 trata-se da inalienabilidade da personalidade como fundamentação para a ilegalidade

---

[14] De acordo com R. Spaemann, *Über den Begriff der Menschenwürde*, in: E.-W. Böckenförde / R. Spaemann (org.), *Menschenrechte und Menschenwürde*, Stuttgart 1987, p. 295 e ss, 305 o próprio poder de definição de outras pessoas guardaria a reflexão sobre a dignidade da pessoa humana. Em sentido semelhante R. A. Lorz, *Modernes Grund- und Menschenrecthsverständnis und die Philosophie der Freiheit Kants*, Stuttgart u. a. 1993, 290. Cfr., todavia, também outras tentativas ontológicas de solução do dilema, R. Spaemann a.a. O. e V. Neumann, *Menschenwürde* (nota de rodapé 3), p. 284.

[15] I. Kant, *Kritik der praktischen Vernunft* (surgido primeiramente em 1788), Wiesbaden 1956, vol. IV: p. 141, 161. G. Luf, *Menschenwürde als Rechtsbegriff*. Reflexões sobre o entendimento de Kant na mais recente teoria de direitos fundamentais alemã, in: R. Zaczyk / M. Köhler / M. Kahlo (org.), FS für E. A. Wolf, Berlin-Heidelberg 1998, p. 307 e ss; é bem verdade que, nisso, há de concordar-se no sentido de que uma concepção prática da razão tal como "dignidade da pessoa humana", não obstante, não se esvazia empiricamente"; claro que depois ele passaria a "ter que encontrar-se presente, evidentemente, na realidade de ação histórica" (p. 311). Com isso a problemática da nota de rodapé 14 é transcrita de forma acertada.

[16] Para o "reconhecimento" nas obras anteriores de Hegel, K. Seelman, *Anerkennungsverlust und Selbstsubsumption – Hegels Sraftheorien*, Freiburg-München 1995, p. 13 e ss.

[17] G. W. F. Hegel, *Grundlinien der Philosopie des Recths* (surgido primeiramente em 1821), Edição Ilting, Stuttgart-Bad Cannstatt 1974, vol. 2, p. 192: "É a personalidade que principalmente contém a capacidade do direito e constitui o fundamento (ele mesmo abstrato) do direito abstrato, por conseguinte formal. O imperativo do direito é, portanto: sê uma pessoa e respeita os outros como pessoas". Na observação final de K. Hotho para a Preleção de 1822 / 23 (Edição Ilting, vol. 3, p. 189) segue em relação ao § 36: "O supremo

da escravidão,[18] e no § 100 o criminoso é, no apenamento, respeitado como ser racional.[19] Na segunda grande parte da Filosofia do Direito, intitulada "A Moralidade", no § 105, o tema é designado como a vontade "que é, por si, infinita",[20] enquanto o § 124 ratifica o direito à satisfação subjetiva do indivíduo em honra e reputação.[21] A terceira parte, por fim, "A Eticidade", conhece uma série de referências aos elementos kantianos da dignidade da pessoa humana. O § 167 concebe a monogamia como respeito à personalidade;[22] o § 207 refere a ética profissional como reconhecimento da particularidade definida do homem;[23] para o § 209, o homem é reconhecido como homem na jurisdição, "não porque seja judeu, católico, protestante, alemão, italiano e assim por diante".[24] No § 253 as corporações são a base do reconhecimento social nas quais o indivíduo "possui a sua honra no seu lugar social".[25] O § 260 caracteriza o Estado como a instância na qual os indivíduos "tem, para si, o pleno desenvolvimento e reconhecimento do seu direito",[26] e, num manuscrito sobre o § 270, é destacado que a existência humana igualitária dos judeus no Estado não seria "apenas uma qualidade superficial, abstrata".[27]

Se se inserirem tais declarações no contexto do sistema da Filosofia do Direito hegeliana, então resulta o seguinte nexo: no deficitário direito abstrato, para Hegel o mundo do antigo Direito Romano, o outro é reconhecido como pessoa, e isso significa, para Hegel, como pura auto-referência, em certa medida como identidade subjetiva no horizonte temporal, em absoluta igualdade com qualquer outro. O pejorativo nisso é a falta de qualquer diferenciação, ou de quaisquer necessidades de diferenciação, que apenas serão apresentadas na

---

(do) ser humano é ser pessoa, mas a mera abstração de (ser) pessoa já e, simultaneamente, no próprio uso do termo, algo desdenhador".

[18] G. W. F. Hegel, *Grundlinien* (nota de rodapé 16), p. 272: "Inalienáveis são aqueles bens, ou, antes, as determinações substanciais, tal como o direito em relação a elas imprescritível, que constituem a minha própria pessoa e a essência universal da minha consciência de mim, como a minha personalidade em geral, a liberdade universal do meu querer, a minha moralidade, a minha religião".

[19] Idem, p. 364, nota 2: "Considerando-se, nisso, que a pena contém o seu direito, dignifica-se o criminoso como ser racional".

[20] Idem, p. 386.

[21] Idem, p. 446: "Na medidada em que também a satisfação subjetiva do próprio indivíduo (incluindo o reconhecimento em honra e glória) contêm, em sua realização, os fins que são válidos em si e para si (...)".

[22] Idem, p. 598: "O casamento é essencialmente monogamia, porque a personalidade, a individualidade imediatamente exclusiva que se encontra nesse contexto, o é (...); esta vem ao encontro dos seu direito de ser consciente de si mesmo no outro, apenas na medida em que o outro é essa identidade como pessoa, isso é, como individualidade invisível".

[23] Idem, p. 652: "Nesse sistema, a disposição moral objetiva é por isso consiste na capacidade de originar direitos e na honra profissional (...) assim como o ser reconhecido tanto na prórpia representação como na representação dos outros".

[24] Idem, p. 658.

[25] Idem, p. 668.

[26] Idem, p. 701.

[27] Idem, p. 716.

DIMENSÕES DA DIGNIDADE
Ensaios de Filosofia do Direito e Direito Constitucional

"Moralidade" sob a categoria do "sujeito" como conquista da modernidade.[28] Assim esclarece Hegel no § 37: "a particularidade da vontade certamente constitui o momento do todo da consciência da vontade (...), mas ainda não está contida como tal na personalidade abstrata. É bem verdade que ela é, por isso, prioritária, mas ainda diferente da personalidade, da determinação da liberdade, do desejo, da necessidade, das inclinações, volições arbitrárias e assim por diante",[29] e estabelece isso de modo temporal: "o direito da particularidade do sujeito em encontrar-se satisfeita ou, o que é o mesmo, o direito à liberdade subjetiva, constitui o ponto crítico e central na diferença entre a Antigüidade e os tempos modernos".[30] Para o reconhecimento do sujeito como abstrato, e, com isso, como uma generalidade idêntica em todos no direito abstrato, acresce-se, na moralidade, o reconhecimento do sujeito como concreto, distinto, também em comparação com outros.[31] O criminoso estabelece a passagem de um estado para o outro como aquele que, naturalmente ainda de forma deficitária, impõe a sua particularidade perante a generalidade de todos.

A garantia institucional do ser reconhecido como pessoa o indivíduo só alcança, então, na "Moralidade Objetiva", nas instituições da família e da sociedade civil. Na medida em que isso parece resultar de suas prestações como "honra profissional", a impressão engana. Hegel só quer destacar que a pessoa já experimenta o seu reconhecimento em contextos concretos,[32] utilizando-se aqui, portanto, do tradicional conceito de pessoa[33] orientado pelo *status* em sua relativa possibilidade de fundamentação. Na jurisdição, todavia, como elemento último da sociedade civil, o homem vale expressamente como homem, isso é, também independentemente de seus invólucros sociais. Tudo isso naturalmente ainda atinge a pessoa, essa universalidade que é idêntica em todos como "capacidade jurídica", isso é, como competência para a titularidade de direitos. Apenas subseqüentemente o Estado, essa instituição geral, possibilita o reconhecimento do sujeito, isso é, a pessoa em sua peculiaridade individual de forma inclusiva em suas necessidades especiais. A situação de mercado igualadora

---

[28] H. Hofmann, *Menschenwürde und Naturverständnis in europäischer Perspektive*, Der Staat 37 (1998), p. 349 e ss, 352, a nota de rodapé 6 mostra a ótica de Hegel em relação ao desenvolvimento "do personalismo para o individualismo" (a.a.O. p. 350).

[29] G. W. F. Hegel, *Grundlinien* (nota de rodapé 16), p. 192.

[30] Idem, observação ao § 124, p. 446.

[31] Em relação ao reconhecimento recíproco na generalidade e na particularidade v. D. Klesczewski, *Die Rolle der Strafe in Hegels Theorie der bürgerlichen Gesellschaft. Eine systematische Analyse des Verbrechens- und des Srafsbegriffs in Hegels Grundlinien der Philosphie des Rechts*, Berlin 1991, p. 32 e ss, assim como W. Brugger, *Menschenwürde, Menschenrechte, Grundrechte*, Baden-Baden1997, p. 31 e ss.

[32] G. W. F. Hegel, *Grundlinien* (nota de rodapé 16), § 207, p. 652: "O indivíduo só adquire realidade na medida em que ele penetra na existência, portanto na particularidade determinada (...)".

[33] Nesse sentido W. Schild, Art. *"Person"* in: J. Ritter / K. Gründer (org.), *Historisches Wörterbuch der Philosphie*, vol. 7, Basel 1989, p. 322 e ss, 324 e s. No sentido desse desenvolvimento situacional da pessoa em Hegel também Chr. Enders, *Die Menschenwürde in der Verfassungsordnung. Zur Dogmatik des Art. 1 GG*, Tübingen 1997, p. 267.

da sociedade civil, apesar de sua superficial orientação de necessidades, nunca pode referir-se a isso, e tem como conseqüência uma "multiplicação infinita da dependência e da miséria".[34]

IV. "Dignidade" para além da Filosofia do Direito

O reconhecimento como pessoa e o reconhecimento como sujeito, sem e com garantia institucional, naturalmente contêm elementos daquilo que aparece de forma central na tradição kantiana do conceito na qual nós também nos movemos primariamente hoje em dia. Também o *pathos* se encontra especialmente lá onde se trata da inalienabilidade da pessoa – na crítica à escravidão – e da condição de ser humano do judeu – na crítica à redução de direitos dos judeus. E, mesmo assim, também falta algo que é significativo para a tradição kantiana: a referência à razão como fundamento da dignidade, o elemento da autofinalidade e, finalmente, a concepção de dignidade em si mesma. Da dignidade trata-se num contexto totalmente distinto, qual seja, o da Filosofia da Religião de Hegel. Lá consta: "O homem não possui dignidade por meio daquilo que ele é como vontade imediata, mas apenas na medida em que conhece um ser ser-em-si e um ser-para-si, algo substancial, e submete a esse ser a sua vontade natural e a adapta a ele. Apenas pelo suprassumir da indomabilidade natural e pelo conhecimento de que um universal, um ser-em-em si e um ser-para-si, seria a verdade, ele possui uma dignidade, e só então a vida vale algo".[35] E na Filosofia da História consta sobre o cristianismo: "O homem, considerado em si mesmo como finito, é também ao mesmo tempo imagem de Deus e fonte da infinitude nele mesmo; ele é auto-finalidade, tem nele mesmo valor infinito e a determinação para a eternidade".[36]

"Dignidade" e "autofinalidade" somente aparecem na relação do indivíduo com o Deus cristão – de dois modos: na sujeição à – em última análise, divina – substancialidade e na imagem e semelhança com Deus. Ambas são antigas determinações da dignidade da pessoa humana, em que a primeira aparece também na fundamentação kantiana da dignidade da pessoa humana.[37] A razão é, lá, aquela substancialidade que pede ordenação. Também a combinação de que a imagem e semelhança com Deus residia na participação na natureza divina com a idéia de que a dignidade reside na retomada das preferências

---

[34] G. W. F. Hegel, *Grundlinien* (nota de rodapé 16), § 195, p. 644 e §§ 196 e ss, p. 644 e ss, § 243, p. 682.

[35] G. W. F. Hegel, *Vorlesungen über die Philosophie der Religion*, vol. 1, 4 ed. da edição de jubileu (surgida primeiramente em 1832), vol. 15, Stuttgart-Bad Cannstatt 1965, p. 323.

[36] G. W. F. Hegel, *Vorlesungen über die Philosophie der Geschichte*, vol. 1, 4 ed. da edição de jubileu (surgida primeiramente em 1837), vol. 11, Stuttgart-Bad Cannstatt 1961, p. 427.

[37] No que diz com a relação entre autofinalidade e razão v. I. Kant, *Grundlegung zur Metaphysik der Sitten* (surgida primeiramente em 1785), Wiesbaden 1956, vol. IV, p. 58-66.

individuais perante a ordenação da razão divina já caracterizava plenamente a tradição medieval da dignidade da pessoa humana.[38]

V. As esferas hegelianas da dignidade da pessoa humana

É preciso, entretanto, evitar pautar a reflexão sobre Hegel de forma precipitada, com a péssima apreciação de uma recaída no "pré-kantiano", e volver-se, no tratamento de Hegel, mais uma vez, a concepções modernas da dignidade da pessoa humana de acordo com a tradição kantiana.

No que diz respeito, em primeiro lugar, ao reconhecimento como pessoa e como sujeito na Filosofia do Direito, Hegel apanha inteiramente elementos da compreensão kantiana, porém classifica-os de forma diferente e complementa-os. Objeto do dever de respeito é, para Hegel, por um lado, a auto-referência, igual em todos, do ser idêntico, também para além do tempo, assim como, por outro lado, a própria referência à subjetividade, desde sempre diferenciada.[39] O motivo da necessidade desse respeito recíproco é a garantia da liberdade[40] ou, como o jovem Hegel representou numa idéia, o evitar, resultante da "luta por reconhecimento", da alternativa do estado de natureza ou de servidão.[41] Assim visto, não se encontra, na base do dever de respeito postulado por Hegel, qualquer realidade ontológica, nem autonomia ou razão que exijam observância; o respeito é, isso sim, um imperativo prático motivador do estabelecimento de um estado jurídico. Diferentemente de Kant, esse respeito recíproco do primeiro estágio, o respeito como pessoa, como legitimado à detenção de direitos,[42] não é um mero dever de virtude, mas, expressamente, um *imperativo jurídico*. Ao lado e até mesmo antes do dever de respeito dos direitos individuais impõe-se, então, o imperativo jurídico de respeito desse centro de competência que é o homem, ao qual dizem respeito os direitos individuais: à "capacidade de fazer valer reivindicações", como Joel Feinberg ainda hoje define a "dignidade humana".[43] A orientação de acordo com as necessidades existentes no sujeito

---

[38] P. Kondylis, Art. *"Würde"*, in O. Brunner, W. Conze, R. Koselleck, *Geschichtliche Grundbegriffe*, vol. 7, 1992, p. 665 e ss, W. Schild, Art. *"Würde"*, in: A. Erler / E. Kaufmann / D. Werkmüller, *Handwörterbuch zur deutschen Rechtsgeschichte* (HRG), vol. V, Berlin 1998, Sp. 1539 e ss. Nessa tradição também R. Spaemann, *Conceito* (nota de rodapé 14).

[39] Por vezes, ambos os elementos são vinculados, atualmente, no conceito de pessoa como identidade social determinada, cfe. P. Häberle, *Die Menschenwürde als Grundlage der staatlichen Gemeinschaft*, in: J. Isensee / P. Kirchof (org.), *Handbuch des Staatsrechts*, vol. I, Heidelberg 1987, p. 815 e ss, 839 e ss.

[40] G. W. F. Hegel, Grundlinien (nota de rodapé 16), § 35, p. 188: "Na personalidade reside o fato de que eu (...) me conheça como o infinito, universal e livre".

[41] G. W. F. Hegel, *Phänomenologie des Geistes*, edição Moldenhauer / Michel, Frankfurt a. M. 1970, vol. 3, p. 145 e ss.

[42] No que diz com a capacidade jurídica como primeira manifestação da dignidade em Hegel, v. Ch. Enders, *Menschenwürde* (nota de rodapé 33), p. 245.

[43] J. Feinberg, *Rights, justice and the bounds of liberty*, Princeton 1980, p. 151.

também não é, da mesma forma, identificada na concepção de dignidade da pessoa humana de Kant. Na medida em que por meio dela é alargada, em Hegel, a pretensão de respeito à particularidade, àquilo que é distinto, característico, possivelmente estabelece-se, nele, o motivo para uma crítica à propagação de representações humanas objetivas sob a palavra-chave do respeito recíproco ou da dignidade da pessoa humana.

Na institucionalização jurídica dessas relações de respeito na "sociedade civil" e no "Estado", é garantida a concretização externa da auto-referência da pessoa, no "direito abstrato", e do sujeito, na "moralidade subjetiva", como sujeito jurídico, isso é, como sujeito concreto, dotado de necessidades. Nessa garantia institucional, assim enfatiza Hegel, o propriamente jurídico reside em tais relações de respeito.

Evidentemente, trata-se da concretização externa de uma auto-referência sempre individual, e tal assim permanece até o final da Filosofia do Direito. Nessa medida, a segunda esfera de reconhecimento da Filosofia do Direito de Hegel – o que ainda hoje é muito criticado – de fato é uma filosofia do sujeito, não uma filosofia da intersubjetividade,[44] o que ela só se torna na Filosofia da Religião.[45] É que a conexão lá feita por Hegel com a tradição *Imago Dei* do conceito de dignidade da pessoa humana não é, de forma alguma, o reestabelecimento de uma autoridade imperativa heterônoma externamente. A relação religiosa significa, para Hegel, formulado de maneira abreviada, nada mais que o fato de que se abdica expressamente de uma postura intransigente quanto à subjetividade individual.[46] A peculiaridade do "sujeito" a ser observada na segunda esfera do reconhecimento jurídico mostra, de forma tipicamente hegeliana, a sua própria verdade (e isso também significa: limitação) no confrontamento perante o geral. A dignidade no sentido estrito – e, conforme dito, somente aqui esse conceito desponta em Hegel – só ocorre na execução desse retratar-se de si próprio, no perdoar e no ser perdoado. O respeito não é mais, aqui na Filosofia da Religião, um imperativo prático de uma concretização externa da auto-referência subjetiva de outrem; o respeito, aqui, é muito mais o ato da intersubjetividade mesma.

Mas é justamente isso que retira esse terceiro estágio do reconhecimento recíproco da esfera do Direito, sendo que aqui reside o motivo para o tratamento desse estágio na Filosofia da Religião. Retratar-se a si próprio já não pode ser objeto do direito como imperativo porque tal não é passível de ser exigido en-

---

[44] Nesse sentido K. Seelman, *Zurechnung als Deutung und Zuschreibung – Hegels "Recht der Objektivität"*, in: V. Hösle (org.), *Die Rechtsphilosophie des deutschen Idealismus*, Hamburg 1989, p. 101 e ss, 110 e ss.

[45] G. W. F. Hegel, *Phänomenologie* (nota de rodapé 41), p. 494: "O sim reconciliador, no qual ambos os "eus" abdicam do seu ser-aí contraposto, é o ser-aí do 'eu' estendido à ambivalência (...) é o Deus que aparece em meio a eles, que se sabem como seus conhecimentos".

[46] Idem (nota de rodapé 41), p. 493: "(...) um reconhecimento recíproco, que é o espírito absoluto". Nesse sentido, V. Hösle, Hegels System. *Der Idealismus der Subjektivität und das Problem der Intersubjektivität*, vol. 2, Hamburg 1987, p. 646 e ss.

quanto ato interno e, ainda que fosse exigido, não poderia resultar meritório. O objeto do que foi constrangido, a dignidade como autolimitação, restaria perdida justamente por causa do ato do constrangimento. O que constitui a dignidade, então, no sentido mais estrito e enfático, não deve ser compreendido como resultado do Direito – mas tampouco, com isso, o auto-respeito que repousa nessa retratação. Pode o auto-respeito, porém, num outro contexto, tornar-se, não obstante, objeto de uma proteção jurídica? Ocasionalmente, na discussão atual sobre a dignidade, a dignidade é determinada como algo que é ferido por meio da degradação, sendo tal degradação, porém, definida como uma lesão ao auto-respeito.[47] A degradação como objeto de uma possível proibição jurídica, portanto como uma violação contra um dever de respeito jurídico, pode ser pensada na recusa do reconhecimento da "pessoa" como subjetividade jurídica e do "sujeito" como indivíduo particular. Aquele que não reconhece o outro como livre, isso é, não o reconhece como igual na competência da titularidade de direitos ou como indivíduo particular com suas necessidades específicas, degrada-o. Isso independe de um auto-respeito lesado. O auto-respeito só pode tornar-se uma questão da dignidade ali onde esta resulta de um ato interno próprio. Como, conforme demonstrado, esse ato não pode ser objeto do direto, o direito só poderia referir-se ao impedimento da possibilidade desse ato por parte de outrem. A isso se voltará em breve.[48] Em qualquer caso, porém, uma tal definição da degradação por meio da lesão ao auto-respeito só poderia referir-se à terceira esfera do reconhecimento da dignidade de Hegel.

VI. Hegel no contexto da discussão atual

Como, assim há de questionar-se, se encontra o conceito de Hegel de dignidade da pessoa humana em relação à atual tríade da "teoria da dádiva", "teoria da prestação" e "teoria do reconhecimento"?[49] Nas searas do "direito abstrato" e da "moralidade subjetiva" parece não haver qualquer dependência da pretensão de respeito de qualquer prestação, assim como também na "sociedade civil" e no "Estado" a pretensão de respeito não é relacionada com qualquer prestação. Todavia, lá onde se trata do sentido enfático da dignidade, na Filosofia da Religião, a dignidade está vinculada a uma prestação, evidentemente a uma prestação da limitação, aquela do retratar-se. Nietschze ainda radicaliza essa posição quando, na polêmica contra um discurso, na sua perspectiva, descabido da dignidade, insiste que só se teria dignidade lá onde se tornaria um "meio do

---

[47] Ph. Balzer, K. P. Rippe, P. Schaber, *Menschenwürde vs. Würde der Kreatur. Begriffsbestimmung, Gentechnik, Ethikkommissionen*, München-Freiburg 1998, p. 28.

[48] Cfr., nesse sentido, p. 141 e ss.

[49] No que diz com essa tríade v. H. Hofmann, *Menschenwürde* (nota de rodapé 4), p. 361 e ss; H. Dreier, Art. 1 (nota de rodapé 2), p. 105, nota de margem 41-43.

gênio".[50] Ou, de forma mais singela, na literatura contemporânea, dignidade no sentido estrito é resultado de um "autocontrole sob circunstâncias difíceis".[51] Um tal autocontrole é uma prestação para além da esfera do direito; isso quando a perda do autocontrole não lesa outros.

Parece que se trata, então, de uma teoria da prestação apenas no vértice enfático do modelo, lá onde Hegel, na Filosofia da Religião, fala expressamente de "dignidade". Esta pode-se ter ou não, dependendo se a pessoa se retrata na forma descrita ou não. Nas esferas inferiores, aquelas da "pessoa" e do "sujeito", portanto na Filosofia do Direito, a pretensão de respeito não está condicionada a quaisquer outros pressupostos.

A teoria de Hegel poderia estar mais próxima das duas esferas para ele relevantes juridicamente e, por isso, de uma assim chamada "teoria da dádiva" da dignidade da pessoa humana. É bem verdade, todavia, que na "pessoa" e no "sujeito" não há uma "teoria da dádiva" no sentido de que uma qualidade, um "elemento do ser" constitua a dignidade[52] ou lhe seja pressuposta. Ser "pessoa", e, nessa base, ser então "sujeito" não pressupõe qualquer qualidade do objeto do reconhecimento, mas uma consideração dos outros: que apenas o reconhecimento recíproco como ser livre, igual e necessitado possibilita o estado jurídico. Na Filosofia da Religião surge então o assunto de que também isso ainda não basta para uma interação bem-sucedida, mas que, para tanto, ainda deve acrescer o retratar-se por meio do perdão. O reconhecimento ocorre em três esferas, sob distintos pontos de vista, com base em diferentes juízos.

Mas também uma teoria do reconhecimento da dignidade da pessoa humana, uma teoria de acordo com a qual só o reconhecimento constitui a dignidade da pessoa humana, não traduz, apesar disso, em qualquer caso, a doutrina de Hegel no sentido de que o ato do reconhecimento seja contingente ou até mesmo, como acha Skinner, apenas uma conseqüência da falta de uma análise científica dos motivos do agir.[53] O reconhecimento como "pessoa" ou "sujeito" é necessário, de acordo com Hegel, precisamente se se quiser viver num estado jurídico. É correto, evidentemente, que "pessoa" e "sujeito", como elementos do discurso da dignidade, são *resultados* do ato de reconhecimento, e não seus pressupostos. Na Filosofia da Religião, todavia, também isso não está certo: a dignidade não é, aqui, atribuída, mas reside já no fato de que a pessoa se retrata, sendo, com isso, idêntica à prestação exigida.

Se se lançar uma visão panorâmica sobre tal constatação, é de se refletir se a categorização dos elementos da dignidade da pessoa humana poderia ser um motivo para relativizar o valor explicativo da tríade formada por "teoria da

---

[50] F. Nietzsche, *Fünf Vorreden zu fünf ungeschriebenen Büchern*, livro III, in: *Sämtliche Werke*, Krit. Studienausgabe, München 1980, vol. I, p. 776.

[51] Ph. Balzer, K. P. Rippe, P. Schaber, *Menschenwürde* (nota de rodapé 47), p. 19.

[52] Nesse sentido, a crítica de H. Hofmann, *Menschenwürde* (nota de rodapé 4), p. 364.

[53] B. F. Skinner, *Jenseits von Freihet und Würde*, Reinbeck 1973, p. 50 e ss, 64.

prestação", "teoria da dádiva" e "teoria do reconhecimento". É que o fato de a dignidade ser um resultado de uma determinada prestação não significa que a proteção da dignidade pressuponha precisamente essa prestação. Pelo contrário: a proteção poderia nascer exatamente da *possibilitação* da prestação. Isso já é assim em relação à "pessoa" e ao "sujeito". Se na "pessoa" a competência para os negócios jurídicos é a protegida, também aqui existe a referência às prestações, mas justamente à possibilitação de prestações futuras. Se no "sujeito" o desde sempre especial desenvolvimento é protegido com vistas às desde sempre especiais necessidades, então também lá o objetivo da proteção é a possibilitação de uma prestação. E mesmo na terceira seara, na dignidade no sentido enfático, poderia haver um lugar para o direito, e precisamente lá onde é protegida a possibilidade da prestação do retratar-se na interação, do auto-recolhimento e da auto-ordenação feitos sob sua forma determinada no contexto da coletividade.

Em todas as três esferas tratar-se-ia, então, em Hegel, de uma "teoria da dignidade como possibilitação da prestação", e é dificilmente imaginável se o direito sequer poderia dizer respeito à dignidade de forma diferente desse sentido de uma possibilitação de determinadas prestações. Se se procura o motivo para o fato de que tais prestações devam ser possibilitadas nas características do *ser* do homem ou, como em Hegel, em necessidades sociais bem justificadas, ainda há de ser decidido; noutras palavras, a "teoria da prestação" não se encontra necessária como uma alternativa à "teoria da dádiva". Reconhecimento significa, então, em todos esses casos: a proteção jurídica da dignidade reside na obrigação do reconhecimento de determinadas possibilidades de prestação – da prestação da defesa de direitos, da prestação de desenvolvimento da individualidade e da prestação do auto-ordenar-se no processo da interação.

Se se seguirem tais ponderações, surgem naturalmente duas perguntas: como deve ser garantida juridicamente em especial a terceira prestação, a da ordenação na interação? E não se volta a excluir, por meio de uma tal orientação da proteção da dignidade pautada na possibilidade de realizar prestações, os doentes mentais e os deficientes físicos da proteção da dignidade?

Para o próprio Hegel a proteção da dignidade no sentido enfático ainda não parecia ser um objeto necessário do direito. Pode ser que apenas muito tardiamente o Estado "total" tenha "penetrado insidiosamente no reino da dignidade",[54] na medida em que ele funcionalizou a (livre) ordenação em contextos de interação, p. ex. pelo (aparente) "livre" emprego ou pela confissão de culpa do Estado diante dos tribunais[55] com vistas a fins estatais. Com isso ele teria, então, subjugado para si a prestação pessoal da ordenação na interação (o conceito de Luhmann da "autopresentação" parece-me, aqui, demasiado estrito) justamente por meio do fato de que publicamente ele, de forma pérfida, distri-

---

[54] N. Luhmann, *Grundrechte als Institution. Ein Beitrag zur politischen Soziologie*, Berlin 1965, p. 13.

[55] Idem (nota de rodapé 54).

buiu-a de forma desorientada por meio dele próprio. O surgimento de um novo discurso da dignidade depois de 1945 talvez também encontre aí o seu motivo. A proteção jurídica nessa terceira esfera da dignidade também só poderia residir no fato de impedir tais e semelhantes ingerências estatais na concretização efetiva da prestação de interação.

Com a proteção de doentes mentais e deficientes físicos não ocorre qualquer dificuldade com o desligamento da *possibilidade* de realizar prestações. Eles seriam protegidos, como todos os demais, como sujeitos de direito e como sujeitos dotados de necessidades e, também, em suas respectivas capacidades de interação. Afinal, proteger as *possibilidades* de tais prestações de interação não significa, de modo algum, pressupor a existência de determinadas prestações para a proteção da dignidade.

Podem ser encontrados, em Hegel, novos aspectos recolhidos da dignidade da pessoa humana, quais sejam, a dignidade da pessoa humana como um ordenar-se na natureza, ou a dignidade da pessoa humana como o respeito à contingência humana? Em verdade, apenas indiretamente. O conceito hegeliano de dignidade da pessoa humana tem algo a ver, na seara da Filosofia da Religião, com o auto-ordenar-se, todavia não diretamente na natureza ou na contingência, mas na interação feita sob a retirada de intransigências da subjetividade particular. No sentido de uma limitação da determinação sempre particular isso também pode conduzir a um deixar valer a natureza e a contingência, mas muito pouco no sentido daquela falácia naturalista,[56] do modo em que se costuma encontrá-lo, por vezes, em especial na Bioética atual, e de modo algum como ordenação juridicamente vinculada às representações humanas.

Questionemos, por fim, a relação de Hegel com os paradoxos mencionados no início na seqüência do entendimento de dignidade da pessoa humana em Kant:

A auto-objetivação como resultado de autodeterminação não é tematizada no conceito de dignidade da pessoa humana em Hegel porque, para ele, a dignidade da pessoa humana não resulta da autodeterminação. Também a mutação do dever de respeito num imperativo para a defesa de determinada imagem humana não pesa sobre o conceito de dignidade da pessoa humana de Hegel, eis que esta pressuporia a orientação no sentido de determinadas características do gênero como base para a dignidade da pessoa humana. É isso que Hegel evita, trazendo "pessoa", "sujeito" e dignidade não numa relação de pressuposição em relação à razão. Diferentemente da secularização do conceito da *Imago Dei* em Locke, que Kant assumiu em última análise, e que direciona para "faculties" humanas, tais como o ser dotado de razão,[57] o fato de serem pressupostos da dignidade das pessoas, Hegel, precisamente, não se reporta a características

---

[56] Nesse sentido, U. Neumann, *Würde* (nota de rodapé 2), 148.

[57] J. Locke, *Two Teatrises of Civil Government* (primeiramente surgido em 1960), London / New York 1970, livro II, cap. II 6, p. 120: "E, sendo-se suprido por tais faculdades, partilhando-se tudo numa comunidade de

do gênero. E Hegel, finalmente, não necessita do reconhecimento de realidades ontológicos precedentes, e tampouco o ato de reconhecimento é, nele, contingente.

VII. Síntese

Na filosofia de Hegel há três planos nos quais o tema dignidade da pessoa humana é tratado. As pessoas têm dignidade no reconhecimento como "pessoas" iguais, isso é, como centros de competência iguais para a titularidade de direitos, no reconhecimento recíproco, como sujeitos dotados de necessidades distintas, e, finalmente, no reconhecimento recíproco que perdoa mutuamente, de um infinito valor do outro que é idêntico, para aquele que reconhece, a uma auto-retratação e ordenação num contexto relacional geral substancial, num contexto de interação. Os dois primeiros planos, em Kant ainda ambos objeto da doutrina da virtude, e não da doutrina do direito, são, para Hegel, *imperativos jurídicos*, o respeito da "pessoa" como um todo e o respeito da necessidade em certa medida. O terceiro plano, o da dignidade em sentido enfático, é, para Hegel, um assunto da Filosofia da Religião. Sistematicamente, o respectivo plano mais elevado resulta, para Hegel, de deficiências dos anteriores: o reconhecimento como sujeito dotado de necessidades, do fato de que o reconhecimento como "pessoa" quer abarcar o indivíduo, mas não consegue fazê-lo devido à falta de diferenciação interna; a autolimitação como verdadeira base da dignidade, do fato de que o reconhecimento como sujeito dotado de necessidades, em sua supervalorização do particular-subjetivo, declara este algo vinculativo-geral e perde de vista, assim, a intersubjetividade que se encontra na base da subjetividade concreta.

Só se consegue enquadrar Hegel com dificuldade na tríade da "teoria da prestação", "teoria da dádiva" e "teoria do reconhecimento" da dignidade da pessoa humana. Sua concepção de dignidade da pessoa humana deixa-se compreender, mais provavelmente, como uma diretriz no sentido da proteção da possibilitação de realizar prestações – e não como uma compensação por tais prestações. O reconhecimento recíproco é o fundamento da dignidade e, ao mesmo tempo, a conseqüência da opção por um estado juridicamente ordenado. A problemática da proteção e, com isso, a dimensão jurídica no terceiro plano, aquele da dignidade em sentido enfático, não chegou a ter um significado em Hegel.

---

natureza, não pode haver a obrigação de qualquer subordinação entre nós que possa nos autorizar a destruir o outro, (...)". A referência a Locke eu devo a George Fletcher.

— 4 —

Notas sobre o respeito da dignidade da pessoa humana... ou pequena fuga incompleta em torno de um tema central* [1]

BÉATRICE MAURER

Tradução de RITA DOSTAL ZANINI

Sumário: I – Uma polifonia teológica e filosófica em busca de uma harmonia; A – Ensaio de uma tipologia teológica e filosófica; 1) A contribuição da teologia cristã: o uníssono; 2) As diferentes harmonias filosóficas; B – Da dignidade por si à dignidade em si; 1) A dignidade "para si"; 2)A dignidade "para nós"; 3) A dignidade "em si"; II – Pequena fuga sobre a dignidade; A – Da liberdade e da dignidade; B – Do respeito à dignidade da pessoa humana; 1) O direito ao respeito de sua dignidade; 2) O dever do respeito à dignidade; Considerações finais.

A noção de dignidade da pessoa humana estabelece um consenso teórico universal. Ela une de modo notável os juristas, os cientistas, os pensadores de todas as famílias filosóficas e religiosas. Quem, na aurora do terceiro milênio, contestaria o direito de a pessoa humana viver e morrer de maneira digna? As divergências práticas que essa dignidade incontestada suscita são, no entanto, igualmente consideráveis. É em seu nome que alguns reivindicam hoje a legitimidade de comportamentos que outros recusam devido à intangível dignidade.

---

* Tradução do original: "Notes sur le respect de la dignité humaine... ou petite fugue inachevée autour d'un thème central", in: SÉRIAUX, Alain e outros. *Le Droit, le Médicine et L'être Humain*, Aix-En-Provence: Presses Universitaires D'Aix-Marseille, 1996, p. 185-212.

[1] Gostaríamos primeiramente de agradecer o R. P. X. Zabaleta t.d., sem o qual esse trabalho jamais teria sido realizado. Gostaríamos também de agradecer o Professor Sériaux por seus esclarecedores conselhos. Destacamos, por fim, que muitos parágrafos desse artigo retomam uma intervenção de maio de 1995, a ser publicada sob o título *Essai de définition théologique et philosophique de la dignité humaine*, para o *A.U.P.E.L.F.*, colóquio de outubro de 1996.

Tratando-se da vida humana em si mesma, a dignidade justifica tanto medidas paliativas como a eutanásia ativa.[2]

O conceito de dignidade seria, então, fundamental e, ao mesmo tempo, extremamente subjetivo, cada um defendendo a sua própria concepção de dignidade do homem em nome mesmo da sua dignidade. É por isso que a filósofa Simone Weil não gostava da expressão "eminente dignidade da pessoa humana". Para ela, longe de manifestar o caráter sagrado do homem, esta o torna ainda mais obscuro e abstrato.

Muitos filósofos, porém, e dentre estes os maiores, contribuíram para a compreensão desse conceito. Como um diamante multifacetado, a dignidade da pessoa humana foi assim explicitada de maneira específica e muitas vezes substancial. Sem aspirar à exaustão, nós gostaríamos de apresentar alguns desses trabalhos e mostrar como se mostram, por trás dessa polissemia filosófica, à primeira vista cacofônica, as suas características. Esse movimento tornará o conceito bem mais dinâmico. Ao estudo de um diamante, preferimos, pois, o de uma fuga livre: este será o objeto dessas notas.

Nos limites da oitava, elas poderiam começar recusando duas espécies de *a priori*. O primeiro é o de subjetivar ao extremo a dignidade e, com isso, recusar qualquer tentativa de abordagem em si do conceito, já que cada um pode definir a dignidade da pessoa humana conforme o que pensa. O segundo é o de pensar que conseguiremos julgar essas múltiplas visões com a medida de uma definição claramente determinada da dignidade em si.

No que diz com o primeiro aspecto, no contexto de nossa sociedade individualista, pensamos ser o perigo mais grave que ameaça a dignidade da pessoa humana. Se a dignidade não possui nada de objetivo, a discussão é impossível. Qualquer tentativa de definição prática parece-nos, assim, importante. Com efeito, o vago consenso já mencionado não pode bastar ao jurista. É somente por meio da determinação das funções da noção que ela poderá ser utilizada no direito.[3] O direito é funcionalista. Ora, se nós o concebermos em suas diferentes acepções, o conceito de dignidade pode justificar sistemas de direito opostos, sendo, então, cada um deles, coerente no seu contexto. O conceito não apresenta, pois, nenhum interesse científico e, devido à sua imprecisão, não pode ser fonte de obrigações positivas.

Ele faz com que nós nos interroguemos, portanto, a fim de saber se é possível abstrair essas diversas compreensões subjetivas da dignidade e pro-

---

[2] M. Schattner, *Souffrance et dignité humaine, pour une medicine de la personne*, Mame, Paris, 1995, pp. 11-12. Cf. principalmente a Associação pelo direito de morrer em dignidade A.D.M.D.

[3] Cf. especialmente a reflexão de X. Dijon sobre a interpretação da norma: "o sentido de uma palavra (...) não designa somente o seu significado (o que ela quer dizer) mas também a sua direção (para onde ela vai). O jurista destaca essa dimensão performática da linguagem uma vez que ele fica constantemente atento às conseqüências que as diversas interpretações do texto produzem sobre a realidade social. Da mesma forma que a norma determina a apreensão do fato em função do resultado a ser obtido, o objetivo a ser atingido determina a leitura da norma." In *Méthodologie juridique, l'application de la norme*, ed. Story et Scientia, 1993, p. 44.

curar uma definição da expressão, que, mesmo permanecendo aberta, venha a alcançar uma certa objetividade. Desse modo, somente nós poderemos precisar as funções do termo que nos interessa. Necessitando o direito de estabilidade e segurança, é nessas condições que o conceito será utilizável no direito positivo, e não apenas no natural. Se assim não fosse, o conceito continuaria a justificar tudo e, ao mesmo tempo, o seu contrário.

Nosso estudo se encontra, assim, nas premissas de um estudo jurídico-positivo. Com efeito, sob o nosso ponto de vista, uma vez que todo o sistema de direito descreve e ordena as relações entre os homens, o direito não pode abster-se de um estudo antropológico fundamental sobretudo quando se trata da dignidade da pessoa humana.

É indispensável, pois, discernir, para além dessa polifonia, as diferentes antropologias que fundamentam as múltiplas acepções da dignidade da pessoa humana, eis que o jurista deve ater-se às conseqüências dessas hipóteses. Noutras palavras, é imperativo que ele defenda a dignidade da pessoa humana; note-se que, de acordo com a definição escolhida, a violação não será idêntica.

Além do mais, se o conceito é absoluto, o que resta a ser demonstrado, ele não pode ser submetido às apreciações subjetivas de cada um. Pois bem, paradoxalmente, ainda que proclamada em inúmeros textos jurídicos, a dignidade da pessoa humana nunca é definida. Pensamos, no entanto, que uma reflexão séria deve ser realizada sobre o sentido da palavra.[4]

Tal reflexão leva, porém, à humildade. Isso porque – eis a nossa segunda hipótese – definir em si a dignidade é impor-lhe limites e subtrair do conceito, dessa forma, um aspecto essencial de sua riqueza, na medida em que a dignidade e a liberdade são inseparáveis. Nós apenas poderemos, assim, lançar perspectivas, permanecendo, contudo, com muitas dúvidas...[5]

A chave da nossa pesquisa é um equilíbrio entre duas abordagens opostas.[6] O tom de nossa fuga será, portanto, menor. Ainda que a filosofia busque a verdade e nós acreditemos que esta exista, jamais poderemos abarcá-la em sua totalidade. Tal não impede a pesquisa, mas exige modéstia.

---

[4] "Como perguntávamos um dia a Confucius o que ele faria se fosse Deus, ao que ele respondeu sem hesitar: `Eu fixaria antes de mais nada o sentido das palavras'", citado por P. Bernard, *La notion d'ordre public en droit administratif*, L.G.D.J., Paris, 1962, na página do índice.

[5] Questionar-se sobre a dignidade da pessoa humana obriga à modéstia, e tornar nossa a reflexão de G. Morel: "O questionamento está no coração do pensar(...) quando acreditamos estar pensando, "pensamos" muitas vezes para não pensar. Nós não nos interrogamos: continuamos a referir-nos a respostas herdadas, imaginamdo poder dar a nós mesmos as respostas (...) Pensar é manter a questão em aberto" in *Questions d'homme*, t.2, p. 301, citado por F.-X. Dumortier, *"Penser la dignité de tout humain"*, in *Revue Laennec, médecine-santé-éthique, Dignité perte de dignité*, Paris, nº 3-4, 41º ano, março de 1993, p. 21.

[6] "O meio não é de maneira nenhuma uma média artimética, é, pelo contrário, o lugar onde as coisas adquirem velocidade (...)", G. Deleuze e F. Guattari, *Capitalisme et schizophrénie*, 1980, p.37, citado por F. Ost e M. van de Kerchove, *Entre la lettre et l'esprit, les directives d'interprétation en doit*, Bruylant, Bruxelas, 1989, p. 9.

Antes de começar a pequena fuga anunciada, observaremos, portanto, uma certa desarmonia, tocando cada um a sua própria partitura. Tentaremos esclarecer, num primeiro momento, as diferentes hipóteses teológicas e filosóficas, a fim de deter-nos, num segundo momento, aos dois elementos essenciais sem os quais a dignidade da pessoa humana não seria *"mais do que bronze que soa, ou címbalo que retine"*[7] no vazio ...

I – UMA POLIFONIA TEOLÓGICA E FILOSÓFICA EM BUSCA DE UMA HARMONIA

Interrogar o sentido comum dos termos não nos permite encontrar uma resposta para a realidade de uma significação objetiva da dignidade da pessoa humana. O direito também não chegou a atribuir um semblante de definição ao termo.

Na linguagem comum, a dignidade foi empregada primeiramente no sentido de "alta função, cargo ou título eminente".[8] Nessa acepção social, relativa ao lugar ocupado na sociedade em função dos méritos pessoais ou das funções exercidas, a "dignidade-honra" exige o respeito. Assim compreendida, a dignidade não é inalienável: da mesma forma que é conferida a alguém, pode ser retirada. O exemplo mais explícito é o dos oficiais subalternos que, em caso de erros graves, são "degradados". É importante saber que as expressões "degradação da dignidade" e "decadência humana" entraram por essa via na linguagem comum.[9] Os direitos e deveres vinculados a essa dignidade são, então, extremamente relativos e evoluem em função dos costumes.[10]

Ainda que essa acepção seja sempre utilizada, todavia, e que ela seja profundamente humana – ela se baseia na busca permanente do homem por reconhecimento –, e que aí se encontre um traço importante do direito, principalmente quando ela é associada à honra,[11] não nos deteremos mais a ela, pois é a uma acepção muito mais importante que se prendem os teólogos e filósofos.

Ao longo da história, com efeito, o conceito foi amplamente enriquecido pela busca permanente da objetividade.

---

[7] São Paulo, Primeira Epístola aos Coríntios, 13, 1.

[8] Definição do dicionário *Larousse* citado por Z. Klein, *La notion de la dignité humaine dans la pensée de Kant et de Pacal*, Vrin, Paris, 1968, p. 12. Cf também as páginas muito pertinentes sobre essa polissemia de P. Vespieren, "Dignité, perte de dignité, échéance", in *Revue Lannec, op. cit*, pp. 9-11. Cf. também a definição do termo dignidade dada pelo *Littré*, ed. Gallimard-Hachette.

[9] Cf. P. Vespieren, *op. cit.*, p. 9.

[10] Apenas para tomar um exemplo, a dignidade ligada à função de Presidente da República evoluiu consideravelmente, como o mostram a morte do Presidente Faure nos braços de uma "amiga" e o recente enterro do Presidente Mitterand.

[11] Na jurisprudência diante da Corte Européia de Direitos Humanos, por exemplo, é a esse título que a expressão *dignidade* mais aparece.

A – Ensaio de uma tipologia teológica e filosófica

Nós veremos como as diferentes correntes teológicas e filosóficas explicaram a dignidade da pessoa humana. Se a partitura teológica é límpida e inequívoca, as melodias filosóficas são, muitas vezes, aparentemente, bem mais obscuras e desarmoniosas. Na maior parte do tempo, porém, elas compartilham a explicação da dignidade da pessoa humana.

1) A contribuição da teologia cristã: o uníssono

Nós nos limitaremos à teologia cristã, já que a reflexão ocidental sobre a dignidade da pessoa humana é herdeira direta, em sua formulação e em seu espírito, dessa teologia.[12]

Os teólogos trazem uma resposta clara ao fundamento da dignidade da pessoa humana. Para eles, a dignidade da pessoa humana é fundamentada na criação do homem à imagem de Deus e na obra redentora de Deus feito homem. A história da Igreja e da humanidade devem enormemente ao concílio de *Calcedônia*.[13]

Este enriqueceu de fato, de modo notável, a palavra "pessoa".[14] A pessoa humana não poderá mais, a partir de então, ser comparada a um *status*.[15] Ora, o termo dignidade seguiu uma evolução semelhante. Compreendido primeiramente como uma função eminente, ele tornou-se o atributo por excelência da pessoa.

A aplicação do conceito antropológico de pessoa a Deus divinizou a expressão e, quando voltou para definir o homem, atribuiu-lhe uma dignidade eminente. *Tomás de Aquino* confere-lhe uma visão surpreendente na famosa questão 29:[16]

---

[12] Cf. nosso estudo mais detalhado sobre esse ponto, in *Colloque A.U.P.E.L.F., op. cit.*

[13] IV Concílio Ecumênico, 451.

[14] Cf. sobretudo J. M. Trigeaud, *"Le droit naturel, fondement des droits de l'homme, une approche de la théologie du droit"*, in D*roits de Dieu et droits de l'homme*, Tequi, Paris, 1989, sod dir. J. B. d'Onorio, p. 31.

[15] A importância do Concílio de Calcedônia foi recentemente assinalado pelo filósofo M. Gauchet. Em *O desencantamento do mundo,* Gallimard, Paris, 1985, pp. 172-176, ele explica que a noção moderna de pessoa encontra a sua fundamentação no dogma cristológico. O concílio permitiu, com efeito, o encontro da matéria com o espírito que os gregos haviam oposto de forma tão estrita e o pensamento judaico de unidade do ser humano (cf. H. Derycke, *Le Dogme comme mode original d'affirmation pour penser Dieu, Bulletin de littérature ecclésiastique,* XCIV/3, julho-set. 1993, pp. 137-143, Instituto Católico de Toulouse). Ainda a respeito desse concílio, Ph. I. André-Vincent escreveu: "(...) a `dignidade da natureza humana' é historicamente um conceito cristão: ela é o fruto da reflexão que se origina do dogma de Calcedônia" (*Les droits de l'homme dans l'enseignement de Jean Paul, II,* L.G.D.J., Paris, 1983, p.13). Da mesma forma para C. Renouvier : "a noção jurídica de pessoa é fruto da aliança entre o monoteísmo judaico e a filosofia grega: o Deus pessoal judaico-cristão concede a personalidade ao homem aristotélico, indivíduo racional" (cf. *Le personnalisme*, Alcan, Paris, cap 5, §§ LXII e LXIII, citado por A. Fagot-Largeault e G. Delaisei de Parseval, *Qu'est-ce qu'un embryon? Panorama des positions philosophiques actuelles, Esprit,* junho de 1989, nº 151, p. 91).

[16] Tomás de Aquino, *Somme théologique,* I, q. 29, a. 3, ad. 2., (nas edições Desclée & Cie, tradução de H. F. Dondaine, Paris, 1962, 2ª edição, pp. 74-75). Tomás de Aquino interroga-se, na questão 28, sobre as rela-

Se nos remetemos à origem da palavra, o nome pessoa, é verdade, não convém a Deus; mas se lhe damos o seu significado autêntico, é mesmo a Deus que ele convém por excelência. De fato, como nessas comédias e tragédias representavam-se pessoas célebres, o termo pessoa acabou significando pessoas constituídas em dignidade: daí o costume, nas igrejas, de chamar de `pessoas' aqueles que têm alguma dignidade. Alguns assim definem a pessoa: `uma hipóstase que se distingue por uma propriedade advinda da dignidade'. Ora, é uma alta dignidade subsistir em uma natureza sensata; também se atribui o nome de pessoa a todo o indivíduo dessa natureza. Porém a dignidade da natureza divina ultrapassa toda a dignidade: portanto, é realmente muito mais a Deus que convém o nome de pessoa.

Trata-se, certamente, de uma verdadeira analogia, no sentido tomista do termo, sobre a noção de pessoa, mais do que sobre a dignidade; isso é, trata-se da semelhança fundamental que não exclui as diferenças, mas que é fundamentada no caráter racional de Deus e do homem. No entanto, se o Doutor Angélico se interessa pelas Pessoas divinas, ele caracteriza por aí mesmo a dignidade da pessoa humana. Qualificada de "alta", esta última consiste no fato de "subsistir em uma natureza racional". Sendo a dignidade de Deus mais alta ainda, ele estabelece os graus, as relações, entre as diferentes dignidades. Nós poderíamos ampliar essa relação com a dignidade inferior do mundo das plantas, do mundo animal, depois a do homem e, finalmente, a de Deus. Cada uma delas permite qualificar a natureza estudada.

Encontramos, por conseguinte, a definição de relações entre as diferentes dignidades, dignidades que não somente distinguem cada um desses elementos entre si, mas especificam o seu caráter próprio. A dignidade da pessoa humana reside em sua natureza racional. É por ser racional que o homem pertence a si próprio e tem uma vontade autônoma.

A pessoa humana é, pois, muito mais do que um animal dentre a sua espécie.[17] Dessa forma, a pessoa designa, para Tomás de Aquino e os demais teólogos, "o que há de mais perfeito em toda a natureza".[18]

ções divinas. Ele explica sobretudo que "existem realmente relações em Deus" (artigo 1, p.35); Deus não é propriamente só (questão 31, artigo 3, p. 120). A teologia insiste também no fato de que o homem criado à imagem de Deus é relação. Isto nos permite ressaltar um aspecto importante da teologia de Tomás de Aquino. Este, ao longo de sua obra, tentou equilibrar a complexa relação entre o indivíduo e a comunidade. Para ele o homem é naturalmente social. Opor o homem à sociedade é ir, então, contra a natureza humana. É mais tarde que a ciência política quis opor o homem à sociedade. Essa confrontação encerra a ciência política em uma *contradição insolúvel:o totalitarismo do poder soberano de um lado, e o absoluto dos direitos humanos de outro* (M. Villey, in *Théologie et droit dans la science politique de l'Etat moderne*, Atos da mesa redonda organizada pela escola francesa de Roma com o concurso do C.N.R.S., Roma, 12-14 nov. 1987, De Boccard, Paris, 1991 p. 47, citado por B.D. de la Soujeole, *Droit et philosophie politique, Revue Thomiste*, out.-dez. 1994, escola de Teologia, Toulouse, p. 676).

[17] A unicidade da pessoa humana por si só não justifica a dignidade. Tomemos um exemplo: um gato é único pois nenhum outro gato é o mesmo, e, no entanto, ele não tem dignidade. Mas seria compreender mal Tomás de Aquino se se pensasse que ele esquece para tanto o corpo humano; para ele o homem forma um todo. "Toda substância individual não é uma hipóstase, uma pessoa, mas é somente esta que possui totalmente a essência específica. Nem a mão, nem o pé são hipósteses ou pessoas. Da mesma forma que a alma, que não é somente uma parte da espécie humana", q. 75, art. 3, ad. 2.

[18] Ph. I. André-Vincent, *op. cit.*, p. 11.

Vários séculos mais tarde, a doutrina da Igreja Católica reitera as mesmas afirmações. "Dentre todas as criaturas terrestres, somente o homem é uma `pessoa, sujeito consciente e livre', e, por isso, `centro e topo' de tudo o que existe na terra. Sua dignidade de pessoa é o bem mais precioso que possui, graças ao qual ele ultrapassa em valor todo o mundo material (...), o homem não vale por `ter' – ainda que ele possuísse o mundo inteiro – mas por `ser'. Os bens do mundo não contam mais do que o bem da pessoa, o bem que é a própria pessoa".[19]

2) As diferentes harmonias filosóficas

Interrogar os filósofos é mais difícil, sobretudo considerando que o nosso questionamento pretende ser, aqui, extremamente sintético.[20] Um primeiro exame de sua tese poderia levar-nos a concluir que cada um defende uma certa idéia da dignidade. Aprofundando, no entanto, suas respectivas contribuições, podemos começar construindo uma tipologia dos sentidos filosóficos da dignidade – mesmo sendo, evidentemente, toda a tipologia discutível e limitada; veremos, ulteriormente, quais elementos as reúnem.

Consideraremos três grupos: os que estabelecem a dignidade como um absoluto transcendental e prévio a tudo, os imanentistas, que a inscrevem numa progressão histórica, e, finalmente, os que a negam:[21]

– Primeiramente, temos pensadores tão diferentes como *Cícero, Pascal, Kant, Levinas, Mounier* ou ainda *Gabriel Marcel*, para quem a dignidade é um absoluto inalienável, um *a priori* fundamental e transcendental.[22] Para eles, a dignidade é aquilo que faz com que um ser humano seja uma pessoa humana, e isso não pode ser questionado. Essa qualidade da pessoa faz com que o ser humano seja uma pessoa racional, então livre e autônoma, mas também, para alguns, tais como os personalistas, uma pessoa em relação.

Ela se revela na grandeza do homem (o dever moral de Kant), e, ao mesmo tempo, também na sua imensa fraqueza (para Pascal, Levinas ou Gabriel Marcel, explicando este último, por exemplo, que a dignidade do homem se manifesta no fato de ele se saber mortal).

---

[19] Encíclica *Christifideles laici*, n°37, 1988. Cf. também o recente livro de J. M. Lustiger, *Devenez dignes de la condition humaine*, Flammarion/St Augustin, 1995, 167p. e especialmente p. 41-52.

[20] Cf. Nosso estudo mais detalhado sobre a questão in *Colloque A.U.P.E.L.F., op. cit.*

[21] Cf. a interessantíssima tipologia de J. P. Wils, *Fin de la "dignité humaine" en éthique?*, in *Concilium* n°223, 1989, p. 51-67.

[22] R. Simon, *Le concept de dignité de l'homme en éthique*, in *De dignitate hominis*, Fribourg, 1987, p. 274; depois de ter examinado as concepções de Tomás de Aquino, Kant e Levinas da dignidade humana, ele conclui que elas têm em comum "a dignidade da pessoa humana (...) como uma espécie de *a priori*, de `fato primeiro', irrefutável, e não a verificação pura e simples de uma dado factual analógico ao de um dado sensorial ou de um acontecimento contingente ou ainda de uma necessidade racional, mas a afirmação de uma postulação desde sempre ética. Essa postulação (...) é ao mesmo tempo principiológica e teleológica", citado por F.-X. Dumortier, *op. cit.*, p. 22.

– De outra parte, temos aqueles para os quais a dignidade da pessoa humana, cujo fundamento é então imanente, desenvolve-se, fortalece-se e está por vir. Esse porvir, para alguns desses autores, será o resultado de condições externas ao homem, e, especialmente, o Estado. Assim o é para *Hegel*: o homem não tem nenhum valor próprio, apenas oferece sua contribuição na Razão, encontrando também a sua dignidade no seu desenvolvimento a serviço do Estado.[23] Pensa-o igualmente *Marx,* que concebe a dignidade apenas como uma conquista histórica do homem, finalmente desalienado, sempre em evolução.[24] Da mesma forma pensam também os defensores do evolucionismo, do historicismo e o essencial dos estruturalistas, com *Taine e Durkheim,*[25] dentre outros. Para outros autores, porém de forma muito diferente, a dignidade da pessoa humana está por vir. Assim, para *P. Lecomte du Noüy,*[26] a história, marcada pela evolução, leva à perfeição do homem, isso é, à sua dignidade. Ora, a dignidade do homem está em amar, mas somente uma parte da humanidade será capaz de dignidade. Por fim, poderíamos acrescentar um último grupo: os defensores de uma ontologia progressiva. Para eles, o próprio ser humano, durante o seu desenvolvimento, passa para o estágio da pessoa humana dotada de dignidade, qual seja, quando sua vontade é autônoma; depois, perde tal atributo diante da sua morte dita biológica. Segundo eles, o direito fundamental não é o direito à vida, mas o direito à qualidade de vida. Dentre eles, temos os anglo-saxões *H. T. Engelhart*, para quem um recém-nascido anencefálico, por exemplo, jamais será uma pessoa, *R. M. Hare, M. Tooley* e outros.[27]

– Finalmente, podemos reunir em um terceiro grupo os pensadores que negam a dignidade da pessoa. O autor certamente mais resoluto nesse sentido é *Lévi-Strauss*. Para ele, cujo pessimismo foi nutrido pelos horrores da Segunda Guerra Mundial, é preciso suprimir a idéia da superioridade do homem em relação ao animal.[28] Sua pretensa dignidade é um mito. Citemos também

---

[23] Cf. Hegel, *Rechtphilosophie, Zusatz* 152 ad. Par. 258, 259, 331. Cf. também : A. Verdross, *La dignité de la personne humaine bases des Droits de l'Homme, Österreichische zeitschrift für öffentliches recht und völkerrecht,* vol 31, n° 3-4, 1980, Springer-Verlag, Viena, pp. 271-277 e especialmente p. 276; J. P. Wils, *op. cit.,* especialmente, p. 62-63.

[24] Marx, é verdade, rejeita toda idéia burguesa de dignidade da pessoa humana em *Die Judenfrage* – A questão judaica; para filósofos contemporâneos, ver, entre outros, a obra do sociólogo alemão H. Plessners (cf. artigo de K. Rehberg, *Das Werk Helmut Plessners,* in *Kölner Zeitschrift für Soziologie und Sozialpsychologie Oplagen,* 1984, vol. 36, n°4, p. 799-811); a obra de E. Bloch diverge pelo seu marxismo consideravelmente modificado por suas tendências místicas. Ele concede ao princípio de dignidade da pessoa humana uma grande importância, cf. R. Christensen e B. Frauhammer, *Der Stellenwert des Rechtsstaatsgedanken bei Bloch. Erläuterungen von Rundfunkvortrag "naturrecht und menschliche Würde"* in *Bloch-Almanach Ludwigshafen,* 1985, vol. 5, p. 179-198.

[25] Cf. dentre outros para um estudo crítico, E. Borne, *Les nouveaux inquisiteurs,* Puf, Paris, 1983.

[26] *La dignité humaine,* La Colombe, Paris, 1953, 200 p.

[27] Cf. A. Fagot-Largeault e G. Delaisi de Parseval, *op. cit.,* pp. 103-105*;* cf, também M.-L. Lamau, *"Le concept de personne chez T. Engelhart",* in *Laennec, op.cit.,* p. 16-19.

[28] Para *Claude Lévi-Strauss,* a dignidade é um "mito", uma "ilusão de civilização" (*Antropologie structurale,* II, Plon, Paris, 1973, p. 53). "Nós acreditamos que o objetivo final das ciências humanas não é consituir o

os trabalhos recentes de um psicólogo americano, *Skinner*, que afirmou, em *"Par-delà la liberte et la dignité"*, que as noções de liberdade e de dignidade são ilusões.[29]

A dignidade "seria apenas um fato mental pressuposto", pois o espírito não existe. Poder-se-ia também colocar nesse grupo biologistas como *Wilson* ou *Bateson*, que consideraram e mostraram que o indivíduo não existe para ele próprio, mas para outros fins que são ou os genes, ou a espécie.[30]

Seria preciso, para a nossa tentativa de definição objetiva, optar dentre esses autores? Do nosso ponto de vista, impõe-se uma primeira escolha: não vamos considerar o conceito de dignidade uma ilusão. Para nós, como admite a grande maioria dos filósofos, a pessoa humana tem uma dignidade. Com efeito, mesmo os defensores da idéia da realização progressiva da dignidade não contestam, a princípio, a realidade de uma certa dignidade. A questão que se impõe, porém, é: qual é ela? Novamente o conceito de dignidade pode-nos parecer significar tudo e o seu contrário. Mas querer concluir rápido demais seria um erro.

Com efeito, essa polissemia, ou polifonia, longe de ser um limite à noção de dignidade da pessoa humana, pode revelar-se de uma imensa riqueza.

Certamente uma primeira constatação se impõe: uma certa indeterminação permanece e permanecerá. Esta não deve, porém, impedir a utilização do conceito. A história das idéias fornece numerosos exemplos desse progresso semântico. Muitos termos, em realidade, foram utilizados não obstante o seu significado preciso fosse, ou por vezes continue sendo, inapreensível. Isso prova que podemos começar a utilizar uma noção mesmo que o seu conteúdo ainda não esteja claramente determinado, ainda que muitas questões fiquem sem resposta... É o caso da dignidade da pessoa humana.

---

homem, mas dissolve-lo" (*La Pensée sauvage*, p. 326). Precisamos então romper radicalmente "com a idéia de que o homem ultrapassa a natureza"; para ele, "a antropologia – e na sua seqüência igualmente a questão moral – deve ser levada à biologia", cf. J. P. Wils, *op. cit.*, p. 52; cf. também, para um estudo crítico, E. Bourne, *op. cit.*

[29] B. F. Skinner, *Par-delà la liberté et la dignité*, ed. Hurtubise, 1982, (retomada de uma edição anterior, Laffont, 1972), citado por Ch. Wildmer, D*roits de l'Homme et Sciences de l'Homme, Pour une éthique antropologique*, Livraria Droz, Genebra, 1992, p. 147 e por P. Thuillier, "Vidas que não valem a pena ser vividas" e expressões similares, *Laennec, op. cit*, p. 13. Skinner afirma: "Ao homem enquanto homem, nós dizemos sem hesitar: Que alívio". Para ele, muito significativamente, o direito ilimitado é aquele do indivíduo na busca pela felicidade. Notemos que o autor, ao negar a liberdade, nega também a idéia de dignidade. Essas duas grandes noções filosóficas são bastante indissociáveis, e muitas vezes confundidas. Para J. P. Sartre, por exemplo, toda a dignidade do homem reside no absoluto de sua liberdade.

[30] Para *Wilson* ("o indivíduo é uma combinação evanescente de genes", citado por Widmer, *op. cit.*, p. 154) e *Dawkins,* o homem nada mais é do que o veículo dos genes. "Cada um dentre nós é produto do relojoeiro cego da evolução que nos designa o papel de servidor de genes, e somente estes são eternos, pela reprodução no idêntico" *(Dawkins,* citado por *ibid.*, p. 153). Para *Bateson* e *Dobzhansky,* o indivíduo existe somente para a espécie (*ibid*, p. 156). Cf. também Comissão teológica internacional, Comissão pontifical Justiça e paz, *Les chrétiens d'aujourd'hui devant la dignité et les droits de la personne humaine,* atos do colóquio, 1-7 dez 1983, Vaticano, p. 72-73.

Pensamos, contudo, numa perspectiva mais otimista, que as noções podem afinar-se; que se pode, por meio da pesquisa, alcançar, em parte, a verdade; noutras palavras, pode-se precisar a realidade da dignidade da pessoa humana.

B – Da dignidade por si à dignidade em si

Como já dissemos, Hegel não foi um filósofo preocupado com a eminente dignidade da pessoa humana. Parece-nos, porém, que se pode utilizar com proveito o processo da consciência descrito em sua principal obra – a *Fenomenologia do Espírito* –, onde distingue a noção "para si" e a idéia "em si". A consciência só alcança o conhecimento absoluto quando as noções *para si* e *em si* coincidem. Ela apenas o alcançará após um longo percurso que é a fenomenologia do espírito. Vamos, então, retomar essa distinção analisando a dignidade para si, a dignidade para nós e a dignidade em si.

1) A dignidade "para si"

A dignidade para si é a concepção que se faz da dignidade. Um exemplo extremo seria, assim, o filho de um escravo achar que é normal que seu pai apanhe abusivamente e que seja eternamente humilhado, ou ainda a menina vítima de incesto achar que esse comportamento não contraria a sua dignidade. Outro exemplo, sem dúvida mais delicado, pois mais contestado, é o da pessoa que, definindo de forma subjetiva a sua dignidade, vai dizer o que lhe é inaceitável, e preferir morrer em vez de ver a sua dignidade atingida.[31]

Essa concepção pessoal da dignidade para si é condicionada pela educação, pelo contexto social, pela imagem que os outros fazem de si, etc. Ela é perfeitamente capaz de progredir. Para chegar, no entanto, a uma concepção de dignidade mais próxima da verdade, o indivíduo deve aceitar questioná-la permanentemente, fazendo-a evoluir até a "dignidade para nós" e tentar fazer com que ela evolua rumo ao *em si*.

O que acontece é que essa valorização extrema do indivíduo e daquilo que ele pensa ser a verdade é certamente a maior ameaça atual para a dignidade da pessoa humana no Ocidente. A recusa de qualquer análise objetiva em nome do reinado do relativismo, longe de levar à tolerância, pode levar ao totalitarismo do indivíduo sobre ele próprio e sobre os outros.

---

[31] Sobre essa questão cf. sobretudo o número especial *Laennec, op. cit.,* cf. também P. Vespieren, *L'euthanasie: une porte ouverte?, Études,* n° 3761, Paris, jan. 1992, pp. 194-202, especialmente p. 200; I. Marin, *La dignité humaine, un consensus?, Esprit,* fev. 1991, p. 97-101, sobretudo p. 98: "O outro, médico ou próximo, escandaliza-se com a 'indignidade' do doente, indignidade atestada pela atrocidade da imagem. Muito exemplar disto é a seqüência de TV na qual um médico alemão, defensor e praticante da eutanásia, mostrava uma de suas doentes desfigurada por um câncer frente à sua foto de jovem para provar ao público (e à doente) a indignidade que justificava a eutanásia"; exemplo de uma concepção muito subjetiva e afetiva da dignidade humana.

Assim, em nome da liberdade, da autonomia pessoal, é grande o risco de que cada um determine, defina a sua própria dignidade como bem entenda. Essa análise não apenas é perigosa devido ao fato de que é bastante presunçoso dizer *o que é* a dignidade, mesmo que ela pertença à própria pessoa, mas também porque essa pertença não justifica a propriedade abusiva. Da mesma forma que o professor J. Dabin denunciava o abuso de direitos,[32] trata-se, aqui, do abuso da dignidade.

O recente caso do lançamento do anão o ilustra perfeitamente. M. Frydman, comissário do Governo, diante da Assembléia do contencioso no Conselho de Estado, explicou, com efeito, em 13 de outubro de 1995, que "o respeito à dignidade da pessoa humana, conceito absoluto que é, não poderia (...) comportar quaisquer concessões em função de apreciações subjetivas que cada um pode atribuir à sua pessoa (...), parecendo-nos aqui, portanto, o consentimento do anão, em relação ao tratamento degradante que sofre, juridicamente indiferente".[33]

Com efeito, a dignidade para si não é a dignidade em si. Desse modo, os diferentes atores da sociedade tentam dizer o que é "para nós" a dignidade. Esta deve ser especialmente a reflexão do juiz e do legislador.

2) A dignidade "para nós"

Hegel incluía nesse "para nós", sempre por ocasião de sua reflexão sobre a consciência, a comunidade dos filósofos. Ampliamos seus propósitos no sentido de um "para nós" social. Esse "para nós" representa os diferentes atores de uma sociedade: tanto os grupos de pressão, os intelectuais, as comunidades religiosas, como o legislador, o juiz, etc. A dignidade "para nós" expressa, assim, um certo consenso social.

É a atitude do comissário Frydman, quando este afirmou que, "para nós", o comportamento do anão, mesmo que voluntário, era contrário à dignidade. Se tal tentativa de definição social é necessária, ela permanece evolutiva e relativa, uma vez que reflete os costumes e as concepções mais amplamente compartilhadas.

O caráter evolutivo do "para nós" pode por vezes surpreender. Com efeito, não é pelo fato de que a noção de dignidade é empregada nas leis e nos hábitos

---

[32] *Le droit subjectif,* Dalloz, Paris, 1952, cf. Capítulo V *"De l'usage des droits subjectifs",* p. 273 e ss.

[33] p. 14. A decisão do Conselho do Estado considera que a dignidade da pessoa humana é componente da ordem pública. Sobre o caso dos "lançamentos de anões" cf. principalmente J. F. Flauss, *L'interdiction de spectacles dégradants et la Convention européenne des droits de l'homme, Note sous Tribunal administratif de Versailles,* 25 de fevereiro de 1995, *R.F.D.A.,* nov-dez 1992, p. 1026-1031; F. Hamon, *Note – La protection de la dignité humaine par la police municipale, J.C.P.,* n°17-18, Jurisprudência (1996), p.191-192; G. Lebreton, *Note de jurisprudence Conseil d'Etat du 27 octobre 1995,* Rec. Dalloz Sirey, 1996, 13° caderno, jurisprudência, p. 177-183; M. Ch. Rouault, *Note relative aux deux décisions du Conseil d'Etat du 27 octobre 1995, L.P.A.,* 24 jan. 1996, n°11, p. 30-32. Em julho de 1994 o Conselho constitucional já havia reconhecido o princípio de valor constitucional de salvaguarda da dignidade da pessoa humana, cf. D. N° 94-343/344, 27 de julho de 1994 (lei relativa ao respeito do corpo humano e lei relativa à doação e à utilização de elementos e produtos do corpo humano, à assistência médica e à procriação e ao diagnóstico pré-natal).

de uma sociedade, às vezes de forma encantadora, que a dignidade da pessoa é mais respeitada.[34] Pode ocorrer, por exemplo, uma consideração da dignidade como simples conseqüência do estatuto social da pessoa.[35] Em compensação, pode haver sociedades em que a expressão não seja utilizada, muito embora a dignidade da pessoa seja respeitada de forma natural e espontânea.

Assim, da mesma forma que a dignidade "para si" evolui, a dignidade "para nós" deve progredir. Dessa maneira, podemos perceber, tanto no nível do indivíduo como no da sociedade, a diferença entre a noção de dignidade e o respeito à pessoa, diferença que manifesta claramente que nós ainda não sabemos o que é a dignidade da pessoa humana. Isso explica igualmente o fato de que a lei deve procurar condenar os atos ou as atitudes que não estejam de acordo com a dignidade, mais do que definir o que ela é. Com efeito, toda a definição, por natureza imperfeita, corre o risco de abarcar violações da dignidade.

A noção da dignidade "para nós" deve permanecer, portanto, latente e modesta, a fim de que não seja confundida com "a dignidade em si". Desse modo, deve tentar reduzir sempre também a distância que a separa do *em si*.

3) A dignidade "em si"

Alcançar o conhecimento do *em si* é o objetivo de qualquer investigação filosófica. Qual é, então, o *em si* da dignidade da pessoa humana?

Em primeiro lugar, há um consenso da grande maioria dos autores no sentido de reconhecer à pessoa humana a dignidade, uma dignidade específica e fundamental. O direito romano havia estabelecido de forma muito clara a *summa divisio* entre a coisa e a pessoa.[36]

---

[34] Desde 1964 G. Marcel denunciava a inflação verbal que sofria o termo dignidade humana: "Com certeza, palavras como dignidade humana, pessoa humana, etc., nunca foram tão continuamente pronunciadas. Mas seria ceder a uma estranha ilusão tirar daí uma conclusão positiva quanto à situação real à qual essa linguagem se refere" in *La dignité humaine, et ses assises existencielles,* ed. Aubier, Paris, 1964 p. 204.

[35] O exemplo mais surpreendente é a Declaração dos Direitos do Homem e do Cidadão de 26 de agosto de 1789. Encontra-se no artigo 6° a única referência à "dignidade": "(...) Todos os cidadãos, sendo iguais aos seus olhos (da lei), são igualmente admissíveis a todas dignidades, lugares e empregos públicos, segundo sua capacidade, e sem nenhuma distinção além de suas virtudes e seus talentos".

[36] Essa clara e fundamental distinção que concerne ao corpo humano e aos limites da vida é cada vez mais questionada, cf. sobretudo I. Arnoux, *Les droits de l'être humain sur son corps,* Pu de Bordeaux, Talence, 1994, 572p. e especialmente pp. 31-143. No entanto cf. essa observação de D. Thouvenin a respeito do novo artigo 16 do Código Civil ("...a lei assegura a primazia da pessoa, proibido todo o atentado à dignidade desta...") : "O conceito de pessoa humana é então diferente do de sujeito de direito que é introduzido no novo Código Civil. Aquele caracteriza-se por uma qualidade que lhe é intrínseca: a dignidade da pessoa exprime a sua essência, ou seja, uma qualidade que lhe é conferida enquanto tal e que é então independente de toda a convenção social. Ora, o sujeito de direito é um conceito por demais abstrato para permitir que se regle todas as questões sociais nascidas da utilização do corpo humano no quadro das tecnologias médicas; com efeito, as pessoas, no sentido jurídico do termo, são os seres titulares de direitos e capazes de usufruirem deles. (...) o modelo do sujeito de direito permite organizar as relações das pessoas jurídicas com os objetos: temos então de tratar com um sistema no qual a existência do sujeito induz quase que automaticamente a uma relação com as coisas. É por essa razão que, aplicada ao corpo humano, esse tipo de relação era inadequada, pois

É a dignidade absoluta da pessoa humana que permite essa distinção,[37] e é graças a ela que, muito tempo depois, deduziu-se a conseqüência jurídica de libertar o homem da escravidão. Se podemos, pois, vender bois ou destruir um prédio, não podemos, ao contrário, dispor de uma pessoa, sendo esta dotada de uma dignidade fundamental.

Além disso, a pesquisa sobre a dignidade da pessoa humana leva não a um impasse ou a uma via sem saída, mas, antes, a uma via sem fim. A dignidade,[38] considerando que "a qualidade determina aquilo que permite ser ela perfeita e que lhe dá a possibilidade de alcançar seu fim próprio".[39] Noutras palavras, ela é a fonte e, ao mesmo tempo, a finalidade da pessoa humana. Como, então, delimitá-la?

A dignidade da pessoa humana em si seria, "no contexto das antropologias que surgem a partir de então, um equivalente da diferença específica entre o homem e outros seres vivos. Dessa característica essencial do homem deduz-se então o dever ético de corresponder a essa característica nas ações concretas ou estabelecer estratégias para evitar a depravação da natureza essencial do homem".[40] Ela é compreendida, assim, num sentido estático – a diferença entre o homem e o restante do universo – e, ao mesmo tempo, dinâmico – uma vez posta, intangível, ela exige uma ação, um agir. Essas são as duas faces da mesma realidade.

Assim, da mesma forma que se pode ter consciência – "eu" ou o legislador – daquilo que não é a dignidade da pessoa humana, é difícil, ou mesmo impossível, dizer o que ela é. No direito, a abordagem negativa fica, portanto, facilitada. Isso não implica negar toda a busca pela verdade. A realidade da dignidade pode ser ensinada, abordada, mas ela não pode ser apropriada, adquirida definitivamente.

Desse breve panorama filosófico destacamos dois elementos principais: a liberdade e o respeito. Tais elementos são fundamentais no âmbito de uma abordagem jurídica, já que a discussão sobre a questão da definição da dignidade pode mostrar-se interminável, não devendo, em contrapartida, impedir o respeito absoluto à dignidade da pessoa humana. Ora, sem essas noções, a pessoa humana não pode ser compreendida naquilo que ela possui de irredutivelmente livre.

---

obrigava, queira-se ou não, a pensar o corpo humano como um objeto dissociado da pessoa, apagando, assim, seu caráter sagrado" (*L.P.A.*, 14 de dezembro de 1994, n° 149, p. 63.).

[37] Cf. especialmente D. Vigneaud, *"Dessine-moi un embryon"*, *L.P.A.*, 14 de dezembro de 1994, n°149, p. 63.

[38] conceito dinâmico, não pode ser definida. Associada à liberdade do homem, é uma "qualidade da pessoa humana", Cf. M. Schattner, *op. cit.*, p. 123-124.

[39] M. D. Philippe, *Lettre à un ami, itinéraire philosophique*, ed. universitaires, Paris, 1990, p. 112.

[40] J. P. Wils, *op. cit.*, p. 54.

II – PEQUENA FUGA SOBRE A DIGNIDADE

Dessas diferentes abordagens, dois elementos se destacam: a liberdade e o respeito.

A – Da liberdade e da dignidade

Sem dúvida alguma, o principal conceito que todas as vezes une e separa, ao mesmo tempo, os filósofos, é o da liberdade. A dignidade não pode ser compreendida sem a liberdade, nem a liberdade sem a dignidade. De fato, encerrar a dignidade numa definição é negar o irredutível humano.

Compreender a liberdade sem a dignidade pode levar à perda da liberdade. Associadas e inseparáveis, elas não podem, todavia, ser confundidas. A pessoa é digna, pois é um ser livre. A partir de Boécio,[41] compreende-se que a liberdade da pessoa é fundamentada na razão. Seja, porém, no que diz com a razão, seja no que diz com a autonomia, a associação também cria confusões.

Já vimos como, para Tomás de Aquino, não existe liberdade sem ser racional, e a razão é o motivo pelo qual se trata de uma pessoa. Ele assegura assim a relação entre a liberdade e a dignidade. Por outro lado, ao estudar o ato humano, Tomás de Aquino vai insistir no princípio da autonomia da vontade pessoal, princípio fundado no fato de que o homem é racional e, desse modo, livre. Com efeito, ele decompõe o ato numa série de etapas nas quais se exerce a liberdade humana apesar dos condicionamentos. Isso implica a sua responsabilidade, pois o homem só pode ser responsável por atos livres.[42]

E. Kant associa a dignidade, muito freqüentemente, à liberdade, de tal forma que podemos nos perguntar se ele não identifica os dois termos.[43] Em oposição a todos os fenômenos que estão sob a determinação de causalidades, segundo a lei da natureza, a razão é capaz de uma "espontaneidade absoluta, isto é, de uma liberdade".[44] Portanto, é a razão que, segundo Kant, possibilita a liberdade. Sendo a pessoa por definição racional, ela é livre.

Ora, para E. Kant, igualmente, a pessoa é dotada de dignidade porque ela é autônoma e livre. É essa realidade que é objeto de um dever moral. A pessoa é *sui juris*, isto é, autônoma;[45] ela dispõe responsavelmente sobre si mesma. "A autonomia é (...) o princípio da dignidade da natureza humana e de toda a

---

[41] Boécio (v. 480 – 524) : *"Personae est naturae rationalis individual substantia"* – a pessoa é uma substância individual de natureza racional (*Liber de personna et duabus naturis* – aplica-se a Cristo – Cap. III).

[42] *Somme théologique*, I-II, q. 1, artigo 1.

[43] Z. Klein, *op. cit.*, p. 46.

[44] *Ibid.* p. 47-53.

[45] Auto-nomo: etimologicamente, dar-se a sua própria lei.

natureza racional".[46] Liberdade, autonomia e dignidade formam uma trilogia inseparável.

O princípio da autonomia é fundamental em Kant para compreender a sua concepção de dignidade. "A autonomia da vontade é essa propriedade que possui a vontade de ser a sua própria lei...".[47] Se tal conceito não é demonstrado pelo dogmatismo de Kant, esclareça-se, no entanto, que essa autonomia não é sinônimo nem de individualismo, nem de relativismo, muito antes pelo contrário. A investigação primordial de Kant é universal. Para ele, o homem é autônomo quando seus atos são estão em conformidade com a lei moral. Ora, esta é universal. O homem age de forma livre quando obedece à razão, e não à sua razão.[48] A intenção deve ser isenta de qualquer interesse pessoal, de qualquer paixão egoísta.

Dessa forma, "a autonomia não tem relação (...) com o indivíduo, pois não é em seu foro interno que este encontrará a interpretação da linguagem da lei".[49] Segundo Kant, o homem livre não é um homem que pode fazer tudo, decidir tudo.[50]

A lei moral, conhecida pela razão, exprime, para Kant, uma conclusão necessária. Se a pessoa não chega a ela, é porque algo a está impedindo de fazê-lo. Assim, se a pessoa fica alienada, ela não é mais livre. Ele não chega a dizer que ela perdeu a sua dignidade...

A filosofia contemporânea associa liberdade e dignidade de uma maneira totalmente diferente. Para os defensores dessa escola, a dimensão primeira da pessoa humana é a autonomia radical do ser, e não a dignidade, que é apenas uma propriedade essencial da pessoa. É a autonomia radical do ser que funda a dignidade e a liberdade da pessoa. Para eles, é necessário distinguir a autonomia material ou prática, que pode ser muito reduzida, da autonomia radical do ser. Segundo essa escola, Descartes, Kant e Hegel reduziram o ser à razão, e da mesma forma, limitaram a dignidade à razão, ao passo que a razão manifesta somente uma dimensão prática da autonomia. Assim, essa escola contesta o erro segundo o qual o ser se reduz a seus aspectos práticos. Com efeito, ela

---

[46] *Fondements de la Méthaphysique des Moeurs,* trad. V. Delbos, Paris, 1959, p. 143, citado por Z. Klein, *op. cit.,* p. 24.

[47] *Fondements, op. cit.,* p. 122, citado por *ibid.,* p. 42.

[48] Ao identificar a vontade à razão prática, Kant a privou de todo o caráter pessoal. "Logo, não há nada além da vontade concordante e coletiva de todos, no momento que cada um decide a mesma coisa por todos, e todos por cada um; há somente a vontade coletiva de todo o povo que possa ser legislativa", *(Doctrine du Droit,* trad. J. Barni, Paris, 1853, p. 170), Z. Klein, *op. cit.,* p. 44.

[49] *Op. cit.,* p. 44.

[50] "No que pode, então, consisitir a liberdade da vontade, que não em uma autonomia, ou seja, na propriedade que ela tem de ser a sua própria lei. Ora, essa proposição – a vontade, em todas as ações, é a sua própria lei – nada mais é do que uma outra fórmula desse princípio: só se deve agir segundo uma máxima que possa tornar-se, ela mesma, objeto a título de lei universal. Mas precisamente a fórmula do imperativo categórico e o princípio da moralidade, uma vontade livre e uma vontade submissa a leis morais, são uma única e mesma coisa", Kant, *Fondements....., op. cit.,* p. 180, citado por *ibid.,* p. 49.

define a pessoa humana de acordo com as capacidades físicas e intelectuais (a capacidade de exercer sua razão) e a sua capacidade de amar. Ora, é aí que se manifesta o que há de mais próprio à pessoa humana.[51]

Quaisquer que sejam, mesmo partindo de premissas completamente opostas, essas filosofias associam os conceitos de dignidade e liberdade. O direito, entretanto, durante muito tempo, reconheceu apenas o da liberdade.[52] O respeito à dignidade da pessoa humana traduz-se pelo respeito à liberdade humana.

Quando a liberdade do homem estava protegida, pressupunha-se que sua dignidade também o estava. Seria isso restritivo?

Historicamente, os direitos humanos nasceram para proteger a liberdade do homem em relação ao Estado. Mais precisamente ainda, os revolucionários, depois de Hobbes e de Locke, farão da propriedade o fundamento da liberdade.[53] Só é livre o proprietário. Certamente esses propósitos mereciam bemóis, mas não tanto por essa razão. Não é a dignidade, naquela época, que funda a liberdade, mas a propriedade. A Declaração dos Direitos do Homem e do Cidadão ilustra-o perfeitamente: a dignidade da pessoa humana não está, ali, expressamente reconhecida; em compensação, o único direito "inviolável e sagrado" é o da propriedade.[54] O voto censitário[55] também está perfeitamente estabelecido. Foi dessa forma que propriedade e dignidade foram associadas.[56] Propriedade e dignidade são atributos da pessoa humana. O homem livre é

---

[51] Para estudo da filosofia realista cf. M. D. Philippe, *Lettre à un ami, op. cit.,* cf. M. Schattner, *op. cit.,* e o número especial da Revista *Atheleia, La personne humaine,* n° 4, dezembro de 1993, especialmente M. D. Philippe, *Le problème de la personne, sommet de la philosophie première,* p. 9-39.

[52] Note-se, por sinal, que, na grande maioria das proclamações jurídicas da dignidade, os termos *liberdade* e *dignidade* são justapostos.

[53] Cf. entre outros G. Marcou, *"Réflexions sur l'origine et l'évolution des droits de l'homme",* in *Mélanges offerts au Prof. R.-E. Charlier, Service public et libertés,* ed. da Universidade e do ensino moderno, Paris, 1981, p. 6 "(...) o estudo do pensamento político e das declarações de direitos nos séc. XVII e XVIII, período da constituição dos direitos do homem clássico, mostram que o indivíduo é definido pela sua propriedade, e que, sem propriedade, ele não tem liberdade", 37. Ele cita C. B. Macpherson, o qual, referindo-se a Hobbes e Locke, explica que "o indivíduo não é de maneira nenhuma devedor à sociedade de sua própria pessoa ou de suas capacidades, das quais ele é, pelo contrário, o proprietário exclusivo", in *La théorie politique de l'individualisme possessif de Hobbes à Locke,* Gallimard, 1971, p. 13.

[54] No mesmo sentido, a Declaração de Independência americana menciona a "busca da felicidade" como um direito inalienável, ora "pela pena de Jefferson, essas palavras substituíram `a propriedade, inicialmente designada como direito fundamental juntamente com a vida e a liberdade, (...) de acordo com o que ser feliz era ser proprietário", cf. J. Fierens, *Droit et pauvrauté, droits de l'homme, sécurité sociale, aide sociale,* Bruylant, Bruxelas, 1992, p. 66, cf. na mesma obra o prefácio de F. Rigaux e suas observações sobre os vínculos propriedade/liberdade, p. X.

[55] Cf. os desenvolvimentos de G. Marcou, especialmente essa citação da Enciclopédia: *"a propriedade faz o cidadão",* p. 641.

[56] G. Marcou, a respeito de Locke, verdadeiro fundador do liberalismo: "o homem é o seu próprio senhor e o proprietário de sua pessoa", in Segundo Tratado do Governo Civil, 1690, Paris, Vrin, 1977, 44, citado na p. 637. Cf. também P. Chaunu: "Vocês querem ser livres? – exclama Maury – Pois bem! Lembrem-se, então, que sem propriedade, não há mais liberdade, pois a liberdade nada mais é que a primeira das propriedades sociais, a propriedade de si", *La liberté,* Fayard, col. *Idées-forces,* Paris, 1987, p. 244.

proprietário de sua própria pessoa; ele pode, portanto, aliená-la de acordo com o seu bel-prazer.[57]

Estabeleceram-se, dessa forma, relações muito estreitas entre propriedade, liberdade e dignidade. Essa nova trilogia explica muito bem a vinculação contemporânea a uma concepção da dignidade como um bem do qual o homem dispõe. Ela parece-nos exigir, porém, um sério questionamento. A propriedade é apenas extrínseca, ao passo que a dignidade da pessoa humana é intrínseca.

Atualmente, os direitos humanos parecem assumir uma outra dimensão. Eles não estão mais centrados na propriedade, mas na dignidade. A diferença é de medida. A referência à dignidade da pessoa humana é, por isso, considerada como a última proteção contra o liberalismo exagerado e a barbárie. Os direitos humanos exigem então, obrigações positivas por parte dos poderes públicos, mas também por parte dos indivíduos. O Estado, ou a pessoa, pode respeitar a liberdade de outro sem, todavia, respeitar a sua dignidade A dignidade exige, pois, a liberdade; mas a liberdade não é toda a dignidade. Eu posso, assim, deixar meu vizinho apontar uma arma contra si mesmo devido à sua liberdade, mas estaria eu respeitando, dessa forma, a sua dignidade? Do mesmo modo, eu posso considerar, de uma certa maneira, que a pessoa que mendiga e vive debaixo das pontes é livre; mas não é degradante deixá-la viver assim?

A liberdade engendra o dever de reconhecer a liberdade do outro. O reconhecimento da dignidade do outro, por sua vez, é muito mais difícil. Esse princípio ultrapassa, portanto, tanto os deveres do Estado como os do indivíduo. Ele torna necessária a solidariedade.

Esse conflito de normas, liberdade e dignidade, é novo.[58] Ele impõe uma série de problemas. Em primeiro lugar, não seria necessária uma hierarquia entre essas normas? A inderrogabilidade desses princípios estabelece então sérias dificuldades. Nós conhecemos os limites do princípio de liberdade, mas isso

---

[57] Sobretudo J. F. Flauss a respeito dos "lançamentos de anões", *op. cit.* Cf. também a decisão do Conselho Constitucional n° 94-343/344, *op. cit.*. Cf. o comentário de Th. Bréhier, *le Monde*, 29 de julho de 1994, pp. 1 e 7: "tal avanço era todavia indispensável para opor-se à 'liberdade individual e, assim, permitir ao Estado impedir o indivíduo de fazer o que ele quer com o seu corpo". Sobre essa decisão cf. os vários comentários sobretudo na L.C.P. (Ch. Byk, 1994, ed. G., n° 39, pp 405-414; G. Raymond, 1994, ed. G., n°43, pp. 453-462 – sobretudo pp. 460-461; E. Picard, 1995, ed. G., n° 14, p. 154); o *Rec. Dalloz Sirey* (b. Mathieu, *Note sur la décision de CC du 27 juill 94*, 1995, 16° caderno, jurisprudência, pp. 237-241), a *R.D.P.* (F. Luchaire, *Le Conseil Constitutionnel et l'assistence médicale à la procréation*, nov-dez 94, p. 1621-1662); a *R.F.D.A.* (B. Mathieu, *Bioéthique: un juge constitutionnel réservé face aux défis de la science*, in n° 10 (5) set-out 94, pp. 1019-1032); a *R.F.D.C.* (L. Favoreu , *Jurisprudence du Conseil Constitutionnel*, n° 20, PUF, pp. 800-811); a *Rev.Sc.Crim.* (M. Delmas-Marty, *Le crime contre l'humanité, les droits de l'homme, et l'irréductible humain,* (3) jul-set 94, p. 477-490).

[58] A contradição de direitos humanos entre eles não é uma novidade: "(...) considerados em termos de proteção absoluta, os Direitos do Homem se contradizem às vezes entre eles (igualdade e liberdade, vida privada e saúde...). Pelo contrário, eles tornam-se operacionais, no momento em que são interpretados em termos de limites, de derrogações, de exceções, de restrições" (M. Delmas-Marty, *L''homme des droits de l'homme nést pas celui du biologiste*, in *Esprit*, 1989, n° 11, p. 117). O que é novo é o conflito com a dignidade humana. Se pensar em termos de limite nos parece interessante, isto não nos parece suficiente, pois o que nos parece mais importante é a obrigação positiva engendrada.

permite-nos afirmar, tão rapidamente, que o princípio da dignidade é superior ao da liberdade? Em caso de conflito, qual deles deve prevalecer?

A nós parece que querer opor esses dois conceitos fundamentais levará apenas a impasses. Da mesma forma que os filósofos clássicos não conseguiram distinguir, e, menos ainda, opor os conceitos de dignidade e de liberdade, estes, bem compreendidos, são inseparáveis. Em termos de direitos humanos, podemos fazer referência à indivisibilidade dos direitos.[59]

Opor a liberdade à dignidade é ter uma concepção fracionada do homem; é não compreendê-lo em sua totalidade. Uma liberdade compreendida sem a responsabilidade seria uma liberdade alienada. Uma dignidade que não considerasse a liberdade do homem seria uma dignidade truncada.

O surgimento recente, no direito, do conceito de dignidade é muito promissor. Ele aparece extremamente dinâmico e rico em potencialidades. O conceito de dignidade mais amplo que o de liberdade poderia, de fato, servir de motor à interpretação do direito. Reconhecido muito recentemente como um princípio constitucional francês, já serviu tanto no âmbito da bioética como para fundar o direito à moradia. Até onde nos levará essa nova "releitura" dos direitos humanos?

O outro elemento importante é a noção de respeito. Proclamar a dignidade da pessoa humana como aquilo que existe de irredutivelmente humano exige respeitá-la quaisquer que sejam as circunstâncias. Mesmo que o legislador não possa dizer o que ela é, ele deve fazer de tudo para que aquilo que ela não seja, não aconteça.

B – Do respeito à dignidade da pessoa humana

"O respeito é aplicado sempre unicamente às pessoas, nunca às coisas", diz Kant.[60] Vamos nos deter à compreensão do termo "respeito" pelo filósofo, pois ele é bastante rico. O homem considerado "como um fim em si mesmo significa que ele possui uma dignidade (um valor interno absoluto), pela qual obriga ao respeito de sua pessoa todas as demais criaturas racionais (...)".[61]

Essa atitude do respeito não é a indiferença. Para Kant, com efeito, a expressão "respeito" é muito forte. "(...) A própria legislação que determina todo valor deve ter, precisamente por isso, uma dignidade, isto é, um valor incondicionado, incomparável, traduzido pela palavra respeito, a única que expressa de maneira adequada a estima que um ser racional deve ter para com ela".[62] A exi-

---

[59] Cf. sobretudo P Meyer-Bisch, *Le corps des droits de l'homme, l'indivisibilité comme principe d'interprétation et de mise en oeuvre des droits de l'homme*, ed. Universitaires de Fribourg, Suiça, 1992.

[60] *Critique de la raison pure*, citado por A. Fagot-Largeault e G. Delaisi de Parseval, *op. cit.*, p. 91.

[61] *Doctrine de la Vertu*, pp. 96-97, citado por Z. Klein pp. 23-24.

[62] *Ibid.*, p. 142-143, citado por *ibid.*, p. 24.

gência de respeito em Kant é dupla: traduz o direito de que sua dignidade seja respeitada por outro e o dever de respeitar sua própria dignidade e a do outro.

1) O direito ao respeito de sua dignidade

Devido à sua intangível dignidade, o homem tem direito ao respeito. No âmbito de uma reflexão puramente subjetiva, o perigo será ampliar ou restringir exageradamente o sentido do termo. A percepção unicamente "para si" da dignidade manifesta os limites desse direito. Ela não deve, entretanto, impedir ou limitar esse respeito. É aqui que aparece, então, um subelemento fundamental à dignidade: a igualdade.

Os direitos humanos, depois da Segunda Guerra Mundial, vincularam, de fato, a dignidade à igualdade. Assim, no artigo primeiro da Declaração Universal dos Direitos Humanos, dignidade e igualdade estão associadas: "Todos os seres humanos nascem livres e iguais em dignidade e em direito. São dotados de razão e de consciência e devem agir, uns para com os outros, num espírito de fraternidade".

Kant explicou que o homem "possui uma dignidade (um valor interno absoluto), (...) que lhe permite comparar-se com cada uma delas (as outras criaturas racionais) e considerar-se em pé de igualdade".[63] A igual dignidade de todos os homens funda a igualdade de todos. É porque cada homem é dotado da dignidade de pessoa que todos são iguais. Assim, negar a alguém a dignidade significa considerá-lo como inferior e, portanto, não mais como um ser humano.

Dessa forma, a dignidade não é algo relativo; a pessoa não tem mais ou menos dignidade em relação a outra pessoa. Não se trata, destarte, de uma questão de valor, de hierarquia, de uma dignidade maior ou menor. É por isso que a dignidade fundamental do homem é um absoluto. Ela é total e indestrutível. Ela é aquilo que chamamos de inamissível, não pode ser perdida.

Isso pode-nos levar a questionar a expressão "perder a sua dignidade". *A priori*, se a dignidade é esse absoluto descrito, isso não faz nenhum sentido. Entretanto, a expressão é utilizada. É preciso, então, ou reconhecer que não se trata mais da dignidade no sentido fundamental, ou mostrar que, a partir de um certo limite – que é necessário definir – o homem não é mais uma pessoa humana.

De acordo com essa segunda alternativa, um homem poderia perder a sua dignidade fundamental e, portanto, a sua qualidade de homem. Ele seria portanto um animal e poderia ser tratado como tal, sabendo-se que se pode "proteger" uma espécie animal e atribuir-lhe uma certa afeição. É a essa tese a qual aderem os defensores de uma antropologia do limite. O limite seria determinado em

---

[63] *Doctrine de la Vertu*, pp. 96-97, trad. J. Barni, Paris, 1855, citado por *ibid.*, p. 23-24.

função do critério de autonomia da vontade. É dessa forma que foram tratados os judeus, os homossexuais, os deficientes e tantos outros pelos nazistas.

Se a primeira alternativa se mostra como justa, o termo "dignidade" pode ser utilizado de maneira diferente, ou, diríamos, a dignidade tem duas dimensões. Uma pessoa que guarda a sua dignidade, que qualificaremos de "fundamental", pode conhecer condições de vida tão degradantes ou agir de forma tão contrária aos princípios de humanidade que ela "perde a sua dignidade". Mas aí não é a dignidade da pessoa humana que é colocada em questão, e sim a dignidade de sua ação. Uma coisa é a dignidade da pessoa, dignidade essa absoluta; outra coisa é a dignidade da ação.

Estabelecemos uma distinção entre a pessoa e seus atos, entre a pessoa e sua personalidade, isto é, aquilo que ela faz dela própria por meio dos atos que apresenta ou que sofre. Quando o homem é tratado ou age indignamente, diremos que sua dignidade atuada foi atingida; no entanto, ele continua sendo uma pessoa plenamente dotada de dignidade fundamental, da mesma forma que toda a pessoa humana.[64]

Desenvolver essa tese é muito interessante, porque, agora, a palavra *dignidade* revela toda a sua riqueza. O aspecto "actual", ou seja, que passa pelos atos, da dignidade da pessoa humana, confere ao termo uma dinâmica que não lhe haviam dado os filósofos para os quais a dignidade era um *a priori* fundamental. Com efeito, a dignidade necessita não apenas, e principalmente, de uma realização pelos atos verdadeiramente humanos, mas também das condições externas que lhe permitirão essa atuação, circunstâncias afetivas, sociais, econômicas, estatais, etc.

Paralelamente, essa polissemia permite que possamos nos opor àqueles que limitam a dignidade a um tempo, a um futuro hipotético ou a um momento da vida humana. Para aqueles que, como Hegel ou Marx, consideram o homem apenas num perpétuo porvir, a real grandeza de todo o homem enquanto pessoa resta consideravelmente negligenciada. Por outro lado, todo o ser humano, mesmo que não seja uma pessoa "completa", possui uma dignidade fundamental indiscutível. Claro está que o bebê e a criança necessitam de um desenvolvimento antes de poder serem considerados pessoas humanas no sentido pleno do termo,[65] isto é, antes de serem capazes da referida atuação.

---

[64] Nesse sentido, cf. M. Shattner, *op. cit.,* pp. 130-132, mas preferimos a expressão "dignidade atuada" à expressão dignidade pessoal, pois a dignidade fundamental da pessoa subsiste.

[65] Sobre esse ponto, a pequena obra de fácil leitura do filósofo espanhol F. Savater, *Ethique à l'usage de mon fils,* trad. Cl. Bleton, 1994, Seuil, 180 p., especialmente: "Os objetos são bonitos ou úteis, os animais (ao menos alguns) são gentis, mas nós, os homens, queremos, antes de mais nada, ser humanos, nem utensílios nem bichos. Nós queremos, também, ser tratados como humanos, pois a humanidade depende em grande medida do que uns fazem aos outros. Explico: o pêssego nasce pêssego, o leopardo vem ao mundo leopardo, mas o homem não nasce homem e jamais tornar-se-á um se os outros não o ajudarem. Por quê? Porque o homem não é somente uma realidade biológica, natural (como os pêssegos e os leopardos), mas também uma realidade cultural", p. 78-79.

Não é por isso, no entanto, que eles deixam de possuir a dignidade fundamental que faz com que se lhe deva o mesmo respeito que se deve a um adulto, senão um respeito ainda maior devido à sua grande fragilidade. Isso leva a considerar as expressões *direito à dignidade* e *direito ao respeito da dignidade*. Se retomarmos a nossa definição bivalente da dignidade, *o direito ao respeito da dignidade* corresponde melhor a esta. Com efeito, se defender *o direito à dignidade* é perfeitamente admissível quando é necessário restituir ao homem essa dignidade que ele perdeu por diversas razões, não podemos falar de um *direito à dignidade* quando se trata da dignidade fundamental. Isso porque, conforme vimos, a pessoa humana conserva a sua dignidade independentemente de tudo aquilo que externa e internamente pode degradá-la, humilhá-la ou destruí-la. O homem, no mais terrível sofrimento físico ou psicológico, em condições econômicas e sociais insuportáveis ou, ao contrário, agredindo o outro, continua sendo um homem dotado de dignidade, da mesma dignidade fundamental de qualquer homem.

Preferimos falar, ainda, de um *direito ao respeito da dignidade*,[66] direito absoluto e inalienável. O direito ao respeito da dignidade do homem deficiente, bem como do homem condenado à morte por ter torturado, é o mesmo. Deve-se esse respeito ao homem porque ele é homem.

A expressão "respeito" desenvolvida por Kant, porém, é interessante em mais de um sentido. Ela nos permite estabelecer que a dignidade do homem exige que ele respeite não somente a dignidade do outro, mas também a sua, sendo ambas, aliás, inseparáveis.

2) O dever do respeito à dignidade

Kant explicou que o homem deve um respeito incondicionado à lei. Ora, a lei por excelência é a de que toda a pessoa jamais pode ser considerada um meio, mas um fim. Isso porque para o filósofo o homem não deve respeitar somente a dignidade do outro, mas também a sua própria dignidade. Da dignidade da pessoa humana decorrem, pois, os deveres. Assim, mesmo que, quaisquer que sejam as circunstâncias, a dignidade fundamental do homem não possa ser atingida, é contrário à dignidade de um indivíduo atingir, por meio de atos, a dignidade de outra pessoa.

---

[66] Cf. a Lei Fundamental alemã (23 de maio de 1949), artigo 1°, inc. 1: "A dignidade do homem é intangível. Todo poder público é obrigado a *respeitá-la* e protegê-la"; PIDCP (16 de dezembro de 1966), artigo 10: "(...) toda a pessoa privada de sua liberdade é tratada com humanidade e com o *respeito* à dignidade inerente à pessoa humana"; Carta Africana dos Direitos do Homem e dos Povos (28 de junho de 1981), artigo 5°: "Todo o indivíduo tem direito ao *respeito* à dignidade inerente à pessoa humana", Preâmbulo da Declaração das Liberdades e Direitos Fundamentais (adotada pelo Parlamento Europeu, 12 de abril de 1989): "é indispensável para a Europa reafirmar a existência de uma comunidade de direito fundada sobre o *respeito* à dignidade e aos direitos fundamentais"; ou direito à *salvaguarda* da dignidade, cf. jurisprudência do Conselho Constitucional.

A indignidade de alguns atos pode fazer com que o sujeito perca a sua dignidade, dignidade essa que nós chamamos de "atuada". O homem que age indignamente é destituído dos direitos fundamentais que decorrem de sua dignidade de pessoa. Assim, se todo o homem tem direito à vida, em caso de legítima defesa, a morte do agressor não é injusta. O agressor perdeu a sua dignidade atuada.[67] É contrário à dignidade, da mesma forma, agir contra si mesmo de forma desumana (automutilação, certos usos do corpo,[68] etc.). Humilhar gravemente o outro ou a si próprio sempre tem como conseqüência atingir a própria dignidade.

Não respeitar a própria dignidade tem, portanto, importantes conseqüências em matéria de direitos humanos. Poderia estar aí uma contribuição importante ao conceito da dignidade da pessoa humana no direito: a dignidade é retroativa. Noutras palavras, ela exige a reciprocidade.[69]

Ela exige o respeito ao outro, aos deveres de solidariedade especialmente, mas também um respeito a si mesmo. Ambos os respeitos são indissociáveis.

Quanto àquilo que diz com a solidariedade, a dignidade do Outro me obriga à fraternidade. E. Levinas não utiliza o conceito de dignidade. Explica, porém, que, ao me reconhecer (o Mesmo) na imagem do outro, minha liberdade faz com eu lhe responda por meio da bondade.[70] É unicamente nessa resposta fraternal que eu sou livre. A prova da singularidade do gênero humano se encontra, para o filósofo, nesse sentimento profundo de solidariedade, ou de fraternidade, e não na identidade biológica.[71]

O filósofo G. Marcel é ainda mais categórico: "Se a dignidade da pessoa humana pode ser hoje plenamente reconhecida (...) é com a condição de que

---

[67] B. D. De la Soujeole, *Revue thomiste*, out-dez. 1994, escola de Teologia de Toulouse, p. 676.

[68] Cf. a decisão do Conselho Constitucional relativa às leis sobre a bioética.

[69] F. Savater explica que temos "(...) maneiras de mostrar que nos reconhecemos enquanto seres humanos, (por meio de) certas demonstrações de respeito e de atenção que manifestamos uns pelos outros. Todos nós queremos ser tratados assim, senão, protestamos (...) Dentre tudo isto, o mais importante me parece o seguinte: a humanização (aquilo que nos transforma em seres humanos, no que queremos nos tornar) é um processo recíproco. Para que os outros possam tornar-me humano, eu também devo torná-los humanos; se eles são todos como coisas ou bichos em relação a mim, eu nunca valerei mais do que uma coisa ou um bicho", *op. cit.*, p. 80.

[70] "O ser que se exprime se impõe, mais precisamente, apelando a mim sua miséria e sua nudez – sua fome – sem que eu possa ficar surdo ao seu apelo, de maneira que, na expressão, o ser que se impõe não limita, mas promete a minha liberdade, suscitando a minha bondade". *Totalité et Infini, essai sur l'extériorité*, ed. Livre de poche, Paris, 1990, p. 219.

[71] "Toda a relação social, como uma derivação, remonta à apresentação do Outro ao Mesmo, sem nenhum intermediário de imagem ou de signo, somente pela expressão do rosto. A essência da sociedade nos escapa se a colocarmos de forma semelhante ao gênero que une os indivíduos semelhantes. Existe, sem dúvida, um gênero humano como gênero biológico e a função comum que os homens podem exercer no mundo como totalidade, o que permite aplicar-lhes um conceito comum. (...) Não é pela semelhança que se explica o fato de todos os homens serem irmãos (...mas misteriosamente por) um fenômeno de solidariedade. É a minha responsabilidade frente a um rosto que me olha como um absoluto estranho – e a epifania do rosto coincide com esses dois momentos – que consitui o fato original da fraternidade", *ibid.*, p. 235.

seja colocada na perspectiva da fraternidade, e não na do igualitarismo".[72] E ele não hesista em atribuir um sentido extremamente forte ao termo *fraternidade*. Não se cogita, para ele, de fazer *"como se* os homens fossem irmãos".[73] Estaria o problema, então, em saber se o direito pode dar conta do princípio da fraternidade? Para ele, apenas o da igualdade, que é reivindicador, é do domínio do direito; a fraternidade é de uma outra ordem.[74] O que permanece indiscutível é que o respeito à dignidade do outro acarreta certas obrigações tanto por parte das autoridades públicas como por parte de qualquer indivíduo. Talvez devêssemos preferir o termo *solidariedade*.

A noção de respeito, que deve ser, dentre outras, obra do direito, comporta um outro aspecto. No lugar da palavra *respeito* encontramos, freqüentemente, a palavra *salvaguarda*. Isso significa que "respeitar" não comporta a ação voluntarista de atribuir. O respeito não é a atribuição, mas a salvaguarda de uma realidade que existe independentemente desse respeito, que preexiste a ele. Nós falaremos num reconhecimento. O fim da escravidão, por exemplo, não atribuiu repentinamente aos africanos uma dignidade que eles não possuíam até então, apenas reconheceu uma dignidade da pessoa humana que lhes havia sido injustamente negada. É aqui que reside o progresso do conceito de dignidade da pessoa humana. A dignidade, historicamente, não progride, mas o respeito desta deve afirmar-se, desenvolver-se. Nisso reside a descoberta cada vez mais apurada da dignidade em si, e portanto o progresso da dignidade para si ou para nós. A conseqüência da dignidade da pessoa humana se formaliza num respeito.

CONSIDERAÇÕES FINAIS

A história das idéias convida à modéstia. Ela ilustra, com efeito, como é perigoso enclausurar a reflexão sobre a dignidade na busca de uma simples definição. Ela ensina-nos, da mesma forma, que subjetivar completamente a dignidade não apenas leva aos piores abusos, mas impede qualquer discussão. Tal subjetivismo pode levar, ademais, à afirmação abusiva de ser proprietário da dignidade.

---

[72] G. Marcel, *op. cit.*, p. 174.

[73] *Ibid.*, p. 171.

[74] "A igualdade é egocêntrica: eu finjo ser o teu igual. A fraternidade é heterocêntrica: eu te saúdo como meu irmão, eu não apenas te reconheço como diferente de mim, mas posso me alegrar da tua superioridade pelo menos no que se refere ao que nos diz respeito, tu e eu, o pruprido igualitário me é poupado. (...) O erro para mim imperdoável de tantos ideólogos e mesmo, coisa estranha, de certos pensadores religiosos de tendência progressista, foi o de não ter visto que a fraternidade se apóia nos seres, enquanto que a igualdade – ou, melhor dizendo, a identidade – só diz respeito aos direitos. É o erro-chave que está na origem das aberrações igualitárias", *Testament philosophique*, in *Homenaje a X. Zubiri*, vol. 1, Editorial Moneda y Credito, Madrid, 1970, p. 330-331.

Um poder de controle por parte da sociedade mostra-se, por isso, necessário, pois deve estabelecer-se um certo consenso social sobre a noção de dignidade. Cabe às autoridades, portanto, impedir as violações dessa dignidade. Com efeito, não nos parece que seja o espectro da retomada da ordem moral que, atualmente, coloca em perigo a dignidade da pessoa humana, mas muito antes uma certa concepção da liberdade esquecida da dignidade.

A inteligência, a liberdade e a capacidade de amar é o que coloca a pessoa radicalmente acima do mundo animal e lhe revela a sua dignidade eminente. É isso o que faz com que lhe devamos um respeito absoluto. A experiência do que é o homem nos permite descobrir que a pessoa é irredutível aos condicionamentos psicológicos e sociológicos, isto é, que é livre e autônoma. A dignidade da pessoa humana é a primeira "qualidade da pessoa humana".

Ao desenvolver isso, nós podemos descobrir as duas dimensões da dignidade. Há uma dignidade fundamental, substancial, que é dividida de forma igual entre todos os homens, qualquer que seja a sua situação ou os seus danos à realidade externa. Essa dignidade fundamental exige, porém, a realização[75] de atos, manifestando estes a dignidade que chamamos "atuada".

Dessa forma, se o princípio é absoluto, não se trata de um conceito estático. A dignidade é inalienável e ela é chamada a se realizar. É por isso que querer opor a dignidade à liberdade ou à igualdade não faz sentido. A expressão "respeitar a dignidade da pessoa humana" deve ser tomada em toda sua amplitude. Eis o que torna a sua utilização bastante difícil no direito.

Com efeito, os textos de direito positivo inseriram em suas disposições o conceito de dignidade.[76] Este não é mais, portanto, apenas um princípio de filosofia moral fundador, mas também um princípio jurídico. A dignidade da pessoa humana deve ser assim respeitada tanto como princípio moral essencial como enquanto disposição de direito positivo. Respeitar a dignidade do homem exige obrigações positivas. São estas as conclusões que se pode tirar das duas recentes decisões do Conselho Constitucional francês.[77]

---

[75] "Com efeito, essa dignidade radical do ser humano, adequada ao que ele é, não é uma coisa estática, ela pede para crescer. O que há de fundamental no ser humano não é suficiente para dar conta do que ele é, e então de toda a sua dignidade. Cada um mobiliza a sua dignidade na medida em que vive de acordo com o que ele é", M. Schattner, *op. cit.,* p. 130.

[76] Cf. sobretudo o artigo 10, § 1°, do PIDCP. Foi voluntariamente que os membros da terceira Comissão da Assembléia Geral das Nações Unidas especificaram que as pessoas privadas de liberdade devem ser tratadas "com humanidade e com o respeito à dignidade inerente à pessoa humana". Eles consideraram, com efeito, que a obrigação assim definida estava destinada a estabelecer normas positivas (o que não exigiria a interdição de "tratamentos desumanos do artigo 7° do mesmo Pacto"). Cf. ONU, A/4045, § 79.

[77] Decisão de 27 de julho *op. cit.,* e Decisão n° 94-359, de 19 de janeiro de 1995, lei relativa à diversidade do *habitat.* Lembramos o artigo 22 do projeto da Constituição francesa de abril de 1946 (três anos antes da Lei Fundamental alemã, na qual o artigo 1° proclama a dignidade intangível do homem), segundo o qual "todo o ser humano possui, diante da sociedade, direitos que garantem, na integridade e na dignidade de sua pessoa, o seu pleno desenvolvimento físico, intelectual e moral". Cf. também, no mesmo projeto, os artigos 27, 28 e 38. In *Constitutions et documents politiques,* M. Duverger, Puf, Themis, 1992, p. 181 para o projeto francês e p. 969 para a Lei alemã.

O princípio da "salvaguarda da dignidade da pessoa humana contra toda a forma de subjugação e de degradação" é oponível, portanto, não somente a qualquer medida que lhe seja contrária mas "impõe", igualmente, que haja prestações materiais efetivas.[78]

Esses dois aspectos da dignidade nos permitem determinar o objeto do direito. O direito deve situar-se nos dois níveis. Se ele deve condenar, por exemplo, o criminoso que, por meio de seus atos, atingiu gravemente a sua dignidade atuada e, da mesma forma, restabelecer a da pessoa que sofreu as conseqüências de tais atos, deve, igualmente, proteger a dignidade fundamental da pessoa humana desse mesmo criminoso.

Assim também o direito deverá permitir e encorajar todas as circunstâncias necessárias à integridade da dignidade fundamental do ser humano em sua dignidade atuada. Manifestando-se a dignidade em atos, é em todos os níveis que o direito poderá intervir, ordenar, a fim de permitir o melhor desenvolvimento possível das relações entre as pessoas. A ética se interessará, todavia, no essencial, pela dignidade atuada, sendo do domínio do direito proteger absolutamente a dignidade fundamental da pessoa humana.

Dessa forma, se o respeito à dignidade fundamental deve ser necessariamente reconhecido como um direito absoluto do homem, o respeito à dignidade atuada não o funda.

Para além da questão do respeito efetivo à dignidade, o princípio nos leva a outras noções demasiado importantes que são a inderrogabilidade e a indivisibilidade. O estudo da dignidade leva, desse modo, necessariamente, a considerar o homem em sua globalidade.

Não fosse assim, tudo não passaria apenas de *"muito barulho por nada"*, ou essa pequena fuga se reduziria, segundo as palavras de Hector Berlioz, "ao que somos obrigados a engolir depois do jantar: sonata executada pela moça da casa, jovem prodígio de seis anos de idade"[79]...

---

[78] Cf. F. Luchaire, *op. cit.,* pp. 1650-1651. A segunda decisão ilustra perfeitamente as conseqüências positivas desse novo princípio. Isso porque o juiz não apenas deduz do princípio de valor constitucional da salvaguarda da dignidade da pessoa humana (e das alíneas 10 e 11 do Preâmbulo da Constituição de 1946) "um objetivo de valor constitucional" – "a possibilidade, para toda a pessoa, de dispor de um alojamento decente" – como também explica que esse progresso não retrocede: "o legislador pode (...) modificar, completar ou ab-rogar as disposições legislativas (...) sob a única condição de não privar as garantias legais dos princípios de valor constitucional que elas tinham por objetivo viabilizar".

[79] *Les grotesques de la musique,* ed. du Centenaire, Paris, 1969, p. 385.

— 5 —

Vida e dignidade da pessoa humana* [1]

MICHAEL KLOEPFER

Tradução de RITA DOSTAL ZANINI
Revisão da tradução: INGO WOLFGANG SARLET

Sumário: I. Observação pessoal preliminar após 25 anos; II. Introdução; III. Vida e dignidade como bens da vida conjugados; IV. Proteção jurídica da vida e da dignidade da pessoa humana; 1. Bem protegido unitário; a) Vida humana; b) Dignidade da pessoa humana; aa) Fundamentos de proteção; bb) Titulares de direitos fundamentais; c) Limites temporais da vida e da dignidade; 2. Âmbito de proteção; a) Função de defesa; aa) Dignidade da pessoa humana; bb) Vida; b) Deveres de proteção; aa) Dignidade da pessoa humana; bb) Vida; c) Direitos a prestações?; aa) Dignidade da pessoa humana; bb) Vida; 3. Titulares dos direitos fundamentais; a) Legitimidade dos direitos fundamentais; b) Titulares dos direitos fundamentais; 4. Intervenções; a) Intervenções no direito fundamental à vida; b) Intervenções na dignidade da pessoa humana; 5. Justificações; a) Justificação de intervenções na dignidade da pessoa humana?; aa) Concepção tradicional; bb) Concepção pessoal; b) Justificação de intervenções no direito à vida; aa) Generalidades; bb) Limites dos limites; V. Unidade jusfundamental entre dignidade da pessoa humana e direito fundamental à vida?; VI. Potencialidade futura do art. 1°, inc. 1, da Lei Fundamental por meio da possibilidade de limitação.

I. OBSERVAÇÃO PESSOAL PRELIMINAR APÓS 25 ANOS

Um homem, que volta e meia cruzava com o Sr. K., cumprimenta-o com as seguintes palavras: "O senhor não mudou nada". "Oh!", disse o Sr. K, e empalideceu. (B. Brecht, *O Reencontro*)

---

* Tradução do original: "Leben und Würde des Menschen", in: BADURA, Peter; DREIER, Horst (Ed.), *Festschrift 50 Jahre Bundesverfassungsgericht*, vol. II, Tübingen: Mohr Siebeck, 2001, p. 77-103.
[1] Agradeço muito ao meu assistente, Sr. Dr. Matthias Rossi, pela preciosa colaboração.

Brecht pode estar ultrapassado em várias coisas, mas aqui certamente não. Sua bela história me ocorreu agora quando voltei a ler minha contribuição oferecida à publicação comemorativa dos 25 anos de existência do Tribunal Constitucional Federal[2] relativa ao mesmo complexo temático sobre o qual versa a presente obra comerorativa, e constatei que ainda hoje considero minhas teses anteriores corretas. Minha tese fundamental era, àquela época, a de que a vida representa o bem constitucional maior. A possibilidade de limitação da vida deveria conter, por isso, o mínimo delimitador de toda a ordem jusfundamental. Como, porém, o direito fundamental à vida encontra-se sujeito à limitação por conta da reserva legal que enuncia, nada de diferente poderia valer para a dignidade da pessoa humana. A dignidade da pessoa humana não poderia ser mais estritamente limitável que a vida. Também hoje ainda considero isso convincente.

Não sei se eu – como o Sr. K – empalideci ou se, pelo menos, deveria ter empalidecido com essa constatação, mas fui espreitado por dúvidas, sim, sobretudo considerando a minha possivelmente decrescente capacidade de aprendizado: será que eu realmente não deveria ter aprendido algo com a crítica de meus colegas à minha contribuição para a publicação comemorativa da época,[3] ainda que essa crítica talvez tenha tido, por vezes, um tom emotivo ou até mesmo ideológico? E acima de tudo: como posso insistir de forma inflexível em uma tese quando o mundo inteiro se modificou de modo tão evidente nos últimos 25 anos? Reunificação e desmoronamento do assim chamado sistema socialista, privatização e desregulamentação, fortalecimento do Estado partidário, intensiva europeização e globalização, ódio às leis e xenofobia, megafusões e índices recordes de desemprego, o crescimento e a consolidação da proteção ambiental, o "anything goes" e a AIDS; sobretudo, porém, a rapidez do avanço da Medicina e as revoluções da técnica, especialmente da Biotecnologia e da Informática, e o desenvolvimento da sociedade científica. Nesse contexto minhas teses seriam imodificáveis? As novas ameaças à dignidade da pessoa humana por meio da técnica de manipulação genética até a clonagem, pela Medicina reprodutiva, por modernas técnicas de investigação e informação e por uma permissividade quase sem limites não estimulam, justamente, um revigoramento da dignidade da pessoa humana pela sua proteção absoluta? Quanto ao resultado, eu refuto isso e fico com a minha tese da limitabilidade do art. 1°, inc. 1, da Lei Fundamental.[4] Da mesma forma que a reserva legal nem de longe

---

[2] M. Kloepfer, Grundrechtstatbestand und Grundrechtsschranken in der Rechtsprechung des Bundesverfassungsgericht – dargestellt am Beispiel der Menschenwürde, in: C. Starck (org.), Bundesverfassungsgericht und Grundgesetz. Edição comemorativa por ocasião dos 25 anos de existência do Tribunal Constitucional Federal Alemão, vol. 2, 1976, p. 405 e ss.

[3] P. ex. K. Stern; M. Sachs, *Das Staatsrecht der Bundesrepublik Deutschland*, vol. III/1, 1998, § 58, II, 3ª (p. 23 e s.); W. Höfling, in: M. Sachs (org.), *Grundgesetz-Kommentar*, art. 1°, nota de margem 11 e observações seguintes.

[4] Doravante utilizar-se-á a sigla "LF" para a expressão "Lei Fundamental" (n.t.).

tenha ameaçado o direito fundamental à vida, o mesmo seria o caso da garantia da dignidade da pessoa humana.

Com essa constatação, poderia concluir o meu presente artigo, caso o seu tema não tivesse sido sensivelmente ampliado pelos editores em relação àquela época.

II. INTRODUÇÃO

O tema "vida e dignidade do homem" pode ser compreendido de diversas maneiras para efeitos de uma publicação em homenagem ao Tribunal Constitucional Federal. Poder-se-ia apresentar, criticar e apreciar, por exemplo, a jurisprudência do Tribunal em relação ao direito fundamental à vida, por um lado, e em relação à inviolabilidade da dignidade da pessoa humana, por outro. É bem verdade que a consideração em separado e de modo aditivo da "vida humana", de um lado, e da "dignidade da pessoa humana", de outro, não faria jus ao tema de maneira totalmente abrangente. Em realidade, o tema só adquire a sua tensão específica quando se trata a vida e a dignidade da pessoa humana não de forma sucessiva, mas em conjunto, como uma unidade; quando se compreende o "e" não de forma consecutiva, mas de forma conjugada.

III. VIDA E DIGNIDADE COMO BENS
DA VIDA CONJUGADOS

Fala a favor dessa compreensão do tema, em primeiro lugar, uma sensata consideração das circunstâncias de vida fáticas com as quais o Tribunal Constitucional Federal se ocupou nessa área temática, e com as quais possivelmente ele ainda há de se ocupar. Isso se torna especialmente claro nas decisões que dizem com o tratamento jurídico da interrupção da gravidez.[5] Aqui se questiona se o nascituro já é um ser vivo ao qual deva ser reconhecida a dignidade da pessoa humana. Com isso torna-se evidente que o objeto relacional vinculante entre a protegida "vida" do art. 2°, inc. 2, § 1°, da LF e a garantida "dignidade" do art. 1°, inc. 1, da LF é a pessoa humana. A pessoa humana também é o norte orientador comum do tema tratado que caracteriza como vida e dignidade não quaisquer bens jurídicos do homem, mas simultaneamente suas propriedades constitutivas. Pessoas sem a proteção de sua vida ou de sua dignidade são inimagináveis do ponto de vista constitucional.

---

[5] BVerfGE 39, p. 1 e ss.; 88, 203 e ss.

De qualquer forma, as efetivas perguntas sobre quando a existência como pessoa humana inicia no sentido constitucional, quando ela termina e se seus limites temporais são rígidos ou flexíveis, não devem, fundamentalmente, sob a perspectiva jurídica, ser avaliadas de forma separada em relação a ambos os direitos fundamentais, e sim respondidas de forma unificada. Se um embrião produzido por meio da técnica de manipulação genética possui dignidade humana,[6] se uma criança pode ser compreendida como um dano patrimonial,[7] se e sob quais pressupostos é permitida ou até mesmo recomendada a facilitação da morte, se a morte de uma pessoa em prol da salvação de outra é permitida, seja sob a forma de um "tiro de misericórdia",[8] seja por meio de uma correspondente distribuição de leitos em Unidades de Tratamento Intensivo ou por meio da doação de órgãos para pacientes (o que, para os pacientes não atendidos, muitas vezes significa morte certa) – sempre são afetados, nesses casos, ao lado dos aspectos atinentes à vida, aspectos atinentes à dignidade, pois o atingido é sempre um ser humano.[9]

Em todos esses aspectos comuns entre dignidade da pessoa humana e direito fundamental à vida não se pode deixar de ter em vista, todavia, que os bens jurídicos "vida" e "dignidade da pessoa humana" não devem, necessariamente, repercutir em conjunto, de forma paralela, como elemento de reforço da proteção no sentido de um vínculo jusfundamental, isso é, como concorrência jusfundamental cumulativa. Pelo contrário; eles também podem entrar em conflito entre si no sentido de uma colisão de direitos fundamentais. Onde esse conflito se manifesta, porque a vida de um entra em confronto com a dignidade do outro (por exemplo, na doação de órgãos não consentida), não estamos diante de uma singularidade do ponto de vista dogmático jusfundamental; é preciso que resulte, aqui, uma solução ponderada pautada pelo critério do menor sacrifício possível de direitos fundamentais.[10] Em termos substanciais, tal otimização entre direitos fundamentais de mais de um titular no que diz com os bens jurídicos mencionados é modificada e previamente decidida quando a dignidade da pessoa humana (conforme a majoritária – porém problemática[11] – opinião)

---

[6] Cfr. p. ex. R. Lukes; R. Scholz (org.), *Rechtsfragen der Gentechnologie*, 1986; W. Graf Vitzthum, *Gentechnik und Grundgesetz*, in: *Festschrift für Günter Dürig*, 1990, p. 185 e ss.

[7] Cfr., nesse ponto, as decisões contraditórias do Tribunal Constitucional Federal Alemão: BVerfGE 88, 203 (296) (Segundo Senado), de uma parte, e BVerfGE 96, 375 e ss (Primeiro Senado), de outra. V. T. Brandner, *Das Bundesverfassungsgericht und der Dissens über die Divergenz*, in: *Humboldt Forum Recht*, 1998, parte 1 (http.://www.humboldt-forum-recht.de/1-1998/text.html).

[8] V., nesse ponto, p. ex. P. Kunig, *Grundrechtlicher Schutz des Lebens*, in: Jura 1991, p. 415 (422).

[9] A atualidade dos círculos problemáticos referidos também reflete na implementação, feita novamente pela Câmara dos Deputados, da Comissão de Inquérito "Direito e Ética da Medicina moderna". Ela deve ocupar-se tanto da medicina reprodutiva, da proteção aos embriões, do diagnóstico genético e da clonagem como das intervenções intencionais nas predisposições hereditárias e das pesquisas feitas com pessoas capazes de consentir. V. p. ex. BT-Drs. 14/3011.

[10] Fundamentalmente P. Lerche, *Übermaâ und Verfassungsrecht*, 1a ed., 1961, p. 164 e ss.

[11] Cfr. Kloepfer, *Grundrechtstatbestand* (nota de rodapé 1), p. 411 e ss.

é ilimitada e fundamentalmente não dá acesso a um tal ponderamento. A partir do correto entendimento da necessária relativização também da dignidade da pessoa humana por meio de sua inserção no mundo de valores da Constituição, não se pode partir de uma prevalência *per se* da dignidade da pessoa humana.

Uma situação especial ocorre quando os bens jurídicos vida e dignidade entram em confronto em uma e mesma pessoa; quando, por exemplo, uma vida plenamente digna não parece possível, e a dignidade fala em prol da cessação da vida, ou pelo menos parece falar nesse sentido. Também esse potencial conflito entre direitos fundamentais, que só parece solucionável no âmbito de uma refreada concorrência de direitos fundamentais, será enfrentado mais adiante.

IV. PROTEÇÃO JURÍDICA DA VIDA E DA DIGNIDADE DA PESSOA HUMANA

Às considerações supramencionadas, relativas aos bens da vida interligados, contrapõe-se o argumento jurídico de que vida e dignidade, no texto da LF, não são protegidos, do ponto de vista constitucional, de forma unificada, e sim assegurados cada qual por si, portanto separadamente um do outro e de diferentes modos. Sistematicamente isso se torna manifesto pela disposição em dois artigos distintos, que sequer se encontram posicionados imediatamente um após o outro, mas que estão separados, de uma parte, pela salvaguarda jusfundamental da liberdade geral de ação do art. 2°, inc. 1, da LF, mas de outra sobretudo pelo art. 1°, inc. 3, da LF, que, ao fazer referência aos "direitos fundamentais seguintes", estabelece literalmente, de toda a forma, uma evidente cisão entre a dignidade da pessoa humana e o direito fundamental à vida.

Todavia, para além disso, subsistem sobretudo diferenças estruturais entre ambas as determinações constitucionais. Enquanto o art. 2°, inc. 2, primeira parte, da LF se apresenta como um clássico direito de liberdade, que, ademais, se encontra sob simples reserva legal, a dignidade, de acordo com o art. 1°, inc. 1, da LF, é "intangível", e segundo – conforme mencionado – a maioria não convincente e a jurisprudência do Tribunal Constitucional Federal, ilimitável.[12] De qualquer forma, os arts. 1°, inc. 1, e 2°, inc. 2, da LF também estão ligados, na perspectiva jurídica, por uma peculiaridade dogmática jusfundamental: ambas as determinações constitucionais permitem deduzir de si não só direitos de defesa, mas também deveres especiais de proteção estatal.

Se ainda existem, apesar das divergências estruturais, outros paralelos entre a proteção constitucional dos bens jurídicos em questão, que permitem ou que até mesmo recomendam um tratamento constitucional de uma unidade

---

[12] Em sentido diverso, Kloepfer, *Grundrechtstatbestand* (nota de rodapé 1), p. 412 e ss.

entre "vida e dignidade humana", é algo que deve ser examinado a seguir. É preciso levar em consideração, contudo, que o artigo constitucional (art. 2°, inc. 2, primeira parte, da LF) parte, em primeiro lugar, de uma unidade de garantia da vida e da intangibilidade corporal. Não obstante, a garantia textualmente separada e estruturalmente distinta da vida e da integridade física não precisa, de antemão, falar contra um bem jurídico unitário, como mostra, por exemplo, o art. 5°, nos incisos 1 e 2, da LF, que contêm diferentes garantias de um bem protegido unitário da liberdade de comunicação, tal como esta é protegida, de forma sintética, pelo art. 10 da Convenção Européia de Direitos Humanos.

1. Bem protegido unitário

Um bem protegido unitário, no sentido de uma unidade entre vida e dignidade da pessoa humana, apresentar-se-ia como uma porção delimitadora de bens protegidos que são normatizados constitucionalmente em dois artigos, isso é, que são considerados de forma separada, razão pela qual estes devem ser elucidados primeiramente de forma individualizada.

a) Vida humana

O direito à vida é o direito de viver.[13] Ele abrange a existência corporal, a existência biológica e física, que é pressuposto vital para a utilização de todos os direitos fundamentais.[14] A proteção refere-se, aqui, à vida individual, não apenas à vida humana em geral.[15] Fenômenos vinculados à consciência ou a um determinado estágio de desenvolvimento corporal não são decisivos; proíbem-se, por isso, de acordo com a opinião dominante, valorações de ordem social, do ponto de vista do desenvolvimento da Medicina, de ordem política, racial ou quaisquer outras, da vida que merece proteção.[16] A vida é compreendida, então, num sentido exclusivamente biológico e fisiológico.

b) Dignidade da pessoa humana

Pautado no direito à vida, a dignidade da pessoa humana é o direito fundamental mais fortemente impregando da visão ideológica e política. Por isso, o preceito da dignidade da pessoa humana causa especiais dificuldades[17] que

---

[13] B. Pieroth; B. Schlink, *Grundrechte*. Staatsrecht II, 14ª ed., 1998, nota de margem 392.

[14] De uma "base vital da dignidade da pessoa humana" fala o BVerfGE 39, 1 (42). V. também M. Kloepfer, *Grundrechte als Enstehenssicherung und Bestandschutz*, 1970, p. 54 e ss.

[15] BVerfGE 88, 203 (252).

[16] H. v. Mangoldt; F. Klein; C. Starck, *Grundgesetz-Kommentar*, vol. 1, 3a ed., 1985, art. 2°, inc. 2, nota de margem 129.

[17] Cfr. a doutrina de E. Benda, *Menschenwürde und Persönlichkeitsrecht*, in: E. Benda; W. Maihofer; H.-J. Vogel (ed.), *Handbuch des Verfassungsrecht der Bundesrepublik Deutschland*, 2a ed., 1994, § 6, nota de

resultam não apenas dos enraizamentos religiosos, filosóficos e históricos da dignidade da pessoa humana,[18] como também da dependência da respectiva situação global civilizacional e cultural da sociedade.[19] Enquanto foi defendida, primeiramente, a concepção de que o conteúdo do art. 1°, inc. 1, da LF não poderia ou não deveria ser definido de forma mais precisa,[20] a determinação do âmbito de proteção ocorre, doravante, por meio de diferentes métodos. O âmbito de proteção é definido, assim, na doutrina, em parte positiva ou negativamente, porém em ambos os casos de forma abstrata; por outro lado, ele também (só) é determinado por meio de exemplos concretos de casos particulares.

aa) *Fundamentos de proteção*. Para a determinação positiva do conceito de dignidade da pessoa humana são escolhidos diferentes fundamentos. Enquanto as "teorias do valor ou da dádiva", segundo a feição cristã ou jusnaturalista-idealista, concebem a dignidade da pessoa humana inserida em sua posição especial na ordem da criação divina ou enraizada em sua razão, esta só deve ser obtida, segundo as "teorias da prestação", por meio da formação da identidade e da autocaracterização.[21] De uma formação "procedimental" da dignidade da pessoa humana também parece partir a concepção segundo a qual a dignidade constituir-se-ia "apenas no reconhecimento social, por meio de uma valoração positiva de reivindicações sociais que exigem atenção", e que por isso ela não seria "um conceito substantivo, qualitativo ou operacional, e sim um conceito relacional ou comunicacional".[22] Embora também se deixem encontrar argumentos jurídicos para todas as teorias,[23] os diferentes aspectos de

---

margem 14 e ss; G. Dürig, *Der Grundrechtssatz von der Menschenwürde*, in: AöR 81 (1956), p. 117 (117 e ss.); P. Häberle, *Die Menschenwürde als Grundlage der staatlichen Gemenschaft*, in: J. Isensee; P. Kirchhof (org.), *Handbuch des Staatsrechts der Bundesrepublik Deutschland*, vol. I: *Grundlagen von Staat und Verfassung*, 1987, § 20, nota de margem 31 e observações seguintes); sobre a dignidade da pessoa humana no espelho da literatura científica, H.C. Nipperdey, *Die Würde des Menschen*, in: F.L. Neumann; H.C. Nipperdey; U. Scheuner (org.), *Die Grundrechte*, vol. 2, 1954, p. 1 (1), de acordo com o qual a dignidade da pessoa humana não necessita de uma definição jurídica ulterior; C. Starck, *Menschenwürde als Verfassungsgarantie im modernen Staat*, in: (JZ) 1981, p. 457 (457 e ss.).

[18] Assim a apreciação de Pieroth; Schlink, *Grundrechte* (nota de rodapé 11), nota de margem 353; mais próximo à história da filosofia v. H. Dreier, in: (H. Dreier; org.), *Grundgesetz-Kommentar*, vol. I, 1996, art. 1°, (nota de margem 2 e ss.).

[19] Pieroth; Schlink, *Grundrechte* (nota de rodapé 11), nota de margem 353, com base no BVerGE 30, 1 (25), de acordo com a qual uma violação à dignidade da pessoa humana deixa-se constatar "não de forma genérica, mas apenas e tão-somente com vistas ao caso concreto". Cfr. também BVerfGE 45, 187 (229).

[20] Comprovações sobre essas teorias da "não-definição" em Dreier (nota de rodapé 16), art. 1°, I, nota de margem 37.

[21] Cfr. Dreier (nota de rodapé 16), art. 1°, I, nota de margem 41, em relação à filosofia de Kant nota de margem 11 e ss.; fundamentalmente N. Luhmann, *Grundrechte als Institution*, 1965, p. 53 e ss.

[22] H. Hofmann, *Die versprochene Menschenwürde*, in: AöR 118 (1993), p. 353 (364); Dreier (nota de rodapé 16), art. 1°, I (nota de margem 43), classifica essa concepção como uma categoria própria da "teoria da comuniação".

[23] A favor das "teorias do valor ou da dádiva" falam sobretudo argumentos históricos (v. p. ex. E. Denninger, *Über das Verhältnis von Menschenrechten zum positiven Recht*, in: JZ 1982, p. 225 e ss.), enquanto uma consideração sistemática deve favorecer as "teorias da prestação", porque esta acentua a conexão da dignidade da

proteção da dignidade da pessoa humana só se deixam deduzir em seu conjunto. Isso porque as "teorias da prestação" evidenciam que o indivíduo também pode, ele próprio, influir na sua dignidade, enquanto as "teorias do valor ou da dádiva" também garantem dignidade àqueles que não estão em condições de realizar tal prestação.[24] Também o método negativo, que questiona como o homem se distingue dos animais e das coisas,[25] não pode, por si só, alcançar uma determinação suficiente da concepção de dignidade da pessoa humana.

Se as tentativas de definição abstratas para a determinação conceitual da dignidade da pessoa humana dificilmente são, então, suficientes, resta apenas determinar a esfera de proteção de forma individualizada, com a ajuda de casos particulares concretos. É bem verdade que, na perspectiva dogmática, não raras vezes se perde a possibilidade de diferenciação da esfera de proteção, intervenção e lesão, pois os exemplos particulares demonstram as correspondentes intervenções no art. 1°, inc. 1, da LF e então – estabelecendo o segundo passo antes do primeiro – freqüentemente definem o bem a ser protegido por meio de sua lesão. Apenas se se deixar de levar em consideração a dogmática geral de direitos fundamentais do art. 1°, inc. 1, da LF, e se se compreender a abrangência da esfera de proteção ao mesmo tempo como limite de violação,[26] pode-se considerar esse método para a determinação do conteúdo jusfundamental do art. 1°, inc. 1, da LF como adequado. Independentemente de tais perguntas dogmáticas, porém, ele também é insatisfatório como método empírico para a determinação da esfera de proteção pelo fato de que ele se refere, *per definitionem,* ao passado, e por isso só serve de forma limitada como critério para futuro agir estatal.[27]

bb) *Titulares de direitos fundamentais.* De qualquer forma, deve-se reiterar que toda a pessoa possui dignidade, e, note-se, independentemente da sua nacionalidade,[28] das suas características pessoais, das suas prestações e do seu *status* social.[29] É irrelevante, da mesma forma, se o titular é consciente da sua dignidade ou mesmo se a compreende.[30] De forma correspondente, também

---

pessoa humana com outras decisões fundamentais da Tribunal Constitucional Federal (cfr. A. Podlecht, in: *Alternativkommentar zum Grundgesetz,* vol. 1, 2a ed., 1989, art. 1°, inc. 1, nota de margem 17 e ss., de forma sintética também Pieroth; Schlink, *Grundrechte* [nota de rodapé 11], nota de margem 355).

[24] Pieroth; Schlink, *Grundrechte* (nota de rodapé 11), nota de margem 356.

[25] H.D. Jarass, in: H.D. Jarass; B. Pieroth, *Grundgesetz-Kommentar,* 4. ed. 1997, art. 1°, nota de margem 4.

[26] Cfr. Hoefling (nota de rodapé 2), art. 1°, nota de margem 11 e observações seguintes.

[27] Na doutrina é atribuída à concretização casuística a vantagem, em contrapartida à definição negativa, "de poder abranger também novas ameaças e a obter um alto parâmetro em termos de flexibilidade na interpretação constitucional" – cfr. Dreier (nota de rodapé 16), art. 1 I nota de margem 37, sob a referência de W. Graft Vitzthum, *Die Menschenwürde als Verfassungsbegriff,* in: JZ 1985, p. 201 (202 e s.); Kloepfer, *Grundrechtstatbestand* (nota de rodapé 1), *passim.*

[28] BVerfGE 50, 166 (175); cfr. na doutrina p. ex. Dreier (nota de rodapé 16), art. 1°, I, nota de margem 45.

[29] BVerfGE 87, 209 (228).

[30] BVerfGE 39, 1 (41).

crianças[31] e doentes mentais[32] são alcançados pela proteção do art. 1°, inc. 1, da LF. Não é posssível, ademais, uma perda da dignidade da pessoa humana, de forma que também para o criminoso "que pode ter atentado, da forma mais grave e insuportável, contra tudo aquilo que a ordem de valores da Constituição coloca sob sua proteção, não pode ser negado o direito ao respeito da sua dignidade".[33]

c) Limites temporais da vida e da dignidade

Nessa declaração de que a cada homem também pertence a sua dignidade, revela-se a relação constitutiva entre vida e dignidade da pessoa humana. Ela leva, no mínimo, para efeitos de início da proteção constitucional, a um exato paralelo entre ambos os bens jurídicos jusfundamentais. Da mesma forma que a proteção jusfundamental da vida, também a proteção da dignidade da pessoa humana inicia, de acordo com a jurisprudência do Tribunal Constitucional Federal, não apenas com o nascimento, e sim, em todo o caso, com a instalação do óvulo fecundado no útero, a nidação.[34] Na sua primeira decisão sobre o aborto, o Tribunal Constitucional Federal ainda havia deixado indefinido se o nascituro é, ele próprio, titular de direitos fundamentais, ou se, não obstante, ele é protegido no seu direito à vida, "apenas" pelas normas objetivas da Constituição. Como resultado, o Tribunal estabeleceu que o nascituro seria, de toda a forma, um ser humano autônomo que se encontraria sob a proteção da Constituição.[35] Na sua segunda decisão sobre o aborto,[36] o Tribunal decidiu, com base no § 10, inc. 1, primeira parte, do Direito Geral do Estado Prussiano, que a dignidade da pessoa humana já tocaria à vida humana ainda não concebida, e não apenas à vida humana após o nascimento, ou com a personalidade desenvolvida. De qualquer forma, tratar-se-ia, da nidação ao início do nascimento, de uma vida individualizada no processo de crescimento e desenvolvimento, não apenas para o ser humano, mas como ser humano. Assim, com vistas à inseminação artificial, até poderia ser recomendado antecipar o momento do início da proteção já para a fusão do óvulo com o espermatozóide.[37]

De forma correspondente, a ligação constitutiva entre dignidade da pessoa humana e vida humana é alargada pelo fato de que, de acordo com o entendimento do Tribunal Constitucional Federal, determinados efeitos prolongados

---

[31] BVerfGE 74, 102 (124 e s.); 79, 51 (63).

[32] BVGH 35,1 (8).

[33] BVerfGE 72, 105 (115); cfr. também já E 64, 261 (284).

[34] BVerfGE 39, 1 (37); em relação ao período anterior v. BVerfGE 88, 203 (251); cfr. também D. Murswiek, in: M. Sachs (org.), *Grundgesetz-Kommentar*, 1996, art. 2°, nota de margem 143.

[35] BVerfGE 39, 1 (41 e s.).

[36] BVerfGE 88, 203 e ss.

[37] BVerfGE 88, 203 (251); cfr. também Murswiek (nota de rodapé 32), art. 2°, nota de margem 145 e observações seguintes.

da dignidade da pessoa humana também são protegidos após a morte.[38] Nos seus pormenores, essa proteção *post mortem* do art. 1°, inc. 1, da LF se estende, em primeiro lugar, ao próprio cadáver, que, da mesma forma que o ser humano vivo, não pode tornar-se um mero objeto da ação estatal. Nesse sentido, a doação de órgãos ou qualquer pesquisa médica realizada no cadáver sempre necessita do consentimento do atingido ou da correspondente permissão de seus dependentes.[39] A Lei sobre o Transplante de Órgãos, de 11.11.1997, harmoniza com essas prescrições e ainda regula, em caráter ordinário, que a "retirada de órgãos e todas as medidas a ela relacionadas devem ser executadas sob a observância da dignidade do doador de órgãos".[40] De forma correspondente, o Tribunal Constitucional Federal, em duas decisões, declarou inadmissível Reclamação Constitucional impetrada contra as prescrições para a extração de órgãos *pos mortem* da Lei do Transplante de Órgãos, já que com base na possibilidade de oposição à extração de órgãos, prevista na Lei do Transplante de Órgãos, "os reclamantes têm nas próprias mãos o poder de prevenir a temida lesão a direito fundamental".[41] Para além da proteção do cadáver, a extensão da dignidade da pessoa humana sobre os mortos reforça, em especial, a proteção da personalidade *pos mortem*, que também é reconhecida ordinariamente e que é desenvolvida, em parte, de forma mais detalhada.[42]

2. Âmbito de proteção

A determinação do âmbito de proteção pressupõe uma análise funcional dos predicados normativos dos arts. 2°, inc. 2, e 1°, inc. 1, da LF.

---

[38] BVerGE 30, 173 (194): "Seria inconciliável com o constitucionalmente autêntico imperativo da inviolabilidade da dignidade da pessoa humana [...] se o homem, ao qual advém dignidade por força do seu 'ser pessoa', também pudesse ser rebaixado ou degradado após a sua morte nesse direito geral de respeito. De forma correspondente, o dever incumbido a todos os poderes no art. 1°, inc. 1, da LF de garantir a proteção ao indivíduo contra violações à sua dignidade não cessa com a morte".

[39] Cfr. também J. Weber; S. Lejeune, *Rechtliche Probleme des rheinland-pflälzischen Transplantationgesetzes*, in: NJW 1994, p. 2392 e ss.

[40] Cfr. § 6 TPG do 11.11.1997, BGBl. I p. 2631 e ss., que se refere, correspondentemente à sua posição, na segunda parte "Extração de órgãos em doadores de órgãos mortos", claramente aos mortos.

[41] BVerfGE (Primeira Câmara do Primeiro Senado) EuGRZ 1999, 242 e 3403 (3404); v. a respeito K.A. Schachtschneider; D. I. Siebold, *Die "erweiterte Zustimmungslösung" des Transplantationsgesetzes im Konflinkt mit dem Grundgesetz*, in: DöV 2000, p. 129 e ss.

[42] A doutrina aderiu amplamente à concepção do Tribunal Constitucional Federal no que concerne à proteção jusfundamental após a morte. Na medida em que os efeitos ulteriores da dignidade da pessoa humana possam ser fundamentados para além da morte, a fundamentação que parece ser a mais convincente é aquela que compreende a dignidade da pessoa humana como um conceito relacional, portanto que a remete às relações (sociais) dos portadores individuais dos direitos fundamentais. A dignidade dos mortos é, assim, fundamentada no fato de que "a honra da memória daqueles que um dia estiveram conosco ou nos antecederam pertence à própria identidade a ser reconhecida reciprocamente, e ao auto-respeito." Cfr. Hofmann, *Menschenwürde* (nota de rodapé 20), p. 375; J. Bizer, *Postmortaler Persönlichkeitschutz? Rechtsgrund und Länge der Schutzfristen für personenbezogene Daten Verstorbener nach den Archivgesetzen des Bundes und der Länder*, in: NVwZ 1993, p. 653 e ss.; para a jurisprudência de direito civil fundamentalmente BGHZ 13, p. 334 e ss., 50, 133 (136 e ss.).

a) Função de defesa

aa) *Dignidade da pessoa humana.* O art. 1°, inc. 1, da LF contém um componente defensivo. Esse deixa-se deduzir da obrigação de "respeito" da dignidade da pessoa humana na segunda parte do artigo, enquanto a normatização expressa do dever de proteção, então sobretudo do dever do Estado de assegurar a defesa contra a agressão por parte de terceiros, se apresenta como um aspecto de múltiplos conteúdos jurídico-objetivos.[43]

É bem verdade que, durante longo tempo, mediante o argumento sistemático de que o art. 1°, inc. 3, da LF vincularia os poderes estatais aos "direitos fundamentais subseqüentes", duvidou-se de que, relativamente ao art. 1°, inc. 1, da LF, corresponderia, ao lado do seu conteúdo jurídico-objetivo, também uma qualidade jusfundamental (subjetiva).[44] Contra isso é de partir-se, atualmente, com o Tribunal Constitucional Federal[45] e a literatura totalmente dominante,[46] do caráter jusfundamental da dignidade da pessoa humana. Isso porque, por um lado, da totalidade do art. 1°, inc. 1, da LF, portanto do conjunto de suas duas frases, deixa-se deduzir uma proposição jurídica vinculativa em conseqüência da qual o poder estatal fica obrigado a respeitar a dignidade da pessoa humana e a protegê-la.[47] Por outro lado, seria anti-sistemático se precisamente a norma fundamental estrutural da Constituição só fosse interpretada como preceito jurídico objetivo.[48]

Na sua função de defesa, o art. 1°, inc. 1, da LF oferece proteção, em primeiro lugar, contra medidas estatais ativas como a tortura, a escravidão, a servidão, as deportações, as discriminações e as estigmatizações.[49] Já esses exemplos drásticos evidenciam que o Estado deve resguardar e respeitar a dig-

---

[43] A despeito dessa bipartição funcional, o âmbito de proteção do art. 1°, inc. 1, da LF costuma ser sintetizado na doutrina com base em três princípios: primeiro, o art. 1°, inc. 1, da LF garantiria a igualdade por princípio de todas as pessoas e impediria, com isso, qualquer forma de discriminação sistemática ou humilhação. Segundo, o princípio da dignidade da pessoa humana exigiria a defesa da subjetividade humana, portanto especialmente a proteção da identidade física e espiritual e da integridade. Terceiro, por fim, o art. 1°, inc. 1, da LF ordenaria a garantia de uma existência digna para todos e asseguraria, para além disso, o mínimo existencial. Cfr. Hofmann, *Menschenwürde* (nota de rodapé 20), p; 363, da mesma forma Dreier (nota de rodapé 16), art. 1°, I, nota de margem 44. V. também BVerGE 1, 97 (104).

[44] Contra o caráter jusfundamental sobretudo G. Dürig, in: T. Maunz; G. Dürig (org.), *Grundgesetz-Kommentar*, art. 1°, inc. 1 (1958), nota de margem 4 e ss.

[45] BVerfGE 1, 332 (343); 12, 113 (123); 15, 283 (286) falam, sem uma fundamentação mais detalhada, de um direito fundamental do art. 1° LF.

[46] Cfr. somente Benda, *Menschenwürde* (nota de rodapé 115), § 6°, nota de margem 7 e ss.; Kloepfer, *Grundrechtstatbestand* (nota de rodapé 1), p. 413 e s.; P. Kunig, in: I. v. Münch; P. Kunig (org.), *Grundgesetz-Kommentar*, vol. 1, 4a ed. 1992, art. 1°, nota de rodapé 3; H. v. Mangoldt; F. Klein; C. Starck, *Grundgesetz-Kommentar*, vol. 1, 3a. ed. 1985, art. 1°, inc. 1, nota de margem 14 e s.; Nipperdey, *Würde* (nota de rodapé 15), p. 12; Höfling (nota de rodapé 2), art. 1°, nota de margem 5.

[47] Höfling (nota de rodapé 2), art. 1°, nota de margem 4.

[48] Höfling (nota de rodapé 2), art. 1°, nota de rodapé 5.

[49] Assim sob referência ao BVerfGE 1, 97 (104) o arrolamento corrente, cfr. Dreier (nota de rodapé 16), art. 1°, I, nota de margem 80; Pieroth; Schlink, *Grundrechte* (nota de rodapé 11), nota de margem 359.

nidade da pessoa humana pela abstenção a intervenções indevidas[50] sobretudo nos casos em que o indivíduo – como, por exemplo, no procedimento penal e nas execuções penais em geral, ou também, como estrangeiro, nos moldes do desterro, da expulsão e da extradição – é, em determinada medida, exposto ao poder estatal.[51]

No geral, se se considerar a vida e a dignidade da pessoa humana como uma unidade, os respectivos conteúdos de defesa deixam-se somar ou acumular sem dificuldades. Nas esferas de interferência recíproca, a função de defesa pode ser reforçada em sua globalidade por meio disso, o que, por sua vez, pode aumentar as exigências de justificação de eventuais intervenções.[52]

bb) *Vida*. O art. 2°, inc. 2, da LF dirige-se, como direito de defesa, contra todas as medidas estatais que podem, direta ou indiretamente, levar a um prejuízo do seu conteúdo de proteção. Porque vida (e saúde) podem ser afetadas não somente pela sua lesão, mas também pela sua ameaça, torna-se exigível, na perspectiva atual, um agir estatal já antes da lesão a direito fundamental, no estágio da ameaça a direito fundamental.[53] É bem verdade, todavia, que, se não se quiser deixar totalmente à deriva a liberdade protegida jusfundamentalmente do causador do risco, ou seja, as tarefas dos órgãos estatais causadores dos riscos, nem toda a ameaça e nem todo o risco podem ser excluídos.[54] Se se compreender como ameaça a probabilidade de uma intervenção danosa concreta e se o necessário grau de ameaça se determina de acordo com o tipo, a proximidade e a extensão dos possíveis perigos, de acordo com a natureza e a categoria do bem jurídico constitucionalmente protegido e de acordo com a irreversibilidade de lesões,[55] devem ser estabelecidas, nesse ponto, estritas exigências em relação à probabilidade de uma intervenção lesiva, considerando que a vida, bem maior da Constituição,[56] em qualquer caso pertence ao homem e sua lesão significa impreterivelmente a morte.

b) Deveres de proteção

aa) *Dignidade da pessoa humana*. Também no que diz respeito aos conteúdos jurídico-objetivos do art. 1°, inc. 1, de um lado, e do art. 2°, inc. 2, da LF, de outro, deixam-se reconhecer uma série de paralelos. Nisso preponderam,

---

[50] Assim no geral Höfling (nota de rodapé 2), art. 1°, nota de margem 38.

[51] Cfr. os exemplos em Dreier (nota de rodapé 16), art. 1°, I, nota de margem 81 e ss.

[52] V. abaixo.

[53] Pieroth; Schlink, *Grundrechte* (nota de rodapé 11), nota de margem 406, cfr. as explicações da teoria geral de direitos fundamentais.

[54] Murswiek (nota de rodpé 32), art. 2°, nota de margem 175.

[55] H.Schulze-Fielitz, in: H. Dreier (org.), *Grundgesetz-Kommentar*, vol. I, 1996, art. 2°, II, nota de margem 27, sob referência do BVerfGE 49, 89 (142).

[56] Kloepfer, *Grundrechtstatbestand* (nota de rodpé 1), p. 412.

naturalmente, os aspectos jurídico-objetivos da dignidade da pessoa humana. Ela foi designada como valor supremo de uma democracia livre pelo Tribunal Constitucional Federal;[57] estaria no centro do sistema de valores da Constituição[58] e pertenceria aos "princípios constitucionais basilares" da LF.[59] De forma correspondente, o art. 1°, inc. 1, da LF normatizaria, por seu conteúdo, sua posição e sua especial garantia de proteção pelo art. 79, inc. 3, da LF, um princípio diretivo supremo da Tribunal Constitucional Federal.[60] Sem reavivar a discussão sobre a qualidade jusfundamental do art. 1°, inc. 1, da LF ou mesmo colocá-la em questão, já se deixa deduzir dessas qualificações que os conteúdos jurídico-objetivos do art. 1°, inc. 1, da LF ultrapassam sensivelmente, no seu significado, um direito de defesa jurídico-subjetivo.[61]

Isso vale especialmente para a peculiaridade de que o art. 1°, inc. 1, segunda parte, da LF, também impõe aos poderes estatais, ao lado do expresso dever de respeito à dignidade da pessoa humana, um dever concreto de proteção.[62] É bem verdade que o Tribunal Constitucional Federal não interpreta o art. 1°, inc. 1, segunda parte, da LF de forma tão independente como por vezes ocorre na doutrina, mas o compreende numa íntima conexão sistemática com o art. 1°, inc. 1, primeira parte, da LF. De forma correspondente, o art. 1°, inc. 1, da LF obrigaria o Estado, é certo, a realizar de modo efetivo a proteção, porém não estaria assegurada, com isso, em primeira linha, uma proteção contra necessidades de ordem material, mas apenas uma proteção contra agressões à dignidade da pessoa humana por terceiros, como o tratamento degradante, a estigmatização, a perseguição, o desterro e assim por diante.[63] Esse elenco de deveres não é, contudo, de acordo com o Tribunal Constitucional Federal, definitivo. Pelo contrário, outros deveres de proteção podem resultar da combinação com outros deveres fundamentais. Sob a perspectiva dogmática e no que diz com o seu fundamento, tais deveres de proteção estatais decorrem, de acordo com a expressa jurisprudência do Tribunal Constitucional Federal, do art. 1°, inc. 1, da LF, enquanto seu correspondente objeto e seu parâmetro resultam do direito fundamental igualmente atingido.[64] Possivelmente, porém, apesar de sua lisura, essa fórmula deixa uma série de questões limítrofes não solucionadas.

---

[57] BVerfGE 5, 85 (204). Para apontamentos mais detalhados v. Kloepfer, *Grundrechtstatbestand* (nota de rodapé 1), p. 411.

[58] BVerfGE 35, 202 (225).

[59] BVerfGE 50, 166 (175); 72, 105 (115); 87, 209 (228).

[60] Cfr. BVerfGE 54, 153 e ss.

[61] Em última análise, não fala muito a favor compreender-se art. 1°, inc. 1, da LF, com Dreier (nota de rodapé 16), art. 1°, I, nota de margem 72, como princípio fundamental, não como direito fundamental.

[62] Pieroth; Schlink, *Grundrechte* (nota de rodapé 11), nota de margem 351.

[63] BVerfGE 1, 97 (104).

[64] Assim o BVerfGE 88, 203 (251) no sentido da configuração conjunta com o art. 2, inc. 2, da LF. V. nesse ponto a observação de C. Starck, *Der verfassungsrechtlche Schutz des ungeborenen menschlichen Lebens*, in: JZ 1993, p. 816 e ss.

bb) *Vida*. Com a recorrência à módica fórmula do Tribunal Constitucional Federal, também é evocado, concomitantemente, o componente jurídico-objetivo do art. 2°, inc. 2, da LF. Já antes da assim chamada fundamentação dogmática dos deveres de proteção estatais, o Tribunal Constitucional Federal estabeleceu que o art. 2°, inc. 2, primeira parte, da LF, também conteria, paralelamente a um direito de defesa contra agressões diretas, uma decisão valorativa objetiva da qual resultaria o dever de todos os órgãos estatais de colocar-se de forma protetiva e incentivadora perante os bens jurídicos *vida* e *intangibilidade corporal* e, em especial, de protegê-los contra agressões ilícitas por parte de outrem.[65] Esse dever atualiza-se, de certa forma, na proteção do nascituro. Aqui tanto mais são importantes os deveres de proteção estatal quanto mais o nascituro realmente dependa apenas da proteção por meio da mãe. Ficando essa proteção ameaçada com base em interesses próprios e noutros interesses da mãe, só o Estado pode defender os interesses da vida em formação e garantir a sua proteção. Ele deve colocar-se de forma protetiva e promotora diante dessa vida.[66] As bases normativas desse dever de proteção nem sempre foram apontadas pelo Tribunal Constitucional Federal de forma unânime. Primeiro elas foram deduzidas "diretamente do art. 2°, inc. 2, primeira parte, da LF", em que foi referido, como amparo complementar, o preceito do art. 1°, inc. 1, segunda parte, da LF.[67] Em decisões posteriores, todavia, ambas as normas foram indicadas como fundamento do dever de proteção, "ligadas" uma à outra.[68]

O dever de proteção à vida (e à saúde) também é hoje especialmente importante em danos de natureza ambiental que ameaçam a vida (e a saúde). Os deveres de proteção jusfundamentais (contra ameaças à vida por meio de danos ambientais) são reforçados, todavia, pela normatização do objetivo estatal previsto no art. 20a da LF. Este estabelece o dever do legislador de reduzir fundamentalmente as ameaças à vida e à saúde decorrentes de danos ambientais, tanto para as gerações presentes como para as gerações futuras, da forma mais abrangente possível. No que diz com os deveres de proteção jusfundamentais, todavia, estes seguem restritos ao direito subjetivo decorrente do art. 2°, inc. 2, primeira parte, da LF, no sentido da proteção da vida e da intangibilidade corporal contra influências lesivas oriundas de agressões ao meio ambiente, que não é relativizado por meio das cautelas limitadoras do objetivo estatal.[69] É bem verdade que, como base dos deveres ambientais objetivos, o objetivo estatal do art. 20a da LF, com a proteção das bases naturais da vida, ultrapassa sensivel-

---

[65] BVerfGE 39, 1 (41 e s.); 53, 30 (57); 56, 54 (73); 77, 170 (214).

[66] BVerfGE 39, 1 (36); 88, 203 (251).

[67] BVerfGE 45, 187 (254), em sentido semelhante também E 56, 54 (73).

[68] BVerfGE 49, 24 (53); 53, 30 (57); de modo referencial E 77, 170 (214); 90, 145 (195).

[69] M. Kloepfer, *Umweltrecht*, 2a. ed. 1998, p. 115 e s.; D. Murswieg, in: M. Sachs (org.), *Grundgesetz-Kommentar*, 1996, art. 20a nota de margem 21; Schülze-Fielitz (nota de rodapé 53), art. 2°, II, nota de margem 48.

mente a dimensão protetiva da vida e da saúde, de forma que, nessa seara, não há que se considerar uma invocação complementar do art. 2°, inc. 2, da LF.[70]

É claro que algo não pode deixar de ser considerado na dedução constitucional dos deveres estatais de proteção: se para os poderes estatais, no cumprimento dos deveres de proteção jusfundamentais, também advém uma margem mais ampla de avaliação, valoração ou configuração na qual também devem ser observados interesses públicos e privados concorrentes, as possibilidades de regulamentação estatal tornam-se, sob o aspecto global, sensivelmente mais limitadas. O atingido é, em primeiro lugar, o legislador.

As instituições estatais devem assegurar uma proteção mínima da vida, que – com todo o respeito à liberdade de configuração[71] – deve atender às exigências da proibição de insuficiência.[72] Ainda não está claro, todavia, em termos gerais e vinculativos, quando se viola a proibição de insuficiência. Preponderantemente o Tribunal Constitucional Federal só afirma uma violação do dever de proteção resultante do art. 2°, inc. 2, primeira parte, da LF, "quando os órgãos estatais restaram totalmente inativos ou quando as medidas tomadas até então são evidentemente insuficientes". Na segunda decisão sobre os abortamentos,[73] o Tribunal Constitucional Federal esclarece, em relação a isso, que tal formulação não poderia ser entendida no sentido de que "já bastariam à satisfação do dever de proteção estatal relacionado à vida humana medidas que não são totalmente inadequadas ou insuficientes".[74] Já não se satisfaria o dever de proteção, portanto, pelo simples fato de se tomarem medidas de proteção de qualquer natureza, mesmo que a proteção da vida não seja recomendada, aí, de forma absoluta, no sentido de esta gozar de uma prevalência sem exceção em relação a qualquer outro bem jurídico, o que já se depreenderia do art. 2°, inc. 2, terceira parte, da LF.[75]

De qualquer forma, tanto mais estreita-se a margem de deliberação estatal quanto maior for o perigo para a vida e a saúde. Concretamente, por exemplo, a proteção penal pode ser cogente, quando faltam equiparáveis possibilidades de proteção efetivas. Fundamentalmente vale, todavia, a diretriz no sentido de que a prevenção prevalece perante a repressão.[76] O legislador deve, por isso, implementar primeiramente medidas sociopolíticas e assistenciais para a salvaguarda da vida em formação,[77] antes de editar normas fundamentalmente permissivas

---

[70] Schülze-Fielitz (nota de rodapé 53), art. 2°, II, nota de margem 48.

[71] BVerfGE 77, 170 (214 e s.); 79, 174 (202); 58, 191 (212).

[72] Schülze-Fielitz (nota de rodapé 53), art. 2°, II, nota de margem 53, sob citação do BVerfGE 88, 203 (254).

[73] Jurisprudência permanente: BVerfGE 79, 174 (201 e s.) com observações seguintes e recentemente, no sentido da proteção dos não-fumantes, BVerfGE (Primeira Câmara do Primeiro Senado) UPR 1998, 145.

[74] BVerfGE 88, 203 (262 e s.).

[75] BVerfGE 88, 203 (253 e s.).

[76] BVerfGE 39, 1 (51, 65 e s.).

[77] BVerfGE 39, 1 (44).

e, no caso particular, também normas penais incriminadoras.[78] Também o Poder Executivo dispõe de uma destacada margem de deliberação na satisfação dos seus deveres de proteção decorrentes do art. 2°, inc. 2, da LF, em relação ao art. 1°, inc. 1, da LF. Nesses termos, o Tribunal Constitucional não pode prescrever nenhuma resolução definitiva aos órgãos estatais competentes, por exemplo, no combate a chantagens terroristas que ameaçam a vida. "É decisão sua determinar quais medidas devem ser adotadas para a satisfação dos deveres de proteção que são de sua incumbência".[79]

c) Direitos a prestações?

aa) *Dignidade da pessoa humana.* De forma vinculada à questão se, e em que medida, deixam-se deduzir direitos subjetivos a prestações do art. 1°, primeira parte, da LF, é de lembrar-se que, numa fase inicial, o Tribunal Constitucional Federal rejeitou um direito à regulamentação legal de pretensões ao amparo adequado pelo Estado com base no art. 1°, inc. 1, da LF;[80] todavia, nos moldes de sua jurisprudência sobre o Estado Social, mediante o recurso à dignidade da pessoa humana, aceitou-o, porém de forma cuidadosa e nos estritos limites dos pressupostos mínimos para uma existência humana digna.[81]

Ainda que na doutrina seja defendida a concepção de que o art. 1°, inc. 1, da LF também conteria um direito jurídico-subjetivo à garantia material dos pressupostos mínimos necessários à existência humana,[82] deixa-se de ter em vista, em parte, que a garantia jurídico-objetiva de um mínimo existencial material não exige, em todos os casos, prestações materiais no reconhecimento de direitos jurídico-subjetivos, mas que esta já pode ser concretizada, antes e em importantes âmbitos, no sentido jurídico-defensivo, por meio da proibição de intervenção no mínimo existencial. Assim basta, em certas circunstâncias, a proibição de colocar em risco o mínimo existencial por meio de uma carga tributária insuportavelmente alta, sem necessidade de prestações materiais complementares. Por isso é que a proteção do mínimo existencial, mesmo compreendida como uma parte especialmente importante da garantia intentada pelo art. 1°, inc. 1, da LF, não assegura, de forma automática ou obrigatória, direitos a prestações jusfundamentais de parte dos indivíduos.

---

[78] BVerfGE 88, 203 (264).

[79] BVerfGE 46, 160 (164 e s.).

[80] BVerfGE 1, 97 (diretriz 4).

[81] BVerfGE 40, 121 (133); 48, 346 (361).

[82] Em parte a garantia do mínimo existencial é subsumida explicitamente sob a função prestacional do art. 1°, inc. 1, da LF, cfr. Häberle, *Menschenwürde* (nota de rodapé 15), nota de margem 1; Hofmann, *Menschenwürde* (nota de rodapé 20), p. 363; P. Kirchhof, *Verfassungsgerichtlicher Schutz und internationaler Schutz der Menschenrechte- Konkurrenz oder Ergänzung?*, in: EuGRZ 1994, p. 16 (21); Starck, *Menschenwürde* (nota de rodapé 15), p. 459, e concretizada por meio de prestações de assistência social suficientes e um alojamento digno de pessoas necessitadas, cfr. Dreier (nota de rodapé 16), Art. 1 I nota de margem 44, 94 com observações seguintes.

Não obstante, mesmo que na doutrina sejam deduzidos, do art. 1°, inc. 1, da LF, conteúdos prestacionais jurídico-subjetivos, não existe, em última análise, com vistas à praticabilidade de tais direitos prestacionais, uniformidade no sentido de que o alcance da responsabilidade social do Estado depende, em certa medida, dos *standards* e também da capacidade prestacional de uma sociedade,[83] e que, de forma correspondente, as prestações estatais concretas devem ser determinadas considerando os desenvolvimentos sociais em sua globalidade.[84]

bb) *Vida*. O mesmo vale para o art. 2°, inc. 2, da LF. Também aqui o dever de proteção do Estado não leva em regra a um direito prestacional individual.[85] Pelo contrário, o dever de proteção é suportado, na perspectiva normativa, já pela garantia de um *standard* de segurança nas regulamentações de base.[86] Outras "prestações" para a proteção da vida e da saúde da população são tão genéricas que elas se baseiam em menor teor nos direitos fundamentais basicamente relacionados aos indivíduos, sendo ancoradas, pelo contrário, de forma decisiva no Estado Social.

3. Titulares dos direitos fundamentais

a) Legitimidade dos direitos fundamentais

O círculo dos titulares de direitos fundamentais dos arts. 1°, inc. 1, 2°, inc. 2, da LF é idêntico. Legitimadas são todas as pessoas naturais. Diante disso, as pessoas jurídicas não podem invocar nem o art. 1°, inc. 1, nem o art. 2°, inc. 2, da LF, já que esses direitos fundamentais, em sua essência, não são aplicáveis às pessoas jurídicas.[87] Nesse ponto ambos os direitos fundamentais evidenciam, mais uma vez, que os direitos fundamentais são destinados, em primeiro lugar, a servir à proteção do homem, que também deve ser garantida pelo Estado, eventualmente, contra os poderes sociais.[88]

b) Titulares dos direitos fundamentais

Também o nascituro deve integrar, de acordo com a concepção dominante, o rol das pessoas naturais legitimadas;[89] de acordo com outra opinião, só a

---

[83] Pieroth; Schlink, *Grundrechte* (nota de rodapé 11), nota de rodapé 362.

[84] Dreier (nota de rodapé 16), art. 1°, I, nota de margem 44.

[85] Cfr. BVerfGE (Segunda Câmara do Segundo Senado) NJW 1993, 2432.

[86] No sentido das Armas-C BVerfGE 77, 170 (222).

[87] BVerfGE 54, 211 (220).

[88] Assim a concepção de T. Schilling, *Die staatliche Pflicht zum Schutz von Grundrechten und Menschenwürde*, in: KritV 82 (1999), p. 452 e ss.

[89] Cfr. G. Dürig, in: T. Maunz; G. Dürig (org.), *Grundgesetz- Kommentar*, Art. 2°, inc. 1 (1958), nota de margem 21; Murswieg (nota de rodapé 32), Art. 2° nota de margem 146.

pessoa nascida é titular do direito fundamental do art. 2°, inc. 2, primeira parte da LF.[90] A favor da última concepção fala o fato de que "todo" (o homem), no sentido constitucional, costuma ser apenas a pessoa já nascida, porque os não-nascidos não estão em condições de exercer os seus direitos de forma relevante;[91] O Tribunal Constitucional Federal ainda não se manifestou, nesse sentido, no que diz com a titularidade do nascituro em face do art. 2°, inc. 2, da LF,[92] e decidiu ambas as sentenças sobre o aborto, todavia, com base no dever objetivo de proteção.[93]

4. Intervenções

Os campos de intersecção ou os pararelos entre a proteção jurídica da vida e da dignidade da pessoa humana não permanecem, sem mais, na determinação de uma intervenção.

a) Intervenções no direito fundamental à vida

O matar uma pessoa é a típica intervenção no direito fundamental à vida. Também são imagináveis, todavia, outras intervenções: toda a medida jurídica ou fática do Poder Público que causa a morte de uma pessoa afeta, independentemente da intenção da medida estatal,[94] o direito fundamental do art. 2°, inc. 2, primeira parte, da LF.[95] Não há que se pensar apenas na morte de uma pessoa, mas também nos preparativos para essa morte.[96] Tem caráter de intervenção, por isso, não apenas a execução, como também a imposição mesma da pena de morte; não apenas o "tiro final", mas também, dentre outras, uma correspondente ordem de realização da ação. Também a obrigação especial de sacrifício da vida e da saúde nas relações de serviço juspublicísticas do Exército Federal, da polícia, do corpo de bombeiros e da proteção contra catástrofes[97] há de ser

---

[90] D. Schmalz, *Grundrechte*, 3ª ed. 1997, nota de margem 439.

[91] Tal argumento refere-se, todavia, apenas à capacidade processual, que também é discutida, no âmbito dos direitos fundamentais, em parte sob o conceito de "maioridade de direitos fundamentais", e que por isso não pode ser utilizada para a legitimação material dos direitos fundamentais. De forma esclarecedora Pieroth; Schlink, *Grundrechte* (nota de rodapé 11), nota de margem 123 e ss.

[92] V. também acima IV 1 c.

[93] A pergunta se o nascituro é, ele próprio, titular de direitos fundamentais, ou se ele apenas é protegido pelas normas objetivas da Constituição em virtude da falta de capacidade jurídica e de direitos fundamentais, foi explicitamente deixada em suspenso na decisão BVerfGE 39, 1 (41). Também a segunda decisão sobre o aborto não se manifesta de forma expressa sobre a questão da titularidade de direitos fundamentais; a declaração, todavia, de que a dignidade da pessoa humana já tocaria à vida humana ainda não nascida ou apenas à vida humana após o nascimento ou com a personalidade desenvolvida, poderia apontar no sentido de uma afirmação da titularidade de direitos fundamentais, cfr. BVerfGE 88, 203 (251 e s.).

[94] Murswiek (nota de rodapé 32), art. 2°, nota de margem 141.

[95] Jarass (nota de rodapé 23), art. 2°, nota de margem 47.

[96] Sobre o círculo problemático da extradição de delinqüentes para Estados nos quais é iminente a pena de morte, v. abaixo.

[97] Pieroth; Schlink, *Grundrechte* (nota de rodapé 11), nota de margem 394.

valorada como interventiva ou próxima a uma intervenção. Como intervenção na vida é de ser considerada, por fim, especialmente a interrupção da gravidez, como também a destruição de embriões produzidos artificialmente.[98]

Devido à irreparabilidade de intervenções diretas no direito fundamental à vida, a esfera de proteção do art. 2°, inc. 2, da LF estende-se, também, para além de intervenções diretas, em relação a ameaças a direitos fundamentais. Tais ameaças podem ter que ser consideradas similares, sob determinados pressupostos (ainda não esclarecidos definitivamente até agora pela jurisprudência), às intervenções efetivas em direitos fundamentais.[99] Quando de alguma forma existe, num procedimento judicial penal, a ameaça iminente e concreta de que o acusado doente, na realização da audiência principal, perderia a sua vida ou arcaria com graves danos à sua saúde, a continuação do procedimento viola o direito à vida do acusado, com base no art. 2°, inc. 2, primeira parte, da LF.[100]

Uma lesão de tipo especial também ocorre quando o Estado fere seus deveres de proteção decorrentes dos direitos fundamentais.[101] Verifica-se, assim, uma violação do art. 2°, inc. 2, da LF, quando uma repartição pública que concede autorizações deixa de observar certas prescrições procedimentais que o Estado decretou no cumprimento do seu dever de proteção da vida e da intangibilidade corporal; nessas infrações procedimentais também pode resultar, depois, numa autorização para queixa.[102] O critério para a intervenção nos deveres de proteção ainda não está, todavia, claramente delineado; ainda será preciso encontrar, aqui, um parâmetro para a aplicação da proibição de insuficiência.

b) Intervenções na dignidade da pessoa humana

De acordo com a – equivocada – maioria dominante não pode haver, em realidade, intervenções na dignidade da pessoa humana. É evidente, porém, que elas existem. As dificuldades da determinação da esfera de proteção da dignidade prosseguem no que diz com a qualificação da conduta estatal como violadora do art. 1°, inc. 1, da LF. Costuma-se considerar, em regra, a possibilidade amplamente falha de uma determinação abstrata por meio de uma listagem de casos particulares significativos, unificando-se os planos da esfera de proteção e intervenção. Com isso, os exemplos particulares deixam-se ordenar e sintetizar de acordo com diferentes critérios.

---

[98] Murswiek (nota de rodapé 32), art. 2°, nota de margem 152 com base na referência a D. Lorenz, *Recht auf Leben und körperliche Unversehrtheit*, in: J. Isensee; P. Kirschhof (org.), *Handbuch des Staatsrechts der Bundesrepublik Deutschland*, vol. 6: *Freicheitsrechte*, 1989, § 128 nota de margem 12 e ss.

[99] BVerfGE 49, 89 (140 e s.); 51, 324 (346 e s.); 66, 39 (57 e s.).

[100] BVerfGE 51, 324 (346).

[101] BVerfGE 77, 170 (214).

[102] BVerfGE 53, 30 (65 e s.).

Regularmente há que se tentar aplicar, todavia, em primeiro lugar, um parâmetro vinculativo geral para a qualificação das intervenções. Aqui impôsse, essencialmente, a conhecida e assim chamada "fórmula do objeto":[103] de acordo com ela, a dignidade da pessoa humana é atingida quando esta (a pessoa humana) se torna um mero objeto do agir estatal.[104] As concretizações dessa fórmula, que o Tribunal Constitucional Federal tentou realizar, de alguma forma, na sua decisão sobre a escuta,[105] e que também são encontradas ulteriormente na literatura, são criticadas, em parte, por outras opiniões na doutrina. Caracterizador de violação à dignidade da pessoa humana seria, de acordo com o Tribunal Constitucional Federal, o fato de que "o ser humano é exposto a um tratamento que coloca em dúvida, substancialmente, a sua qualidade de sujeito, ou que ocorra, no caso concreto, um menosprezo arbitrário da dignidade da pessoa humana".[106] Diante disso na doutrina, chama-se adequadamente a atenção para o fato de que também um menosprezo não arbitrário da dignidade da pessoa humana interviria na esfera de proteção do art. 1°, inc. 1, da Tribunal Constitucional Federal.[107] Se por causa disso a "fórmula do objeto" deve permanecer inaplicada por sua indeterminação, e se eventuais violações devem ser determinadas por meio de concretizações a serem determinadas historicamente,[108] é algo que parece duvidoso.

Por causa das assim chamadas fraquezas da "fórmula do objeto", esta não pode ser utilizada de forma rígida para a qualificação de uma conduta estatal como lesiva ao art. 1°, inc. 1, da LF. Também de acordo com o Tribunal Constitucional Federal, não há como afirmar genericamente, mas apenas em casos concretos, quando a dignidade da pessoa humana é violada.[109] Especialmente difícil pode afigurar-se, por exemplo, a apreciação do tratamento de doentes físicos e mentais que, por causa de sua capacidade limitada ou até mesmo inexistente para a condução da sua vida sob responsabilidade própria, se encontram sob a tutela do Estado ou sob medidas coercitivas. Tais medidas podem conduzir facilmente àquele tratamento como objeto que justamente é proibido pelo art. 1°, inc. 1, da LF.[110] A "fórmula do objeto" carece, por isso, de correção, isso é, de um reexame feito com a ajuda de um critério ulterior. Aqui são levadas em consideração características qualificadoras abstratas[111] ou a comparação com

---

[103] Schmalz, *Grundrechte* (nota de rodapé 88), nota de margem 391.

[104] Schmalz, *Grundrechte* (nota de rodapé 88), nota de margem 391.

[105] BVerfGE 30, 1 (26); em sentido semelhante E 50, 166 (175).

[106] BVerfGE 30, 1 (26); E 50, 166 (175).

[107] Pieroth; Schlink, *Grundrechte* (nota de rodapé 11), nota de margem 360; Dreier (nota de rodapé 16), art. 1°, I, nota de margem 39.

[108] Cfr. Pieroth; Schlink, *Grundrechte* (nota de rodapé 11), nota de margem 360 e s.

[109] BVerfGE 30, 1 (25).

[110] Em sentido semelhante Dreier (nota de rodapé 16), art. 1°, I, nota de margem 46.

[111] Assim o Tribunal Constitucional Federal, numa decisão anterior, estreitou o parâmetro por meio da concepção de que a ofensa à dignidade da pessoa humana exigiria um certo mínimo em termos de intensidade

outras decisões judiciais nos respectivos casos particulares.[112] Não obstante, para evitar o exame de uma enumeração assistemática de toda a jurisprudência do Tribunal Constitucional Federal em relação ao art. 1°, inc. 1, da LF, esses casos são reunidos na doutrina de diferentes formas. O mais convincente, nesse ponto, é a sistematização de acordo com as funções de proteção.[113] Também é possível, porém, a classificação de acordo com o bem jurídico protegido[114] ou o mero arrolamento de exemplos de casos.[115]

5. Justificações

No exame da questão se, e sob quais pressupostos, podem ser justificadas intervenções na vida e na dignidade da pessoa humana, manifesta-se o problema, destacado pela maioria da doutrina, da diferença estrutural entre a proteção jurídico-constitucional da vida, de um lado, e da dignidade da pessoa humana, de outro. Da mesma forma, não deveria ser negada, de modo precipitado, mediante a referência à reserva legal do art. 2°, inc. 2, terceira parte, da LF, ou à – segundo o teor literal da Constituição – garantia absoluta e ilimitada da dignidade da pessoa humana do art. 1°, inc. 1, da LF, qualquer congruência entre ambas as determinações. A isso opor-se-ia o texto constitucional. Todavia existe, com o direito (fundamental) à autodeterminação em prestar informações como desdobramento do direito fundamental de personalidade, um exemplo de que dois direitos fundamentais estruturados de forma diferente do ponto de vista dogmático (no caso, os arts. 2°, inc. 1, e 1°, inc. 1, da LF) são aplicados de maneira conjunta. No que diz respeito a isso, tenta-se, por meio da "teoria das esferas", solucionar a contradição dogmática no âmbito da base jurídica do direito geral de personalidade.[116]

a) Justificação de intervenções na dignidade da pessoa humana?

aa) *Concepção tradicional.* De acordo com a opinião preponderante na doutrina, toda a intervenção na dignidade da pessoa humana jusfundamentalmente protegida traduz, simultaneamente, uma violação ao direito fundamen-

---

da ofensa; exigível seria que fosse alcançada a esfera do ético, que fosse atingida a personalidade moral. BVerfGE 9, 167 (171).

[112] Com isso, todavia, nem toda a decisão para além do caso concreto regulamentado pelo Tribunal Constitucional Federal pode ter a pretensão de validade geral. Cfr. a crítica à assim chamada "decisão Honecker", BerlVerfGH de 12.1.1993, NJW 1993, 515, de A. Schreit, *Absolutes Strafverfahrenshindernis und absolutes U-Haftverbot bei begrenzter Lebenserwartung des Angeklagten?*, in: NJW 1993, p. 881e ss., e D.Wilke, *Landesverfassungsgerichtsbarkeit und Einheit des Bundesrechts*, in: NJW 1993, p. 887 e ss.

[113] Cfr. Dreier (nota de rodapé 16), art. 1°, I, nota de margem 79 e ss.

[114] P. ex. Höfling (nota de rodapé 2), art. 1°, nota de margem 20 e ss.

[115] Assim p. ex. Schmalz, *Grundrechte* (nota de rodapé 88), nota de margem 392 e s.

[115] Fundamentalmente BVerfGE 65, 1e ss.

tal, de modo que uma justificação não seria possível.[117] Isso tem sido deduzido por meio da interpretação literal da "intangibilidade" da dignidade da pessoa humana, assim como por meio da interpretação teleológica de sua especial proteção pelo art. 79, inc. 3, da LF,[118] e de sua qualificação como valor supremo. Especialmente da cláusula de intangibilidade deixar-se-ia inferir uma pretensão de validade absoluta que afastaria a dignidade humana da pessoa humana do modelo corrente da ponderação do processo de argumentação jusfundamental.[119]

Também o Tribunal Constitucional Federal parece partir de uma validade absoluta, não limitável, da dignidade da pessoa humana quando decide sobre o conflito entre liberdade artística e direito geral de personalidade: "Na medida em que o direito geral de personalidade certamente é a expressão direta da dignidade da pessoa humana, tal limite vale de forma absoluta, sem a possibilidade de uma ponderação de bens".[120] Em uma decisão posterior, o Tribunal Constitucional Federal alçou essa declaração sobre a esfera da liberdade artística à condição de um princípio fundamental geral, "porque a dignidade da pessoa humana, como raiz de todos os direitos fundamentais, não é ponderável com nenhum direito fundamental individual".[121] Ainda que não levando a nenhum outro resultado, é de apontar-se que, nessas decisões, a dignidade da pessoa humana não esteve em jogo, no caso, como um direito fundamental potencialmente violado do queixoso, mas como um limite constitucional imanente ao exercício dos direitos fundamentais de outrem. Nesse ponto estava em jogo, em primeiro lugar, a função do art. 1°, inc. 1, da LF como "limite dos limites", e, em menor teor, o seu conteúdo jusfundamental.

Todavia, ainda assim reconhece o Tribunal Constitucional Federal os perigos que podem decorrer de um conteúdo jusfundamental de tal modo absoluto para a invocação de outros direitos fundamentais, e por isso adverte para uma "fundamentação especial, quando há de ser aceito que a utilização de um direito fundamental quebre a intangível dignidade da pessoa humana".[122]

Em síntese, é possível afirmar que, de acordo com a jurisprudência do Tribunal Constitucional Federal e a opinião dominante na doutrina, também os limites constitucionais imanentes não devem poder limitar a esfera da dignidade da pessoa humana em sua totalidade, de forma a não valer, aqui, a tradicio-

---

[117] Kunig (nota de rodapé 44), art. 1°, nota de margem 26; Pieroth; Schlink, *Grundrechte* (nota de rodapé 11), nota de margem 365; Höfling (nota de rodapé 2), art. 1°, nota de margem 10; Höfling, *Die Unantastbarkeit der Menschenwürde – Annäherung an einen schwierigen Verfassungssatz*, in: JuS 1995, p. 857 e ss.

[118] Tal artigo trata das "cláusulas pétreas" da Lei Fundamental; dentre elas, a dignidade da pessoa humana (n.r.).

[119] Höfling (nota de rodapé 2), art. 1°, nota de margem 6, 10.

[120] BVerfGE 75, 369 (380).

[121] BVerfGE 93, 266 (293).

[122] BVerfGE 93, 266 (293).

nal diferenciação dogmática entre suporte fático jusfundamental e limites dos direitos fundamentais.[123] Uma vez que a tese da impossibilidade de limitação da dignidade da pessoa humana constitui um parâmetro jurídico rígido, isso leva freqüentemente ao fato de que já a qualidade de violação da ação estatal acabe sendo negada e que, assim, a discussão sobre possíveis limites aos direitos fundamentais acabe sendo contornada.

bb) *Concepção pessoal*. Para evitar a compulsória limitação do suporte fático devem ser reconhecidos, por isso, contrariamente à opinião majoritária e de acordo com a dogmática geral dos direitos fundamentais, limites aos direitos fundamentais também na esfera do art. 1°, inc. 1, da LF, pois a questão que envolve a possibilidade de justificar, ou não, intervenções na esfera de proteção da dignidade da pessoa humana está diretamente ligada à determinação da esfera de proteção do art. 1°, inc. 1, da LF. Apenas a partir de uma interpretação estrita da esfera de proteção pode-se vislumbrar automaticamente, em cada intervenção, uma violação da dignidade da pessoa humana. O alcance da esfera de proteção torna-se, então, ao mesmo tempo, o limite da intervenção.[124] Quanto mais se amplia, porém, a esfera de proteção da dignidade da pessoa humana, mais deve ser levada em consideração uma ponderação no mínimo com outros valores da ordem constitucional. Limitações são, então, admissíveis com vistas à consecução de importantes fins constitucionalmente legitimados e nos moldes dos limites imanentes.[125] Apenas a limitação possibilita ampliar a esfera de proteção do art. 1°, inc. 1, da LF, o que não deve nem pode levar, necessariamente, ao fato de que o art. 1°, inc. 1, da LF se torne parâmetro para insignificâncias ou seja utilizado abusivamente para fins particulares.[126]

Com vistas à tese da limitação da dignidade da pessoa humana, há que se considerar, todavia, que os princípios constitucionais enunciados no art. 20 da LF existem em função da dignidade da pessoa humana e não podem ser adotados, conseqüentemente, de acordo com uma concepção da doutrina, para a justificação de intervenções.[127] Também a dignidade de outrem não é considerada, de acordo com o entendimento difundido na doutrina, como interesse relevante em termos de ponderação, tendo em vista que, de regra, os respectivos titulares dos direitos fundamentais entrariam em colisão não com a sua dignidade, mas apenas com os seus interesses e ações.[128]

---

[123] Cfr. apenas v. Mangoldt; Klein; Starck (nota de rodapé 44), art. 1°, inc. 1, nota de margem 20 e s.; Kunig (nota de rodapé 44), art. 1°, nota de margem 4, 26; Pieroth; Schlink, *Grundrechte* (nota de rodapé 11), nota de margem 397.

[124] Höfling (nota de rodapé 2), art. 1°, nota de margem 11.

[125] De forma mais detalhada Kloepfer, *Grundrechtstatbestand* (nota de rodapé 1), p. 411 e ss.

[126] Dreier (nota de rodapé 16), art. 1°, I, nota de margem 33.

[127] Assim Pieroth; Schlink, *Grundrechte* (nota de rodapé 11), nota de margem 365, com base na referência ao BVerfGE 75, 369 (380).

[128] Pieroth; Schlink, *Grundrechte* (nota de rodapé 11), nota de margem 365.

Cabe fazer oposição, contudo, ao entendimento segundo o qual o art. 1°, inc. 1, da LF, normatiza um valor jurídico absoluto e imune a qualquer ponderação. Mesmo de acordo com a interpretação do Tribunal Constitucional Federal Federal, na base da dignidade da pessoa humana não está a imagem de um indivíduo que pode concretizar-se de forma ilimitada e independentemente de outros titulares de direitos fundamentais. Pelo contrário, o Tribunal Constitucional Federal compreende cada qual como um cidadão relacionado e vinculado à comunidade, ressaltando, portanto, também aspectos comunitário-sociais e realizando simultaneamente, com isso, uma ponderação, sem todavia designá-la expressamente como tal. Não fosse assim, não se explicaria porque o indivíduo precisa aceitar "a necessidade de levantamentos estatísticos, por exemplo de um recenseamento, como condição prévia para o critério de planejamento do agir estatal".[129] Devido à inserção comunitária dos titulares de direitos fundamentais e devido à incorporação da dignidade da pessoa humana na Constituição, são concebíveis intervenções na dignidade da pessoa humana e estas são, também, passíveis de justificação para a salvaguarda de bens comunitários importantes. Assim, também podem ser compreendidas, como intervenções justificadas na dignidade da pessoa humana, dentre outras, a utilização de detectores de mentira, mas também de análises genético-técnicas, quando se puder evitar, com isso, julgamentos equivocados.

b) Justificação de intervenções no direito à vida

aa) *Generalidades.* Intervenções no direito à vida são permitidas, de acordo com o art. 2°, inc. 2, terceira parte, da LF, em primeiro lugar, "com base em lei", isso é, diretamente por meio de uma lei em sentido formal ou com base em autorização legal suficientemente determinada por meio de norma infralegal, por exemplo, por meio de ato administrativo (ou por sentença).[130] Todavia, a limitação permitida textualmente pelo art. 2°, inc. 2, primeira parte, da LF – "com base em lei" – para o bem jurídico vida foi superada pela jurisprudência: a reserva legal, nesse ponto – assim o estabelece o caráter vinculativo da jurisprudência sobre o princípio da essencialidade[131] – restou fortalecida e foi alçada à condição de "reserva parlamentar".[132] Assim, intervenções no direito à vida (e, no mínimo, também intervenções intensivas na intangibilidade corporal) não são justificadas por decretos legais, mas apenas por leis parlamentares.

---

[129] BVerfGE 65, 1 (63).

[130] Em contrapartida, o direito consuetudinário, a concessão da autonomia estatutária ou uma autorização estatutária geral não oferecem fundamentos legais determinados suficientes. Cfr. Jarass (nota de rodapé 23), art. 2°, nota de margem 54; v. Mangoldt; Klein; Starck (nota de rodapé 14), art. 2°, inc. 2, nota de margem 132; diferentemente Dürig (nota de rodapé 87), art. 2°, inc. 2, nota de margem 7.

[131] Para o próprio ponto de vista v. M. Kloepfer, *Der Vorbehalt des Gesetzes im Wandel*, in: JZ 1984, p. 685 e ss.

[132] Pieroth; Schlink, *Grundrechte* (nota de rodapé 11), nota de margem 264.

A par disso, também direitos fundamentais de outrem e outros valores da ordem constitucional podem limitar o direito fundamental à vida, mas eles devem, nos moldes da jurisprudência citada, ser concretizados também aqui com base na reserva legal geral por meio de lei parlamentar. Há que se pensar sobretudo na proteção da vida em formação perante a mãe. Aqui podem defrontar-se o direito à vida do não-nascido e o direito da mulher grávida à vida ou à intangibilidade corporal (art. 2°, inc. 2, primeira parte, da LF), bem como o seu direito de personalidade (art. 2°, inc. 1, da LF). Em contrapartida a mulher não pode, em relação à morte do não-nascido implicada pela interrupção da gravidez, recorrer a uma posição juridicamente tutelada jusfundamentalmente pelo art. 4°, inc. 1, da LF.[133] Na sua primeira decisão sobre o aborto, o Tribunal Constitucional Federal decidiu da seguinte forma em relação aos bens jurídicos em conflito: "O dever do Estado de proteger a vida em formação também existe em relação à mãe. Um ajuste que assegure tanto a proteção da vida do nascituro como permita a liberdade de interrupção da gravidez para a gestante não é possível, uma vez que a interrupção da gravidez sempre significa o aniquilamento da vida não-nascida. Na ponderação por isso necessária, ambos os valores constitucionais devem ser vistos, também, justamente na sua relação com a dignidade da pessoa humana, como pontos de orientação do sistema de valores da Constituição. Nessa orientação, a decisão deve recair em favor da preponderância da proteção da vida do feto diante da auto-determinação da gestante".[134] Aqui deixa-se analisar se essa concepção rígida procede de forma ilimitada. Em especial, deve ser considerado que a dignidade da pessoa humana da gestante também pode ser atingida se esta for obrigada a uma condução indesejada da gravidez.

Paralelamente às regulamentações legais, sobretudo o consentimento do titular do direito fundamental pode justificar uma intervenção no direito à vida, todavia apenas na medida em que esta diz respeito a ameaças a direitos fundamentais. Mortes diretas por meio de atos estatais não podem, em contrapartida, ser justificadas por meio de um consentimento.[135] Em todos os casos, o consentimento deve ocorrer de forma livre e com base numa decisão autônoma. Esta pressupõe, para a sua eficácia, uma explicação suficiente quanto aos riscos e às conseqüências da intervenção.[136] Sem o consentimento expresso, intervenções na intangibilidade corporal só são justificadas de forma excepcional quando o paciente, devido à ausência de consciência, não tem capacidade decisória, e sua concordância pode ser presumida.[137]

---

[133] BVerfGE 88, 203 (diretriz 5).

[134] BVerfGE 39, 1 (43 e s.).

[135] Da mesma forma P. Kunig, in: I. V. Münch; P.Kunig (org.), *Grundgesetz-Kommentar*, vol. 1, 4ª ed. 1992, art. 2°, nota de margem 51; Schulze-Fielitz (nota de rodapé 53), art. 2°, II, nota de margem 36.

[136] BVerfGE 52, 131 (168 e s.) com Sondervoten M. Hirsch; E. Niebler; H. Steinberger.

[137] Murswiek (nota de rodapé 32), art. 2°, nota de margem 206.

bb) *Limites dos limites*. Independentemente dessas exigências especiais em relação a consentimentos, todas as intervenções formalmente justificadas devem estar em conformidade com a Constituição também do ponto de vista material, e, em especial, atender aos limites dos limites. Aqui ganha em importância o art. 102 da LF.[138] Ele declara a pena de morte como abolida e com isso normatiza, simultaneamente, uma regulamentação jurídico-objetiva e uma decisão valorativa[139] que leva à proibição da reintrodução da pena de morte por meio de lei ordinária.[140] Independentemente da questão se a pena de morte pode,[141] ou não,[142] ser reintroduzida por meio de uma alteração constitucional, o art. 102 da LF possui importância como limite para intervenções no art. 2°, inc. 2, primeira parte, da LF especialmente nos casos em que uma pessoa deve ser extraditada ou banida para um outro Estado embora haja o perigo de que lá a pena de morte seja imposta e executada. Na doutrina, a extradição de um criminoso para um território no qual é iminente, para ele, um perigo de vida, é considerada desproporcional e, por isso, inadmissível.[143] Em contrapartida, de acordo com a concepção do Tribunal Constitucional Federal, não fere o direito fundamental do art. 1°, inc. 1, da LF mesmo a extradição para um terceiro Estado, quando existe a possibilidade de o atingido ser condenado à morte nesse Estado e ser executada a pena de morte.[144] O embate jurídico-constitucional perdeu em importância, na prática, por meio da regulamentação legal ordinária do § 8° da Lei sobre a Cooperação Jurídica Internacional em Assuntos Penais,[145] que proíbe a extradição nos referidos casos.[146] Também os §§ 51, inc. 1, e 53, inc. 2, da Lei de Introdução se colocam de forma contrária a uma expulsão[147] quando tal medida resultar em ameaça à vida da pessoa expulsa.

A par dessa regulamentação especial, as intervenções também devem cumprir os limites dos limites de caráter geral; devem ser observados nomeadamente a garantia do núcleo essencial,[148] o princípio da determinação[149]e a proibição de excesso (princípio da proporcionalidade em sentido amplo).

---

[138] Pieroth; Schlink, *Grundrechte* (nota de rdoapé 11), nota de margem 348 e ss.

[139] BGHSt 41, 317 (324).

[140] BVerfGE 18, 112 (116).

[141] O art. 102 da LF ao menos não é compreendido diretamente pelo art. 79, inc. 3, da LF, e por isso não é excluído de uma alteração constitucional.

[142] Todavia a imposição da pena de morte de fato atinge o art. 1°, inc. 1, da LF e por isso acaba entrando mediatamente na vedação de alteração constitucional do art. 79, inc. 3, da LF. Há afirmações nesse sentido do Direito Internacional.

[143] Assim Schulze-Fielitz (nota de rodapé 53), art. 2°, II, nota de margem 40.

[144] BVerfGE 18, 112 (116), também deixando em aberto E 60, 348 (354).

[145] BGBl. 1982 I. p. 2071; complementado, para a sua aplicação em instituições internacionais, pela Lei Iugoslava do Tribunal Penal de 10. 4. 1995, BGBl. I, p. 485.

[146] Cfr. K. Grasshof; R. Backhaus, *Verfassungsrechtliche Gewährleistungen im Auslieferungsverfahren*, in: EuGRZ 1996, p. 445 (449).

[147] Cfr. o *obiter dictum* no BVerfGE 94, 49 (diretriz 5ª).

[148] Cfr. p. ex. Murswiek (nota de rodapé 32), art. 2°, nota de margem 169.

[149] Cfr. BverfGE 49, 89 (134 e ss.).

Da proibição de excesso decorre que só podem resultar intervenções nos direitos protegidos nos moldes da reserva legal para a proteção de interesses públicos ou, no mínimo, de interesse privado de igual valor, na medida em que tais intervenções sejam, para a proteção desses interesses, adequadas, exigíveis e proporcionais.[150] Para a proporcionalidade em sentido amplo de intervenções no direito à vida há que estabelecer exigências especialmente altas. Isso vale sobretudo para intervenções terminativas do direito à vida. Elas só são permitidas para a defesa contra uma intervenção ilícita na vida ou em algum outro bem jurídico de grande valor.[151] Também nesses casos, tais intervenções só são necessárias quando, na situação concreta, não é oferecido nenhum outro meio de defesa.[152]

V. UNIDADE JUSFUNDAMENTAL ENTRE DIGNIDADE DA PESSOA HUMANA E DIREITO FUNDAMENTAL À VIDA?

Embora existam, entre a proteção jurídica da vida humana, de um lado, e a dignidade da pessoa humana, de outro – conforme mencionado – em parte importantes paralelos, de acordo com a – equivocada – maioria dominante as diferentes estruturas do art. 2°, inc. 2, da LF e art. 1°, inc. 1, da LF, contrapõem-se fundamentalmente a uma concepção niveladora de ambos os direitos fundamentais. Isso porque devido ao significado especial da dignidade da pessoa humana para a ordem de valores e para a ordem constitucional no seu todo, toda a intervenção na esfera de proteção é – como mencionado – tratada, pela jurisprudência e pela opinião dominante na doutrina, como violação a direito fundamental, de tal sorte que a abrangência da esfera de proteção define simultaneamente os limites da violação. Não se afiguram como possíveis, nesse sentido, justificações. Essa conseqüência, todavia, é demasiado tênue para que a esfera de proteção do art. 1°, inc. 1, da LF seja interpretada de forma muito estrita, pois isso pode levar à desvalorização prática desse direito fundamental. A absolutização da proteção do art. 1°, inc. 1, da LF conduz, como resultado, à redução da proteção.

Apenas quando – como aqui se propõe – é reconhecida a limitação jusfundamental do art. 1°, inc. 1, da LF, é assegurada a relevância prática desse direito fundamental. Ao mesmo tempo torna-se possível a perspectiva de um âmbito jusfundamental unificado entre dignidade da pessoa humana e direito fundamental à vida. Tal não significa, contudo, já por isso, uma equiparação entre ambos os direitos fundamentais, pois a dignidade da pessoa humana pode ser

---

[150] Cfr. também BverfGE 16, 194 (201e s.); 51, 324 (346).

[151] Murswiek (nota de rodapé 32), art. 2°, nota de margem 171.

[152] Idem, ibidem.

lesada de múltiplas formas sem que reste tangenciado o direito fundamental à vida. No mais, também restam possíveis diferenciações jusfundamentais específicas.[153] Como são imagináveis, porém, imbricações da dignidade da pessoa humana também com vários outros direitos fundamentais, também aqui dever-se-ia pensar em unidades jusfundamentais. É questionável, todavia, se essas novas unidades constitucionais fazem sentido e se elas realmente facilitam a aplicação do direito. Sem a formação de novas unidades jusfundamentais, melhor seria dar atenção reforçada às limitações funcionais de direitos fundamentais e aliviar a configuração conjunta dos direitos fundamentais.

VI. POTENCIALIDADE FUTURA DO ART. 1°, INC. 1, DA LEI FUNDAMENTAL POR MEIO DA POSSIBILIDADE DE LIMITAÇÃO

No geral, a tese substancial da possibilidade de limitação (também) do art. 1° da LF permanece correta. Não é apenas preocupação da sistemática dos direitos fundamentais perguntar sobre o sentido de se declarar intangível a dignidade da pessoa humana quando o seu pressuposto de existência biológico-psicológico, a vida, se encontra sob a reserva de lei ordinária. Pelo contrário, a limitabilidade do art. 1° da LF é uma garantia de que a prescrição seja um critério eficaz para o manejo e controle das atividades de regulamentação legal. Só assim torna-se possível o caminho para uma solução legal constitucionalmente limitada em relação a questões futuras relevantes relacionadas à dignidade da pessoa humana. Isso vale em especial para questões ligadas à medicina reprodutiva e à técnica genética em seres humanos. Aqui ainda se esboçam múltiplos problemas jurídicos não solucionados que apontam, no geral, para a combinação de certas novas possibilidades técnicas com a dignidade da pessoa humana normatizada no art. 1°, inc. 1, da LF.[154] Também é discutido se intervenções tecnológicas em células-tronco humanas violam a dignidade da pessoa humana em geral[155] ou se incide, nesse ponto, o art. 2°, inc. 2, da LF.[156]

---

[153] De forma crítica em relação à perspectiva de uma unidade entre a proteção à vida e a garantia da dignidade da pessoa humana, H.Dreier, *Menschenwürdegarantie und Schwangerschaftsabbruch*, em: DöV 1995, p. 1036 e ss.

[154] Como exemplos seriam mencionados apenas a discussão sobre a inseminação heteróloga, a fertilização *in vitro* ou a pesquisa em embriões excedentes. Para os problemas que podem ocorrer no âmbito da genética humana em relação à garantia da dignidade da pessoa humana v., de forma detalhada, Dreier (nota de rodapé 16), art. 1°, I, nota de margem 56 com observações seguintes.

[155] E. Benda, *Humangenetik und Recht – eine Zwischenbilanz*, in : NJW 1985, p. 1730 (1733); Häberle, *Menschenwürde* (nota de rodapé 15), nota de margem 92; v. Mangoldt; Klein; Starck (nota de rodapé 4), art. 1°, inc. 1, nota de margem 69.

[156] C. Enders, *Die Menschenwürde und ihr Schutz vor gentechnologischer Gefährdung*, in: EuGRZ 1986, p. 241 (245 e s.).

De toda a forma, a medicina reprodutiva e a técnica genética humana não podem ser declaradas *per se,* por causa de eventual ofensa ao art. 1°, inc. 1, da LF, como inconstitucionais. Pelo contrário, a garantia da dignidade reclama, em cada caso, uma análise precisa que também pode levar ao resultado de que modificações genéticas e procedimentos para a geração de seres vivos podem estar em consonância, como tais, com o art. 1°, inc. 1, da LF, mas que, em um tal procedimento, determinados fatores ou objetivos, por exemplo uma seleção motivada por sexo ou raça, não são conciliáveis com a dignidade da pessoa humana.[157] Antes de mais nada, devem ser considerados, porém, também aqui, como em outros contextos fáticos, em primeiro lugar os direitos fundamentais especiais, antes de novas possibilidades técnicas serem submetidas ao critério do art. 1°, inc. 1, da LF.

Para além de uma acentuação de conteúdos jusfundamentais específicos, deveria ser utilizada, também e justamente na esfera da vida e da dignidade da pessoa humana, a força regulamentadora de leis ordinárias, não se recorrendo apenas à Constituição e à sua interpretação. No que diz respeito ao direito fundamental à vida, a regulamentação legal das soluções de problemas incidentes é possibilitada pelo art. 2°, inc. 2, terceira parte, da LF. Na prática constitucional, essa reserva legal não se manifestou como o "calcanhar de Aquiles" da proteção da vida. O mesmo deveria valer para uma limitação da dignidade da pessoa humana.

Fundamentalmente deve-se partir da idéia de que a esfera legal ordinária é suficiente e até mais adequada para salvar novos conflitos de interesses do que a interpretação constitucional direta. É, por exemplo, plenamente imaginável que sejam regulamentados legalmente os pressupostos que devam ser observados nos consentimentos para justificar intervenções estatais no direito à vida e na dignidade da pessoa humana, ou mesmo se podem vir a ser usados detectores de mentira nos consentimentos. Regulamentações legais diferenciadoras são imagináveis, por exemplo, em relação ao direito à morte digna ou em relação a se, e em que medida, na esfera da genética humana, podem ser utilizadas ou permitidas possibilidades técnicas. Em prol de tais configurações legais falaria, além disso, o grau mais alto de determinabilidade juntamente com uma possibilidade simultaneamente reforçada de diferenciação.

Assim, os diversos pontos de referência na determinação dos limites temporais da vida evidenciam, exemplificativamente, que a tentativa jurídica de estabelecer o início da proteção do direito fundamental num ponto fixo de tempo só pode levar em conta de forma muito limitada os dados da realidade. Sem querer questionar a proteção jusfundamental da vida, possivelmente faria mais sentido conceber também a vida em formação como tal, a saber, como um processo, e colocar esse processo em crescente desenvolvimento sob uma proteção que se torna cada vez mais forte. O mesmo vale para o fim da vida, que, de

---

[157] Com tais exemplos Dreier (nota de rodapé 16), art. 1°, I, nota de margem 61.

acordo com a concepção dominante, sobrevém com a morte cerebral, portanto com o cessar definitivo de todas as ondas cerebrais,[158] ainda que sejam registradas algumas funções corporais após esse momento. Conquanto não se queira levar a efeito graduações temporais no plano da esfera de proteção, estas devem ser consideradas, todavia, nos moldes de uma justificação jurídica.[159] Aqui é perfeitamente admissível uma diferenciação de acordo com as diferentes fases temporais da vida, pois o direito de defesa da vida não é, como sugere a reserva legal do art. 2°, inc. 2, terceira parte, da LF, protegido de forma absoluta, mas permite, isso sim, relativizações diferenciadoras.[160] Como a determinação da esfera de proteção da vida costuma, simultaneamente, ser compreendida como o fundamento da dignidade da pessoa humana, também há que se reconhecer uma competência concretizadora e de limitação legal em relação ao art. 1°, inc. 1, da LF: por meio da possibilidade de uma esmerada e cautelosa diferenciação legal, a força normativa do art. 1°, inc. 2, primeira parte, da LF não deveria restar enfraquecida, mas, antes, fortalecida e tornada, de fato, potencialmente aberta para o futuro.

---

[158] Cfr. Murswiek (nota de rodapé 32), art. 2°, nota de margem 142, W. Höfling, *Um Leben und Tod – Transplantationsgesetzgebung und Grundrecht auf Leben*, in: JZ 1995, p. 26 e ss. Cfr. também W. Heun, *Der Hirntod als Kriterium des Todes des Menschen – Verfassungsrechtliche Grundlagen und Konsequenzen*, in: JZ 1996, p. 213 e ss.

[159] Murswiek (nota de rodapé 32), art. 2°, nota de margem 152.

[160] Schulze-Fielitz (nota de rodapé 53), art. 2, II, nota de margem 41.

— 6 —

A dignidade humana e o conceito de pessoa de direito

STEPHAN KIRSTE

Tradução de LUÍS MARCOS SANDER
Revisão de INGO WOLFGANG SARLET E RITA DOSTAL ZANINI

Sumário: I. Introdução; II. Métodos para a fundamentação da dignidade humana;III. Conceitos de dignidade humana; 1. As teorias extrajurídicas da dignidade humana; 2. Relativização formal da dignidade humana;3. A relativização do conteúdo da dignidade humana; IV. Fundamentação da dignidade; V. O conceito de pessoa de direito; VI. O respeito pela dignidade humana como o direito de ser reconhecido como pessoa de direito

I. Introdução

Platão narra o Mito de Protágoras. Nele, o grande Sofista nos conta que os deuses instruíram Prometeu e Epimeteu "a dar a cada ser a qualidade correspondente à sua faculdade". Epimeteu adiantou-se na tarefa, mas, "não sendo tão sábio como poderia ser, desperdiçou descuidadamente seu estoque de qualidades nos animais; ele, porém, ainda tinha deixado desamparada a raça dos homens, e não sabia o que fazer com ela". Prometeu queria ajudar o seu irmão; não obstante, somente podia oferecer o fogo e a sabedoria nas artes. Diferentemente do caso dos animais, contudo, que não só se ajustam perfeitamente ao seu nicho ecológico, como também ao seu entorno comportamental, aquilo não era suficiente para a sobrevivência dos seres humanos. Eles podiam lutar contra a natureza, mas não tinham condições próprias de moldar a sua coexistência. Sem a ciência de governar e sem o direito, os seres humanos lutavam uns contra os outros com tamanha ferocidade que o pai dos deuses, Zeus, temia que a raça humana perecesse. Por isso, ele enviou Hermes para dar respeito (*aido*) e direito (*diké*) aos seres humanos. Antes de partir, Hermes perguntou se os deveria dar a todos. "A todos", respondeu Zeus; "deixe que todos tenham a sua quota, pois as cidades não podem ser formadas se somente alguns tiverem uma parte destas artes". Para conseguirem viver como seres humanos, Zeus enviou-lhes, então, o direito.[1]

As raízes da história do conceito de dignidade humana remontam à Antigüidade. Tanto teológica quanto filosoficamente, ele é multifacetado. Em clara oposição a isso, contudo, a história da respectiva instituição jurídica é relativamente breve. Ela inicia com uma referência no Art. 151, inciso I, da Constituição alemã de Weimar de 1919.[2] A Constituição irlandesa de 1937 foi mais explícita, mencionando a "dignidade e a liberdade do indivíduo" no seu Preâmbulo. A Constituição espanhola de Franco fez uso inflacionário do termo.[3] Depois da Segunda Guerra Mundial, o instituto da dignidade humana começou sua a procissão triunfal através dos textos do Direito Internacional,[4] Declarações de Direitos Humanos[5] e Constituições. Na República Federal da

---

[1] Plato. Protagoras 320 C-322. In: *Plato:* v. 4: Laches, Protagoras, Meno, Euthydemus. Trad. de W. R. M. Lamb. Cambridge, 1952.

[2] "A ordem da vida econômica precisa corresponder aos princípios da justiça, visando a assegurar uma existência humanamente digna para todos".

[3] Art. I 1: "Dignidade da vida humana"; Art. I 2: "dignidade pessoal daquele que trabalha"; mas também Art. I 3: "dignidade da pátria"; e, da mesma forma, na "Carta dos Espanhóis" (17 de julho de 1945), Art. 1, 25.

[4] Preâmbulo da Carta das Nações Unidas: "[...] reafirmar a fé [...] na dignidade e no valor do ser humano".

[5] Declaração Universal dos Direitos Humanos (10.12.1948), Preâmbulo: "[...] o reconhecimento da dignidade inerente a todos os membros da família humana e de seus direitos iguais e inalienáveis é o fundamento da liberdade, da justiça e da paz no mundo [...]"; "[...] fé nos direitos humanos fundamentais, na dignidade e no valor do ser humano"; Art. 1: "Todos os seres humanos nascem livres e iguais em dignidade e direitos. São dotados de razão e consciência, e devem agir uns para com os outros com espírito de fraternidade"; cf. também o Pacto Internacional dos Direitos Civis e Políticos de 16 de dezembro de 1966, Preâmbulo: "Reconhecendo que esses direitos decorrem da dignidade inerente à pessoa humana [...]"; Art. 10: "1. Toda a pessoa privada de sua liberdade deverá ser tratada com humanidade e respeito à dignidade inerente à pessoa humana"; também no Preâmbulo e texto do Pacto Internacional dos Direitos Econômicos, Sociais e Culturais, da mesma data, em seu Art. 13: "Os Estados-parte no presente Pacto [...] concordam em que a educação deverá ser orientada para o pleno desenvolvimento da personalidade humana e do sentido de sua dignidade, e fortalecer o respeito pelos direitos humanos e liberdades fundamentais". Quanto aos pactos regionais, cf. também a Carta Africana (de Banjul) sobre Direitos Humanos e dos Povos, adotada em 27 de junho de 1981, Art. 5: "Todo o indivíduo tem direito ao respeito da dignidade inerente à pessoa humana e ao reconhecimento da sua personalidade jurídica. Todas as formas de exploração e de aviltamento do homem, nomeadamente a escravidão, o tráfico humano, a tortura física ou moral e as penas ou tratamentos cruéis, desumanos ou degradantes são proibidos"; a Carta da Organização dos Estados Americanos, que entrou em vigor em 13 de dezembro de 1951, Art. 45: "a) Todos os seres humanos, sem distinção de raça, sexo, nacionalidade, credo ou condição social, têm direito ao bem-estar material e a seu desenvolvimento espiritual em condições de liberdade, dignidade, igualdade de oportunidades e segurança econômica; b) O trabalho é um direito e um dever social; confere dignidade a quem o realiza [...]"; a Convenção Americana sobre Direitos Humanos, que entrou em vigor em 18 de julho de 1972, Art. 5, 2: "Ninguém deve ser submetido a torturas nem a penas ou tratamentos cruéis, desumanos ou degradantes. Toda a pessoa privada de liberdade deve ser tratada com o respeito devido à dignidade inerente ao ser humano"; Art. 6, Proibição da escravidão e da servidão: "Ninguém pode ser submetido à escravidão ou à servidão, da mesma forma que estão proibidos o tráfico de escravos e o tráfico

Alemanha, o conceito de dignidade humana foi codificado inicialmente em várias constituições estaduais, e, por fim, na Lei Fundamental, de 1949. A história jurídica notavelmente curta, em contraste com a secular tradição filosófica e teológica do conceito, talvez explique por que o discurso jurídico sobre o instituto da dignidade humana ainda não tenha se afastado tanto dos outros discursos a respeito. A intensa discussão diz respeito, em parte, à questão se haveria, em última análise, um fundamento filosófico ou teológico do conceito jurídico de dignidade humana, e, em havendo consenso a respeito, qual deveria se tornar o fundamento de sua compreensão jurídica: Deveria o conceito constitucional de dignidade humana ser compreendido de uma forma moral-teológico católica,[6] de uma forma protestante, como "a comunidade dos filhos de Deus" (*Gotteskindschaft*),[7] humanista, nos termos de Pico della Mirandola,[8] estética, como em Friedrich Schiller,[9] de acordo com a doutrina dos filósofos iluministas Christian Wolff ou Samuel Pufendorf, à luz do idealismo de Kant,[10] Fichte[11] ou Schelling,[12] do socialismo de Karl Marx, Ferdinand Lassalle[13] ou Ernst Bloch,[14] de uma forma existencialista, como em Jean-Paul Sartre[15] ou

---

de mulheres. [...] O trabalho forçado não deve afetar a dignidade nem a capacidade física e intelectual do recluso"; Art. 11, 1: "Toda a pessoa tem o direito de ver a sua honra respeitada e a sua dignidade reconhecida"; a Declaração Americana dos Direitos e Deveres do Homem, adotada pela 9ª Conferência Internacional de Estados Americanos (1948): "Os povos americanos dignificaram a pessoa humana e [...] suas Constituições nacionais [...] Todos os homens nascem livres e iguais em dignidade e direitos e, sendo dotados pela natureza de razão e consciência [...]"; a Convenção Européia para a Proteção dos Direitos Humanos e das Liberdades Fundamentais, que entrou em vigor em 3 de setembro de 1953: "Ninguém pode ser submetido à tortura, nem a penas ou tratamentos desumanos ou degradantes"; a Convenção Européia para a Prevenção da Tortura e das Penas ou Tratamentos Desumanos ou Degradantes, que entrou em vigor em 1º de fevereiro de 1989; o Tratado Constitucional Europeu de 2004, Art. I, 2: "Valores da União: A União funda-se nos valores do respeito pela dignidade humana, da liberdade, da democracia, da igualdade, do Estado de Direito e do respeito dos direitos, incluindo os direitos das pessoas pertencentes a minorias"; Parte II, Preâmbulo: "Consciente do seu patrimônio espiritual e moral, a União baseia-se nos valores indivisíveis e universais da dignidade do ser humano, da liberdade, da igualdade e da solidariedade"; Art. II, 61: "A dignidade do ser humano é inviolável. Deve ser respeitada e protegida".

[6] Schockenhoff, E. *Naturrecht und Menschenwürde*. Mainz, 1996.

[7] Biser, Eugen. *Gotteskindschaft und Menschenwürde*. Limburg: Glaukos, 2005; Leiner, in: Gröschner/Kirste/Lembcke (no prelo).

[8] Pico della Mirandola, Giovanni. *Über die Würde des Menschen/Oratio de hominis dignitate*. Hamburg, 1990.

[9] Schiller, Friedrich. *Über Anmut und Würde*. Stuttgart, 1994, p. 69ss.

[10] Kant, Immanuel. *Grundlegung zur Metaphysik der Sitten*. Werke, v. 7, p. 59ss.; id. *Die Metaphysik der Sitten*, p. 568s.; id. *Grundlegung zur Metaphysik der Sitten*. Tugendlehre, A 77ss. Kant-Werke, v. 8, p. 557ss.

[11] *Über die Würde des Menschen, beim Schlusse seiner philosophischen Vorlesungen gesprochen von J. G. Fichte.*

[12] Schelling, Friedrich Wilhelm Joseph. Neue Deduktion des Naturrechts. In: id. *Schriften von 1794-1798*. Unveränderter Nachdruck der Ausgabe Stuttgart Augsburg 1857. 1980, p. 125-161.

[13] Lassalle, Ferdinand. Das Arbeiterprogramm. In: id. *Gesammelte Reden und Schriften*. Ed. E. Bernstein. 1919. v. 2, p. 173s.

[14] Bloch, Ernst. *Naturrecht und menschliche Würde*. Vorwort. Frankfurt am Main, 1972, p. 11ss., p. 14.

[15] Sartre, Jean-Paul. Ist der Existenzialismus ein Humanismus? In: id. *Drei Essays*. Frankfurt am Main/Berlin, 1986, p. 7-51, p. 10.

em Heidegger,[16] com base na teoria do discurso de Jürgen Habermas[17] ou com base nos pressupostos da teoria dos sistemas sociais de Niklas Luhmann,[18] ou, finalmente, com base no arcabouço teórico do utilitarismo?[19] O mero fato de textos tão opostos como o Código de Direito Canônico,[20] a Constituição da República Islâmica do Irã[21] ou a Constituição da República Popular da China[22] fazerem referência à dignidade humana mostra essa incerteza no desenvolvimento de um conceito autônomo e juridicamente coerente de dignidade humana no geral. As disposições constitucionais, cada vez mais diferenciadas, sobre aspectos particulares da violação da dignidade humana – nomeadamente, a proibição da tortura, a proteção contra a prisão arbitrária, a proteção da honra, a proteção do embrião e de outros valores ameaçados pela biotecnologia[23] – são sinais da tentativa dos constituintes de obter distinções claras a respeito, alcançando-se, com isso, a correspondente viabilidade jurídica da dignidade humana. O conceito geral de dignidade humana não perde o seu significado com esses desdobramentos; a questão é, porém: o que permanece como sendo sua função própria? As observações que seguem tentam elaborar um fundamento jurídico específico para o conceito de dignidade humana no Direito. Procurarei mostrar que a dignidade, como conceito jurídico, expressa o reconhecimento de cada ser humano como pessoa de direito.[24] Na condição de preceito jurídico, ele contém o direito do ser humano de ser reconhecido como um sujeito de direito.

---

[16] Heidegger, Martin. *Über den Humanismus*. Frankfurt am Main, 1981, p. 12s., 37s., 43s.

[17] Habermas, Jürgen. *Die Zukunft der menschlichen Natur*. Frankfurt am Main, 2001, p. 62ss.

[18] Luhmann, Niklas. *Grundrechte als Institution*. 4. ed. Berlin, 1999, p. 53ss.

[19] Hoerster, Norbert. *Ethik des Embryonenschutzes:* Ein rechtsphilosophischer Essay. Stuttgart, 2002, p. 11ss.; id. *Abtreibung im säkularen Staat*. Frankfurt am Main, 1991, p. 121ss.

[20] CIC, 1983, cânone 208: "A partir de seu renascimento em Cristo, existe, entre todos os fiéis cristãos, uma verdadeira igualdade no tocante à dignidade e à ação pela qual todos cooperam na edificação do corpo de Cristo, de acordo com a condição e função de cada um"; cf. também os cânones 212 e 768.

[21] Adotada em 24 de outubro de 1979; Preâmbulo: "[...] esta Constituição [...] considera como sua meta suprema a liberdade e dignidade do gênero humano"; Art. 22: "A dignidade, a vida, a propriedade, os direitos, a residência e a ocupação do indivíduo são invioláveis, exceto em casos sancionados por lei".

[22] Adotada em 4 de dezembro de 1982; Art. 38: "A dignidade pessoal dos cidadãos da República Popular da China é inviolável".

[23] Cf. Art. 119a da Constituição da Suíça, adotada em 18 de dezembro de 1998: "Medicina de transplantes. (1) A Federação regulamenta o transplante de órgãos, tecidos e células. Com isso, ela protege a dignidade, a personalidade e a vida humana"; Art. 120 II: "[...] levará em consideração a dignidade da criação [...]".

[24] Nota dos revisores: cabe destacar que o autor utiliza o conceito de "pessoa de direito" a partir da expressão alemã "Rechtsperson", referindo-se, todavia, aqui, ao sujeito de direito, ou àquele que, dotado de personalidade jurídica, é, efetivamente, titular de direitos e obrigações. Como o autor distingue entre "Rechtssubjekt" ("sujeito de direito"; potencial titular de direitos e obrigações) e "Rechtsperson" ("pessoa de direito"; titular concreto de direitos e obrigações – por exemplo, dos direitos de liberdade), optou-se por manter a tradução fiel aos termos empregados pelo autor no texto. A noção de "sujeito de direito" constitui, assim, pressuposto para a noção de "pessoa de direito", não se confundindo, porém, com ela. Em entrevista pessoal realizada com a revisora do texto, o autor complementou que o sujeito de direito é o ponto de referência para os respectivos direitos" ("Der Rechtssubjekt ist der Bezugspunkt für die entsprechenden Rechte"), ao passo que "o indivíduo plenamente reconstruído juridicamente, isso é, o efetivo, o concreto titular de direitos e deveres, é a pessoa de direito" ("Der vollständig rechtlich rekonstruierte Mensch, dass heißt, der tatsächliche, konkrete

Para fundamentar esta proposição, faremos um breve esboço da atual discussão sobre o conceito de dignidade humana. Em seguida, investigaremos o conceito de pessoa de direito. Com base nisso, serão demonstradas as conseqüências e as possíveis vantagens dessa concepção.

II. Métodos para a fundamentação da dignidade humana

A interpretação do termo "dignidade" segue apenas parcialmente os caminhos usuais da hermenêutica jurídica. Levando-se em consideração a sua amplitude e vagueza, o termo em si não nos diz muito. Tampouco a interpretação histórica pode levar a resultados suficientemente claros – pelo menos no tocante à Constituição alemã: as opiniões dos constituintes a respeito do tema eram heterogêneas demais. Somente as disposições diferenciadas do Art. 1º da Lei Fundamental conferem certa margem à interpretação sistemática, e mesmo esse método precisa considerar pressuposto o termo em si. A compreensão ainda não muito técnica do termo, sua generalidade como valor e sua curta tradição jurídica facilitam a importação de convicções extrajurídicas. Não surpreende, pois, que, especialmente nos estágios iniciais do desenvolvimento da interpretação da dignidade humana, tenham sido feitas muitas apreciações teológico-cristãs.[25] Entretanto, o caráter mais ou menos secular das tradições ocidentais resistiu a essa abordagem. Parece que a integração do termo a uma Constituição produz um certo significado independente. A despeito de sua vagueza, isso estabelece um filtro contra a recepção de racionalidades de argumentos oriundas de outros sistemas sociais.

Aparentemente, esse filtro permite a passagem de certas concepções filosóficas, admitindo-as como modelos para a interpretação da dignidade humana. Considerando-se o caráter essencial iluminista do discurso jurídico sobre a dignidade humana, não surpreende que certas abordagens iniciais se baseassem em autores consensualmente insuspeitos contra uma eventual utilização totalitária do conceito. Em parte por causa disso, uma interpretação baseada em Immanuel Kant dominou tal seara. Kant possibilitou uma concepção que podia dar margem a uma interpretação cristã, sem restringir demasiadamente a compreensão secular da Constituição.[26]

Träger von rechten und Pflichten, ist die Rechtsperson"). Para o autor, ser sujeito de direito significa ter a capacidade de fazer uso jurídico da própria liberdade; o sujeito de direito é, assim, o titular de uma potencial capacidade para a atribuição de quaisquer outros direitos. A dignidade humana traduz o direito de ser respeitado como tendo essa potencial capacidade de possuir outros direitos, não implicando, todavia, a necessidade de tê-los concretamente; o conceito de pessoa de direito significa, por sua vez, a condição concreta de destinatário desses direitos e deveres.

[25] Böckenförde, E.-W. Zur Eröffnung. In: id.; Spaemann, R. (ed.). *Menschenrechte und Menschenwürde:* Historische Voraussetzungen – säkulare Gestalt – christliches Verständnis. Stuttgart, 1987, p. 14ss. Segundo Starck, Art. 1 I Rn. 6, o Art. 1 rejeitaria uma pretensão de completude intramundana; uma posição crítica neste tocante é a de Hoerster, Norbert. Zur Bedeutung des Menschenwürdeprinzips. In: *Juristische Schulung*, 1983, p. 93ss.

[26] Kant, Immanuel. *Kritik der reinen Vernunft.* Ed. W. Weischedel. Frankfurt am Main, 1988, p. 32 (Werkausgabe, v. 3).

Outro possível método de fundamentação da dignidade humana é a investigação das diferentes compreensões, dos comportamentos ou das convicções das pessoas em relação à dignidade.[27] Também aqui haverá, inicialmente, uma consciência pouco nítida a respeito da violação da dignidade humana. Não obstante, começando com esse "sentimento moral" (David Hume), é possível elaborar, por abstração e refinamento, os respectivos princípios positivos. Pode-se começar, por exemplo, com o sentimento de que pessoas sob tortura padecerão de grande sofrimento, restando, assim, lesadas em sua dignidade de acordo com seus próprios padrões. Respeito pela dignidade humana significa, então, tratar o outro de forma a evitar situações em que este considere a sua dignidade aviltada.[28] Integridade e respeito por si próprio podem ser, portanto, o resultado desse conceito de dignidade. Questionável nessa definição de dignidade humana é, contudo, em primeira análise, o fato de ela basear-se unicamente em expressões e reações contra violações da dignidade humana. Além disso, ela pressupõe um ser humano que seja capaz de se expressar, e ainda isola o indivíduo, não levando em consideração o reconhecimento social da dignidade.

Não surpreende, portanto, que uma interpretação histórica em sentido mais amplo esteja sendo introduzida para compreender o termo "dignidade humana". Este método encontra respaldo no fato de a dignidade humana muitas vezes ter sido inserida nas Constituições como uma reação à experiência da injustiça cometida por regimes ditatoriais ou totalitários anteriores. A Lei Fundamental alemã o fez como reação à violação maciça dos direitos humanos pelo regime nazista, quando se negava a capacidade jurídica aos judeus e a outras parcelas da população alemã com base na legislação racial. Outros países reagiram com o banimento da tortura enquanto violação concreta da dignidade humana devido às atrocidades cometida por regimes anteriores. De modo geral, essas abordagens apresentam uma argumentação mais especificamente jurídica na medida em que se referem à função da Constituição para assegurar o Estado de Direito, coibindo os regimes de realizar uma desconsideração arbitrária dos direitos humanos.

Desses modelos emergiu uma concepção mais metódica da dignidade humana, a qual sustenta que esta não pode ser definida positivamente, mas apenas negativamente, a partir de suas possíveis violações.[29] A abordagem negativa substitui, assim, a pergunta sobre *o que é* a dignidade humana pela pergunta a respeito de *quando* e *sob que condições* esta é violada. Na Alemanha, Günther Dürig escreveu: "Há um consenso exato a respeito de como o Estado e a ordem social deveriam ser [...]. Naturalmente não se pode querer interpretar o princípio da dignidade humana como positivamente vinculante; apenas se

---

[27] Pritchard, Michael S. Human Dignity and Justice. *Ethics*, v. 92, p. 300s., 1972.

[28] Ibid., p. 302.

[29] Cf., por exemplo, Kunig, Philipp. Art. 1 Rn 22. In: Münch; Kunig. *Grundgesetz:* Kommentar. 5. ed. München, 2000.

pode dizer o que o infringe".[30] Degradação, perseguição arbitrária e ostracismo são violações da dignidade humana, bem como a tortura, a punição física, o uso de detectores de mentira ou a injeção de "soros da verdade". Por mais convincentes que tais teorias sejam, todavia, elas dependem de três condições: Primeiro, elas pressupõem as respectivas experiências já ocorridas em relação às violações da dignidade humana. Isso impede que tais teorias sejam úteis aos novos desafios que surgem para a dignidade humana. Segundo, elas pressupõem, ao menos inconscientemente, uma compreensão positiva daquilo que a dignidade humana significa. Que critérios essa concepção teria para qualificar uma violação da dignidade humana como tal, sem ter uma noção clara do que isso significa? Por último, essa abordagem carece de critérios nítidos para distinguir se o "sentimento de injustiça" se refere particularmente a uma violação da dignidade ou à violação de outro valor: a abordagem negativa não fornece um catálogo coeso de critérios para avaliar qual comportamento desrespeitoso infringe a dignidade humana, e qual comportamento desrespeitoso não a infringe. Essa teoria, contudo, utiliza uma argumentação mais centrada no objetivo das Constituições que contêm a regra do Estado de Direito. A tarefa central do Direito é impedir infrações de direitos. Esse é o aspecto positivo do qual tal teoria pode, de fato, partir, e em relação ao qual ações injustas podem ser qualificadas como atos a serem negados. Tal argumentação não está ancorada em vertentes não-jurídicas por intermédio das quais possa se apoiar em uma fundamentação filosófica ou teológica da dignidade humana, mas sim no próprio direito, em sua função, e aborda o conceito de dignidade humana a partir da prevenção jurídica de quaisquer violações.

Isso sugere que procuremos por um fundamento jurídico da dignidade humana. O que uma Constituição alcança se ela inclui em seu texto um conceito geral de dignidade? Antes de adentrar mais amplamente esta abordagem, apresentaremos um breve panorama dos conceitos materiais de dignidade humana. Também aqui enfocaremos a questão relativa a até que ponto considerações extrajurídicas moldaram o conceito de dignidade.

III. Conceitos de dignidade humana

Os conceitos contemporâneos de dignidade humana na condição de princípio jurídico podem ser distinguidos por sua forma e conteúdo, bem como por sua diferente intensidade de argumentação jurídica. O seguinte esboço dessas

---

[30] Dürig, Günther. Zur Bedeutung und Tragweite des Art. 79 Abs. III des Grundgesetzes. In: Spanner, H. (ed.). Festgabe für Theodor Maunz zum 70. Geburtstag. München, 1971, p. 41ss.; também Schachter, Oscar. Human Dignity as a Normative Concept. *The American Journal of International Law*, v. 77, p. 849, 1983, que acrescenta, porém: "Sem uma idéia geral razoavelmente clara de seu sentido, não podemos rejeitar com facilidade um uso especioso do conceito; tampouco podemos, sem entender o seu sentido, inferir implicações específicas para a conduta relevante"; cf. também o longo catálogo de infrações à p. 852.

posições é apenas um quadro de tipos-padrão, que só se orienta de forma secundária por certos doutrinadores.

1. As teorias extrajurídicas da dignidade humana

Teorias fortemente influenciadas por pressupostos do direito natural apresentam a mais forte fundamentação extrajurídica da dignidade humana. Com base na história filosófica do conceito, elas sustentam o caráter pré-jurídico da dignidade.

A maioria dos pré-requisitos é elaborada por autores que não apenas apresentam um conceito teológico de dignidade humana, como também consideram a dignidade como um direito, e não como mero princípio objetivo. Para sustentar sua argumentação, esses autores podem apontar para uma tradição dogmática de séculos que remonta aos chamados "Pais da Igreja" (Orígenes).[31] A base de sua dignidade é a característica do ser humano como imagem de Deus. Como imagem, ele não tem as mesmas capacidades divinas, mas, por intermédio da razão, ele tem a capacidade de compreender aquilo que Deus tem poder de fazer. Isso, naturalmente, coloca o homem muito acima dos animais, que estão apenas sujeitos à vontade divina, sem ter a capacidade de compreender a Deus. Todos os seres humanos possuem, assim, um direito individual ao reconhecimento de sua dignidade, que eles obtêm graças a essa característica. As Constituições só podem reafirmar esse direito, que é preexistente ao Estado e suas leis. De acordo com tal gênese do direito à dignidade, este é absoluto. Ser absoluto significa não poder ser ponderado com qualquer outro direito. O antigo juiz do Tribunal Constitucional Federal da Alemanha, Ernst-Wolfgang Böckenförde, afirma que apenas esse fundamento teológico pode garantir tal caráter absoluto. Se se ignorar as raízes cristãs da dignidade, abrem-se as portas para a relativização desse valor fundamental. O fundamento teológico não é apenas uma garantia, dentre outras, para o caráter absoluto da dignidade humana, mas a única garantia que há. A estratégia existente por detrás desse argumento consiste em expandir a dignidade humana até um ponto infinitesimal em relação ao qual todos os outros direitos fundamentais pareçam ser pontos finitos de qualidade inferior.

Essa impossibilidade de ser ponderada com outros direitos confere à dignidade humana um *status* especial. Se esse conceito forte de dignidade for acrescido à idéia da vida humana individual como substrato da dignidade, seu direito de reconhecimento e proteção começa com a fusão do óvulo com o espermatozóide, ou com o término de um estágio pluricelular no desenvolvimento do embrião. Ele dura enquanto perdurarem os efeitos dessa vida humana individual.[32]

---

[31] Kobusch, Theo. Die Würde des Menschen – ein Erbe der christlichen Philosophie. In: Gröschner; Kirste; Lembcke (ed.). *Menschenwürde* – Wiederentdeckt und erfunden im Humanismus der italienischen Renaissance (a ser publicado em 2008).

[32] Cf. Dreier, Horst. Art. 1 GG, Rn 62-116. In: id. *Grundgesetz?* Kommentar: Band 1: Präambel, Art. 1-19. 2. ed. Tübingen, 2004. Herdegen, Matthias. Art. 1 Abs. 1, Rn. 48-67. In: Maunz; Dürig; Herzog; Scholz. *Grundgesetz:* Kommentar: Band I, Art. 1-5. München, 2007.

Esse conceito de inspiração teológica está sendo, no entanto, duramente criticado. Seus fundamentos estão demasiadamente vinculados a uma determinada cosmovisão teológica. Isto não convém a um Estado secular, dotado de neutralidade frente à religião. Ademais, o caráter absoluto da dignidade humana não é convincente quando há uma confrontação da dignidade contra outra dignidade, como no caso do emprego de tortura contra um seqüestrador para salvar-se a vida da vítima quando o seu esconderijo é desconhecido e apenas o seqüestrador souber onde ela se encontra.[33] Também os fortes pressupostos metafísicos a respeito do início da vida humana estão sendo contestados com base nas modernas descobertas científicas e com base na crítica ética. Sem adentrar, aqui, em minúcias, parece que uma fundamentação demasiado forte e exigente da dignidade não se enquadra sem conflitos no Direito.

2. Relativização formal da dignidade humana

Como conseqüência, os autores da Lei Fundamental, assim como a jurisprudência, tentaram restringir a fundamentação da dignidade humana. Considerar a dignidade não como um direito humano, mas como um *princípio* ou *valor objetivo,* significou um primeiro passo nessa direção.[34] Como princípio jurídico objetivo, a dignidade impõe uma obrigação ao Estado; todavia, não garante ao indivíduo um correspondente direito ao reconhecimento e à proteção da sua dignidade. A dignidade humana como valor supremo pode influenciar demais ramos do Direito; contudo, ela jamais tem a função jurídica forte de um direito subjetivo.[35] Algumas Constituições modernas adotaram essa idéia ao mencionar a dignidade no Preâmbulo ou em outra parte do texto fora do capítulo dos direitos fundamentais, como a Constituição espanhola (Art. 10).[36]

Outras, inclusive, vão mais longe. Elas negam totalmente o caráter jurídico à dignidade humana. Em uma formulação clássica, o especialista alemão em Direito Público Ernst Forsthoff expressou-o da seguinte forma: a dignidade humana seria um "conceito geral" (ein "allgemeiner Begriff") sob o qual "é

---

[33] Brugger, Winfried. Darf der Staat ausnahmsweise foltern? *Der Staat,* v. 35, p. 67-97, 1996; id. Vom unbedingten Verbot der Folter zum bedingten Recht auf Folter? *Juristenzeitung 2000,* p. 165-173.

[34] Günter Dürig era da opinião de que, no caso do Art. 1 da Constituição alemã, tratar-se-ia de um valor que simplesmente foi acolhido e corroborado por ela. Ele não traduziria um direito fundamental (1956, p. 119). Enquanto um valor tal, a dignidade humana ainda não possuiria efeitos jurídicos subjetivos. Dessa forma, ele seria o fundamento dos direitos humanos (Art. 1, § 2 da Constituição) e, por fim, dos direitos fundamentais de caráter vinculante para o Estado (Art. 1, § 3).

[35] Enders, Christoph. *Die Menschenwürde in der Verfassungsordnung:* Zur Dogmatik des Art. 1 GG. Tübingen, 1997, p. 118: "À absolutidade do conceito de dignidade humana e à indefinição de seu âmbito de proteção corresponde, portanto, o fato de que, em termos de direito positivo, não resulta um direito subjetivo autônomo do Art. 1 da Constituição alemã; este só se expressa numa função jurídica objetiva e relacionada a todos os direitos fundamentais".

[36] Guterrez Gutiérrez, Ignacio. *Menschenwürde als europäischer Verfassungsbegriff:* Rechtsvergleichender und verfassungsgeschichtlicher Beitrag zur Debatte um die Menschenwürde. 2006, p. 385.

impossível realizar a subsunção".[37] Outros afirmam que, precisamente devido à sua suprema importância para a posição do ser humano no mundo, mas também devido à vagueza e ao caráter controverso do seu conteúdo, a dignidade humana seria um axioma da Constituição com "caráter apelativo",[38] um princípio constituinte,[39] um objetivo supremo de todo o Direito,[40] uma confissão ou uma sentença com a força obrigatória de um Preâmbulo. Winfried Brugger considera a dignidade humana como um princípio que conecta o direito positivo da Constituição a padrões do direito natural em sentido amplo,[41] como "uma obrigação moral do povo alemão, expressa na forma da Constituição".[42] Conceituações dessa natureza provêm de Constituições que se referem à dignidade somente no Preâmbulo ou no texto de forma meramente indicativa. O último caso aplica-se ao art. 1º, inciso I, 1ª parte, da Constituição alemã: "A dignidade do ser humano é inviolável".

Algumas Constituições, contudo, dão espaço a concepções intermediárias. Elas citam a dignidade humana como um princípio vinculante para todos os poderes públicos no Preâmbulo ou dentre outros princípios objetivos, ou ainda codificam direitos tanto para o respeito da dignidade humana, quanto para a proteção contra certas violações suas. Há, claramente, um passo à frente rumo a uma forma mais técnica e jurídica de dignidade, quando as Constituições distinguem explicitamente entre esses diferentes *status* formais da dignidade.

Desde uma perspectiva teórico-jurídica, essa viabilidade jurídica do conceito é um aspecto importante a ser considerado. Não obstante, ela concerne somente à forma, a questões de graduação da dignidade, a seu impacto e modo de operação na argumentação jurídica. As colisões da dignidade acima mencionadas, bem como outros problemas, podem ser administrados se o conteúdo forte e aprimorado da dignidade for mantido ainda que sejam feitas subtrações em sua forma. Se a dignidade não for uma sentença normativa ou um direito subjetivo, ela não necessita ser ponderada com outros valores ou princípios constitucionais. Como princípio, ela pode ser considerada tanto mais elevada quanto menos dela puderem ser deduzidas diretamente as respectivas conseqüências jurídicas. O *páthos* e as conseqüências jurídicas se separam. Por causa dessa restrição da forma, o termo jurídico "dignidade" ficaria aberto tanto para uma compreensão cristã, como para uma compreensão filosófico-transcendental ou mesmo para uma compreensão imanente da dignidade humana.

---

[37] Forsthoff, Ernst. *Der Staat*, v. 18, p. 524, 1969.

[38] Gröschner, Rolf. Des Menschen Würde: Humanistische Tradition eines Verfassungsprinzips. In: Gröschner; Kirste; Lembcke (ed.), [2008].

[39] BVerfGE 93, p. 266ss. (293) – Soldaten sind Mörder; E 87, p. 209ss. (228) – Tanz der Teufel.

[40] BVerfGE 12, p. 45ss. (51).

[41] Brugger, Winfried. *Menschenwürde, Menschenrechte, Grundrechte*. Baden-Baden, 1997, p. 7.

[42] Ibid., p. 15.

3. A relativização do conteúdo da dignidade humana

Em parte, esse tipo de teorização tenta ajustar a dignidade humana a um contexto jurídico através da redução do seu conteúdo. Mais importante do que isso é, porém, que a diminuição do seu conteúdo permite um fortalecimento do seu impacto formal como um direito, especialmente como direito fundamental. As respectivas teorias podem ser divididas em dois grupos principais, com diferentes subdistinções. Em primeiro lugar, há teorias que visam a especificar o conteúdo da dignidade com base em uma mudança qualitativa do seu significado. Em segundo lugar, há teorias – e essas iremos apenas mencionar –, que estabelecem um limiar quantitativo abaixo do qual uma violação será considerada mera perturbação, mas não infração substancial da dignidade humana.

Se considerarmos, como ponto de partida, uma compreensão cristã da dignidade humana, que conceitua o ser humano como imagem de Deus, poderíamos questionar se esse aspecto passa a ser inserido nas Constituições como uma reivindicação de caráter decididamente secular, ou pelo menos neutro, quanto à religião e à cosmovisão. Diferentemente do que ocorre em Constituições como a irlandesa, que inicia com uma *invocatio dei* plena, demonstrando integrar, com isso, uma perspectiva teológica na Constituição, nas Constituições seculares o conceito cristão de dignidade humana constitui um elemento estranho. E, considerando-se igualmente o simples significado da dignidade que vê o ser humano como imagem de Deus, é a humanidade que possui essa qualidade, não o indivíduo: cada ser humano obtém essa dignidade por pertencer à espécie. Essa individualização necessita, porém, de uma maior explicação.

Um possível perigo ideológico pode ser parcialmente afastado se nos basearmos em uma fundamentação ético-filosófica. O candidato mais proeminente dessa abordagem ainda é Immanuel Kant. Segundo ele, todos os seres humanos têm uma natureza empírica e uma natureza racional. Por causa da causalidade natural contínua, apenas como ser racional o ser humano tem a capacidade – ou deve ser concebido como tendo a capacidade – de sujeitar a sua ação aos imperativos de normas éticas. Se fizer isso, ele age em conformidade com os outros seres humanos, sendo, então, livre. A liberdade significa, portanto, autonomia: significa agir com base na compreensão dos deveres que as leis morais impõem. Essa capacidade de ação autodeterminada, orientada pela razão, é o privilégio de todos os seres humanos; logo, esse é o seu traço distintivo em relação a todos os outros seres que carecem dessa capacidade. A dignidade do ser humano é, portanto, o resultado de sua autonomia. Ações autônomas provêm de decisões individuais.[43] Disso segue que a capacidade em si também está orientada para a ação individual, o que significa, por sua vez, que todos os seres humanos têm o direito ao reconhecimento dessas suas capacidades. Com base em Kant, a dignidade humana pode ser interpretada como um direito subjetivo.

---

[43] Kant, Immanuel. *Grundlegung zur Metaphysik der Sitten*. Ed. W. Weischedel, p. 69 (Werke, v. 7).

Essa teoria, que é muito proeminente na Alemanha, e que vem sendo concebida pelo Tribunal Constitucional como a chamada "fórmula-objeto",[44] deixa em aberto o problema de estar fortemente comprometida com os pressupostos idealistas de Immanuel Kant. Ela também se associa a fortes pressupostos metafísicos sobre a natureza racional do ser humano, pressupostos que dificilmente podem ser subscritos por todos – nem mesmo por todos os filósofos. Isso contribuiu para a busca de teorias que recusam uma posição forte do ser humano como *homo phaenomenon* ou *homo noumenon*. Nesse sentido, o erudito universal da Renascença, Pico della Mirandola, é um próspero candidato. Como autor de obras que foram colocadas no índice de textos proibidos pela Igreja Católica, Pico é teologicamente insuspeito. Seu humanismo torna-o interessante para um Estado neutro quanto à religião e à cosmovisão; além do mais, ele é claramente individualista. Tudo isso sugere que ele seja considerado como autor de referência para a fundamentação da dignidade humana como direito individual. O que, por fim, o torna um pensador surpreendentemente moderno é o seu pressuposto de que o ser humano, como um "segundo Adão", deve outorgar a si próprio a sua posição no mundo. Ele é – como pensavam muitos outros autores renascentistas – um ser que se assemelha a um camaleão, sendo capaz de contínua mudança. Essa capacidade genial distingue-o de todas as outras criaturas. Tanto o problema de uma tensão entre o Estado ocidental democrático neutro e um conceito forte de dignidade humana, de um lado, e o problema da dignidade humana que deve ser protegida no geral, de outro, poderiam ser resolvidos se nos baseássemos em Pico. No entanto, algumas questões remanescem: praticamente nenhum autor da Lei Fundamental se referiu a Pico della Mirandola, Petrarca, Gianozzo Manetti ou a outros autores renascentistas; por fim, ainda não resta claro em que qualidade a capacidade especificamente humana encontra-se expressa.

As chamadas "teorias da dignidade humana como prestação" compartilham dessa visão de que a dignidade é uma qualidade individual de cada ser humano. O sociólogo Niklas Luhmann sustenta, todavia, que a dignidade não é uma determinada característica do ser humano, mas provém de sua comunicação, sendo o resultado da autodemonstração do indivíduo.[45] Esta concepção também é expressa em algumas Declarações de Direitos Humanos, quando se diz – como no caso do Art. 45b da Carta das Organizações dos Estados Americanos – que "o trabalho é um direito e um dever social; ele confere dignidade a quem o realiza [...]". Enquanto Pico e outros se referem à capacidade potencial

---

[44] Elaborada pela primeira vez por Günther Dürig (Der Grundrechtssatz von der Menschenwürde. AÖR, n. 42, p. 117-157, 1956), e posteriormente aceita pelo tribunal: BVerGE 9, p. 89ss. (95); 27, p. 1ss. (6); 28, p. 386ss. (391); 45, p. 187ss. (228); 50, p. 166ss. (175); 50, p. 205ss. (215); 57, p. 250ss. (275); 72, p. 105ss. (116); 87, p. 209ss. (228).

[45] Luhmann, 1999, p. 68ss. Quanto ao conceito de Luhman a respeito da dignidade humana, cf. também Noll, Andreas. *Die Begründung der Menschenrechte bei Luhmann:* Vom Mangel an Würde zur Würde des Mangels. Basel, 2006, p. 369.

de agir, o conceito de dignidade de Luhmann requer a sua efetiva realização. Essa realização resulta no reconhecimento do indivíduo então apresentado. A autodemonstração e o reconhecimento são comunicações sociais que produzem a individualidade; logo, a dignidade é relativa a essas prestações, e disso segue que ela pode ser ponderada. Essa teoria é acusada, no entanto, de recair no conceito de dignidade da Antigüidade, quando aquela não era relacionada ao ser humano como tal, mas traduzia uma expressão do *status* social que o homem tinha alcançado; a dignidade de um cardeal, por exemplo. A "teoria da dignidade humana como prestação" realmente é incapaz de resolver um problema para cuja solução o conceito de dignidade humana foi introduzido nas Constituições, a saber, a tutela da dignidade das pessoas que, devido a deficiências mentais ou deficiências de outra natureza, são incapazes de agir ou de se articular. Fica bastante claro, da mesma forma, que essa teoria excluiria completamente a vida não-nascida da proteção do respectivo princípio. A partir da perspectiva sociológica de Niklas Luhmann, pode ser verdade que a dignidade seja resultado de uma atribuição baseada na comunicação. Pressupor que a dignidade não seja uma qualidade ontológica de todos os seres humanos, mas sim um ato de atribuição, se encaixa muito bem em uma longa tradição que inclui a teologia cristã; basear essa atribuição em um ato de comunicação, ou seja, na prestação, é, porém, problemático, pois com isso não se protege a dignidade humana potencial que deve ser tutelada.

Enquanto a redução filosófica dos ambiciosos conceitos de dignidade humana, especialmente de Pico, desvinculou o termo de uma forte vinculação religiosa e baseou-o nas capacidades humanas individuais de agir livremente,[46] a teoria da prestação, por assim dizer, a externalizou e a tornou dependente de atos humanos efetivos. Este argumento tem o potencial de criar vínculos com as teorias da dignidade como reconhecimento.[47] De acordo com essas teorias, defendidas na Alemanha, particularmente, por Hasso Hofmann e Jürgen Habermas, a dignidade não é uma qualidade inerente a cada ser humano, mas provém da ação comunicativa. Segundo essa concepção, a dignidade reflete o reconhecimento do indivíduo como um parceiro na comunicação. O pré-requisito para tanto é o reconhecimento do ser humano como um indivíduo dotado da capacidade de agir de forma racional e, portanto, de fazer parte da comunidade comunicativa. Esse conceito também está aberto a uma distinção entre a dignidade de um ser humano – dignidade humana em sentido forte – e a dignidade da vida humana em geral. Habermas, de fato, não compreende o embrião como uma pessoa, com a mesma dignidade de um ser humano nascido. O embrião não é um mero objeto, mas carece da capacidade de participar da comunicação social. Para não atribuir ao termo um significado amplo que pareça um contra-

---

[46] Isso é válido mesmo levando-se em consideração a inserção geral do seu conceito de dignidade humana em sua cosmologia.

[47] Hofmann, Hasso. Die versprochene Menschenwürde. AÖR, n. 118, p. 353-377, 1993.

senso, ele fala de um valor geral da dignidade da vida individual. Tal valor contém uma obrigação geral do Estado de respeitar essa vida individual e sua dignidade, mas não produz quaisquer direitos. Novamente não pode haver dúvida, aqui, de que, a partir da perspectiva de uma teoria do discurso, o embrião não pode ser uma parte ativa dele, e, portanto, não pode ser considerado como uma pessoa que aceite os outros participantes do discurso como seres racionais, ou que seja aceita da mesma forma. Ainda se torna necessário provar, contudo, que uma concepção tão exigente de pessoa seja apropriada também para o sistema jurídico.

Essa abordagem está correta, todavia, ao enfatizar a especificidade contextual da dignidade.[48] É possível aceitar a compreensão cristã do ser humano como imagem de Deus; é possível concordar com o pressuposto de que o ser humano se caracteriza por sua razão ou por sua autodeterminação; ainda é necessário, porém, fazer uma distinção entre esses aspectos do ser humano e sua dignidade. É importante fazer distinções claras entre a dignidade humana e o sujeito de que se trata para fins de compreensão do conceito de dignidade. A dignidade em si expressa o reconhecimento ou a reivindicação de reconhecimento; ela é um princípio normativo. Não há, necessariamente, uma conexão entre qualquer antropologia, seja ela orientada cientificamente, seja ela cristã ou secular, e a reivindicação desse reconhecimento. Aquilo que a dignidade é resulta do contexto no qual ela está situada: a dignidade de um cristão é, enquanto tal, diferente da dignidade de um sujeito na teoria da comunicação social; e, no interior dos sistemas de comunicação, é possível visualizar várias dignidades. Não fica excluído, é bem verdade, em razão dessa especificidade contextual da dignidade, um dever cristão de reconhecer uma dignidade do ser humano como imagem de Deus. Para a fundamentação do Direito, porém, essas obrigações religiosas não podem ser equiparadas a deveres jurídicos em sua aplicação. A tarefa para a fundamentação do Direito é a de atribuir ao ser humano uma *dignidade jurídica* que seja o equivalente de sua dignidade ética como uma pessoa moral, ou de sua dignidade como "imagem de Deus" ou "filho de Deus" em um contexto cristão, católico, luterano, etc.

A par dessas teorias que limitam os critérios para a qualidade de dignidade humana e a especificam, outras defendem a idéia de que violações de menor valia podem traduzir infrações à dignidade humana. Seu objetivo é sustentar um conceito exigente de dignidade humana, tentando introduzir certos limiares quantitativos.[49] Perturbações abaixo desses limiares não seriam aceitas como violações da dignidade humana, embora possam se referir a certos aspectos da honra ou do *status* social do indivíduo. O objetivo geral dessas teorias é não fazer uso inflacionário do termo "dignidade humana", evitando-se, com isso, um

---

[48] Cf. Habermas, 2001.

[49] Hilgendorf, Eric. Die missbrauchte Menschenwürde. *Jahrbuch für Recht und Ethik*, v. 7, p. 137ss., 1999; Hofmann, 1993.

desvirtuamento de sua função. Essa restrição do princípio, contudo, retrata uma correção bastante periférica da questão, e também deixa de apresentar critérios precisos para a temática da dignidade humana.

Todas essas tentativas de especificar o conceito de dignidade humana procuram enquadrar esse conceito geral e fundamental, que se baseia em fortes pressupostos filosóficos ou teológicos, no sistema jurídico. As tentativas formais foram impulsionadas pela intuição de que esta idéia filosófica tão "exigente" da dignidade humana somente poderia ser recepcionada pelo Direito caso o seu *status* formal fosse reduzido da categoria de direito à categoria de princípio objetivo, ou, inclusive, à categoria de "axioma" não-normativo. As outras teorias, que denominamos de "teorias materiais", tentaram especificar a dignidade humana excluindo certas conotações do seu conteúdo. Essas teorias conseguiram manter o *status* formal forte da dignidade humana como um direito. Enquanto o primeiro grupo apresenta o risco de acabar tornando irrelevante a aplicação da dignidade humana, na medida em que não mostra as suas conseqüências jurídicas concretas, o outro grupo apresenta o risco de minar a dignidade humana a partir do seu interior, uma vez que, mesmo na condição de direito, ela nem sempre oferece proteção nas situações em que deveria ajudar o indivíduo. A tarefa existente consiste tanto em evitar ambos os problemas, como em apresentar uma concepção de dignidade humana que combine a relevância formal de um direito subjetivo com o conteúdo tradicional do qual a dignidade humana é o valor supremo na filosofia moral.

IV. Fundamentação da dignidade

Os métodos utilizados para determinar a dignidade humana, bem como no tocante à substância do termo, as formas extrajurídicas mostraram-se insuficientes para especificar a sua função e posição constitucional. Isso não constitui uma negação da importância moral, teológica, ético-filosófica ou antropológica do conceito. Como a dignidade em si consiste em uma relação de um substrato – no nosso caso, a essência humana – com um contexto específico, urge lembrar que nosso contexto é o do sistema jurídico. Sempre que falamos de dignidade como operadores do Direito, referimo-nos à dignidade como um princípio jurídico.

O filósofo estóico Marco Túlio Cícero falava de uma "excellentia et dignitas", mostrando que a dignidade é uma característica do seu portador.[50] Para Cícero, a dignidade não se restringia aos seres humanos. O Estado ("dignitas rei publicae") ou o povo romano ("dignitas populi Romani") também podiam ter uma dignidade. Mais tarde, a dignidade foi aplicada principalmente a um cargo

---

[50] Cícero, Marcus Tulius. De officio 1, 30, 105.

enquanto seu substrato ("dignitates"). Fundamentada no *status* social concreto, a dignidade retratava um valor comparativo. Esse caráter relativo também mostrava que podia haver "mais" ou "menos" dignidade, o que foi, novamente, a base para uma dignidade desigual. Cícero expressou-o do seguinte modo: "A igualdade é desigual se não conhecer diferentes níveis na dignidade".[51]

A filosofia medieval considerava a dignidade em si como sendo eterna; por conseguinte, a dignidade estava separada do respectivo portador enquanto um ser mortal. A dignidade também estava conectada à ordem hierárquica (Deus – seres humanos, Papa – bispo, rei – servidores) dentro da qual uma pessoa podia receber uma dignidade, mas também podia perdê-la. A dignidade do ser humano como tal ultrapassava essas outras dignidades, já que o caráter de "imagem de Deus" não podia ser retirado de qualquer ser humano.

De acordo com Samuel Pufendorf e Christian Wolff[52] – apenas para mencionar dois filósofos iluministas – a dignidade se referia ao ser humano como pessoa moral. Não era a totalidade do ser humano que possuía a dignidade, mas somente a sua melhor parte, qual seja, a sua parte racional, moral. Thomas Hobbes falava da dignidade como o "valor público do ser humano".[53] Isso sugere a idéia de que a dignidade expressava a validade do seu portador em um certo contexto social ou filosófico. Inclusive Immanuel Kant, que considerava a dignidade humana como um valor "intrínseco", "absoluto", e não meramente relativo, referia-se ao portador da dignidade como ser humano racional. É nessa condição que o ser humano é absoluto, não na condição de sujeito empírico.

Esse breve esboço histórico serve para ilustrar que a dignidade se refere a um certo aspecto distintivo do ser humano, não à sua totalidade. A dignidade do cargo reflete sua importância na ordem hierárquica do Estado. A dignidade do ser humano, na perspectiva cristã, refere-se à ordem de todas as criaturas, dentro da qual o ser humano obtém uma posição especial por ser "imagem de Deus". A dignidade em sentido filosófico refere-se à participação em uma ordem moral. Isso apóia a idéia de que, para determinar o significado da dignidade, temos que distinguir entre a sua base enquanto substrato (ser humano, animal, cargo, etc) e o respectivo aspecto referencial. Quanto ao último, o aspecto referencial, a dignidade é relativa; quanto ao primeiro, o substrato, ela pode ser absoluta. A dignidade assume significados diferentes se ela diz respeito a um cristão em seu entorno religioso, pedindo misericórdia apesar de seus atos, ou se um criminoso faz o mesmo pedido ao chefe de Estado. Temos que distinguir entre esse refe-

---

[51] Id. De re publica I, 27, 43.

[52] Lipp, Martin. "Persona moralis", "Juristische Person" und "Personenrecht": Eine Studie zur Dogmengeschichte der "Juristischen Person" im Naturrecht und frühen 19. Jahrhundert. *Quaderni Fiorentini per la Storia del Pensiero Giuridico*, 11/12, p. 217-263, 1982/83; Kobusch, Theo. *Die Entdeckung der Person:* Metaphysik der Freiheit und modernes Menschenbild, 2. ed. Darmstadt, 1997, p. 67ss.

[53] Hobbes, Thomas. *Leviathan*. Ed. P. Smith. Oxford, 1965, Parte I, cap. 10, p. 68: "O valor público de um ser humano, que é o valor que lhe é atribuído pela coletividade, é aquilo que os seres humanos comumente chamam de dignidade".

rencial relativo da dignidade e o seu fundamento enquanto substrato. No caso da dignidade humana, este último é traduzido pela condição de ser humano. A dignidade é, então, a expressão do valor desse substrato, isso é, da condição de ser humano.

As dificuldades de natureza metodológica, material e formal, na fundamentação do conceito jurídico de dignidade humana podem ser explicadas pela relatividade desse conceito. Ao mesmo tempo, há uma tendência, na teoria jurídica, a elaborar uma fundamentação jurídica interna da dignidade humana. Como explanamos antes, a partir de "importações" dificilmente filtradas, esse método passou por um processo de determinação da função do Direito, a saber, proteger direitos e, de maneira correspondente, definir a dignidade humana quando de suas violações. A argumentação material concernente à dignidade humana fez progressivas subtrações de determinados conteúdos do termo, e abriu-se para especificações jurídicas. Por fim, a perspectiva formal foi traçada com maior clareza na dialética da recepção de um termo não-jurídico pelo direito: ou esse termo mantém-se em uma concepção mais elaborada, sendo forçado, no entanto, a pagar o preço de um *status* formal secundário de princípio no direito, ou esvazia o conceito, abre-o à ponderação, podendo compreendê-lo, todavia, em um sentido forte, como um direito fundamental.

Questionamos mais uma vez: há uma maneira de respeitar o pedido dos autores da Lei Fundamental de reconhecer a dignidade humana como um valor supremo, ou é preciso falar dela pateticamente, sem dar-lhe relevância jurídica consistente? Antes de conseguirmos responder à essa pergunta, temos que lidar com o conceito de pessoa no Direito.

V. O conceito de pessoa de direito

No conceito de pessoa de direito, temos um termo técnico que se desenvolveu gradualmente a partir de suas raízes filosóficas. Ele se refere à posição de um substrato homogêneo no Direito. Na forma da pessoa natural, ele designa a posição do homem no Direito, fundamentando-se em sua subjetividade jurídica e significando a capacidade de ser destinatário de direitos e deveres.[54]

O desenvolvimento filosófico do termo a partir de uma compreensão inicial como máscara ("prosopon") trouxe à baila os primeiros aspectos de uma função mais específica do conceito quando o problema teológico da trindade foi discutido pelos fundadores da Igreja. A conhecida definição de Boécio

---

[54] Kobusch, 1997; Kirste, Stephan. Verlust und Wiederaneignung der Mitte: Zur juristischen Konstruktion der Rechtsperson. *Evangelische Theologie*, v. 60, p. 25-40, 2000; id. Dezentrierung, Überforderung und dialektische Konstruktion der Rechtsperson. In: Bohnert, J. et al. *Verfassung – Philosophie – Kirche:* Festschrift für Alexander Hollerbach zum 70. Geburtstag. Berlin, 2001, p. 319-361.

(475-524) expressou-o de forma bastante adequada: "Persona est rationalis naturae individua substantia" – "Pessoa é a substância individual de natureza racional". Por conseguinte, a qualidade de pessoa não se refere à natureza empírica, mas à razão. Contudo, isso não diz respeito à razão em geral, mas à razão que aparece em uma substância individual.[55] Bonaventura (1221-1274) desenvolveu uma teoria da ação moral que compreendia todos os seres humanos como "pessoas morais" responsáveis. S. Tomás de Aquino considerava a pessoa como a natureza racional "mais digna" existente. Ela é caracterizada por uma maneira especial de existência, o "per se existere".[56] Quanto à forma, ele enfatiza que a pessoa ocupa uma posição intermediária entre a espécie ("ser humano") e um nome individual (por exemplo, "Sócrates").[57] Em síntese: pessoa é o nome de uma particularização da razão universal em um ser humano singular e a apreensão de sua essência superior. Guilherme de Auxerre introduz o conceito no Direito: "Persona est nomen iuris, id est potestatis et dignitatis".[58] A vinculação entre "persona", direito, poder e dignidade torna-se lugar comum na Idade Média.

Começando na escolástica tardia e adquirindo sua forma mais elaborada na filosofia iluminista de Samuel Pufendorf e Christian Wolff, "persona moralis" torna-se um termo que designa a natureza do ser humano como parte de um mundo moral. A partir dessa segunda natureza como pessoa moral, o ser humano obtém a sua dignidade específica. O ser humano é dividido em "duas pessoas", por assim dizer, uma pessoa natural e uma pessoa moral. Nessa interpretação, fica claro que "pessoa" significa uma função específica em relação ao referencial ontológico diferente. Enquanto Pufendorf considera o *status*, na esfera da moral, como base para a personalidade, Christian Wolff parte das normas e entende a personalidade como a capacidade de atribuição ou imputação de normas. "Persona moralis" é, então, a posição de possuir direitos e deveres morais.[59]

Immanuel Kant logrou separar, por fim, o fundamento jurídico do fundamento moral da pessoa. Embora ele falasse do dever de respeitar a todos os outros seres humanos como pessoas na *Fundamentação da Metafísica dos Costumes*,[60] ele não menciona tal dever em sua teoria jurídica, mas sim na fun-

---

[55] "Persona est rationalis naturae individua substantia". Fuhrmann, Ernst. Person I. Von der Antike bis zum Mittelalter. In: HWbPh. Basel, 1989, v. 7, cols. 269-283, col. 280. Kobusch, 1997, p. 28.

[56] Kible, Brigitte. Person II. Hoch- und Spätscholastik; Meister Eckhart; Luther. In: HWbPh. Basel, 1989, v. 7, cols. 283-300, cols. 287s., 291; quanto ao conceito de dignidade no pensamento de Tomás de Aquino e suas implicações jurídicas, cf. Enders, 1997, p. 180-184.

[57] Kible, 1989, col. 292.

[58] Ibid., col. 287.

[59] Schild, Wolfgang. Person IV. Recht- Rechtsperson; Rechtspersönlichkeit. In: HWbPh. Basel, 1989, v. 7, cols. 322-335, col. 324; Lipp, 1982/83, p. 238.

[60] Kant, Immanuel. *Grundlegung zur Metaphysik der Sitten*. Ed. W. Weischedel. Frankfurt am Main, 1974, p. 7-102, p. 61: "Age de tal maneira que sempre uses a humanidade, tanto em tua pessoa quanto na pessoa de qualquer outro, ao mesmo tempo como fim, e nunca apenas como meio".

damentação da ética.[61] Por conseguinte, respeitar os outros como pessoas de direito não é, nesta perspectiva, um dever jurídico. Kant define "pessoa" dizendo que a capacidade de ser um sujeito imputável é o critério decisivo para distinguir entre pessoa e objeto. Essa capacidade é – pelo menos em princípio – inerente a todos os seres humanos. Kant deixa claro que "pessoa" é sempre um conceito relativo a um certo sistema de normas. Disso resulta que pode haver pessoas morais e, diferentemente delas, pessoas de direito.

Não surpreende, então, que o termo "pessoa" doravante estivesse pronto para a sua recepção pelo Direito. Essa recepção levou a uma diferenciação do termo que se pautava por necessidades jurídicas. Quando Friedrich Carl von Savigny o adotou, ele rejeitou peremptoriamente o uso de "persona moralis", mas insistiu em um significado jurídico distinto do termo "pessoa".[62] Para essa compreensão jurídica específica, von Savigny se concentrou na capacidade jurídica. Capacidade jurídica é um termo estritamente jurídico, que pode ser atribuído sem vinculações a quaisquer outros sistemas, inclusive morais. Aquele que tem capacidade jurídica é um sujeito de direito. Não obstante, o elo com a moral não é cortado. Von Savigny sustenta que "todo o ser humano, e apenas o ser humano individual, é capaz de ser detentor de direitos e deveres".[63] Enquanto von Savigny interpreta a capacidade jurídica a partir de sua noção de ser humano, seu discípulo Friedrich Puchta inverte o argumento. Ele diz: "Este é o primeiro passo para a determinação de que o ser humano, como ser dotado de vontade, seja um sujeito de direito, pois o direito subjetivo é um poder da vontade, e não o oposto: o direito subjetivo é um poder da vontade porque serve para a realização da vontade humana".[64] Por fim, Hans Kelsen leva o processo de diferenciação jurídica da pessoa até o fim, afirmando que sua preocupação é "levar a pessoa física e a pessoa em sentido jurídico [...] ao denominador comum, ao denominador do Direito".[65] "Pessoa" é um termo funcional. Ele deve ser compreendido a partir do respectivo sistema normativo como o foco para a atribuição ou imputação de normas. O termo "pessoa" confere aos seres humanos uma capacidade postulatória no direito, que, todavia, também é moldada de acordo com as necessidades do sistema legal. A pura capacidade é a base para a liberdade, bem como para a igualdade.[66] Nessa capacidade, todos os sujeitos

---

[61] Id. *Metaphysik der Sitten* (1797 e 1798). Ed. W. Weischedel. Frankfurt am Main, 1977, AB 31, p. 600.

[62] Savigny, Friedrich Carl von. *System des heutigen römischen Rechts*. Berlin, 1840, v. 2, p. 240s.: "Antigamente era muito comum o nome de "pessoa moral", que rejeito por duas razões: em primeiro lugar, porque ele sequer toca a essência do conceito de sujeito de direito, que não tem nexo com a situação moral; em segundo lugar, porque a referida expressão é mais apropriada para caracterizar, dentre os indivíduos, a contraposição aos indivíduos imorais, de modo que, por dito nome, o pensamento acaba sendo levado para uma esfera totalmente estranha".

[63] Ibid., p. 2.

[64] John, Uwe. Einheit und Spaltung im Begriff der Rechtsperson. *Quaderni Fiorentini per la Storia del Pensiero Giuridico Moderno*, v. 11/12, p. 947-971, p. 949, 1982/83.

[65] Kelsen, Hans. *Allgemeine Staatslehre*. Berlin, 1925, p. 63.

[66] Na pessoa de direito, o teor moral mínimo da igualdade resta assegurado. Coing, Helmut. *Europäisches Privatrecht:* Band 1: Älteres Gemeines Recht (1500 bis 1800). München, 1985, p. 171.

jurídicos são iguais. Por conseguinte, Gustav Radbruch tinha razão ao afirmar que o conceito de pessoa de direito traduz um conceito de igualdade.[67]

Com isso fica suficientemente claro que, mediante a diferenciação da lei e da moral no século 19, a pessoa de direito herdou a posição da pessoa moral no direito. Conseqüentemente, a dignidade da pessoa é uma dignidade jurídica que provém de sua participação na esfera jurídica, assim como a dignidade da pessoa moral corresponde ao seu *status* em uma esfera moral.

VI. O respeito pela dignidade humana como o direito de ser reconhecido como pessoa de direito

Dentre os especialistas alemães em Direito Constitucional, há uma disputa em torno de como deve ser compreendida a primeira sentença da Lei Fundamental: "A dignidade humana é inviolável" ("Die Würde des Menschen ist unantastbar"). Uma vez que as normas contêm um imperativo, e esta é uma sentença meramente indicativa, não se trataria, aqui, de uma sentença destituída de caráter normativo? Em sendo esse o caso, porém, tal sentença não conteria uma afirmação verdadeira, pois a dignidade humana obviamente pode ser violada. Por isso, em realidade, temos que compreender a sentença exatamente da forma inversa: o "é inviolável" tem que ser compreendido como "não deverá ser violada".[68] Sugiro que ela seja compreendida, então, como uma sentença jurídico-normativa.[69] Ela somente pode ter esse caráter, porém, se for compreendida como contendo um direito; ela apenas pode conter um direito, por sua vez, se a dignidade humana for compreendida na condição de subjetividade jurídica. Ser sujeito de direito é possuir a maior dignidade que o Direito proporciona; significa ter a capacidade de fazer uso jurídico da própria liberdade. Essa capacidade é concretizada quando se atribuem certos direitos ao sujeito. O direito que a dignidade humana proporciona é o da reivindicação do reconhecimento da capacidade jurídica de cada ser humano. Se ter capacidade jurídica significa ser sujeito de direito, esta reivindicação é satisfeita tão logo um ser humano seja *sujeito* da atribuição de direitos, e não mero objeto de direitos.

---

[67] Radbruch, Gustav. *Rechtsphilosophie*. Ed. E. Wolf e. H.-P. Schneider. 8. ed. Stuttgart, 1973, p. 225; para Radbruch, entretanto, o fundamento da igualdade traduz a idéia de que o ser humano é um fim em si mesmo. Ele considera, em relação às pessoas jurídicas, que tal é suficiente enquanto expressão dos seres humanos que estão por detrás delas. Em consonância com isso, o autor sintetiza: "Todas as pessoas, tanto as físicas quanto as jurídicas, são criações do ordenamento jurídico. Também as pessoas físicas são, em sentido mais rigoroso, sentido, 'pessoas jurídicas' ".

[68] Cf. Dreier, 2004; Herdegen, 2007; Stark, Christian. Artikel 1, Rn 13 u. 23f. In: Mangoldt; Klein; Starck. *Bonner Grundgesetz:* Kommentar. 4. ed. München, 1999, v. 1; Enders, Christoph. Art. 1 Rn 47ff. In: Friauf; Höfling (ed.). *Berliner Kommentar zum Grundgesetz*. 2005, v. 1.

[69] Essa é a minha principal discordância com Christoph Enders (2005, p. 68s.; 1997, p. 94ss.), que nega o caráter jurídico da dignidade humana no Art. 1 I da Constituição alemã.

Ora, se compreendermos a dignidade humana como o direito de ser reconhecido como sujeito de direito, e se a condição de sujeito de direito implica ter direitos e deveres, então esse direito tem a característica de ser juridicamente reivindicado e satisfeito ao mesmo tempo. Tal direito é, de fato, singular. Enquanto outras reivindicações são satisfeitas por intermédio de uma ação complementar, o direito de ser reconhecido como pessoa no Direito é atendido mediante a sua codificação como direito fundamental. Por essa codificação, o ser humano obtém um direito que é necessário à condição de sujeito de direito. O conteúdo do direito da dignidade humana é, assim, o direito fundamental de ser reconhecido como sujeito de direito. Esse conteúdo é, de fato, elementar para o direito. Tal reivindicação é cumprida sob a forma de um direito. A forma indicativa da sentença é apropriada porque, uma vez reconhecido tal direito na Constituição, ele não pode ser violado.

A dignidade humana, compreendida nesse modo de técnica jurídica, traz complementarmente à tona um aspecto que o conceito de pessoa de direito não continha. O mero conceito de pessoa de direito, da forma em que o delineei anteriormente, nada diz a respeito de quem deveria possuir a qualidade de ser sujeito de direito. Com a separação da pessoa de direito do conceito de "persona moralis", o direito teve que encontrar seus próprios critérios para a atribuição dessa qualidade. Aquele que possuir direitos e deveres jurídicos é um sujeito de direito e uma pessoa de direito. Mas quem deve sê-lo? Esta é a pergunta a que a dignidade humana responde: *todos* os seres humanos devem ser tratados como sujeitos de direito.

Há, naturalmente, uma objeção-chave a essa interpretação da dignidade humana como um conceito jurídico: na redução que faz do conteúdo da dignidade humana ao direito de ser reconhecido como sujeito de direito, ela modifica e minimiza esse conceito a uma ferramenta formal e técnica. Nessa formulação esvaziada, o conceito parece ser incapaz de proporcionar aos seres humanos a proteção que eles merecem. Não obstante, em certo sentido, reduzir o conteúdo do conceito ao direito de ser reconhecido como sujeito de direito significa fortalecê-lo juridicamente: o indivíduo "ganha" um direito de ser reconhecido dessa maneira. Esse direito teria impedido que se negasse, a judeus ou ciganos, o *status* jurídico como pessoas no Terceiro Reich. Tal direito não necessita e não deve ser ponderado com outros direitos e valores, sendo, nesse sentido, absoluto: ninguém pode ser "mais" ou "menos" sujeito de direito.

Pode-se objetar, entretanto, ainda: se um direito (o direito da dignidade humana) é suficiente para satisfazer o direito de ser reconhecido como sujeito de direito, poder-se-ia reconhecer ao indivíduo qualquer outro direito, por exemplo, o direito de ser escravo? Ora, isso, obviamente, contradiria a sua dignidade. Não se trata, ademais, de uma objeção convincente, pois, aqui, a forma de um direito minaria a posição do indivíduo como titular de direitos; não lhe concederia direitos. Ser escravo significa não ter quaisquer direitos ou deveres, mas ser um mero objeto nas mãos do senhor. Se for dada a um escravo a liberdade que ele merece como ser humano, não por um ato de paternalismo, mas porque o senhor reconhece o seu direito de ser livre, o escravo é reconhecido como sujeito de direito. Mediante o simples reconhecimento desse direito, ele passa a ser respeitado como pessoa, perdendo o *status* de escravo. Se aplicarmos esse raciocínio ao nosso problema de conceder a um sujeito de direito o direito de ser escravo, então veremos que jamais poderá haver um direito à escravidão, pois a escravidão significa não ter direitos.

Esta não é, todavia, no âmbito constitucional, a "última palavra" sobre a dignidade humana. Especialmente na medida em que uma Constituição não apenas afirma que a dignidade humana é inviolável, mas exige o seu respeito e a sua proteção, ela impõe ao Estado uma obrigação de garantir mais direitos para o indivíduo. Lembre-se que vimos o sujeito de direito como tendo uma potencial capacidade para a atribuição de direitos fundamentais, tais como os direitos fundamentais de liberdade e de igualdade. Cumprir a obrigação de respeitar e proteger a dignidade humana significa o reconhecimento, pelo Estado, desses direitos para o indivíduo. Respeito significa, aqui, por sua vez, conceder mais direitos ao indivíduo para a realização de suas capacidades. As Constituições modernas levam isso em consideração ao proteger o indivíduo contra a tortura, abolir a pena de morte, respeitar a sua privacidade e protegê-lo contra outras formas de "punição ou tratamento desumano ou degradante" (Art. 15, inciso 1, da Constituição espanhola, ou Art. 5º, inciso III, da Constituição brasileira[70]). Assim como capacidade jurídica não significa capacidade de agir juridicamente, constituindo um pré-requisito para tanto, a dignidade humana é o direito de ser respeitado como tendo a capacidade de ter outros direitos, não significando tê-los concretamente. Contudo, como o expressa Hans Carl Nipperdey, a dignidade humana é "a raiz e fonte última de todos os direitos fundamentais formulados posteriormente".[71] Ela garante a capacidade de ter outros direitos.

O conceito proposto de dignidade humana como um direito de ser reconhecido como sujeito de direito evita quaisquer pressupostos materiais adicionais, sejam eles teológicos ou filosóficos. No passado, seus elementos nucleares foram desenvolvidos pela especulação teológica e filosófica. Não obstante, eles foram transformados em argumentos jurídicos. Por conseguinte, esse conceito de dignidade humana encaixa-se bem em Constituições que têm um caráter neutro quanto à religião e uma cosmovisão. Se, porém, uma Constituição, tal como a irlandesa, contém um conceito de dignidade humana mais forte, mais

---

[70] Para uma investigação e comparação abrangente da dignidade humana nas Constituições alemã e brasileira, v. Barbosa, Ana Paula. *Die Menschenwürde im deutschen Grundgesetz und in der brasilianischen Verfassung von 1988:* Ein Rechtsvergleich. Tese de doutorado. Heidelberg, 2007; v. também, da mesma autora, A legitimação moral da dignidade humana e dos princípios de direitos humanos. In: Lobo Torres, R. (Ed.). *Legitimação dos direitos humanos.* 2. ed. Rio de Janeiro, 2007, p. 137-168, que utiliza a abordagem de Carlos Santiago Nino.

[71] Nipperdey, Hans Carl. *Die Grundrechte.* V. 2, p. 1, 11s.

religioso ou mais filosófico, este não contradiz a interpretação que acabamos de apresentar. O conceito de dignidade como um direito de ser reconhecido como sujeito de direito não impede que a quantidade de direitos que cumpram essa reivindicação seja mais ampla, podendo incluir, inclusive, a autonomia, a criatividade, a autodeterminação etc., mas esse conteúdo mais amplo depende da existência de correspondentes indicações constitucionais, não provindo do termo "dignidade humana" em si. A dignidade humana, na condição de conceito jurídico, exige um alicerce, qual seja, o direito de ser capaz de ter direitos. Esse conceito está livre de qualquer valor extrajurídico, evitando, assim, conflitos de valor na interpretação da dignidade humana; de outra parte, porém, ele está aberto a valores. Ele contém a decisão fundamental de que todo o ser humano tem o direito de ser reconhecido como sujeito de direito. Qual é a "aparência" desse sujeito de direito, ou mesmo que outros direitos ele deveria ter, é algo que depende da decisão do poder constituinte ou do legislador que decide legitimamente de acordo com o respectivo procedimento.

"O Estado existe para o ser humano, e não o ser humano para o Estado".[72] Este objetivo debatido pelos autores da Lei Fundamental alemã só pode ser alcançado por um Estado que obedece ao império da lei mediante o Direito. Como esse Estado existe para o indivíduo, ele alcança o referido objetivo garantindo direitos para o indivíduo. O Estado, portanto, transforma o ser humano pré-jurídico em ser humano jurídico, vale dizer, em uma pessoa de direito. Isso não é um ideal abstrato com a relevância prática de um discurso de domingo, pelo contrário; o direito depende do cumprimento desse ideal. Sem as pessoas de direito, não haveria leis. Sua capacidade de serem sujeitos de imputação das leis constitui a base de todas as relações jurídicas.

O contrário, todavia, também é verdade; sem o direito não haveria pessoas de direito. Assim como a perfeição ética do ser humano é traduzida pela personalidade livre, enquanto base de sua dignidade, na condição de "persona moralis", no Direito a personalidade é o fundamento de todos os demais direitos. Na moral, a autonomia é a base para a dignidade, como disse Kant. No Direito, a subjetividade jurídica é a base para as liberdades. A transformação da dignidade em lei inverte fundamentação e resultado: a dignidade que segue a autonomia, na ética, é a base para as liberdades no direito. Parece fazer parte da dialética da dignidade humana, como princípio jurídico, o fato de ela perder importância jurídica na medida em que seja onerada com conteúdo extrajurídico, bem como o fato de ela cumprir sua função na medida em que seja reduzida ao fundamento subjetivo do sistema jurídico. Quem dela tudo exige do ponto de vista do direito natural, corre o perigo de depreciá-la na condição de lei, ou seja, na condição de norma jurídica.

---

[72] Art. 1 da minuta do Herrenchiemseer Konvent: "1) O Estado existe por causa do ser humano, e não o ser humano por causa do Estado. 2) A dignidade da personalidade humana é intocável. O poder público tem a obrigação, em todas as suas manifestações, de respeitar e proteger a dignidade humana".

Zeus estava preocupado com o fato de a humanidade entrar em colapso, pois os seres humanos não tinham as capacidades que as outras criaturas tinham para ordenar a sua convivência. Por causa disso, concedeu-lhes o Direito. O ser humano necessita do Direito para ordenar a sua convivência. O mito de Protágoras mostra metaforicamente que a condição de estar no Direito é necessária à existência humana. Não obstante, o ser humano tem uma capacidade postulatória no Direito somente como sujeito de direito: ser reconhecido como tal constitui a sua dignidade.

— 7 —

Dignidade humana como garantia constitucional: o exemplo da Lei Fundamental alemã

CHRISTIAN STARCK

Tradução: RITA DOSTAL ZANINI

Sumário: I. Capítulo: Conceito de Dignidade Humana; 1. Os textos das constituições modernas; 2. Fundamentos científico-espirituais; 3. Objetivo (finalidade) da garantia; 4. Conteúdo normativo;II. Capítulo: Titularidade da Dignidade Humana; III. Capítulo: A Validade da Garantia da Dignidade Humana; 1. Direito imediatamente aplicável; 2. Direito subjetivo fundamental; 3. Inviolabilidade; IV. Capítulo: Dever de Respeito e Proteção; 1. Dever de Respeito; 2. Dever de Proteção; 3. Síntese

I. Capítulo: Conceito de Dignidade Humana

1. Os textos das constituições modernas

Raras são as disposições expressas a respeito da dignidade humana em Constituições mais antigas. Ela encontra-se, pela primeira vez, referida no Preâmbulo da Constituição Irlandesa de 1. 7. 1937: "...[e] buscando promover o bem comum, com a devida observância da prudência, da justiça e da caridade, de forma que a dignidade e a liberdade dos indivíduos possa ser assegurada; a verdadeira ordem social, alcançada; a unidade de nosso país consolidada, e a harmonia com outras nações, estabelecida".

A Constituição italiana de 27.12.1947 menciona a dignidade humana, no art. 41, na relação com a livre iniciativa privada, que não poderia ser exercida em oposição ao bem comum, ou de uma forma que prejudicasse a segurança, a liberdade e a dignidade humanas.[1]

As Constituições dos Estados alemães de Bayern, Hessen, Bremen, Reinland-Pfalz e Saarland, promulgadas anteriormente à Lei Fundamental alemã, contêm garantias da dignidade que devem ser compreendidas como reações imediatas contra o desdém nacional-socialista para com a humanidade, e que assumem validade como direito fundamental e humano. A Declaração Geral dos Direitos Humanos, editada em 12.10.1948 pela Organização das Nações Unidas, fala, no Preâmbulo, de "todos os membros da dignidade inerente à família humana".[2] Não sem influência dessa Declaração, reza o art. 1º da Lei Fundamental da Alemanha (LF),[3] de 1949: "A dignidade do homem é inviolável. Respeitá-la e protegê-la é dever de todo o poder estatal".

No texto constitucional dos Estados da Europa Ocidental, desde 1975, bem como na Carta de Direitos Fundamentais da União Européia, a proteção da dignidade aparece: na Suécia, no cap. 1, § 2º, inciso 1 (1975), na Grécia, no art. 2º (1975), em Portugal, no art. 1º (1976), na Espanha, no art. 10 (1978), na Suíça, no art. 7º (1999), na Finlândia, no art. 1º, inciso 2 (2000); na Carta de Direitos Fundamentais da União Européia, no art. 1º (2003). Todas as Constituições dos cinco novos Estados alemães, criados após a reunificação, assim como a Constituição revisada de Berlim, contêm garantias da dignidade humana: em Brandemburg, no art. 7º (1992); Mecklenburg-Vorpommern, art. 5º, inciso 2 (1993); Sachsen, art. 14 (1992); Sachsen-Anhalt, art. 4º (1992); Thüringen, art. 1º, inciso 1 (1993) e Berlim, art. 6º (1995). Também alguns Estados da Europa Central, que passaram a fazer parte da União Européia no ano de 2004, acolheram, em suas Constituições, cláusulas sobre a proteção da dignidade humana: Letônia, art. 95 (1992); Lituânia, art. 21, inciso 2 (1992); Polônia, art. 30 (1997); República Eslovaca, art. 12, 19 (1992); República Tcheca, art. 1º (1992).

De acordo com a Constituição Brasileira, a "dignidade da pessoa humana" pertence aos "princípios fundamentais" nos quais se fundamenta a República (art. 1º, inciso III). A dignidade humana não é propriamente um direito fundamental, mas base dos direitos fundamentais, e, em realidade, tanto dos direitos fundamentais "clássicos" (art. 5º), quanto dos direitos sociais (art. 7º).

2. Fundamentos científico-espirituais

A dignidade humana é, portanto, um conceito de Direito Constitucional positivo. Assim como esta afirmação é correta, também é acertado que ela não

---

[1] Tal é uma reminiscência do art. 151 da Constituição de Weimar, que reza: "A ordem da vida econômica deve corresponder aos princípios da justiça com o objetivo da salvaguarda de uma existência digna para todos. É nesses limites que deve ser assegurada a liberdade econômica".

[2] Esse *passus* também se encontra no Preâmbulo do Pacto Internacional sobre Direitos Civis e Políticos de 19.12.1996 (BGBl. 1973 II p. 1534).

[3] Utilizar-se-á, por vezes, a sigla LF para a expressão "Lei Fundamental" (n. t.).

implica a pressuposição deque o conceito possa ser compreendido e tornado aplicável do ponto de vista dogmático-jurídico sem a consideração de suas raízes científico-espirituais. Muitos conceitos fundamentais do Direito (Constitucional) positivo que não são resultado do momento atual só podem ser compreendidos de forma correta a partir de suas raízes científico-espirituais e de sua posição sistemática na Constituição. Não se pode, então, desconsiderar tais bases hermenêuticas irrenunciáveis pela referência negativa a um direito natural[4] norteado por representações de valor subjetivas.

As diferentes doutrinas filosóficas e cosmovisões entendem e definem a dignidade humana de modo diverso. Há "conceitos de dignidade" cristãos,[5] humanístico- iluministas,[6] marxistas,[7] teórico-sistemáticos[8] e behavioristas.[9] Resta impedida, por isso, uma referência ingênua "aos filósofos", "às tradições filosóficas", "ao direito natural" ou algo equivalente.[10] Interpretação constitucional não é Filosofia. Da mesma forma que não é admissível a rápida referência a uma construção filosófica como ponto de partida para a interpretação constitucional, tampouco é admissível a resignação cética em relação à multiplicidade das imagens filosóficas do homem. Também causa surpresa a queixa a respeito do fardo da história da Filosofia, que estaria atracada à garantia da dignidade humana.[11] A posição do homem frente ao Estado, que adquire expressão na garantia da dignidade humana, não foi desenvolvida precisamente pela doutrina do direito natural, pela Filosofia do Direito e pela práxis jurídica, em conjunto, ao longo da História?[12] Com isso, caminhos equivocados sempre tiveram que ser reconhecidos como tais, e sempre tiveram que ser descobertos novos caminhos. E nós não devemos a essa história o fato de sempre termos conseguido superar, e superarmos, profundos abismos? Pois bem, pela interpretação, deve-se tentar obter um conceito constitucional da dignidade humana. É plenamente

---

[4] Herdegen, in: Maunz/Dürig, *Grundgesetz (+GG) art. 1º, inciso 1*, nota de margem 7-12, 17.

[5] J. Fuchs. *Lex naturae* 1955, p. 57 ss.; H. Thielicke. *Theologische Ethik I*, 2. ed. 1958; Vögele, Menschenwürde Zwischen Recht und Theologie, 2000.

[6] *W. Maihofer. Rechtsstaat und menschliche Würde*, 1968.

[7] *Ernst Bloch. Naturrecht und menschliche Würde*, 1961.

[8] *N. Luhmann. Grundrechte als Institution*, 1965, p. 64 ss.

[9] *B. F. Skinner. Jenseits von Freiheit und Würde*, 1973, p. 28 *passim*.

[10] Do mesmo modo *Badura*. Generalprävention und Würde des Menschen, JZ 1964, 337, 340 s.; *Wieacker*, Zum heutigen Stand der Naturrechtsdiskussion, 1965, p. 15 ss., *Stern, Staatsrecht III/1*, 1988, p. 7 ss.; *Dreier*, in: Dreier, *Grundgesetz I*, 2. ed. 2004 (= GG I), Art. 1 nota de margem 1 ss., respectivamente, com referências seguintes.

[11] *E. Riedel*. Gentechnologie und Embryonenschutz als Verfassungs- und Regelungsproblem, in: *EuGRZ* 1986, 469, 473; *Dreier*, in: Dreier, *GG I*, nota de margem 2; Robbers, in: *Umbach/Clemens, Grundgesetz I*, Art. 1 nota de margem 11, fala acertadamente de "riqueza".

[12] *Starck. Der demokratische Verfassungsstaat*, 1995, p. 409 ss.; de forma semelhante *Enders, Die Menschenwürde in der Verfassungsordnung*, 1997: zur relativen Berechtigung der geisteswissenschaftlichen Methode in der Verfassungsinterpretation.

[*] Itálico nosso (n. t.).

concebível que a Constituição como todo, isto é, por meio da interpretação sistemática, dê a entender claramente qual conceito filosófico de dignidade humana ela segue em termos de linha de desenvolvimento histórica. Se ela acolhe elementos de diferentes conceitos de dignidade humana, então estes devem ser reciprocamente conjugados. Apenas quando esse caminho não leva ao sucesso, poder-se-ia pensar em examinar os conceitos filosóficos de dignidade humana sob um *minimum* comum, e colocá-lo como base para a interpretação da garantia constitucional da dignidade humana.

A alta valorização do indivíduo na civilização ocidental diferencia-a das demais culturas avançadas. Uma vez que a civilização ocidental está impregnada de modo decisivo pelo cristianismo, é natural procurar as raízes da garantia da dignidade humana no cristianismo. Com isso, todavia, não se pode esperar que, lá, o conceito jurídico da dignidade do homem, ou mesmo da respectiva garantia jurídica, seja desvendado. Trata-se, antes, dos pressupostos intelectuais ou – falando metaforicamente – dos *embriões** para um desenvolvimento tardio da garantia constitucional da dignidade humana.[13] Tais pressupostos podem ser vistos na imagem cristã do homem. Ainda que se possa constatar que essa imagem humana não corresponde a correntes de pensamento contemporâneas bastante influentes, ela não pode ser ignorada na verificação da nossa herança espiritual atuante na contemporaneidade. A alta valorização do indivíduo reside na circunstância de que, pelo Antigo e Novo Testamento, o homem é criado à imagem e semelhança de Deus (p. ex. Gen 1, 27; Eph. 4, 24),[14] e de que ele tem uma relação pessoal com Deus, que adquire expressão pela imortalidade de sua alma e pela sua responsabilidade perante Deus. A liberdade do homem, como conceito central da Teologia cristã, é a liberdade individual; ela é pressuposto para a culpa e a penitência.[15] Esse alicerçamento do homem na Metafísica encontra correspondência na incompletude e abertura do homem,[16] e serve como fundamento para a sua liberdade, assim como para a sua fraternidade, uma vez que todos os homens são criados, igualmente, à imagem e semelhança de Deus. A dignidade humana, nessa perspectiva, não pode significar simplesmente, por isso, a autodeterminação do homem, mas a autodeterminação com base no valor individual de cada homem, portanto também no [valor próprio] do outro homem. A essa imagem humana é que corresponde o fato de atribuir-se dignidade ao indivíduo e de garanti-la juridicamente, o que significa respeitá-la pelos meios estatais e protegê-la da ameaça por terceiros.

---

[13] Starck. *Freiheit und Institutionen*, 2002, p. 29, 40 ss.; idem, Die philosophischen Grundlagen der Menschenrechte, in: *Festschrift für Badura*, p. 533, 536 ss.; Vögele, *Menschenwürde*, op. cit., 250 ss., 392 ss.; Enders, *Menschenwürde*, cp. cit., 177 ss.

[14] Sobre as antigas raízes que continuam atuando sobre o Cristianismo, v. *Verdroß*, Die Würde des Menschen als Grundlage der Menschenrechte, in: *EuGRZ* 1977, 207 s.

[15] *Starck, Verfassungsstaat*, op. cit, 1995, p. 376 s.

[16] *K. Jaspers, Die geistige Situation unserer Zeit*, 5. ed. 1932 (reimpressão 1979), p. 135 ss.: "... o homem é mais do que ele sabe de si próprio".

Se, com isso, a imagem humana bíblico-teológica constitui um pressuposto espiritual, um embrião para o desenvolvimento da garantia da dignidade humana, há de se frisar, com ênfase igualmente grande, que, para o surgimento dessa garantia, havia a necessidade da existência de pressupostos ulteriores, que reconhecemos no Humanismo,[17] no Iluminismo, na Revolução e na legislação.[18] Trata-se, aqui, de forças que estão vinculadas, em termos de desenvolvimento histórico, ao cristianismo, ainda que elas – tais como as correntes do Iluminismo e a Revolução Francesa – tenham lutado contra a Igreja e a práxis teológico-religiosa.[19] Esse desenvolvimento reside em um processo de secularização no qual o conceito teológico e externamente orientado de liberdade e dignidade encontrava correspondência com um conceito interno de ordem sacerdotal. Sua familiaridade estrutural reside na ênfase da posição que o indivíduo tinha outrora diante de Deus, e, de outra parte, diante da autoridade mundana da comunidade. Apartando-se a posição de liberdade do homem dos seus fundamentos teológicos e secularizando-a, chega-se, assim, à afirmação filosófica de Kant:[20] "o homem não pode ser utilizado por outro homem (...) apenas como meio, mas sim, sempre, simultaneamente como fim, e é justamente aí que reside a sua dignidade (a personalidade), por meio da qual ele se destaca de todos os outros seres mundanos que não são homens e que podem ser utilizados, portanto de todas as coisas". Não devemos discutir, portanto, sobre se a concepção da dignidade humana, que encontrou acolhida em inúmeras Constituições, reside em pressupostos cristãos secularizados, ou se ela é um produto do humanismo e do Iluminismo.[21] A concepção da dignidade de cada homem reside em ambas as correntes. Ela encontra o seu embrião na imagem humana cristã e foi elaborada, bem como assegurada juridicamente, por meio de um complicado processo de secularização.

Essa tradição teológico-filosófica foi referida com bastante freqüência durante as deliberações acerca da Lei Fundamental no âmbito do Conselho Parlamentar de 1948/49, bem como em suas Comissões. Também por essa razão, resta impedida a aceitação de uma completa reserva da Lei Fundamental em relação a representações cristãs do homem. Na medida em que, por exemplo, de acordo com as palavras do Preâmbulo, o povo alemão, "na consciência de sua responsabilidade perante *Deus* e o homem", outorgou a si próprio a Lei Fun-

---

[17] V. especialmente *Giovanni Pico della Mirandola,* (1463–1494), *Oratio de hominis dignitate.* Bologna, 1496, edição Opera omnia, produzida por V. Wimpfeling, Straßburg 1504.

[18] V., no todo, *P. Kondylis,* Art. „Würde", in: Brunner/Conze/Koselleck (Hrsg.), *Geschichtliche Grundbegriffe,* vol. VII, 1992, p. 658–675.

[19] V. *Starck, Verfassungsstaat,* op. cit., p. 193 ss.; idem, Freiheit op. cit., p. 40 ss.

[20] *Kant, Metaphysik der Sitten* (1797), Tugendlehre § 38. A respeito, Hain, *Die Grundsätze des Grundgesetzes,* 1999, p. 214 ss.

[21] V. *Dreier,* in: Dreier, *GG I,* Art. 1 nota de margem 5 ss.; mais próximo do sentido da exposição aqui desenvolvida, Stern, Staatsrecht III/1, 1988, p. 7 ss. Respectivamente, com referências seguintes; *Unruh,* Der Verfassungsbegriff des Grundgesetzes, 2002, p. 341 ss.

damental, tal declaração não pode restar desapercebida para a interpretação do conceito de dignidade humana. É bem verdade que a responsabilidade perante Deus não pode ser compreendida em um sentido jurídico estrito. Isso porque ela nunca pode validar-se juridicamente; tampouco, aliás, o pode a responsabilidade perante "o" homem. Mas não se trata disso. A responsabilidade perante Deus, vinculada à responsabilidade perante o homem, traduz uma imagem humana que tem raízes metafísicas. O homem não é compreendido apenas em uma perspectiva interna.[22] De modo semelhante, a Constituição Brasileira é promulgada, assim soa o Preâmbulo, "sob a proteção de Deus".

Com isso são indicados limites ao poder estatal sobre o homem. Toda a pretensão de absolutismo mundana é rejeitada também em relação ao Direito, que regula as relações recíprocas dos homens. Normas específicas da Constituição confirmam[23] a referência metafísica ao homem. Assim,por exemplo, é garantida a liberdade de religião, pelo fato de os homens serem religiosos e existirem religiões institucionalizadas. Para que a religião continue existindo, o ensino religioso, de acordo com diversas constituições, é uma disciplina regular em escolas públicas, sem a obrigatoriedade, é bem verdade, de participar-se dele.[24] Os estados alemães, responsáveis pelas questões relativas à educação e à cultura, têm, em suas respectivas constituições (inclusive nos preâmbulos),[25] bem como nas Leis de Diretrizes e Bases,[26] claras referências à religião cristã. Essas disposições possuem uma importância que não se encontra em oposição à proteção da (também negativa) liberdade de crença: a importância no sentido de um reconhecimento da relatividade de todo o poder estatal. Um fundamento metafísico traduz, em seu cerne jurídico, uma última salvaguarda do homem diante de uma total disponibilização sua por parte de poderes estatais ou sociais.[27] O fundamento metafísico da dignidade humana não significa nenhuma obrigação de crença, que, ademais, seria contrária à liberdade religiosa.

---

[22] *Peters, Geschichtliche Entwicklung und Grundfragen der Verfassung*, 1969, p. 236; Bericht der Expertenkommission für die Vorbereitung einer Totalrevision der [schweizerischen] Bundesverfassung (Relatório da Comissão de Especialistas para a Preparação de uma Reforma Total da Constituição [suíça]), 1977, p. 18.

[23] No sentido da exigência, *Badura, Generalprävention und Würde des Menschen, in: JZ* 1964, 337, 340, seguindo pontos de referência na ordem jurídica.

[24] À exceção da França, o ensino religioso é disciplina regular em todos os Estados europeus nas escolas públicas, v. *Starck*, Éducation religieuse et constitution, en: J. Iliopoulos-Strangas (ed.), Constitution & Religion, Athènes et Bruxelles 2005, p. 155 y ss.

[25] Baden-Württemberg, Bayern, Niedersachsen, Nordrhein-Westfalen, Rheinland-Pfalz; Sachsen-Anhalt, Thüringen.

[26] Art. 12 inciso 1 bwVf., Art. 131 inciso 2 bayVf., Art. 7 inciso 1 nwVf., Art. 33 rpfVf., Art. 30 saarlVf., Art. 105 sächsVf., Art. 27 inciso 3 sachs-anhVf., Art. 22 inciso 3, 25 thürVf.

[27] *Tine Stein*, Recht und Politik im biotechnischen Zeitalter, in: Deutsche Zeitschrift für Philosophie 50 (2002), 855, 859 ss., 868 ss.

A par da tradição cristã, existe uma tradição humanística na qual a dignidade humana é fundamentada sob a perspectiva interna.[28] Já a descrição do "factum" *dignidade humana* "como o alicerce da confiança em mim mesmo e nos outros, no qual se funda, no todo, a minha existência e coexistência, na consciência da personalidade e solidariedade precípuas", espelha a base metafísica do conceito de dignidade. Para a explicação da garantia da dignidade como norma, recorre-se à "base antropológico-ontológica" do ser humano e desloca-se "a fronteira do humano para o extra-humano e para o desumano". Esta citação mostra que o humanismo se encontra sobre a base da metafísica.[29] A vinculação com a tradição cristã ocidental fica evidente, além disso, pelo fato de que a dignidade humana advém ao homem concreto; também o humanismo recusa todas as concepções de acordo com as quais o indivíduo seja um mero meio utilizado para fins de uma comunidade organizada coletiva ou tecnocraticamente. A dignidade humana, na forma considerada pela Lei Fundamental, não se deixaria fundamentar sobre uma tal base. O homem, como mero elemento útil para o desenvolvimento da sociedade ou da humanidade, como mera peça na engrenagem, é degradado à condição de instrumento utilitário, e, com isso, privado de sua dignidade.

Sob o título "Para além da liberdade e da dignidade", *Skinner*[30] põe em xeque o controle que o "homem autônomo" supostamente exerceria, e demonstra o controle que o ambiente exerceria. O autor aposta em uma "tecnologia do comportamento", que tornaria conceitos como liberdade e dignidade supérfluos. O behaviorismo, tal como essa corrente de pensamento é chamada, em nada pode contribuir para a compreensão do conceito constitucional de dignidade; pode, no máximo, servir como exemplo admoestador de como a ciência "empírica" se arvora filosoficamente, e de como ela fornece uma base para o desprezo humano. O modo de pensar existencialista,[31] que considera possível a instauração de sentido aleatória do homem, que, porém, por via de conseqüência, sempre a vê ameaçada pela liberdade, não é fixo em termos de conteúdo, e é aberto rumo à história. A prática das teses skinnerianas seria, assim, tão legítima quanto um egoísmo radical. Também esses princípios não servem como amparos hermenêuticos para a compreensão de garantias de dignidade constitucionais. Isso porque o que deve ser protegido e respeitado há de ser determinado quando a garantia não deva restar fórmula vazia, ou servir de cômodo álibi para a política respectivamente traçada pelo homem.

---

[28] Z. B. W. Maihofer, Rechtsstaat, op. cit., p. 12 ss., 17 ss., 25 ss., 27, 28; também as citações seguintes.

[29] *M. Heidegger, Platons Lehre von der Wahrheit mit einem Brief über den Humanismus* (1947), 3. ed. 1975, p. 63 s.: Todo o humanismo fundamenta-se em uma metafísica ou torna-se, ele próprio, fundamento dela. Nesse sentido, destaca K. Schmitz-Moormann, *Mesnchenwürde – Anspruch und Wirklichkeit*, 1979, p. 20, que não haveria, "em nenhum lugar do mundo, uma fundamentação da dignidade humana sustentável externamente à esfera religiosa".

[30] *B. F. Skinner, Jenseits von Freiheit und Würde*, 1973, p. 28; de forma crítica, *H. Jonas, Das Prinzip Verantwortung*, 1979, p. 51 ss. A dignidade é lesada quando o sujeito responsável é convertido em um sistema comportamental programado.

[31] *Sartre*, L'existentialisme est un humanisme, *1946*.

De acordo com uma interpretação sociológica da dignidade, que se reporta inequivocamente à proteção da dignidade na Lei Fundamental,[32] o homem não é constituído de dignidade "por natureza"; antes, teria que disponibilizar, ele próprio, a dignidade (dignidade com base em prestação).[33] Isto lembra a *dignitas* romana, a posição social de um homem, que ele obtém por ofícios e por meio de prestação.[34] Se se compreende a dignidade como prestação, o Estado não pode garanti-la; pode, apenas, assegurar as condições de realização da prestação.[35] Dever-se-ia assegurar, contudo, que também aquele para o qual a prestação de dignidade não resultasse exitosa não fosse indigno. Quem decide por quais critérios gerais ou individuais? A "prometida dignidade humana" de *Hasso Hofmann* constitui-se em um reconhecimento social, por meio de valoração positiva de pretensões de reconhecimento sociais, e traduz, conseqüentemente, um conceito comunicativo. Com isto, *Hofmann*[36] torna a validade da dignidade humana dependente de condições jurídicas e fáticas, deixando de reconhecer o significado jurídico-principiológico da dignidade humana (também claramente nesse sentido, a Constituição brasileira, em seu art. 1º: "princípios fundamentais").

3. Objetivo (finalidade) da garantia

Na declaração do art. 1º, inciso I da Lei Fundamental e de outras Constituições, no sentido de que a dignidade humana é inviolável, encontra-se indubitavelmente presente um *pathos* que não é compreensível para qualquer pessoa em qualquer tempo. Se se recordar os tempos da promulgação da Constituição, após a superação de regimes totalitários ou autoritários, reconhecer-se-á que toda a interpretação sofista, isoladora ou a-histórica da garantia da dignidade humana não será adequada.[37] A dignidade humana, inserida no princípio da Constituição de um estado alemão após a Segunda Guerra Mundial, por exemplo, traduz a reflexão sobre os pilares fundamentais da civilização após a experiência da ditadura nacional-socialista, que espezinhou e aniquilou um sem-número de pessoas. "No art. 1º, a fim de demonstrar todo o espírito do novo ser estatal em sua oposição à ordem estatal abandonada em maio de 1945, o imperativo do respeito à dignidade humana é colocado no prin-

---

[32] *Luhmann, Grundrechte als Institution*, 1965, p. 68; *Podlech, Alternativkommentar zum Grundgesetz I* (= AK I), Art. 1 nota de margem 11; sobre o tema, *Geddert-Steinacher, Menschenwürde als Verfassungsbegriff*, 1990, p. 116 ss.; *Hain*, Die Grundsätze des Grundgesetzes, 1999, p. 233; Unruh, *Der Verfassungsbegriff des Grundgesetzes*, 2002, p. 371 ss.

[33] Em sentido semelhante também *Giese, Würde-Konzept*, p. 66, que deduz daí uma gama de prestações estatais como auxiliares à realização ou à manutenção da dignidade, p. ex. p. 50 *passim*.

[34] V. Pöschl, in: Brunner/Conze/Konselleck (Hrsg.), *Geschichtliche Grundbegriffe*, vol. 7, 1992, p. 637 ss.

[35] Assim *Podlech, AK I*, Art. 1 nota de margem 11, 23–55.

[36] AöR 118 (1993), 353, 364; crítico a respeito Hain, *Grundsätze*, op. cit., p. 236 ss.; Unruh, *Verfassungsbegriff*, op. cit., p. 367 ss.

[37] Assim também *Badura, JZ* 1964, 337, 341 s.; Benda, Gefährdungen der Menschenwürde, p. 15.

cípio".[38] Simultaneamente, a garantia da dignidade humana, como princípio constitucional supremo, também rejeita qualquer sistema de governo que negue o respeito ao homem concreto, permitindo que este se desenvolva apenas em um sistema coletivo opressivo que só queira atribuir dignidade à classe.[39] Ainda que um tal sistema opressivo se enfeite com os mais belos adornos humanísticos – no sentido de um objetivo final, que deve originar o autêntico homem repleto de dignidade –, ele não se deixa coadunar com a garantia constitucional da dignidade humana. Isso porque não se cuida, apenas, da finalidade humanística; também o caminho por meio do qual a finalidade deve ser alcançada precisa ser humanístico. Nesse caminho, o homem concreto deve ser respeitado e protegido em sua dignidade, o que também constitui um limite político.

A Corte Constitucional da Baviera traduziu da seguinte forma a garantia da dignidade humana:[40] "O homem como pessoa é portador dos mais altos valores espirituais e morais, e corporifica um valor moral próprio que é imperdível, e que também é autônomo e inviolável diante de qualquer pretensão da comunidade, especialmente diante de todas as intervenções do Estado e da sociedade. Dignidade da pessoa é esse valor interno e ao mesmo tempo social, e essa pretensão de respeito, que advém ao homem por sua própria causa". Essa definição não pode ser compreendida de forma restritiva, no sentido de que o homem haveria de guardar a sua própria dignidade por meio de quaisquer fenômenos comportamentais. À dignidade pertence a autodeterminação. O fato de a pessoa ser um fim em si mesmo e o valor individual do homem fundamentam a sua liberdade. Esta é protegida pelas Constituições por meio dos direitos fundamentais particularmente considerados. Dignidade humana significa autodeterminação com base no valor individual de cada homem, portanto também no valor próprio do próximo. Com isso quer-se dizer igualdade de direitos e tolerância recíproca do exercício da liberdade,[41] razão pela qual as constituições apostam no princípio da igualdade e nos limites dos direitos fundamentais. A dignidade humana também exige a atenção às gerações futuras, uma vez que o homem, devido à possibilidade de sua procriação, vive em uma comunidade de gerações. Do mesmo modo que a noção do homem como parte integrante de uma massa é inconciliável com a garantia da dignidade humana, tampouco ele deve ser compreendido como um indivíduo inconseqüente. O Tribunal Federal Constitucional já traduziu a imagem do homem na Lei Fundamental há tempos,[42] e de forma reiterada,[43] no sentido de que esta dissolveria a tensão in-

---

[38] Cedido pelo Dr. *v. Mangoldt, Schriftlicher Bericht zum Entwurf des GG*, Anlage zum stenographischen Bericht der 9. Sitzung des Parlamentarischen Rates am 6. Mai 1949, p. 6.

[39] V. BVerfGE 5, 85, 201 ss., 204 s.; 102, 370, 389.

[40] BayVfGH 8, 52, 57; 11, 164, 181; 14, 49, 57; 29, 38, 42; v. também BVerfGE 45, 187, 228.

[41] BVerfGE 5, 85, 205; em sentido semelhante *Wertenbruch, Grundgesetz und Menschenwürde*, 1958, p. 217.

[42] BVerfGE 4, 7, 15 p.

[43] BVerfGE 8, 274, 329; 12, 45, 51; 27, 1, 7; 30, 173, 193; 32, 98, 108; 33, 303, 334; 50, 166, 175; v., além disso, *Dürig*, in: *Maunz/Dürig, GG* (primeira edição), Art. 1 Abs. I nota de margem 46 ss.; *Zippelius, Bonner*

díviduo/sociedade nos termos de uma relação e de uma vinculação comunitária da pessoa, sem violar, com isso, o seu valor individual. Em seu valor individual indisponível, o homem é, ao mesmo tempo, membro de comunidades.

A dignidade humana, inserida no princípio de uma Constituição deixa claro que o Estado existe a serviço da vontade do homem, não o contrário. A organização estatal dos Estados constitucionais democráticos encontra-se em consonância com a proteção da dignidade pelo fato de vincular autoridade com controle. A dignidade humana também influencia a realização das tarefas estatais. É por isso que, no art. 1º da Constituição brasileira, a "dignidade da pessoa humana" se encontra presente, como fundamento do Estado, antes mesmo dos "objetivos fundamentais da República" e antes dos direitos fundamentais. As tarefas estatais deixam-se reconduzir a três objetivos: garantir a paz interna e externa, garantir a liberdade e zelar pela igualdade social.[44] A paz não pode padecer pela proteção da liberdade; as leis devem assegurar que a liberdade seja exercida mediante a tolerância recíproca. A paz deve ser assegurada por meios que viabilizem a liberdade dos cidadãos. A realização da igualdade social encontra os seus limites ali onde ela paralisa a vontade de liberdade. Com a referência à liberdade de zelar por si mesma, a igualdade social não pode ser negligenciada. Uma relação equilibrada dos três objetivos principais do Estado, a saber, paz, liberdade e igualdade social, só pode ser encontrada e assegurada por meio do respeito à dignidade do homem concreto.

No reconhecimento da dignidade humana está contida a tolerância. Isso o humanismo também desenvolveu de modo evidente diante de formas bastardas do cristianismo. A garantia da dignidade humana impõe, porém, um limite à tolerância: aqueles que depreciam a dignidade humana não podem valer-se disso. O Estado deve encarregar-se de tal tarefa por intermédio de meios adequados que protejam a dignidade humana daqueles que a depreciam, especialmente por meio das leis penais. Publicidade contra a dignidade humana pode ser proibida e punida, levando-se em consideração a proteção da liberdade de expressão.

4. Conteúdo normativo

Para a práxis jurídica é importante responder à questão sobre qual é o conteúdo normativo da garantia da dignidade humana nos seus pormenores. A utilização multifacetada e acrítica, atualmente observada, também pelos tribunais, da fórmula da dignidade humana, encontra-se em chamativa oposição àquilo que a garantia da dignidade humana consagra, e que, na Alemanha, escapou inclusive à possibilidade de alteração constitucional, conforme o art. 79, inciso 3.[45] Colocado

---

Kommentar (= BK), Art 1 nota de margem 47 com referências doutrinárias; U. Becker, Das "Menschenbild des Grundgesetzes" in *der Rechtsprechung des Bundesverfassungsgerichts*, 1994.

[44] Starck, *Der demokratische Verfassungsstaat*, 1995, p. 231, 238.

[45] Karl-E. Hain, *Die Grundsätze des Grundgesetzes*, 1999, p. 212 ss.

diante dessa situação, o Tribunal Constitucional Federal destacou, na sentença sobre os limites da escuta,[46] que tudo dependeria da definição das circunstâncias que poderiam justificar a afetação da dignidade humana. O Tribunal não o constataria abstratamente, "mas apenas sempre com vistas ao caso concreto". De acordo com a decisão do Tribunal:

"Fórmulas gerais, tais como a de que o homem não pode ser degradado a mero objeto do poder estatal, apenas podem indicar a direção de acordo com a qual poderiam ser encontrados casos de lesão da dignidade humana. O homem, não raras vezes, é mero objeto não apenas das relações e do desenvolvimento social, como também do Direito, na medida em que deve se subjugar sem a consideração dos seus interesses. Uma lesão à dignidade humana não pode ser constatada apenas por isso. É necessário, ainda, que ele seja exposto a um tratamento que coloque em xeque, por princípio, a sua qualidade de sujeito, ou que, no tratamento que ocorre no caso concreto, haja um desrespeito arbitrário da dignidade do homem. O tratamento do homem pela *manu* pública que executa a lei, portanto, para lesar a dignidade, precisa ser expressão da depreciação do valor que advém ao homem por força de sua pessoa; precisa ser, portanto, nesse sentido, um 'tratamento desrespeitoso' ".

Essa afirmação deve ser complementada no sentido de que também as próprias leis não podem atentar contra a dignidade humana.[47] Isso porque é possível que não apenas a aplicação de uma lei, mas já a própria lei represente uma ofensa à dignidade humana. Referida afirmação também não pode ser compreendida no sentido de que a dignidade humana apenas poderia ser lesada de forma intencionalmente má.[48] Justamente a "boa intenção" é perigosa quando ela perde de vista o homem como pessoa, com sua dimensão metafísica.

Isso naturalmente não significa que, com a garantia da dignidade humana, todo o Direito seja colocado sob exigências em grau máximo, que devam se orientar por utopias ou exigências de retidão social. A proteção da dignidade humana não garante tudo o que há de idealmente bom, agradável ou útil, mas deve ser compreendida de forma essencial pela vontade de sua validez.[49] Além disso, a dignidade humana não deve ser compreendida como um objetivo a ser primeiramente alcançado, que coloque a política do Estado continuamente sob pressão.[50] A garantia da dignidade humana não é, portanto, uma exortação ao

---

[46] BVerfGE 30, 1, 25 s.; v. também BVerfGE 84, 90, 120 s.

[47] Assim o BVerfGE 27, 1, 6, para o que o voto divergente da sentença da escuta acertadamente faz remissão, v. BVerfGE 30, 1, 40.

[48] V. a crítica no voto divergente, BVerfGE 30, 1, 40.

[49] De forma acertada, a Coletânea de Decisões do Tribunal Social Federal, vol. 11, 209, 211: nem tudo o que parece carecedor de melhora e que parece árduo atentaria contra a dignidade humana. No sentido supra também *Dürig*, Der Grundrechtssatz von der Menschenwürde, in: *AöR 81* (1956), 124; *Vitzthum*, JZ 1985, 203; *Geddert-Steinacher, Menschenwürde*, op. cit., 1990, p. 15 ss.

[50] Nesse sentido – por isso inadequado à compreensão da garantia *constitucional* da dignidade humana – Bloch, Naturrecht, Recht und menschliche Würde, p. 237 *passim*.

Estado no sentido de tornar tudo agradável aos homens, libertá-los da dor ou do medo e de livrá-los das conseqüências de suas próprias decisões equivocadas. A dignidade humana também não constitui nenhum programa social. É por isso que a garantia da dignidade humana não pode ser imbuída de *standards* que valem atualmente, em regra, para a existência humana no mundo ocidental. Trata-se, antes, da proteção e do respeito dos interesses mais essenciais do homem. A garantia da dignidade humana obriga o Estado não apenas a respeitar a dignidade humana, mas também a protegê-la. A tarefa legislativa daí resulta,demo cogente, não pode ser compreendida de forma demasiado pormenorizada, sobretudo porque, nesse caso, outras garantias constitucionais, que não se encontram normatizadas com o mesmo rigor, como, por exemplo, as garantias do Estado social,[51] restariam vazias, e, com isso, a vinculação das diferentes garantias constitucionais, graduada com bons motivos pelo constituinte, ficaria cindida.

Para além disso, não podem ser estipuladas, pelo conceito de dignidade, formas de vida humanas determinadas, como se o homem só pudesse ter dignidade se ele vivesse e trabalhasse em condições preexistentes à "Revolução Industrial", ou, ao contrário, que tenham sido geradas pela "Revolução Industrial". A garantia da dignidade também não contém um conceito positivo específico para o mundo laboral e econômico. A garantia da dignidade humana não é nenhuma "alavanca" constitucional por meio da qual o modo de produção do mundo laboral industrial possa ser "içado pelos anzóis". A garantia da dignidade exige apenas que o homem seja protegido de estorvos mais extremos, que atinjam o cerne de sua humanidade. O respeito à dignidade das pessoas que trabalham nas empresas não exige, por exemplo, nenhuma coparticipação empresarial ou supra-empresarial.[52] Além do mais, não se pode, com a garantia da dignidade humana, argumentar contra o trabalho de produção em série, ainda que se possa chegar rapidamente ao consenso de que esse modo de produção seja um pesado fardo para aqueles que trabalhem desse modo. Para além desse exemplo do modo de produção em série, deve-se, também, no geral, partir do fato de que a ciência, a técnica e a indústria trouxeram uma mecanização mais forte do ritmo de vida,[53] e de que estas desenvolveram amplas superestruturas pelas quais o homem se encontra envolvido não apenas em seu mundo laboral. Aqui existem certas possibilidades de atuação do homem, que podem chegar, em casos extremos, à auto-objetivação abnegadora livremente escolhida.[54] Um conceito constitucional de dignidade que não abrangesse o atual mundo laboral tecnicizado restaria utópico e sem eficácia protetiva na realidade da vida. Do mesmo modo que o trabalho árduo e desagradável, ou que instrumentaliza for-

---

[51] *Starck, Verfassungsstaat*, op. cit., 1995, p. 265 ss.

[52] Acertadamente, o BVerfGE 50, 290, 322 ss., não argumenta mais com a dignidade humana.

[53] De forma geral, v., a respeito, *D. Bell, Die Zukunft der westlichen Welt*, 1979, p. 179 ss.

[54] *W. Schulz, Philosophie in der veränderten Welt*, 1972, p. 466 s.

temente o homem, não lesa a dignidade,[55] tampouco pode-se argumentar com a garantia da dignidade humana contra o desemprego.

Em síntese, resulta o seguinte: a dignidade humana é um conceito-chave constitucional para a relação do indivíduo com o Estado, pertencente ao alicerçamento do Estado,[56] e que estende efeitos jurídicos sobre a organização estatal e a satisfação de tarefas estatais, assim como sobre as garantias de liberdade. A dignidade humana, no Direito Constitucional alemão, já por sua inalterabilidade (art. 79, inciso 3, da Lei Fundamental),[57] e devido aos demais direitos fundamentais válidos, é apenas uma garantia mínima. Ela deve proteger o homem da circunstância de este ser tratado, pelo Estado ou por seus concidadãos, como mero objeto que se encontra sob a absoluta disposição de outro homem, como número de uma coletividade, como peça na engrenagem, subtraindo-se-lhe, com isso, a sua própria existência espiritual e moral ou mesmo física. A "fórmula do objeto"[58] origina-se de Kant, e soa: "Age de tal forma que tu utilizes a humanidade, tanto em tua pessoa como na pessoa de qualquer outro, sempre simultaneamente como meio, nunca meramente como fim".[59] A atuação sigilosa do Estado ainda não transforma o homem em mero objeto, mesmo quando seja tocada a esfera privada na sua própria residência. No que diz respeito à existência física, a proteção da dignidade é, ao mesmo tempo, a proteção da vida,[60] uma vez que a vida humana é a base vital da dignidade. As explanações realizadas até então possibilitam chegar a uma conclusão jurídico-positiva a respeito da lesão da dignidade humana.[61] Novas formas de ameaça à dignidade humana estão aparecendo na casuística. Permanece, no entanto, o seguinte: pressuposto da decisão do caso concreto é a suficiente clareza a respeito do que se quer dizer, na Constituição, com a expressão "dignidade humana".[62]

---

[55] De forma especialmente ampla, a literatura dos anos dos anos 70, v. F. Vilmar, *Menschenwürde im Betrieb*, 1973, onde, partindo do fato de que não há uma definição vinculante de dignidade humana (p. 15), o conceito de dignidade é utilizado de forma objetiva para demonstrar a inconstitucionalidade da organização do trabalho na República Federal; em sentido semelhante, R. Hoffmann, *KritJ* 1970, p. 48 ss, 54: considerando o art. 1º, inciso 1º, da LF, o conceito de dignidade retirado do individualismo burguês deveria ser superado, ao passo que a função histórica e emancipatória da dignidade deveria ser restabelecida.

[56] O BVerfG fala do princípio constitutivo da Lei Fundamental, v. BVerfGE 45, 187, 227; 87, 209, 228; 96, 375, 398; 102, 370, 389. Assim também o art. 1º da Constituição brasileira.

[57] Hain, *Grundsätze*, op. cit., p. 211 ss.

[58] Esta utiliza o BVerfG, v. BVerfGE 27, 1, 6; 45, 187, 228; 87, 209, 228.

[59] Kant, *Grundlegung zur Metaphysik der Sitten* (1785), edição de 1957 de Vorländer, p. 52; uma formulação parecida, com a utilização do conceito de dignidade, encontra-se na Metaphysik der Sitten (1797), v. a nota de margem 5 supra.

[60] BVerfGE 39, 1, 41; 88, 203, 252.

[61] Assim também Wieacker, *Naturrechtsdiskussion*, op. cit., p. 13, acertadamente refere o fato de que a ordem jurídico-positiva tem "janelas"(aberturas) para critérios suprapositivos. Estas "janelas", que inauguram uma nova visão, são os necessários pontos de referência no sentido de Badura, *JZ* 1964, 340, sem os quais o recurso aos critérios pré-positivos não é admissível. De forma mais detalhada, *Starck, Menschenwürde als Verfassungsgarantie im modernen Staat*, in: JZ 1981, 457 ss.

[62] A respeito, Badura, JZ 1964, 341, com menção crítica ao BayVfGH 8, 52, 57, onde se refere, unilateralmente, a competência de concretização judicial. V. também *Dreier*, in: Dreier, *GG I*, Art. 1 nota de mar-

Sobre tais bases, a utilização do conceito constitucional da dignidade humana significa mais do que mera retórica política e forense.

II. Capítulo: Titularidade da Dignidade Humana

Titulares da dignidade humana são todos os seres vivos, gerados a partir do homem, para além de sua morte,[63] sem que se trate, na proteção da dignidade do morto, assim como de seu cadáver, da respectiva subjetividade jurídica. Essa definição bastante ampla, que abrange a procriação por meio da fertilização *in vitro*, não é uma "falácia naturalística",[64] mas reside em uma limitação do homem, cuja tarefa não é abster-se da dignidade *per definitionem*. A dignidade humana não é especificamente "adstrita à capacidade para a vivência de valores em nível mental e espiritual"; também não é pressuposto que o titular da dignidade esteja consciente ou que ele próprio tenha a capacidade de compreendê-la.[65] A proteção da dignidade também não pressupõe "a consciência-de-si, a razão, a capacidade para a autodeterminação".[66] As possibilidades existentes no ser humano desde o princípio são suficientes para fundamentar a dignidade.[67] A concepção de que a proteção da dignidade para a vida humana ainda não nascida apenas começasse com o início das funções cerebrais, a partir do 35º dia após a procriação – para o que se refere um paralelo à morte cerebral,[68] ignora o fato de que o motivo da proteção seja justamente a predisposição da vida humana para desenvolver um cérebro.[69]

gem 50 ss., 58 ss.; *Höfling,* in: *Sachs, GG,* Art. 1 nota de margem 19. O EuGH, EuZW 2001, 691, 695 (Nr. 70) de fato possui algo parecido em termos de sentido, quando ele descreve como sendo tarefa sua "garantir, nos moldes do controle da concordância da atuação dos órgãos com os princípios fundamentais gerais do direito comum, o respeito da dignidade humana e do direito fundamental da incolumidade da pessoa".

[63] *Dürig, Der Grundrecåtssatz von der Menschenwürde, in: AöR 81* (1956), 125; Stern, *Staatsrecht III/1,* 1988, p. 1061; Böckenförde, Menschenwürde als normatives Prinzip, in: *JZ* 2003, 809, 812 s.

[64] Nesse sentido, porém, Dreier, in: Dreier, *GG I,* Art. 1 I nota de margem 66, na seqüência especialmente de H. Hofmann, *AöR 118* (1993), 353, 361. V. também Hilgendorf, *Biostrafrecht als neue Disziplin? –* Reflexionen zur Humanbiotechnik und ihrer strafrechtlichen Begrenzung am Beispiel der Ektogenese, in: Festschrift für Brohm 2002, p. 395 ss. Com a incisiva acusação de sucumbir à "falácia naturalística", repreende-se o oponente científico pela deficiência na capacidade de pensar, mesmo em se tratando de uma valoração. Seria melhor discordar dos argumentos apresentados pela opinião contrária. A acusação dirige-se diretamente, é bem verdade, contra o BverfG, indiretamente, porém, também contra aqueles que partilham da concepção do BVerfG e aí fundamentaram a sua concepção.

[65] Expressamente em prol dignidade das crianças BVerfGE 24, 119, 144.

[66] Nesse sentido, porém, *Dreier*, in: Dreier, *GG, 1.* ed., I, Art. 1 I nota de margem 50 com referências detalhadas sobre os defensores dessa concepção. Como essa concepção da dignidade se coaduna com a dignidade humana dos recém-nascidos e deficientes mentais, que não têm capacidade própria para a condução da vida (idem, nota de margem 46)? A citação acima não é mais encontrada na 2ª ed., 2004.

[67] De forma acertada, BVerfGE 39, 1, 41; 88, 203, 252.

[68] *R. Scholz, Instrumentale Beherrschung der Biotechnologie durch die Rechtsordnung, Bitburger Gespräche vol. 16,* 1986, p. 59, 80, também para o que segue.

[69] V., a respeito, as ponderações fundamentais de W. Selb, Rechtsordnung und künstliche Reproduktion des Menschen, 1986, p. 42–51.

Por conseguinte, o nascituro, isso é, o embrião nidificado no útero,[70] e, para além disso, já a célula-ovo fecundada *in vitro*,[71] têm dignidade. O Tribunal Federal Constitucional decidiu que a vida humana não-concebida goza da proteção da dignidade humana no mínimo antes da nidação, pois de acordo com seguros conhecimentos físiológico- biológicos, de qualquer a forma, a partir do 14º dia após a concepção (= nidação), existe vida no sentido da existência histórica de um indivíduo humano.[72] A proteção da dignidade humana começa já com fecundação da célula-ovo (fusão do núcleo celular), portanto antes da nidação. A postura reservada do Direito Penal, cuja proteção só inicia com a nidação, fundamenta-se, dentre outras razões, na grande insegurança a respeito da vida da célula-ovo fecundada ainda não implantada (nidada), e na dificuldade de comprovar a existência da vida independentemente de uma gravidez, ou de comprovar a causalidade de movimentos nidatórios. Não se pode, a partir da proteção das regras penais sobre a proteção da vida, chegar a uma conclusão a respeito do início da proteção constitucional da vida,[73] uma vez que incidem as mesmas e já referidas dificuldades da fertilização *in vitro*. A circunstância de que, na procriação humana natural, freqüentemente é fecundado um maior número de células-ovo, muito embora, em regra, apenas uma se fixe no útero, enquanto as outras caem, não permite alegar que a vida humana comece apenas com a nidação. Biologicamente, é com a fecundação que a individualidade – salvo, é bem verdade, o surgimento de gêmeos univitelinos – é estabelecida, tendo início um processo de desenvolvimento continuado "que pode levar, sem intervalos qualitativos decisivos, a processos de diferenciação do organismo, bem como ao seu nascimento".[74]

Tentativas realizadas com freqüência cada vez maior de desvincular a proteção da vida da proteção da dignidade, bem como de "adjudicar" à célula-ovo fecundada apenas a proteção da vida, mas não a da dignidade,[75] têm como

---

[70] *Nipperdey,* in: *GR II* (1954), p. 4; *Dürig,* in: Maunz/Dürig, *GG* (1ª ed.), Art. 1 Abs. I nota de margem 24 e referências seguintes; assim também BVerfGE 39, 1, 41, 43; 88, 203, 251; *Geddert-Steinacher, Menschenwürde,* op. cit. , p. 62 ss., com referências seguintes; *Stern, Staatsrecht III/1,* 1988, p. 1056 ss.; duvidando a respeito, *Zippelius, Bonner Kommentar,* Art. 1 nota de margem 51; diversamente *Podlech, AK I,* Art. 1 inciso 1 nota de margem 57.

[71] *Starck, Freiheit,* op. cit., p. 94 s.; *Fechner,* Menschenwürde und generative Forschung und Technik, in: *JZ* 1986, 653, 660; *Laufs,* Die künstliche Befruchtung beim Menschen, in: *JZ* 1986, 769, 774; *Lorenz, HStR VI,* § 128 nota de margem 12; *Kunig,* in: v. Münch/Kunig, *Grundgesetz-Kommentar* vol. I, 5ª ed., 2000, Art. 2 nota de margem 49; Stern, *Staatsrecht III/1,* 1988, p. 1061: "Pessoas são todas as criaturas vivas que resultaram da união de um espermatozóide humano com um óvulo humano", incluindo-se, portanto, também, claramente, a fertilização *in vitro*; *Böckenförde,* JZ 2003, 809, 811 s.; *Böckenförde-Wunderlich,* Präimplantationsdiagnostik, p. 169 ss.; diversamente *Dreier,* in: Dreier, GG I, Art. 1 I nota de margem 81 ss.; *Hofmann,* AöR 118 (1993), 353, 361 s., 375 s.; *Heun,* JZ 2002, 517 ss.; *Ipsen,* JZ 2001, 989, 993 (mera "eficácia prévia" da dignidade humana).

[72] BVerfGE 39, 1, 37.

[73] Do mesmo modo *Murswiek,* in: *Sachs,* GG, 3ª ed., 2003, Art. 2 nota de margem 145.

[74] *Eibach,* in: *Jüdes* (Hrg.), In-vitro-Fertilisation und Embryotransfer, 1993, p. 239.

[75] H. Hofmann, *AöR 118* (1993), 353, 376; Dreier, in: Dreier, *GG I,* Art. 1 I nota de margem 67 – 70; Podlech, *AK I,* Art. 1 Abs. 1 nota de margem 58; J. Ipsen, *JZ* 2001, 989, 994; Schmidt-Jortzig, in: *DÖV*

objetivo contornar a irrestringibilidade da garantia da dignidade humana (veja-se o item III, 3) de acordo com a Lei Fundamental, uma vez que intervenções na vida são permitidas com base na lei. Tais tentativas de desvinculação não são convincentes nem à primeira vista. Isso porque, com a proteção da vida da célula-ovo fecundada, há o reconhecimento de que se trata de uma vida humana. Ora, o legislador não vai encontrar motivos peremptórios para intervir na vida da célula-ovo fecundada, pois só se pode intervir na vida de um homem quando ele ameaça a vida de outro homem e quando a ameaça não puder ser afastada de outra forma que não pela morte. A célula-ovo fecundada não ameaça ninguém. Apenas é conhecido o caso da prescrição médica; aqui o nascituro ameaça a vida da mãe. Mesmo os objetivos de pesquisa médico-biológicos da mais alta importância (a cura de doenças sérias, o prolongamento da vida) não podem ser perseguidos às custas da vida humana. A separação entre a proteção da vida e a proteção da dignidade não possibilita, assim, pois, intervenções na vida da célula-ovo fertilizada *in vitro*.

Uma outra tentativa de eliminar a proteção da dignidade para células-ovo fertilizadas *in vitro* nega que, com a fusão do núcleo celular, inicie a vida humana individualizada, cuja continuidade, potencialidade e identidade são questionadas e contestadas.[76] A fertilização *in vitro* deixou vir à tona a noção de que os "ingredientes" da procriação, quais sejam, o óvulo colhido da mulher e o espermatozóide do homem, são coisas que – unidas na proveta – não perdem a sua propriedade de coisas, muito embora se tornem uma nova coisa. A linguagem em que se fala da fertilização *in vitro* mostra-o nitidamente: "monte de células em uma placa de Petri",[77] "membrana celular de tamanho milimétrico".[78] Essa concepção ignora o fato de que a criação de um homem é um procedimento. Se tal procedimento é transposto do corpo feminino para a proveta, a fim de superar funções corporais deficitárias daqueles que desejam procriar, os "ingredientes" da procriação (ou reprodução?) são, em realidade, algo separado das pessoas que procriam. Isso, porém, não modifica o procedimento qualitativamente. Ele continua sendo um ato de procriação. O fato é que, se se nega a dignidade de pessoa à célula-ovo fecundada, e se se a considera, conseqüentemente, como uma coisa, então dever-se-ia poder sustentar que, a partir de um coisa, em algum momento, surgiria uma pessoa, o que parece impossível jurídica e filosoficamente.[79]

2001, 925, 928 s.; Herdegen, in: Maunz/Dürig, *GG*, Art. 1 Abs. 1 nota de margem 57 ss.; *Dederer*, AöR 127 (2002), 1, 18.

[76] Assim especialmente Heun, *JZ* 2002, 517, 519 – 522; em oposição a isso Starck, *JZ* 2002, 1065, 1068s.

[77] Stephan Jay Gould, Baers Gesetz, in: *FAZ* de 30.8.2001.

[78] Nida-Rümelin, *Süddeutsche Zeitung* Nr. 28 de 3./4.2.2001.

[79] A respeito, de forma detalhada, Starck, Verfassungsrechtliche Grenzen der Biowissenschaft und der Fortpflanzungsmedizin, JZ 2002, p. 1065, 1069 s.; Isensee, in: Höffe/Honnefelder/Isensee/Kirchhof, Gentechnik und Menschenwürde, 2002, p. 37, 52 s.; Böckenförde, *JZ* 2003, 809, 811 s., que, não obstante, não argumenta com o conceito de pessoa; argumentando, porém, no que segue, do mesmo modo.

A garantia da dignidade também vale para indivíduos nascidos com malformações[80] e para os doentes mentais.[81] Também aos cadáveres[82] e à memória daqueles que faleceram[83] advém a dignidade. Trata-se, em ambos os casos, de um efeito posterior da dignidade da pessoa viva, que perdura por um certo tempo.[84] Da mesma forma que não se pode tratar e expor as pessoas vivas como objeto, tampouco cadáveres podem ser expostos conservados e exibidos de forma especulativa, ao interesse sensacionalista da coletividade. Dissecação de cadáveres para fins de medicina forense e de pesquisa, com subseqüente sepultamento, não atentam contra a dignidade humana.

É claro que também têm dignidade *as* pessoas que violaram a dignidade do outro da forma mais grave (criminosos violentos). Ainda que se fale, neste caso, de "pessoas indignas", não se pretende referir, com isso, a subtração da garantia constitucional da dignidade. Também nos demais casos, o julgamento moral sobre as pessoas no sentido de que estas tenham dignidade ou sejam indignas (tenham agido de forma indigna) não deve ser confundido com o conceito e a proteção constitucional da dignidade.[85]

A dignidade não pode ser limitada àquele que pode concedê-la.[86] Isso é um equívoco sociológico a respeito da garantia fundamental da dignidade humana que foi adotada pela Lei Fundamental à época do nacional-socialismo, tendo como pano-de-fundo as experiências com seres humanos, o morticínio de doentes mentais e o extermínio de pessoas supostamente inferiores do ponto de vista intelectual ou moral. A concepção de *Luhmann* de que seu "conceito de dignidade dinâmico, que revela totalmente a dignidade como prestação em sua instabilidade",[87] asseguraria uma técnica de defesa jurídica relacionada a problemas concretos, não pode ser adotada, pois esse conceito de dignidade é demasiado estrito justamente para a proteção de pessoas especialmente amea-

---

[80] Malformações físicas graves não suspendem a dignidade humana, v. *Dürig,* in: Maunz/Dürig, *GG* (1ª ed.), Art. 1 Abs. I nota de margem 25; a respeito dos assim chamados "monstros" que não portam semblante humano, remete-se a *Isemer/Lilie,* Rechtsprobleme bei Anencephalen, in: *Medizinrecht* 1988, 66.

[81] *Nipperdey,* in: *GR*, vol. II (1954), p. 3; *Dürig, AöR 81* (1956), 125; *Zippelius, Bonner Kommentar,* Art. 1 nota de margem 65; *Dreier,* in: Dreier, *GG I*, Art. 1 nota de margem 65; BGHZ 35, 1, 8 ss.; BGHSt 15, 279, 283.

[82] *Dürig, AöR 81* (1956), 126; *Zippelius, BK*, Art. 1 nota de margem 53 com referências seguintes; *Dreier,* in: Dreier, *GG I*, Art. 1 nota de margem 73; *Höfling,* in: *Sachs, Grundgesetz*, 3ª ed. 2003, Art. 1 nota de margem 53; *Klinge, Todesbegriff, Totenschutz und Verfassung*, 1996, p. 214 s. com referências seguintes.

[83] BVerfGE 30, 173, 194.

[84] A respeito Kunig, in: v. Münch/Kunig, *Grundgesetz Kommentar*, 5ª ed. 2000, vol. I, Art. 1 nota de margem 15.

[85] De forma acertada, *Badura, JZ* 1964, 337, 341 s., refuta concepções de dignidade personalísticas, que partem de um homem ideal, considerando-as inadequadas para a interpretação do Art. 1 Abs. 1 GG. BVerfGE 87, 209, 228: A dignidade humana não se perde pelo comportamento "indigno".

[86] Diferentemente, porém, *Luhmann, Grundrechte*, op. cit., 1965, p. 69 ss.

[87] *Luhmann, Grundrechte* op. cit., p. 68, comentário 44. Mostra simpatia por essa idéia Podlech, *Alternativ Kommentar* Art. 1 Abs. 1 nota de margem 11, retrocedendo, porém, em relação às conseqüências.

çadas.[88] A instabilidade da prestação da dignidade – na linguagem de *Luhmann* – pode ser protegida por intermédio dos direitos de liberdade. A limitação da proteção da liberdade à dignidade auto-atribuída deixa desprotegidos aqueles que são "indignos". Hoje, estes podem ser, para alguns, os "monstros", ou seja, as pessoas com deformidades físicas, amanhã, por sua vez, poderão ser os doentes mentais, e depois de amanhã, quem sabe, os "monstros espirituais" (como os traidores ou inimigos de classe). Refutar tais noções é precisamente a tarefa da garantia constitucional da dignidade humana.

A definição ampla da titularidade da dignidade humana, aqui defendida, haverá de ter conseqüências para o conteúdo da garantia. Pessoas nascidas com malformações e doentes mentais necessitam de um tratamento especial, que sempre deve ser pautado, todavia, pelo respeito em relação a uma pessoa – por mais deformada que ela seja. Também a proteção continuada da dignidade humana de uma pessoa falecida se diferencia da proteção da dignidade humana de uma pessoa viva.[89]

III. Capítulo: A Validade da Garantia da Dignidade Humana

1. Direito imediatamente aplicável

A garantia da dignidade humana é "direito imediatamente aplicável".[90] Isso resulta, para o Direito alemão, da formulação do art. 1º, inciso 1, 2ª parte, da LF, que trata dos deveres de todo o poder estatal, e, de forma indireta, do art. 79, inciso 3, da LF, que exclui os "princípios fundamentais" rígidos do art. 1º de qualquer alteração constitucional, tornando o art. 1º, portanto, direito vinculante até mesmo para o legislador constituinte reformador. A expressão "princípio", ali utilizada, não significa um enfraquecimento da normatividade da garantia da dignidade, mas explicita que só o essencial é garantido. Independentemente de um caráter jurídico-subjetivo a ser questionado, o dever de todo o poder estatal de respeitar e proteger a dignidade humana pertence aos "princípios constitutivos estruturantes".[91] A obrigação contém uma premissa do direito objetivo que normatiza jusfundamentalmente a relação entre Estado e indivíduo, do

---

[88] Certo *Benda, Gefährdungen der Menschenwürde*, 1975, p. 15 s. com referências seguintes; *Badura, JZ* 1964, 337, 340 s.; BVerGE 87, 209, 228: toda a pessoa possui dignidade "independentemente da consideração de suas características, suas prestações e seu *status* social. Ela também é própria àquele que não pode agir racionalmente em razão de seu estado físico ou psíquico".

[89] A respeito, de forma detalhada, Klinge, *Todesbegriff* op. cit., p. 228 ss.

[90] Assim *Dürig,* in: Maunz/Dürig, *GG* (Erstbearbeitung), Art. 1 I, nota de margem 4; *Stern, Staatsrecht III/1*, 1988, p. 26; Ders., Die normative Dimension der Menschenwürdegarantie, in: *Badura-FS*, p. 571, 572 s.; *Benda, HbVerfR* § 6 nota de margem 6; *Dreier*, in: Dreier, *GG I*, Art. 1 I nota de margem 128; diferentemente, *Enders, Menschenwürde in der Verfassungsordnung*, 1997, p. 398 ss.

[91] BVerfGE 6, 32, 36; 45, 187, 227; 61, 126, 137.

que resultam, no mínimo, deveres para os órgãos estatais – o art. 79, inciso 3, da LF outorga à garantia da dignidade humana a maior força de validez a ser concedida por uma Constituição.[92] Com isso, a garantia da dignidade humana também se torna um critério avaliativo para o Tribunal Federal Constitucional, quando se alega que uma alteração constitucional atentaria contra a dignidade humana.[93] A garantia da dignidade humana é direito imediatamente aplicável de acordo com todas as Constituições que asseguram os direitos fundamentais como direito imediatamente aplicável, o que é válido também para o legislador, sujeito ao controle normativo por parte da jurisdição constitucional.

2. Direito subjetivo fundamental

Ainda se discute intensamente na Alemanha se a dignidade humana também constituiria um direito fundamental. Sobretudo *Dürig*[94] afastou tal caráter jusfundamental com base no argumento de que todo o conteúdo jurídico-subjetivo da dignidade humana estaria contido nos direito fundamentais individualmente considerados, e que, ademais, estaria protegido pela garantia do núcleo essencial contido no art. 19, inciso 2, da LF. *H. Dreier* nega o caráter jusfundamental a partir da estrutura normativa especial da garantia da dignidade humana;[95] dignidade humana seria "princípio fundamental, não direito fundamental". "Como princípio constitutivo e garantia nuclear da Lei Fundamental" o art. 1°, inciso 1, da LF atuaria de modo flexível, na práxis jurídica, em relação à compreensão dos direitos fundamentais. Contrariamente, o Tribunal Federal Constitucional parte do caráter jusfundamental do art. 1°, inciso 1, da LF,[96] sem jamais tê-lo justificado. Sobretudo *Nipperdey* advoga em prol do caráter jusfundamental da garantia da dignidade. Ele vê no art. 1°, inciso 1 uma "raiz e fonte de todos os direitos fundamentais formulados posteriormente e, com isso, o próprio direito fundamental principal material".[97] A interpretação literal do art. 1° da LF não oferece nenhuma informação clara. Poder-se-ia deduzir, do respectivo inciso 3, que apenas as garantias subseqüentes seriam direitos fun-

---

[92] Hain, *Grundsätze*, op. cit., p. 72 ss., 211 ss.

[93] V. BVerfGE 30, 1, 26 s.; 84, 90, 120 s.; 94, 12, 34; 94, 49, 102 s.

[94] In: Maunz/Dürig, GG (1ª edição), Art. 1 Abs. I, nota de margem 4 ss.; contrariamente, também, v. *Mangoldt/Klein, GG I*, S. 148; de forma crítica a respeito, *Krawietz,* Gewährt *Art. 1 Abs. 1* GG dem Menschen ein Grundrecht auf Achtung und Schutz seiner Würde?, in: Gedächtnisschrift für F. Klein 1977, p. 245, 253 ss. com referências seguintes; *Zippelius/Würtenberger, Staatsrecht*, 31ª ed. 2005, § 22 II 1.

[95] *Dreier*, in: Dreier, *GG I*, Art. 1 I nota de margem 124 ss.; de forma semelhante, *Geddert-Steinacher, Menschenwürde*, op. cit., p. 164 ss. com referências seguintes.

[96] *BVerfGE 1*, 332, 343; 12, 113, 123; 15, 283, 286.

[97] *Nipperdey, GR* II (1954), p. 12; no que resulta, do mesmo modo *Badura, JZ* 1964, 337, 342 Anm. 75; *Stern, Staatsrecht III/1*, p. 26; *Häberle, HStR II*, 3ª ed., § 22 nota de margem 74; *Benda, HbVerfR* § 6, nota de margem 8; *Podlech, AK*, Art. 1 Abs. 1, nota de margem 61; *Kunig*, in: v. *Münch/Kunig I*, Art. 1 nota de margem 3; Hain, *Grundsätze*, op. cit., p. 296 ss.; *Ipsen, Staatsrecht II*, p. 63; *Höfling,* in: Sachs, *GG*, Art. 1 nota de margem 3; também Herdegen, in: Maunz/Dürig, *GG*, Art. 1 Abs. 1 nota de margem 26.

damentais; poder-se-ia vislumbrar, porém, no art. 1º, da mesma forma que *Nipperdey*, a partir da vinculação conjunta dos três incisos (garantia da dignidade humana, e, a partir daí, conseqüente reconhecimento dos direitos humanos, estes positivados nos direitos fundamentais), um direito fundamental como fonte em si dos direitos fundamentais. A interpretação sistemática do art. 1º, inciso 1, da LF apóia a tese nipperdeyana, pois é inerente à Lei Fundamental uma clara tendência à salvaguarda eficaz dos direitos, que se evidencia especialmente na garantia jurídico-protetiva do art. 19, inciso 4, da LF, e na autorização para a interposição da reclamação constitucional do art. 93, inciso 1, nº 4. A interpretação da garantia da dignidade humana, de acordo com o seu teor literal e a sua posição sistemática, há de ser intencionalmente investigada em qualquer Constituição que assegure a dignidade humana. Em contrapartida, os argumentos que seguem devem valer igualmente para o objetivo da garantia da dignidade humana em relação a todas as Constituições que contêm uma garantia geral de dignidade humana.

Pelo fato de o homem ser protegido pela garantia da dignidade justamente como sujeito, o objetivo da norma ultrapassa, assim, uma salvaguarda jurídico-subjetiva.[98] A definição estrita da garantia da dignidade humana aqui defendida, que protege apenas o essencial, assim como a inclusão do art. 1º, inciso 1, da LF na interpretação de direitos fundamentais especiais, proposta pelo Tribunal Federal Constitucional, só aponta para a prescindibilidade de um caráter jusfundamental especial do art. 1º, inciso 1, da LF, porém, à primeira vista. Contrariamente a isso, *Zipppelius* fez refletir sobre o fato de que a liberdade individual não é apenas em uma separação, condicionada ao acaso, dos direitos fundamentais em direitos de liberdade individuais, e sobre o fato de que a dignidade humana e o valor individual da personalidade do indivíduo, que devem ser protegidos pela garantia dos direitos de liberdade, não são assegurados apenas parcialmente diante do poder estatal.[99] Com isso, porém, não se esgota a problemática que se coloca no art. 1º, inciso 1, da LF, ao menos com vistas ao Direito Constitucional alemão. Apenas a garantia da dignidade como direito subjetivo possibilita a reclamação constitucional contra leis que alterem a Constituição e que deixem o respeito da dignidade humana a desejar. O art. 79, inciso 3, da LF proíbe uma alteração da Lei Fundamental por meio da qual os princípios fundamentais estabelecidos no art. 1º da LF sejam atingidos. Sua proteção jurídico-subjetiva contra o legislador constitucional reformador já resulta, porém, apenas do art. 1º, inciso 1, da LF, motivo pelo qual não se pode abdicar de sua qualidade de direito fundamental.

No mais, o art. 1º, inciso 1, da LF contém não apenas um dever do Estado de respeitar propriamente a dignidade humana, mas normatiza, para além

---

[98] O próprio homem deve poder defender a sua dignidade, assim *Löw, Ist Würde des Menschen im Grundgesetz eine Anspruchsgrundlage?, in: DÖV* 1958, 516, 520; de forma semelhante *Krawietz,* in: *Gedächtnisschrift f. F. Klein* 1977, p 279 s.

[99] *Zippelius, BK*, Art. 1 nota de margem 28.

disso, com base na inviolabilidade geral, um dever do Estado que vale independentemente da existência de uma posição jurídico-subjetiva. Em sentido amplo, resulta do dever de proteção estatal segundo o qual todo o poder estatal está obrigado a assegurar a garantia da dignidade humana também na relação com os demais atores jurídicos, aquilo que se tem designado como constituindo uma "eficácia em relação a terceiros". Quando a este dever de proteção jurídico-objetivo corresponder um direito subjetivo do indivíduo à proteção de sua dignidade também perante terceiros, ele pode reivindicar a proteção estatal de sua dignidade pelos caminhos legais e por meio da reclamação constitucional (*Verfassungsbeschwerde*)

3. Inviolabilidade

O fato de a dignidade humana ser "inviolável", de acordo com o teor da Lei Fundamental alemã e da Carta de Direitos Fundamentais da União Européia, não traduz a constatação de um fato ou uma descrição, tal como a ensina a experiência histórica. A dignidade humana, antes, não *deve* ser violada.[100] Uma interpretação da cláusula de inviolabilidade como afirmação constitucional de que apenas o indivíduo disporia sobre a sua dignidade, e de que esta sequer poderia ser violada por terceiros, dado que, por exemplo, também o indivíduo torturado poderia suportar as torturas com dignidade e morrer com dignidade, fica impedida; isso porque a segunda parte do artigo subseqüente [à primeira parte do art. 1º FL] obriga todo o poder estatal ao respeito e à proteção da dignidade humana. Mais forte ainda que a intangibilidade de alguns direitos fundamentais, a inviolabilidade é expressão de um *pathos* especial, que adere ao primeiro artigo da Lei Fundamental e a outras garantias constitucionais. A norma da dignidade humana é norma fundamental para toda a ordem jurídica.[101] Todo o Direito deve estar vinculado à insígnia da dignidade do homem; todas as normas devem ser colocadas, tanto na sua (...?) formulação como na sua aplicação, em consonância com esse princípio supremo. A garantia da inviolabilidade já demonstra a eficácia abrangente da garantia da dignidade humana, e também, especialmente, a validade perante terceiros,[102] o que é salientado novamente na segunda parte do artigo art. 1º da FL, com o dever de proteção do Estado, na perspectiva de uma tarefa estatal.

Para além disso, o conceito "inviolável" demonstra, na perspectiva conjunta com a proibição de alteração constitucional prevista no art. 79, inciso 3,

---

[100] De forma acertada *Giese, Würde-Konzept*, p. 46; *Geddert-Steinacher, Menschenwürde*, op. cit., p. 80; *Dreier,* in: Dreier, *GG I*, Art. 1 I nota de margem 131.

[101] V., pela idêntica escolha dos termos, sobretudo o Art. 1 da Carta de Direitos Fundamentais da União Européia. A dignidade também é norma fundamental na Espanha, Art. 10 da Constituição, e em Portugal, Art. 1 der Verfassung; v. também o Cap. I § 2 da Constituição Sueca.

[102] *v. Mangoldt/Klein, GG I*, 2ª ed.., p. 151 s. com referências seguintes; *Nipperdey,* in: *GR II* (1954), p. 21; *Wertenbruch, Menschenwürde*, p. 180; *Kunig,* in: v. Münch/Kunig, *Grundgesetz Kommentar I*, Art. 1 nota de margem 27.

DIMENSÕES DA DIGNIDADE
Ensaios de Filosofia do Direito e Direito Constitucional

da LF, que a dignidade humana não pode ser restringida.[103] A distinção dogmática entre suporte fático do direito fundamental e limites do direito fundamental não vale na seara da garantia da dignidade humana. A proteção da dignidade humana mantém-se e desaparece com a correta definição do conteúdo da garantia.[104]

Na medida em que, na jurisprudência, a esfera privada do homem é protegida por meio da invocação do art. 1º, inciso 1º, da LF, sendo simultaneamente reconhecida, porém, a sua possibilidade de limitação, tal resulta do art. 2º, inciso 1º, da LF. Isto porque, nesse ponto, o art. 1º, inciso 1, da LF apenas tem, como diretriz hermenêutica, o efeito de que os limites bastante amplos do art. 2º, inciso 1º, da LF sejam, por sua vez, restringidos.[105] Enquanto a pura proteção da dignidade humana for suficiente, permanece o fato de que esta não pode ser limitada.[106] As reflexões opostas a isso,[107] trazidas à colação pela literatura, fundamentam-se no fato de que a proteção da dignidade humana seria reduzida, do contrário, "à defesa de embrutecimentos apocalípticos". Não se pode pensar neste sentido de acordo com as colocações anteriores. Como, de resto, em todos os casos nos quais a proteção jusfundamental é assegurada para além do art. 2º, inciso 1º, da LF, ou para além de direitos fundamentais especiais, esse argumento não é válido, a proteção da dignidade humana pode ser garantida de forma eficaz sem a distinção dogmática entre suporte fático jusfundamental e limites jusfundamentais. Apenas na medida em que se verifique a necessidade de proteção da dignidade humana *versus* proteção da dignidade humana é admissível constitucionalmente uma ponderação, e com isso, eventualmente, uma restrição.

A renúncia àquilo que, objetivamente, a dignidade humana representa, é possível sob a perspectiva do direito de autodeterminação. No art. 1º, inciso 1º, da LF não está prevista a obrigação de respeitar a própria dignidade humana. No que diz respeito às próprias ações e omissões, o próprio homem, que atua

---

[103] BVerfGE 75, 369, 380; Kunig, in: v. Münch/Kunig, *Grundgesetz Kommentar I*, Art. 1 nota de margem 4; Herdegen, in: Maunz/Dürig, *GG*, Art. 1 Abs. 1 nota de margem 69; Höfling, in: *Sachs*, Art. 1 nota de margem 10 s.; diversamente, contra o teor literal, *Kloepfer, BVerfG-Festschrift II* (1976), 405, 411 s., 417 s.; ainda o próprio, Festschrift 50 Jahre BVerfG, II (2001), p. 77 ss.; autores que destacam a irrestringibilidade são inconseqüentes quando eles, mais além, argumentam com o princípio da proporcionalidade, que é uma figura dogmática, para fundamentar constitucionalmente possíveis restrições de direitos fundamentais.

[104] *R. Alexy*, Zum Begriff des Rechtsprinzips, in: *Rechtstheorie, Beiheft 1* (1979), p. 59, 77, na seqüência do BVerfGE 30, 1, traz à colação a afirmação de que, na *interpretação* do conceito de inviolabilidade da dignidade humana, seriam necessários argumentos que não se distinguissem estruturalmente daqueles que devem ser expostos na fundamentação de uma *relação de preferência* entre princípios. Essa argumentação ignora a diferença estrutural entre o amplo suporte fático jusfundamental e o restrito suporte fático da dignidade.

[105] BVerfGE 27, 344, 350; 34, 238, 245 s.; 35, 35, 39; 35, 202, 220.

[106] BVerfGE 6, 32, 41: "uma última esfera inviolável da liberdade humana..., que escapou à atuação total do poder público"; v. também BVerfGE 54, 143, 146; 80, 367, 373 s.

[107] Assim sobretudo *Kloepfer, BVerfG-Festschrift II* (1976), 405, 411; *idem*, Festschrift 50 Jahre BVerfG II (2001), p. 77, 97.

livremente, determina o que "dignidade humana" significa para ele.[108] Na medida em que certas aquiescências sejam possíveis, a liberdade daquele que atua ou que consente deve ser, porém, assegurada,[109] o que vale especialmente para a castração, a operação cerebral para mudanças de personalidade e a utilização de um detector de mentiras.[110] Apenas quando a esfera jurídica de outrem é atingida, limites legalmente estabelecidos ou mesmo a proteção da dignidade humana alcançam eventuais terceiros.

IV. Capítulo: Dever de Respeito e Proteção

Todo o poder estatal está obrigado ao respeito e à proteção da dignidade humana (art. 1º, inciso 1, 2ª parte, da LF). São considerados, aqui, todos os titulares de competências estatais e demais titulares de competência de direito público autorizados para fins de regulamentações e respectivas providências. O dever expresso na 2ª parte está objetiva e intimamente vinculado à inviolabilidade da 1ª parte. O imperativo, que se refere a todos os atores jurídicos (incluindo os titulares da competência estatal), de não violar a dignidade humana de outros homens, é assegurado pelos deveres estatais estatuídos na 2ª parte.

1. Dever de Respeito

Mediante o dever estatal de respeitar a dignidade humana deve-se garantir que o Estado deixe a dignidade humana – negativamente – intacta.[111] Na medida em que se trata do respeito da dignidade humana pelo Estado e pelos titulares do poder público por ele instituídos, o direito público já há de ser constituído positivamente de tal modo que sejam excluídas ofensas à dignidade na execução das normas. Ou seja, as autorizações para a atuação devem ser concebidas de tal forma que a dignidade dos cidadãos submetidos ao poder estatal fique incólume. Em autorizações para a atuação bastante amplas sempre pode ser encontrada uma interpretação em conformidade com a garantia da dignidade humana. Nesses casos, administração e jurisprudência devem reportar-se diretamente à garantia da dignidade. Eventualmente, o legislador também pode

---

[108] *Pietzcker,* Die Rechtsnatur des Grundrechtsverzichts, in: *Der Staat 17* (1978), 527, 540; *Geddert-Steinacher, Menschenwürde,* op. cit., p. 89 ss.; *Stern, Staatsrecht III/1,* p. 30; *Zippelius, BK,* Art. 1 Abs. 1 e 2, nota de margem 81.

[109] Sobre o problema da voluntariedade do consentimento, v. BVerfG EuGRZ 1981, 475 = NStZ 1981, 446 = NJW 1982, 375.

[110] V. *Amelung, Die Einwilligung in die Beeinträchtigung eines Grundrechtsgutes,* 1981, p. 46 ss., 105 ss., 109 ss., que, acertadamente, destaca o direito de autodeterminação que resulta da dignidade humana. Amelung baseia certos limites ao consentimento no direito consuetudinário do Art. 2 Abs. 1 (v. a. a. O., p. 56 ss.).

[111] *Jarass/Pieroth, GG,* Art. 1 nota de margem 6; *Dreier,* in: Dreier, *GG I,* Art. 1 I nota de margem 135.

estar obrigado a completar as autorizações para a atuação genericamente formuladas com proibições de atuação (proibições de intervenção) por meio das quais sejam excluídas, de antemão, ofensas à dignidade com base na aplicação incorreta da lei.

2. Dever de Proteção

O dever de proteção estatal, fundado no artigo 1º, inciso 2, 2ª parte, da LF, manifesta-se em duas esferas: a proteção da dignidade humana pelo próprio auxílio material estatal e a proteção contra ofensas à dignidade humana por outrem. O dever de proteção que se dirige diretamente ao Estado deve garantir primordialmente o respeito à dignidade humana por terceiros. A "eficácia perante terceiros" da cláusula de inviolabilidade somente adquire a necessária efetividade pelo dever de proteção estatal. Isto porque a inviolabilidade da dignidade humana restaria *lex imperfecta* se ela não fosse assegurada pela ordem jurídica nos seus pormenores. O dever de proteção estatal também abrange, para além disso, um comportamento ativo do Estado para a proteção da dignidade humana, por exemplo, contra ameaças de lesão por meio do exercício do poder de polícia, ou mesmo por meio da repressão em relação a lesões anteriores (como no caso co Direito Penal) o exigem.

O Tribunal Constitucional Federal, em sua jurisprudência, afastou, de início, um dever de proteção estatal diante da carência material;[112] mais adiante, todavia, manifestou-se em sentido diverso. Assim, o Estado, "em todo o caso, está obrigado a assegurar os pressupostos mínimos para uma *existência digna*"[113] aos cidadãos que, por deficiências físicas ou mentais em seu desenvolvimento pessoal e social, estejam impedidos ou incapacitados de manter a sua própria subsistência. Em termos de Direito Tributário, isso significa que o Estado deve isentar a renda do contribuinte de tributação, quando aquela seja necessária à efetivação dos pressupostos mínimos para uma existência digna.[114] O Tribunal Federal Constitucional destaca a liberdade de conformação do legislador, que poderia auxiliar, financeiramente *ou* por meio de algum tipo de assistência, as pessoas portadoras de deficiências, e estabelecer direitos cor-

---

[112] BVerfGE 1, 97, 104: com o dever de respeito não se cuidaria da proteção contra necessidade materiais, mas da proteção contra ofensas à dignidade humana por outrem, tais como degradação, estigmatização, perseguição, banimento etc; v. também BVerfGE 102, 347, 367.

[113] BVerfGE 40, 121, 133, Hervorhebung vom Verf.; BVerfGE 45, 187, 228; 48, 346, 361; 82, 60, 85; 87, 153, 170; 91, 93, 111; v. também *Nipperdey, in: GR II* (1954), p. 6 s.; *Seewald, Gesundheit als Grundrecht*, 1982, p. 15 s.; na seqüência, da mesma forma, *Dürig*, in: Maunz/Dürig, *GG* (primeira edição), Art. 1 Abs. I nota de margem 43 s., muito embora *Dürig* negue o caráter jurídico-subjetivo do Art. 1 Abs. 1 e recorra ao princípio do Estado Social (Sozialstaatsprinzip), que, todavia, de fato não fundamenta diretamente nenhuma pretensão individual; BVerwGE 14, 294, 297; 19, 149, 152; BSGE 27, 197, 199; da literatura v. *Geddert-Steinacher, Menschenwürde*, op. cit., p. 103 s.; Dreier, in: Dreier, *GG I*, Art. 1 I nota de margem 148, 158; Höfling, in: *Sachs*, Art. 1 nota de margem 24 s.; Kunig, in: v. *Münch/Kunig I*, Art. 1 nota de margem 30; Hain, *Grundsätze*, op. cit., p. 247 ss.; Herdegen, in: Maunz/Dürig, *GG*, Art. 1 Abs. 1 nota de margem 114.

[114] BVerfGE 82, 60, 85; 99, 216, 233.

relatos. A chamada pretensão de proteção do art. 1º, inciso 1º, da LF refere-se apenas à garantia do mínimo existencial;[115] isso porque uma pretensão financeira eficaz, decorrida diretamente da Constituição, deve poder ser claramente examinada e assegurada independentemente da situação financeira do Estado, quando não deva traduzir um mero manifesto de boas intenções.[116] O mínimo existencial humanamente digno está sujeito, ao longo dos tempos, a oscilações que não são totalmente independentes de mudanças de circunstâncias (capacidade produtiva da economia mundial, estado de bem-estar geral) e de certas concepções gerais.[117]

O dever de proteger a dignidade humana contra a intervenção de terceiros (inclusive contra intervenções de outros Estados),[118] incumbe, todavia, aos órgãos estatais respectivamente competentes. Eles têm que transpor normativamente a garantia da dignidade. A proteção deve corresponder à forma e à grandeza, bem como à intensidade, do perigo de lesão. A proteção da vida humana que é base existencial da dignidade incumbe ao Direito Penal; em contrapartida, pode ser assegurada civilmente a proteção à honra, que, evidentemente, apenas é reivindicada pela garantia da dignidade em seu cerne.[119] Peculiaridades, em especial dos instrumentos jurídicos a serem utilizados, não são constitucionalmente oferecidas de antemão.

3. Síntese

As considerações sobre o respeito e proteção da dignidade humana resultam, em síntese, no seguinte: em primeiro lugar, existe para o Estado uma *proibição de intervenção*, no sentido de que este não pode causar lesões à dig-

---

[115] Assim *Bachof, VVDStRL 12* (1954), 37, 42, 51 s.; *Hofmann, AöR 118* (1993), 363; *Zippelius, BK*, Art. 1 Abs. 1 e 2, nota de margem 102; Schweiz. Bundesgericht, EuGRZ 1996, 207. Quais as pretensões que o Estado assegura para além da garantia do mínimo existencial, é algo que não se determina de acordo com o Art. 1 Abs. 1, mas que depende dos pareceres expedidos pelos órgãos estatais, norteados pelo princípio do Estado Social.

[116] Maiores detalhes em *Starck, Freiheit*, op. cit., p. 194 ss.

[117] Sobre a moradia humanamente digna nos lares de desabrigados, v., respectivamente, espelhando a mudança de tempos, OVG Münster, ZMR 1958, 371; OVG Lüneburg, FamRZ 1971, 669; OVG Berlin, NJW 1980, 2484, 2485. A moradia de canditatos ao asilo em ambientes pequenos não configura ofensa à dignidade humana, assim VGH Mannheim, NVwZ 1986, 783. Para o alojamento de desabrigados v., ainda, VGH Mannheim, NVwZ 1993, 1220.

[118] Nesse contexto, o BVerfGE 54, 341, 357; 56, 216, 235 s., reconhece a dignidade humana como fundamento do direito de asilo: "Enquanto não haja um perigo imediato para a integridade física, a vida ou a liberdade pessoal, lesões aos bens jurídicos referidos (por exemplo, o exercício da religião ou da profissão) só podem fundamentar, em verdade, um direito ao asilo quando, de acordo com sua intensidade e gravidade, estes lesarem a dignidade humana e ultrapassarem aquilo que os habitantes do Estado de origem devem acatar, em geral, com base do sistema lá vigente. *Hain*, Grundsätze, p. 242 s.; BVerfGE 94, 49, 103 deixa claro, diante disso, que não seguiria daí a conclusão de que "o direito fundamental ao asilo pertence ao conteúdo da garantia do art. 1, inciso 1, da LF. O que esse conteúdo da garantia traduz, e quais as conseqüências daí resultantes para o poder estatal alemão, é algo a ser determinado de forma independente".

[119] Assim também *Kunig*, in: Münch/Kunig, *GG I*, Art. 1 nota de margem 32; Isensee, *HStR V*, 1992, § 111 Nota de margem 141; Stern, in: *Festschrift für Badura*, p. 571, 579.

nidade com seus procedimentos e regulamentações. Para além disso, existe, em sentido estrito, um dever de atuação do Estado para a salvaguarda material da dignidade humana, contanto que o homem não possa garantir, por si próprio, a sua subsistência. No que diz com a proteção da dignidade humana no âmbito das relações privadas, a garantia de dignidade concretiza-se regularmente, para o Estado, como uma *ordem de proibição e de sanção* que pode ser caracterizada penalmente,[120] civilmente ou administrativamente.[121] Considerando que a proteção da dignidade deve garantir algo essencial, o legislador tem ampla liberdade no que diz com o estabelecimento de proibições e sanções, bem como no da ordem de atuação. No primeiro plano, da ordem de proibição e sanção, existe um *dever de informação*, que exige todos os esforços dos órgãos estatais competentes no sentido de reconhecer, antecipadamente, possíveis perigos para a dignidade humana,[122] a fim de que se possa combatê-los com os meios necessários. Uma vez que o dever de informação se encontra intimamente vinculado com a ordem de proibição e sanção, assim como com a ordem de atuação, ainda mais considerando as complexas e recentes tecnologias,[123] verifica-se que a proteção da dignidade humana depende em muito de informações, de tal sorte que, no que diz com a dimensão subjetiva (dignidade como fundamento de direitos subjetivos), correspondente ao dever estatal, também há que incluir o aspecto informativo da garantia da dignidade humana.

---

[120] BVerfGE 39, 1, 41; 88, 203, 257 s.

[121] BVerfGE 49, 89, 132, 142; BVerwGE 18, 34, 37 s.

[122] BVerfGE 49, 89, 132; 56, 54, 78; 88, 203, 310: "Do dever de proteção da vida, que constitui uma obrigação permanente para todos os órgãos estatais, resultam, todavia, exigências especiais... O alto *status* do bem jurídico protegido, a forma de ameaça à vida humana não-concebida e a mudança de circunstâncias sociais e de pensamento constatados nessa seara exigem que o legislador observe como o seu conceito de proteção legal atua na realidade social (dever de observância)". A respeito *Stern*, in: Festschrift für Badura, p. 571, 581.

[123] Por exemplo, tecnologia de manipulação genética, energia nuclear, sistemas bélicos de Estados estrangeiros (v. BVerfGE 66, 39, 60 s.).

— 8 —

A dignidade humana como fardo humano – ou como utilizar um direito contra o respectivo titular[1]

ULFRIED NEUMANN

Sumário: I. "Dignidade humana" como argumento deontológico; II. O argumento da dignidade humana no debate bioético; 1. A inflação do argumento da dignidade humana; 2. A "biologização" da dignidade humana; a) O titular da dignidade humana violada; b) A intervenção na natureza biológica como lesão à dignidade; 3. A proibição da instrumentalização do homem; 4. A proteção da "imagem humana"; III. A ontologização da dignidade humana; IV. A tangibilidade da dignidade humana

I. "DIGNIDADE HUMANA" COMO ARGUMENTO DEONTOLÓGICO

Suponha-se que fosse possível libertar a humanidade de determinados sofrimentos por intermédio de intervenções direcionadas e isentas de risco na herança genética humana. Por que não deveria ser admissível realizar tais intervenções? Não deveríamos partir abertamente, do ponto de vista humanitário, de uma correspondente obrigação de intervenção, pressupondo-se, é claro, o consentimento das pessoas diretamente atingidas?

Essas não são questões retóricas. Como elas devem ser respondidas, é algo que, atualmente, está em aberto no debate internacional. Intervenções na herança genética humana com finalidade terapêutica não foram excluídas nem pela Convenção de Direitos Humanos para Biomedicina do Conselho Europeu

---

[1] Tradução do original em alemão (Die Menschenwürde als Menschenbürde- oder wie man ein Recht gegen den Berechtigten wendet, in: Matthias Kettner (Org), Biomedizin und Menschenwürde, Frankfurt amMain: Suhrkamp, 2004,p. 42-62) por Rita Dostal Zanini. Revisão da tradução por Ingo Wolfgang Sarlet. Embora se trate de versão mais recente de texto anterior do autor, agradecemos à colaboração de Renato Rodrigues Gomes e Susana Mendes (à época cursando o Mestrado em Direito da PUCRS), que efetuaram uma tradução da primeira versão do texto, que, a pedido do autor,foi substituída pelo texto ora publicado. Tal tradução, ainda que substituída, acabou auxiliando na elaboração da presente versão.

(a assim chamada "Convenção de Bioética"), nem tampouco pela "Declaração Universal sobre o Genoma Humano e os Direitos Humanos" da Unesco. No Direito pátrio da República Federal da Alemanha, em contrapartida, a terapia com o uso de embriões está proibida não apenas em sede de regulamentação ordinária,[2] como também, segundo o entendimento dominante, no plano do Direito Constitucional. Diferentemente da terapia genética somática, uma intervenção em células embrionárias humanas violaria o princípio da dignidade humana, garantido na Lei Fundamental.[3] Segundo essa concepção, como, de acordo com a Lei Fundamental,[4] uma alteração constitucional por meio da qual o princípio da dignidade humana fosse atingido, resulta inviável, restariam também excluídas, para sempre, manipulações genéticas sob a forma de intervenções nos embriões humanos.

O ponto decisivo dessa argumentação amparada no princípio da dignidade humana é que ela defende uma proibição de certas medidas independentemente de quaisquer considerações de custo-benefício. O princípio da dignidade humana também proíbe intervenções cujas vantagens prevaleçam consideravelmente sobre eventuais desvantagens, e mesmo intervenções que não estejam relacionadas a nenhuma desvantagem conhecida. Por isso, os pressupostos contrafactuais, ainda hoje vigentes, da questão inicialmente posta – qual seja, a de que a humanidade poderia ser libertada de determinadas doenças por meio de intervenções isentas de risco na herança genética humana –, não têm qualquer importância para a argumentação que se utiliza da dignidade humana. O argumento da dignidade humana é indiferente às conseqüências. Isso caracteriza a dignidade humana como valor intrínseco, e a referência a ela, como argumentação deontológica.

Argumentações deontológicas encontram-se sob uma considerável pressão por justificação. Isso porque elas qualificam como sem importância aquilo que costuma ser o mais significativo para as pessoas atingidas por uma decisão: a questão sobre quais as conseqüências da decisão para os seus próprios interesses (pelo corpo, pela vida, liberdade, propriedade etc.). No caso da argumentação que se utiliza da dignidade humana, o problema se agrava pelo fato de que a dignidade humana encobre, sem exceção, de acordo a opinião majoritária, todos os pontos de vista e argumentos que lhe sejam contrários, ali onde ela é atingida. A dignidade do homem escapa a qualquer ponderação. Conseqüentemente, a dignidade humana reivindica o domínio exclusivo dentro do seu âmbito de aplicação (âmbito de relevância). Uma tal reivindicação é aceitável se o âmbito de relevância é respectivamente delimitado, isso é, restringido a um núcleo essencial. Essa restrição foi advertida reiteradas vezes.[5] Diante de uma discussão na qual a dignidade humana é atribuída não apenas ao nascitu-

---

[2] § 5º, inc. 1 da Lei de Proteção ao Embrião (EmbrSchG).

[3] Flämig 1985, p. 57, assim como Häberle 1987, p. 815 ss., 857.

[4] Art. 79, § 3.º da Lei Fundamental (GG) da República Federal da Alemanha.

[5] Por exemplo, por Kaufmann 1993, p. 383 ss., 392.

ro,[6] mas também, em parte, já às células-ovo não-fecundadas (Starck 1986, p. 17), discussão na qual a dignidade humana é invocada para a fundamentação da necessidade de um ancoramento jurídico-constitucional da proteção dos animais (Dreier/Starck 1984, p. 104, 106) e na qual todos os adversários recorrem à dignidade humana na disputa em torno da punibilidade do aborto (Kaufmann 1997, p. 183), esta advertência mostra-se, até então, deveras atual. A pressão por legitimação, que resulta da natureza deontológica do argumento baseado na dignidade humana, aumenta pela exigência de estabilidade na ponderação [dos argumentos], bem como pela vasta utilização do argumento em determinados âmbitos de discussão. Essa pressão há de ser amortecida por um modelo ontológico da dignidade humana que substitua a indagação sobre o moralmente (no campo do Direito: ético-juridicamente) correto pela estrutura de algo previamente dado. É dessa conexão entre a lógica argumentativa do argumento da dignidade humana e suas premissas ontológicas que se trata a seguir.

II. O ARGUMENTO DA DIGNIDADE HUMANA NO DEBATE BIOÉTICO

1. A inflação do argumento da dignidade humana

A questão a respeito dos limites que o princípio da dignidade humana estabelece em relação a intervenções nos genes humanos é tão antiga quanto a tecnologia que possibilita tais intervenções. Na Alemanha, em meados dos anos oitenta, o debate sobre o tema "dignidade humana e tecnologia genética" atingiu um primeiro ápice na seqüência do trabalho realizado pela Comissão de Pesquisa, instituída pelo Parlamento Federal, sobre "possibilidades e riscos da tecnologia genética".[7] No plano internacional, a discussão seguiu adiante especialmente nas divergências relativas às resoluções do Conselho Europeu e da Unesco. O resultado de todas essas discussões e resoluções é decepcionante. Há consenso no sentido de que a proteção da dignidade humana impõe um limite intransponível para todas as intervenções da tecnologia genética. A questão a respeito de onde se estabelece esse limite é, em contrapartida, extremamente controversa.

As incertezas aqui existentes conduzem a um alargamento sem controle do princípio da dignidade humana no âmbito da tecnologia genética, bem como no campo da medicina reprodutiva. Isso é problemático por duas razões. De uma parte, ameaça o bloqueio da pesquisa e da técnica genética em relação a áreas nas quais estas poderiam ser empregadas sem questionamentos morais ou

---

[6] Decisões do Tribunal Constitucional Federal (*Entscheidungen des Bundesverfassungsgerichts*), vol. 39, p. 1 ss. (*BVerfGE* 39, 1).

[7] Cf. o relato dos resultados publicado pelo parlamento alemão em 1987, com idêntico nome.

jurídicos dotados de seriedade. Isso vale especialmente quando se compreende o princípio da dignidade humana como um princípio absoluto, imune a qualquer ponderação.

De outra parte, uma utilização inflacionária do argumento da dignidade humana –tal como se constata, em todo o caso, no atual debate sobre a tecnologia genética, bem como no campo da Bioética, na Alemanha – ameaça desvalorizar inteiramente o princípio da dignidade humana. Ali onde se atribui dignidade humana também às células-ovo fecundadas, e até mesmo, em parte, às células-ovo não-fecundadas, ali onde se estigmatiza as modificações genéticas das plantas cultiváveis, sob a perspectiva da manutenção de um meio ambiente natural, como violação à dignidade humana, o princípio perde não apenas os seus contornos, mas também a sua importância. Se a dignidade humana tem a sua importância diminuída dessa forma, então o caráter absoluto do princípio da dignidade humana, em particular, de fato não mais se sustenta. Isso porque é evidente que existem situações nas quais a "dignidade da célula-ovo" deve recuar diante de outros direitos e interesses.[8] Há suficiente motivo, portanto, para examinar-se criticamente o emprego do argumento da dignidade humana no debate bioético da atualidade.

2. A "biologização" da dignidade humana

Na medida em que uma proibição de intervenções terapêuticas nas células embrionárias humanas seja fundamentada com base no princípio da dignidade humana, ou seja, reivindicada com o recurso a esse princípio, vislumbra-se uma lesão à dignidade humana quando da intervenção na natureza humana. Tratar-se-ia, de acordo com uma argumentação característica dessa concepção, "(...) a intervenção no patrimônio do homem [de] (...) uma intervenção na natureza do homem; tal intervenção nega a natureza humana, a qual sua dignidade todavia pertence".[9] Essa argumentação dá margem a uma série de questionamentos. Em primeiro lugar, de quem é essa dignidade supostamente lesada devido a uma intervenção genética terapêutica no embrião humano – a do paciente, a dos seus futuros descendentes ou a da humanidade em geral? E – como segundo questionamento – pode uma intervenção na natureza biológica do homem atingir aquela dignidade que deveria basear-se precisamente na natureza ético-racional do homem?

a) O titular da dignidade humana violada

Na procura pelo titular da dignidade humana pretensamente lesada em função de intervenções genéticas, o doente no qual se realiza a intervenção deixa-se excluir rapidamente. De uma parte, a intervenção ocorre com a sua

---

[8] Na literatura constitucional, é parcialmente admitida a possibilidade de uma ponderação em relação à dignidade do nascituro, cf. Häberle 1987, p. 855.

[9] Flämig 1985, p. 57; já crítico quanto a isso, Neumann 1988, p. 139 ss., 148, assim como Kaufmann 1993, p. 391.

concordância, de modo que não se pode falar, em relação a ele, de uma "manipulação" genética. (A questão a respeito de se uma lesão à dignidade humana poderia ser justificada pelo consentimento do titular atingido, portanto, não se impõe.) De outra parte, porém, a intervenção na herança genética só há de produzir efeitos, propriamente, nas gerações futuras. Por isso, é natural que se atente para a dignidade humana dos membros dessas gerações futuras. É nesse sentido que argumenta, por exemplo, o representante da Alemanha no Comitê de Bioética da Unesco, o antigo presidente do Tribunal Constitucional Federal, Ernst Benda. A dignidade dos futuros indivíduos seria violada se nós realizássemos, hoje, alterações irreversíveis no patrimônio humano. Falou-se, nesse sentido, do direito do indivíduo à identidade genética, que seria lesado através de intervenções na herança genética humana. Isso, porém, é pouco convincente, visto que a identidade genética do futuro indivíduo não é atingida; esse indivíduo, em nenhum momento, tem outra identidade genética que não aquela que foi co-determinada pela prévia intervenção no embrião.[10]

Realizam-se interferências, contudo, no todo da hereditariedade da humanidade (v. Lappe 2000, p. 155 ss.). E parece ser justamente essa ingerência que causa desagrado e que provoca o clamor pelo banimento nacional e internacional de manipulações de embriões humanos. É sabido que a Comissão da Unesco havia definido originariamente a sua tarefa como sendo a da proteção do patrimônio humano, portanto no sentido da preservação geral do patrimônio hereditário da humanidade. Sob essa perspectiva, é natural tratar as intervenções genéticas no patrimônio humano não como uma lesão à dignidade do indivíduo, mas como uma lesão à dignidade da humanidade no geral.

A idéia de uma dignidade da humanidade que poderia ser lesada por meio de ações de indivíduos isolados é corrente tanto na discussão filosófica como na discussão constitucional. Ela encontra-se retratada de forma impressionante no trecho da "Metafísica dos Costumes" em que Kant se volta contra penas que desonram não apenas o delinqüente, mas também a própria humanidade. Mesmo quando o próprio agente tornou-se indigno do respeito à sua humanidade por meio de seu ato, seriam inadmissíveis penas que *ruborizam de vergonha o espectador por [ele] pertencer a uma espécie que possa ser tratada dessa forma*" (Kant, *Metafísica dos Costumes*, Doutrina da Virtude, § 39).

É claro que essa argumentação só pode ser transferida para o problema da lesão de uma dignidade da humanidade de forma restrita. Isso porque a execução de penas corporais cruéis viola justamente a dignidade do indivíduo atingido. A "dignidade da humanidade" simplesmente designa, aqui, o mínimo

---

[10] Ainda que se quisesse compreender o "direito à identidade genética" como um direito à consciência – lesado, sob a "perspectiva do 'ser produzido' (Perspektive des Hergestelltseins) – do "ser naturalmente criado" ("naturwüchsigen Leibseins") no sentido de Habermas (v. Habermas 2001, p. 94 e passim), seria necessário partir, no caso de intervenções terapêuticas preventivas no embrião, de um hipotético consentimento do ofendido (idem, p. 109).

imperdível da dignidade de cada um – também a do homem perverso –, que lhe advém por sua humanidade.

No debate constitucional, em contrapartida, a reivindicação de renunciar à limitação do art. 1° da Lei Fundamental à personalidade do indivíduo, e de incluir o homem como tal na garantia da dignidade humana, foi sustentada em conexão com o problema "dignidade humana e técnica genética" (nesse ponto – em sentido diverso – Benda, 1985, p. 205 e ss., 210). À primeira vista, uma tal ampliação do sujeito da dignidade humana pode parecer um reforço bem-vindo "do princípio da dignidade humana. A ampliação é problemática, todavia, ali onde a dignidade da humanidade ameaça voltar-se contra os direitos e interesses dos indivíduos. Uma tal colisão é comum no âmbito da técnica genética. Aqui, o direito do indivíduo à vida e à saúde pode entrar em conflito com a proibição de determinadas intervenções genéticas que se embasam na dignidade da humanidade. Em regra, vale o seguinte: onde a "dignidade da humanidade" é compreendida não apenas como núcleo imperdível da dignidade de cada ser humano individualmente considerado, mas também como propriedade de um sujeito coletivo autônomo; onde a lesão dessa dignidade humana coletiva independa da lesão da dignidade do indivíduo diretamente atingido, tal princípio serve não mais à proteção da autonomia jurídica e moral da pessoa, mas sim à restrição dessa autonomia. Exemplos disso são encontrados na discussão constitucional da República Federal também para além da discussão sobre a tecnologia genética. Assim, o princípio da dignidade humana dirige-se, por exemplo, contra os direitos de liberdade do indivíduo, nos casos em que é invocado para fundamentar o *status* constitucional de um "princípio da culpabilidade material" que deve garantir não apenas a limitação da pena à quantidade adequada à culpa, como também para assegurar a punição dos delitos (BverfGE 80, 367). O mesmo ocorre nos casos em que o destinatário de um transplante vital é punido, mediante o apelo ao princípio da dignidade humana, quando o órgão a ser transplantado tenha sido disponibilizado em razão de "negócio".[11]

b) A intervenção na natureza biológica como lesão à dignidade

Independentemente do problema referente ao titular da dignidade humana, impõe-se a questão decisiva de saber se, ou sob quais pressupostos, a dignidade humana pode ser violada por intervenções genéticas. Uma intervenção na natureza biológica do homem pode atingir uma dignidade que se embasa justamente na natureza ético-racional do homem?

---

[11] Crítica acertada ao apelo ao princípio da dignidade humana na fundamentação do tipo penal correlato (§ 18 da Lei do Transplante (*Transplantationsgesetzes*, de 1.12.1997) em Schroth, *Juristenzeitung* 1997, p. 1149 ss.; de forma exaustiva sobre o problemático papel do argumento da dignidade humana na fundamentação da proibição do tráfico (da comercialização) de órgãos, v., do mesmo autor, "Das Organhandelverbot", in: "Festschrift für Roxin", 2001, p. 869 ss., 872 ss.

Se se quiser proibir intervenções genéticas no homem por princípio, isso é, independentemente dos respectivos propósitos, tal pressupõe uma "normatização" (*Normativierung*) de contextos biológicos, uma "eticização" (*Ethisierung*) da natureza. Se se erigir o *natural* à categoria de critério moralmente vinculante, então intervenções genéticas são antinaturais, devendo ser, por isso, moralmente rejeitadas. Esse modo de pensar encontra-se difundido no cotidiano. Ele se espelha lingüisticamente na idéia moralmente qualificada do "contrário à natureza". Ele só é passível de convalidação, porém, com base em premissas extraordinariamente "fortes". Isso porque do mero fato de algo *ser* como é, não resulta que algo também *deva ser* tal como é. Um *dever-ser* não é passível de dedução de um *ser*. Desde Moore fala-se, aqui, da assim chamada "falácia naturalística". Torna-se vítima de uma tal falácia quem pretende deduzir, do simples fato de uma determinada constituição genética do homem, a respectiva inviolabilidade ética ou jurídica.

Aqui há que frisar: do *mero* fato. Com efeito, é evidente que uma vinculação normativa do natural é passível de fundamentação sob determinados pressupostos. Nos moldes de uma compreensão teleológica da natureza, a equiparação do *natural* com o que é *devido* é coerente (Spaemann/Löw 1985). O modelo prático mais significativo de uma tal compreensão da natureza baseia-se na noção de que as estruturas e leis da natureza devem ser respeitadas como resultado de um ato de criação divino. Se se partilha desse ponto de vista, então as intervenções humanas nessas estruturas e leis mostram-se como uma usurpação pecaminosa, como uma insurreição contra a ordem desejada por Deus. De acordo com essa perspectiva, seria possível sustentar o fato de que também pertence à dignidade do homem a integridade da estrutura biológica a ele concedida por Deus.

Esse ponto de vista religioso não pode traduzir, porém, nem a perspectiva de uma ética racional, nem tampouco a de uma ordem constitucional secular. Mesmo que se partilhe da difundida concepção de que, na história das idéias, o princípio da dignidade humana, como princípio constitucional, não apenas encontra as suas raízes na filosofia do Iluminismo, como também, da mesma forma, na tradição cristã,[12] o conteúdo desse princípio há de ser definido sem a invocação de conteúdos inerentes à fé. Uma vez que se renuncia, contudo, à idéia de uma criação divina, uma vinculação normativa do *natural* não é mais passível de fundamentação enquanto não for suficientemente demonstrada a possibilidade de uma concepção teleológica da natureza diante dos modelos de uma ordem mundial conscientemente formada.

Um paralelo à interpretação biologicista, que concebe a dignidade humana mediante o recurso à identidade genética do homem, encontra-se na reinter-

---

[12] Especialmente e diferenciando a respeito da tradição cristã, Hilpert 1991, p. 94 ss., 181 ss.. Sobre a tradicional posição de frente da Igreja em relação dos direitos do homem, hoje amplamente deduzidos a partir da dignidade humana, da mesma forma v. Höffe 1996, p. 83 ss..

pretação do princípio da dignidade humana como uma garantia da existência biológica do indivíduo humano. De acordo com a jurisprudência do Tribunal Constitucional Federal, o princípio da dignidade humana protege não apenas a dignidade como tal, mas também, simultaneamente, a vida como base vital da dignidade do homem (BVerfGE 39, I, 42, assim como BVerfGE 88, 203). Como a jurisprudência do Tribunal Constitucional Federal confere a proteção do art. 1º, inciso I, da Lei Fundamental, também à vida humana ainda não concebida, a vida do nascituro é protegida constitucionalmente não apenas pelo direito fundamental à vida, passível de restrição (art.2.º, § 2.º, alínea 3, da Lei Fundamental), mas também pelo princípio, não passível de restrição, da dignidade humana. Também desse modo, entretanto, a "biologização" da dignidade humana não é consistente. Isso porque da vinculação empírica entre o *fato* "vida" e o fato "exercício do direito fundamental", de modo algum resulta uma vinculação normativa entre o *direito* à vida e a garantia jurídica do direito fundamental à dignidade humana. A garantia de um direito não implica a garantia dos pressupostos empíricos do exercício desse direito. A transformação do nexo causal empírico em nexo dedutivo normativo tipifica a argumentação do Tribunal Constitucional Federal como clássica falácia naturalística. Contrariamente à jurisprudência do Tribunal, garantia da dignidade e proteção à vida são duas coisas distintas (Schmitz-Jortzig 2001, p. 925 e ss., Dreier 1996). Por isso, a intervenção no bem jurídico "vida" não implica, necessariamente, uma lesão à dignidade do homem. Também neste ponto a hipertrofia (biológica) do princípio da dignidade humana tende a levar a uma atrofia dos direitos de liberdade e interesses do indivíduo. Isso se evidencia no debate em torno da admissibilidade da eutanásia ativa nos casos de uma morte repleta de sofrimento. Aqui, em uma estranha inversão do argumento, via de regra não se deduz a aceitação da eutanásia ativa de um direito a uma morte humana digna,[13] mas se utiliza a dignidade humana como *obstáculo* ao direito à morte humana digna. A permissão da eutanásia ativa, assim soa a argumentação, colocaria em risco o valor jurídico "dignidade do indivíduo" (Kunig 1993). Considerando-se a função da vida como "base vital" da dignidade humana, o princípio da dignidade humana (sob sua forma de direito à morte digna) não poderia impor-se diante da vida.[14]

3. A proibição da instrumentalização do homem

Da recusa de uma interpretação biologicista da dignidade humana não segue a insignificância desse princípio na discussão que envolve os limites éticos e jurídicos das intervenções biotécnicas. Se se interpreta esse princípio, no sentido ligado à tradição kantiana, como proibição da instrumentalização

---

[13] Em prol de um direito à morte humana digna, que também inclui o direito à eutanásia ativa, da perpectiva teológica e filosófica, W. Jens/H. Künig 1995. Afirma um direito à morte humana digna, como elemento da dignidade humana garantida constitucionalmente, Denninger 1994, p. 61 (seguindo Podlech).

[14] Paulduro 1992, p. 165. Para a crítica v. de forma mais detalhada Neumann 1998, p. 51 ss., 59 ss..

do homem,[15] tornam-se passíveis de exclusão aplicações abusivas da biologia molecular sem que com isso sejam simultaneamente bloqueadas intervenções terapêuticas convenientes.

Por meio desta interpretação, o princípio da dignidade humana exige que o homem não seja utilizado por nenhum outro homem meramente como meio, mas sempre simultaneamente como fim, como soa em Kant. Diferentemente de um princípio que compreende a dignidade humana, de forma naturalística, como parte integrante da base biológica da existência humana, aqui o significado social da ação é declarado como critério normativo. Para o caso especialmente problemático, sob o aspecto da dignidade humana, do *clone* de um homem, isso significa: deve-se partir da finalidade perseguida pela respectiva clonagem. Resulta indiferente, aqui, que motivos se encontram por detrás do caso particular: em qualquer caso, trata-se da criação de um ser humano com aquele – e tão-somente com aquele – código genético. É concedido ao futuro indivíduo humano, portanto, um valor à vida, apenas precisamente com vistas àquele código genético. (No caso do clone aqui tratado, o titular da dignidade humana é [de toda a forma] a futura pessoa nascida. No caso da clonagem terapêutica, em contrapartida, em que se trata da produção de órgãos geneticamente idênticos para fins terapêuticos, a instrumentalização dos embriões é manifesta; sua capacidade de ser titular de uma dignidade humana e de [outros] direitos fundamentais, é, porém, problemática). A existência inteira de um homem é colocada, noutras palavras, com uma constituição genética específica, a serviço dos interesses de outrem pelo próximo. Aqui, o outro é usado exclusivamente como meio para fins alheios, havendo, com isso, uma lesão à dignidade humana de acordo com o segundo imperativo categórico. Não é empecilho o fato de o outro sequer ter nascido, ou mesmo sequer ter sido gerado, à época da realização da ação eticamente reprovável. É que se trata de uma ação *ante natum* que repercute *post natum* sobre o próximo instrumentalizado para determinadas finalidades.

Uma outra objeção é mais evidente: como a dignidade de um homem pode ser prejudicada por meio de sua própria criação? Ou, formulando-se em termos mais claros: podemos privar um indivíduo humano em potencial da sua existência, sob o argumento de que se deveria proteger ou respeitar a sua dignidade? A resposta afirmativa a essa questão não é, de forma alguma, um paradoxo. É preciso esclarecer somente duas coisas: de uma parte, é preciso lembrar que cabe distinguir entre direito à dignidade humana, de um lado, e direito à vida, de outro. Da mesma forma que o ato de matar um homem não representa, *per si*, uma lesão à sua dignidade, tampouco a criação ou a produção de um homem pode ser compreendida como respeito à sua dignidade.[16] Aqui fica visível a fra-

---

[15] Para a crítica desses princípios na dogmática constitucional alemã, fundamentalmente Dürig, in: Maunz/Dürig/Herzog, *Grundgesetz-Kommentar*, 1958.

[16] Na medida em que se afirma que a criação de um homem – também no sentido do clone destinado à reprodução de características avaliadas pela sociedade – não poderia violar a sua dignidade (p. ex. Joerden 1999, p. 79 ss., s. 84 s.), não atenta suficientemente a diferentes forma de violação da proteção à vida e da proteção à

gilidade da argumentação segundo a qual a morte de um homem sempre conteria uma lesão à sua dignidade, porquanto a existência física representaria a base biológica da dignidade. Os representantes dessa tese não deveriam considerar a clonagem de um homem algo inadmissível, pois a clonagem é que criaria, em princípio, a base da dignidade humana, e, com isso, o ponto de partida para o argumento da dignidade humana.

De outra parte, é preciso esclarecer sob que pressupostos sequer é possível falar de direitos, ou ainda apenas de interesses, de um ser humano. A pergunta a respeito de qual o momento referencial para a titularidade de direitos é controvertida na filosofia moral. Em parte vincula-se a capacidade de possuir direitos e interesses moralmente relevantes ao nascimento.[17] O momento mais remoto levado em consideração é, aqui, em todo o caso, a existência embrionária. Antes, há a falta de alguém cujos interesses ou direitos possam ser prejudicados. Por isso, a não-geração ou a não-criação de um potencial ser humano jamais poderia lesar aqueles direitos ou interesses. Em contrapartida, a sua respectiva criação pode muito bem pode violar direitos, interesses e a dignidade do futuro indivíduo.

É claro que isso não significa que caberia ao indivíduo, criado pela clonagem, um direito à vida ou uma proteção da dignidade de alguma forma reduzidos, se tais práticas chegassem a ocorrer. A lesão da dignidade humana é algo diferente do seu aniquilamento. Retirar a dignidade de um homem é algo que não se encontra no poder de outro homem, mesmo que a criação do referido homem represente uma lesão à sua dignidade. A dignidade do homem, entendida como direito ao tratamento humano digno, pode ser desprezada, mas não destruída.

A argumentação de que a clonagem de um ser vivo humano violaria a dignidade do futuro indivíduo pela razão de que isso significaria a sua instrumentalização para fins alheios, sugere outra objeção. Isso porque é claro que, para além da tecnologia genética e das tecnologias de fecundação, em certos casos também crianças são geradas, de modo evidente ou até mesmo confesso, exclusivamente em virtude de objetivos egoísticos dos pais (*v.g.*, como futuros herdeiros de uma fazenda ou de um reinado). Todavia, a instrumentalização do futuro herdeiro refere-se, aqui, apenas a uma parte da sua vida social. Uma tal instrumentalização parcial do homem é rotineira e irrecusável. Papéis sociais estão quase que inevitavelmente vinculados a instrumentalizações recíprocas. Em relação a essa situação, o que o princípio da dignidade humana simplesmen-

---

dignidade. Se – em um exemplo criado pelo próprio Joerden – um chefe da Máfia reproduzisse o melhor dos seus guarda-costas em uma milícia privada de cem cabeças, certamente não haveria dúvida quanto à lesão da dignidade de cada um desses "gorilas" clonados. De resto, os representantes da argumentação segundo a qual que não se poderia vislumbrar, nessa criação, nenhuma lesão à dignidade, também deveriam considerar a garantia da dignidade humana conciliável com produção de "Chimären" (híbrido entre homem e animal), na medida em que se trata da dignidade desse mesmo ser humano. Sob a perspectiva da "ameaça à identidade" do indivíduo clonado, é afirmada uma lesão à dignidade humana, p. ex., por Schrieber 2001, p. 891 ss., 903.

[17] Hoerster 1995 (criticando a posição de Peter Singer, segundo o qual somente deve ser concedido um direito à vida para crianças na idade de quatro semanas, p. 29 ss.)

te proíbe é utilizar o outro *apenas* como meio em busca do fim, isso é, colocar a sua existência integral a serviço de interesses egoísticos. Isso ocorre, todavia, onde o indivíduo é reduzido à sua constituição genética; onde é-lhe atribuído um direito à vida tão-somente em razão de seu código genético específico.

O que vale para a clonagem vale, de forma análoga, para toda a intervenção na herança genética humana por meio da qual o futuro indivíduo seja instrumentalizado para determinados fins. Ficam proibidas, por isso, intervenções com o propósito de criar homens com determinados tipos de capacidade. O campeão olímpico geneticamente produzido é uma visão do horror. Também aqui a lesão à dignidade humana não se encontra na intervenção genética como tal, mas sim, no estabelecimento dos objetivos a ela vinculados. A produção genética de campeões olímpicos não é menos problemática do que o seu desenvolvimento pelo chamado "caminho natural". O que é decisivo é a instrumentalização do indivíduo, não a intervenção nas bases genéticas naturais.

Se essas reflexões são corretas, então a lesão à dignidade humana não se encontra na intervenção genética enquanto tal, mas no estabelecimento de certos fins que possam estar vinculados a essa intervenção. O que é decisivo é se a intervenção significa uma instrumentalização do futuro indivíduo, ou se ela é realizada precisamente por consideração àquela personalidade futura. É por isso que uma intervenção genética realizada com o objetivo de poupar as gerações futuras de doenças e sofrimentos jamais pode representar uma lesão à dignidade humana (nesse sentido, também Habermas 2001, p. 109). A dignidade do homem reside, se se quiser interpretá-la como uma característica humana, em sua natureza ético-racional, e não em sua estrutura biológica. O *locus* lógico da dignidade humana e de sua potencial lesão é a dimensão individual e social do homem, não a sua dimensão biológica.

4. A proteção da *"imagem humana"*

Essa constatação carece de complementação. Isso porque o significado do princípio da dignidade humana, conforme mostra precisamente a discussão sobre a tecnologia genética, mesmo com a exclusão do modelo biológico não pode ser totalmente reduzido ao ponto de vista da instrumentalização de futuros indivíduos humanos. No tema "dignidade humana e tecnologia genética" não se trata apenas, à evidência, da proteção do indivíduo isolado, mas também da proteção de uma determinada imagem humana (v. Habermas 2001, p. 34 e ss.). Ameaçadora é a técnica genética como manifestação da viabilidade do determinismo biológico do homem. Essa manifestação não se consuma apenas com a intervenção genética bem-sucedida, ou com a disponibilização de uma determinada tecnologia, mas, sim, já se materializa com o conhecimento da exata condição da estrutura genética de determinadas características humanas. Nesse sentido, é bem compreensível a constatação de que o "deciframento do código genético" partiria de uma imagem humana diferente daquela contida no art. 1º da Lei Fundamental (Benda 1985, p. 208). Já a análise genética, e não apenas a sua modificação genética, afeta a auto-imagem do homem. Não se poderá acusar essa concepção, que vislumbra uma ameaça à dignidade do homem na revelação de sua ampla bagagem genética, de uma compreensão biologicista. Pelo contrário: ela se volta justamente contra a ênfase dos componentes biológicos da existência humana. O que é problemático é a tentativa de proteger uma determinada imagem humana sobrepujando-se o princípio da dignidade humana, por outras razões:

Primeiramente, essa tentativa seria pouco promissora. O esclarecimento sobre as determinantes genéticas do comportamento humano deixa-se frear tão pouco quanto outros esclarecimentos, *v.g.*, sobre a força determinante de fatores econômicos ou dinâmicos. A tarefa não pode consistir em negar essa determinação. Quando muito, ela pode residir em estabelecer os contornos de uma imagem humana que assegure a dignidade humana independentemente dessas determinantes comportamentais genéticas.

Em segundo lugar, querer conservar uma determinada imagem humana mediante o auxílio de proibições normativas é algo que esbarra, fundamentalmente, em dificuldades. Direitos fundamentais servem à proteção do homem, não à proteção de imagens humanas. A proteção jurídica de imagens humanas acaba facilmente na tutela e, na pior das hipóteses, no terrorismo de opiniões. Por isso, dever-se-ia recorrer ao princípio da dignidade humana apenas onde se trata de lesões insuportáveis, intoleráveis de acordo com a opinião unânime, à imagem humana. Esse é o caso, *v. g.*, da produção de criaturas resultantes da mistura entre homem e animal, as assim chamadas "quimeras". Aqui e em casos extremos equivalentes, o recurso ao princípio da dignidade humana é admissível também para a proteção da auto-imagem normativa do homem.

III. A ONTOLOGIZAÇÃO DA DIGNIDADE HUMANA

A possibilidade de uma compreensão biológica equivocada da dignidade humana resulta da interpretação ontológica que a noção substantiva "dignidade humana" sugere, o que é favorecido pela formulação prevista na Lei Fundamental no sentido de que "a dignidade humana é inviolável". De acordo com essa interpretação, o significado do princípio jurídico da dignidade humana não se esgota em seu conteúdo regulamentar normativo. Não se trata apenas da proibição de expor os homens a um tratamento indigno, ou do mandamento de protegê-los contra um tal tratamento, ou de garantir-lhes as condições para uma existência humana digna. O princípio da dignidade humana contém, antes, nesse modelo, também um componente cognitivo, um componente indicativo, ao lado do componente normativo (Denniger 1973, p. 19). O amplo debate constitucional sobre esse componente cognitivo, seus contornos e sua relação com o conteúdo imperativo do princípio da dignidade humana, todavia, não poderá ser aqui retratado. Para a perspectiva da argumentação teórica, é decisivo que a imagem humana que se encontra estabelecida, de acordo com essa concepção, no art.1º da Lei Fundamental, não se esgote na fixação de determinadas pretensões de respeito. Sob essa perspectiva, o homem não é apenas alguém que deve ser tratado de determinada maneira. Ele dispõe, antes, de certas características das quais deve decorrer o direito ao tratamento respeitoso. A questão sobre se, e em que medida, uma correspondente imagem humana pode ser determinada juridicamente, não deve ser debatida aqui. O problema da relação entre o conteúdo cognitivo e o conteúdo normativo do princípio da dignidade humana encontra-se, igualmente, fora do contexto de discussão jurídico. Há de se questionar, em especial, sobre o *status* epistemológico das características que devem embasar a dignidade humana (a), assim como sobre a validade da dedução dos postulados normativos de elementos cognitivos da dignidade humana, e sobre as exigências concretas que resultam com base em uma determinada compreensão do fundamento cognitivo desta dignidade sob o ponto de vista do princípio normativo da dignidade humana (b).

Não-problemática, do ponto de vista epistemológico, é a orientação pela capacidade de agir racionalmente na condição de característica empírica dos indivíduos. Isso vale, da mesma forma, quando se compreende a razão não apenas como capacidade operativa, mas também como aptidão para orientar-se por normas morais inteligíveis (v. Kant, 1903, BA 77). Também essa aptidão pode ser experienciada diretamente na interação cotidiana. Como base para a fundamentação de uma proteção abrangente da dignidade de todos os homens, não obstante, esse princípio só possui um alcance limitado, porque ele não assegura a inclusão dos indivíduos incapazes de tomar decisões ético-racionais. Se se quiser levar a sério a compreensão da racionalidade como característica empírica, então ela só pode referir-se, aqui, à aptidão de cada indivíduo. Atribuir dignidade ao indivíduo incapaz pelo fato de *outras* pessoas serem capazes de agir racionalmente romperia um modelo empírico de dignidade humana. A possível conseqüência da exclusão de menores e deficientes mentais graves do âmbito de proteção da dignidade humana, desacredita o princípio empírico como possível base para uma fundamentação do princípio normativo da dignidade humana. A inclusão dos indivíduos incapazes há de ser efetivada nos moldes de um modelo metafísico de dignidade humana. Uma expressiva exposição da argumentação encontra-se em Robert Spaemann. A "fundamentação ontológica clássica" para a inclusão também de menores e deficientes mentais graves no âmbito de uma dignidade fundada na capacidade ético-racional do homem reza: "Todas as qualidades empíricas são apenas a manifestação externa de uma substância que não se mostra como [ela] efetivamente é" (Spaemann 1987, p. 93; 1996, p. 252). A dignidade do deficiente mental deveria apoiar-se, assim, em uma racionalidade ontológica que lhe adviria, na condição de indivíduo, a despeito de sua deficiência empírica de razão. Nos moldes de um modelo teológico que fundamenta a dignidade do homem em sua imagem e semelhança a Deus (Gottebenbildlichkeit) (v. Hilpert 1991, p. 181), a generalização da dignidade humana para todos os homens dá-se pela criação do homem como retrato divino.

A fragilidade desse modelo encontra-se no caráter "forte" de seus pressupostos. Princípios teológicos não são capazes de lograr consenso em um debate filosófico, moral e jurídico desvinculado de premissas teológicas. Se se declara uma "ontologia metafísica", orientada teologicamente, como única fundamentação teórica possível da idéia de dignidade humana (assim como Robert Spaemann), então aquilo que em uma cultura de discussão pautada pelo pluralismo poderia ser pensado como revalorização de um princípio teológico-metafísico, acaba resultando em um enfraquecimento do fundamento do princípio da dignidade humana. Nada de diferente vale, basicamente, para princípios metafísicos que não estejam expressamente vinculados a uma perspectiva teológica, contanto que estes pressuponham uma crença em uma determinada antropologia normativa.

Independentemente da questão dos contornos precisos e da possibilidade de fundamentação dos elementos cognitivos do princípio da dignidade humana, impõe-se a questão sobre o seu alcance normativo. Na medida em que se recorre às características empíricas do homem, há que conjecturar a respeito do perigo de uma falácia naturalística por meio da inserção de premissas normativas. Com efeito, da capacidade do homem de orientar-se pelas categorias do bom e do mau, ainda não resulta a inadmissibilidade da obrigação estatal de obedecer às regras do Direito vigente também por razões de consciência. A conclusão torna-se válida somente mediante a exigência – plausível – de não sujeitar o indivíduo à dramas de consciência pela pressão do Estado. Enquanto se recorre a premissas metafísicas e teológicas, a dedução de conseqüências normativas não gera nenhum problema (adicional), pois se toma por base, aqui, um conceito de Ser normativamente imbuído, para o qual um dualismo estrito entre Ser e Dever-ser não seria satisfatório.

O que é problemático é a capacidade do princípio metafísico de contribuir para uma fundamentação de uma proteção normativa da dignidade humana sob um outro ponto de vista. Isso porque a dignidade humana, compreendida na condição de qualidade metafísica, não pode ser lesada por ações relacionadas a um sujeito empírico. Se a dignidade humana, como qualidade metafísica, é inviolável no sentido efetivo do termo, então a exigência da proteção dessa dignidade mostra-se necessariamente como vazia. Se a dignidade do homem se encontra em sua imagem e semelhança a Deus, então ela não pode ser afetada por causa do menosprezo social do indivíduo, por mais grave que aquele seja. Parece convincente que a tolerância de autores cristãos diante da escravidão também seja vista, em todo o caso, nesse contexto (v. Hilpert 1991, p. 96 s.). À "ontologização" da dignidade humana corresponde uma correlata "desnormatização" e, com isso, uma perda de força protetiva. Essa concepção é levada às últimas conseqüências, ali onde se deduz da interpretação teológica da dignidade humana como natureza ética do homem, que a dignidade humana poderia ser lesada apenas pelo próprio titular dessa dignidade, mas não por terceiros.[18] A argumentação, que aqui é conduzida ao seu limite, guarda harmonia tendencial com toda a concepção que interpreta a dignidade humana substancialmente como característica do homem. Isso vale, em especial, para os modelos metafísicos com alcance para além das características empíricas do homem, pois estes desvinculam a dignidade, como qualidade transcendente, dos sofrimentos reais do homem, das suas necessidades empíricas e de seus interesses efetivos. A necessidade de relacionar a dignidade humana à "realidade de criatura" do homem[19] não encontra nenhum amparo nesses modelos.

IV. A TANGIBILIDADE DA DIGNIDADE HUMANA

A alternativa a um modelo ontológico é uma concepção na qual a dignidade humana não seja compreendida substancialmente, mas de modo relacional; na qual a dignidade não resida na pessoa, mas na interação entre pessoas.[20] A garantia da dignidade humana não deve ser vista, destarte, como reconhecimento de uma característica especial do homem, mas sim como promessa comunitária. Ponto de partida para a definição do âmbito de proteção do princípio normativo da dignidade humana não seria a questão sobre em que consiste essa dignidade, mas sim outra completamente diferente, qual seja, por intermédio do que os indivíduos são humilhados, que ações implicam um tratamento indigno de outrem. O ponto de referência é, então, a lesividade do homem sob o ponto de vista do menosprezo social. A objeção natural de que o âmbito de proteção do princípio normativo da dignidade humana só se deixaria determinar no momento em que se soubesse o que é a dignidade humana tem apenas uma plausibilidade *prima facie*. Isso porque dignidade é aquilo que é protegido pelo

---

[18] Neste sentido, Schüller 1978, p. 538 ss.; em sentido diverso e crítico, Spaemann 1987, p. 95.

[19] Sobre essa visão de Radbruch v. a respeito Kaufmann 1990, p. 477.

[20] Um correspondente modelo, já ilustrado nas reflexões teóricas sobre relações interpessoais de Kaufmann, é elaborado por Hofmann 1993. Da questão a respeito do momento normativo para a concessão da dignidade humana resulta que a proteção da dignidade humana se implementa, no mais tardar, com o início da interação social, ou seja, com o início do nascimento. Se, e em que medida, são possíveis interações com o indivíduo não-nascido em um estágio avançado da gravidez, é algo que fica em aberto aqui. Esse pressuposto falta, em todo o caso, para a determinação do momento normativo entre a fusão das células embrionárias e o estado de blástula, na atual discussão sobre diagnóstico genético de pré-implantação (DGPI) e pesquisa de embriões descartáveis. Para uma ampla discussão sobre a "dignidade dos embriões" no contexto da discussão sobre diagnóstico genético de pré-implantação e pesquisa de embriões descartáveis, v. Kuhlmann 2000, Braun 2000, assim como as contribuições de Spaemann, Merkel, Höffe, von Renesse e Riedel em Geyer 2001.

princípio da dignidade humana. As proibições e os mandamentos concretos associados a esse princípio são, em amplíssima medida, definições passíveis de consenso ou, de toda a forma, passíveis de fundamentação na condição de definições generalizantes da dignidade humana. As aptidões humanas especiais que constituem o âmbito de proteção da dignidade específica do homem não se referem, aqui, à disposição para o social. Avaliada desse modo a lesão dos interesses e necessidades reais do homem concreto, surge um problema nos casos em que uma pessoa não é mais capaz de desenvolver um interesse (subjetivo) pela libertação de humilhações, nos casos em que ela não está em condições de vivenciar humilhações enquanto tais. Deve-se, por exemplo, com base nesse princípio, negar de plano a lesão à dignidade humana de uma grávida com morte cerebral, cujas funções vitais só são mantidas em prol da proteção da vida do embrião, pelo simples fato de ela não possuir mais nenhum sentido? Se se compreende o interesse que se encontra na base do direito à dignidade não como interesse "relacionado à vivência", mas sim como interesse "relacionado a valores" (Dworkin 1994, p. 324 e ss.), há que rejeitar essa conclusão. Também não está excluída a proteção paternalista da dignidade de uma pessoa diante de lesões que ocorrem com o seu consentimento. A utilização de um detector de mentiras, caso também se vislumbre nele, ainda que com o consentimento do ofendido, uma lesão à dignidade humana, permanece, por isso, vedada em qualquer hipótese (um modelo que vislumbra a base do princípio da dignidade, relativamente ao interesse do indivíduo atingido, na proteção contra humilhações, não é, portanto, inconciliável, de antemão, com a aceitação da irrenunciabilidade da dignidade). É evidente que se há de indicar, nesses casos, que a ação, apesar do consentimento do atingido, fere o seu interesse no tratamento "digno". Fora do alcance de um princípio da dignidade humana compreendido como princípio jurídico ou como princípio moral secular, encontra-se, em contrapartida, a proteção de cada um perante as próprias ações e respectivas conseqüências. Para um princípio que situa a dignidade humana na interação social, essa conclusão é evidente. Conduta "indigna", o desprezo da própria dignidade não lesa o direito ao respeito à dignidade de ninguém, e o auto-respeito não pode ser prometido ao outro. Isso não exclui o fato de conferir ao direito ao respeito da dignidade um conteúdo a partir do qual aquele abranja o direito às condições sob as quais o indivíduo possa assegurar a capacidade para o auto-respeito.[21] O princípio da dignidade humana tem, por isso, não apenas uma dimensão jurídico-estatal, mas também uma dimensão sócio-estatal.

---

[21] Sobre o direito à dignidade como "direito de viver em condições sob as quais um genuíno auto-respeito seja possível ou justificado", v. Dworkin 1994, p. 324. Diferentemente p. ex. Spaemann 1985, p. 96: a omissão da prestação de socorro em situações de necessidade ou carência poderia lesar de qualquer a forma a dignidade humana quando o menosprezo do indivíduo se manifestasse nela.